F
G
H
I
J
Markermeer
LELYSTAD
Edam
Volendam
Monnickendam
Marken
N247
N302
N307
Almere-Buiten
Zuidelijk
Flevoland
Almere-Stad
A6
STERDAM
Almere-Haven
N27
N305
N301
Muiden
BIJLMER-MEER
A1 / E231
Weesp
Naarden
HUIZEN
BUSSUM
Laren
Spakenburg
Bunschoten
AMSTERDAM RIJNKANAL
N201
HILVERSUM
Baarn
A1 / E231
A28 / E30
Nijkerk
Loenen
Nieuw-Loosdrecht
N201
Hoevelaken
Breukelen
A27 / E311
SOEST
N221
AMERSFOORT
Maarssen
Bilthoven
Soesterberg
N230
UTRECHT
De Bilt
A28 / E30
N226
ZEIST
N224
Woudenberg
Scherpenzeel
N224
De Meern
Bunnik
Driebergen-Rijsenburg
A12 / E35
Nieuwegein (Jutphaas)
A2 / E25
Doorn
Moontfort
N229
N227
N225
VEENENDAAL
N212
N210
Nieuwegein (Vreeswijk)
AMSTERDAM RIJNKANAL
Cothen
Leersum
Vianen
Schalkwijk
Wijk bij Duurstede
A27 / E311
Culemborg
Maurik
GELDERLAND
Meerkerk
Buren
A15 / E31
N323
N214
Leerdam
A2 / E25
Geldermalsen
TIEL
N214
Arkel
A15 / E31
Dreumel
GORINCHEM
WAAL
1
2
3
4
5
6
7
8
9
10

1724
DE KLEINE WINST. P.S.BARBER.
MANUFACTUREN & MODEARTIKELEN.

Bateaux pris dans la glace sur le Waalseilandsgracht
et, ci-dessous, amarrés au nord des îles de l'Ouest,
dans l'Houthaven (photos J. Olie et G. Breitner).

Pont situé à l'angle du Lindengracht et du Lijnbaansgracht, dans le Jordaan (photo G. Breitner).

Dans Prinseneiland, l'une des îles de l'Ouest,
les entrepôts proches du port (photo G. Breitner).

Sur le Damrak (ci-dessous) et sur le Rokin (à droite), grands magasins et tramways électriques ont aujourd'hui remplacé les petites marchandes de rue et les voitures à chevaux de la fin du siècle dernier (photos J. Olie et G. Breitner).

MEUBELFABRIEK VAN A.

De nombreuses personnalités universitaires ou locales ont collaboré à ce guide. Toutes les informations contenues dans cet ouvrage ont été soumises à leur approbation. Nous remercions plus particulièrement Henri Peretz.

Guides Gallimard
Président directeur général
Antoine Gallimard
Directeur
Philippe Rossat
assisté de Sylvie Lecollinet,
Anne-Josyane Magniant
Directrice éditoriale
Nicole Jusserand *assistée de* Catherine Bourrabier
Coordination
Graphisme : Yann Le Duc
*assisté d'*Isabelle Dubois-Dumée
Architecture : Bruno Lenormand
Nature : Frédéric Bony
Iconographie : Isabelle de Latour
Photographie : Patrick Léger
Réactualisation : Virginie Maubourguet
Partenariats
Marie-Christine Baladi, Manuèle Destors,
Jean-Paul Lacombe
Commercial
Jean-Paul Lacombe
Presse et promotion
Manuèle Destors *assistée de* Blandine Cottet
Droits étrangers
Gabriela Kaufman

Amsterdam
Édition : Pierre-Yves Mercier,
assisté de Odile Simon (Nature),
Gwenhaelle Le Roy, Veronika Vollmer
et Virginia Rigot-Muller (réactualisation)
Traduction : Esther de Haas,
Anne Champonnois
Maquette : Mathias Durvie
Iconographie : Sophie Le Tellier

Des clefs pour comprendre
Nature : Martin Melchers,
Geert Timmermans,
Maïke Van Stiphout, Ruud Vlek
Histoire : Henri Peretz,
Willem Heinemeijer
Langue : Laurent-Philippe Réguer
Art de vivre : Dominique Marchal
Architecture : Erik Mattie
Amsterdam vue par les peintres :
Dedalo Carasso, Nico Haafkens
Amsterdam vue par les écrivains :
Laurent-Philippe Réguer

Itinéraires dans Amsterdam
Centre-ville ouest,
Centre-ville est, Jordaan,
Plantage, De Pijp :
Willem Heinemeijer
Canaux nord, Canaux sud,
Autour des musées : Henri Peretz
Ancien port ouest : Gerard Nijssen
Collections d'Amsterdam :
Nico Haafkens, Patrick Jusseaux
Réactualisation : Alain Franco,
Sophie Perrier, Paul van Dijk

Informations pratiques
Marc d'Orry, Henri Peretz,
Danièle Pin, Paul van Dijk (réactualisation)

Illustrations
Nature : Anne Bodin,
Jean Chevallier, Denis Clavreul,
François Desbordes,
Claire Felloni, Donald Grant,
Gilbert Houbre, Guy Michel,
François Place, Pascal Robin,
Frédérique Schwebel
Architecture : Michel Aubois,
Fabrice Moireau, Maurice Pommier,
Pierre Poulain, Anabelle Rebière,
Michel Sinier, Gabor Szitia
Cartographie : Malou Camolli Beauchesne
(coloriste), Édigraphie (cartes infographiques),
Valérie Gevers

Photographe
Paul van Dijk
(correspondant à Amsterdam)

Nous remercions également
pour leur aide précieuse :
René Meissel, Joka Haafkens,
Anneke Kerkhof (Institut néerlandais
de Paris) et Ghislaine Berthon
(Office néerlandais du tourisme de Paris)

1er dépôt légal : mars 1993. Dépôt légal : avril 2001
Numéro d'édition : 97700. ISBN 2-7424-0178-4
Imprimé en Italie par la Editoriale Lloyd sur un papier 100% biologique
Avril 2001

PAYS-BAS

AMSTERDAM

GUIDES GALLIMARD

SOMMAIRE
DES CLEFS POUR COMPRENDRE

SOMMAIRE
ITINÉRAIRES DANS AMSTERDAM

▲ Amsterdam

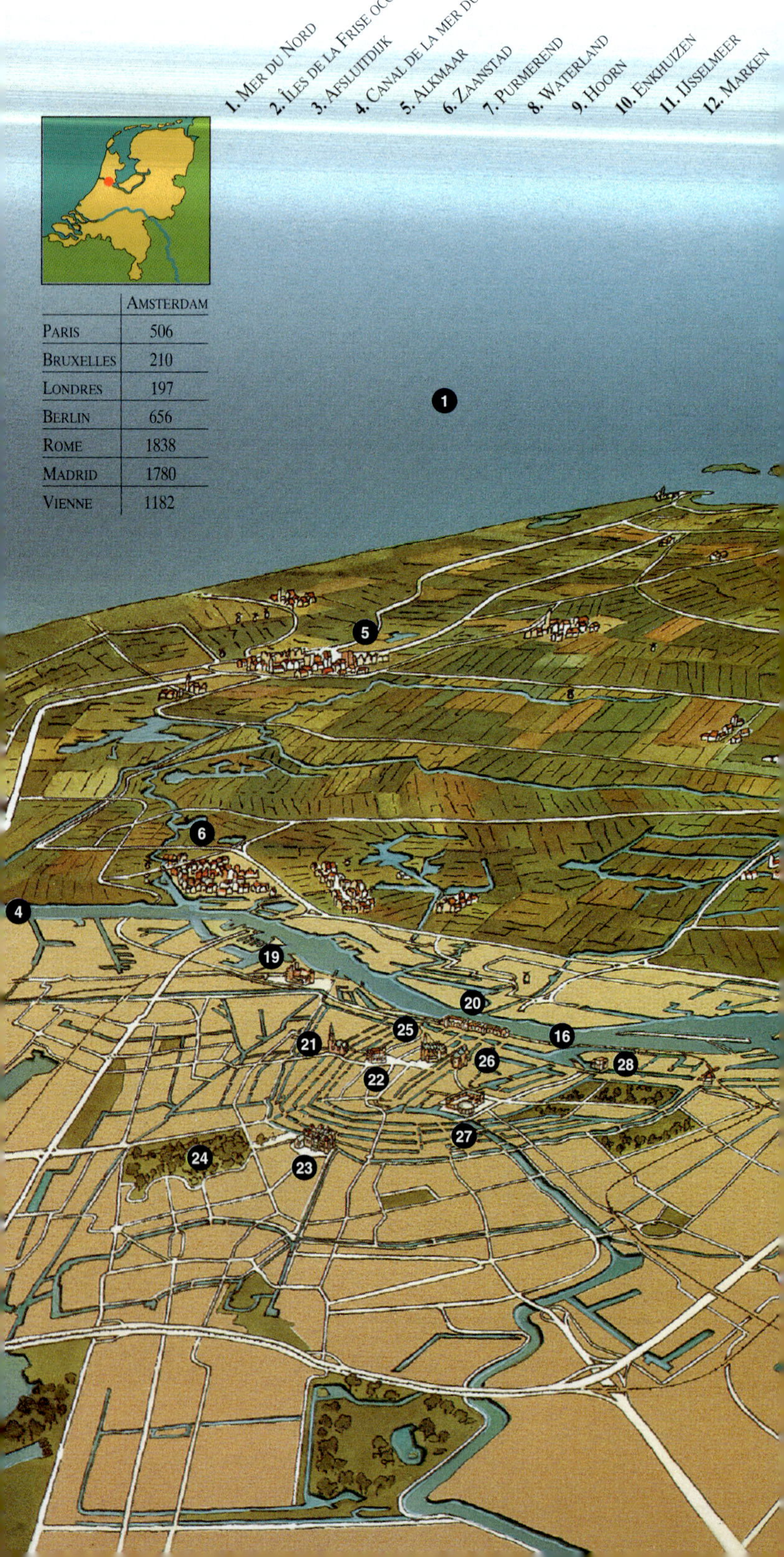

	Amsterdam
Paris	506
Bruxelles	210
Londres	197
Berlin	656
Rome	1838
Madrid	1780
Vienne	1182

13. Édam
14. Volendam
15. Monnickendam
16. IJ
17. Weesp
18. Muiden
19. «Bateau»
20. Gare centrale
21. Westerkerk
22. Palais royal
23. Rijksmuseum
24. Vondelpark
25. Oude Kerk
26. Waag
27. «Stopera»
28. Musée maritime

La ville d'Amsterdam

Amsterdam est la capitale des Pays-Bas. C'est le deuxième port du pays, relié à la mer par un canal de 20 km.

Quelques chiffres : 1 100 000 habitants, 125 nationalités, 160 canaux, 260 tramways, 400 000 bicyclettes, 6 800 monuments, 42 musées, 141 galeries, 40 cinémas, 1 400 cafés et bars, 6 650 000 visiteurs par jour 3 800 000 nuitées par an par des touristes étrangers.

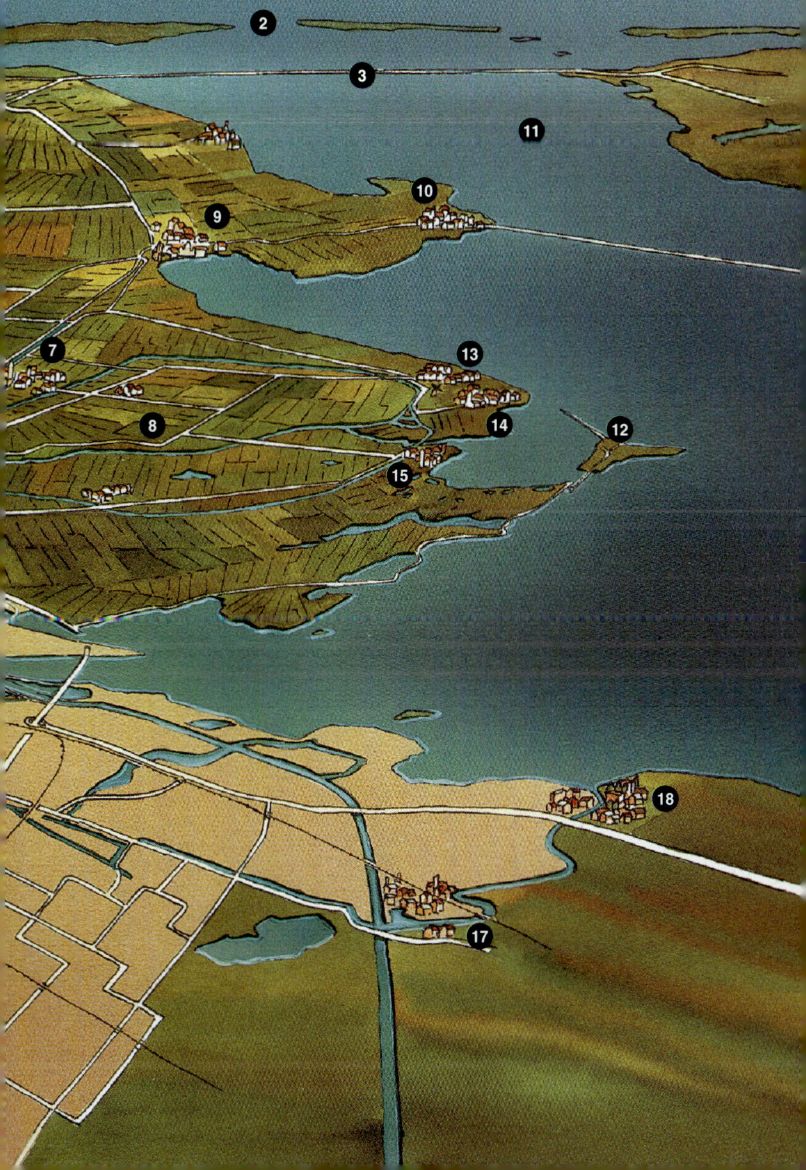

COMMENT UTILISER UN GUIDE GALLIMARD

(Page extraite du guide «Venise»)

En haut de page, les symboles annoncent les différentes parties du guide.

- ■ NATURE
- ● DES CLEFS POUR COMPRENDRE
- ▲ ITINÉRAIRES
- ◆ INFORMATIONS PRATIQUES

La carte itinéraire présente les principaux points d'intérêt du parcours et permet de se reporter à un plan.

La minicarte situe l'itinéraire à l'intérieur de la zone couverte par le guide.

♥ Le coup de cœur de l'éditeur pour un site dont la beauté, l'atmosphère ou l'intérêt culturel séduiront particulièrement le visiteur.

Au début de chaque itinéraire, les modes de déplacement possible et la durée sont signalés sous les cartes :

- En voiture
- A pied
- En bateau
- A bicyclette
- Durée

● ▲ ■ ◆ Les symboles, en titre ou à l'intérieur du texte, renvoient à un lieu ou à un thème traité ailleurs dans le guide.

L'ARRIVÉE À VENISE ♥

■ *281*

1/2 journée

PONT DE LA LIBERTÀ. Construit par les Autrichiens, cinquante ans après le traité de Campoformio (1797) ● *34*, pour relier Venise à Milan, ce pont mit fin à un isolement millénaire. Il bouleversa par la même occasion l'économie de la ville, qui, en pleine révolution industrielle, vit grandir

LES PONTS DE VENISE

NATURE

Région d'Amsterdam

Aujourd'hui, il reste environ 1000 moulins dont 200 en activité.

Aux Pays-Bas, et particulièrement à Amsterdam, site urbain, la lutte contre la mer obéit à deux exigences : empêcher la mer du Nord d'inonder les terres situées au-dessous de son niveau et augmenter la surface du territoire. Au cours des siècles, cet effort s'est effectué suivant différentes étapes. Tout d'abord, des protections contre l'élément marin – dunes, digues, barrages, canaux, fondations profondes et écluses – furent installées ; ensuite, des techniques d'assèchement des terres marécageuses et des lacs ont été mises au point : moulins à vent puis machines à vapeur ont permis d'aménager et de rendre productifs les polders et la région d'Amsterdam.

En allant vers l'ouest, on rencontre une eau de plus en plus salée. Chaque espèce de poisson occupe ainsi une portion bien particulière du canal qui relie Amsterdam à la mer ▲ *254*.

Éperlan
C'est un poisson marin, voisin du saumon.

Hareng
Ce poisson pélagique est un prédateur visuel. Il se nourrit de plancton en filtrant l'eau avec son peigne branchial.

Bar
Rapide et carnassier, ce poisson côtier recherche les eaux riches en oxygène.

Polders

Les moulins à vent ont été utilisés dès le XVe siècle. Alignés, ils permettent l'assèchement des polders en déversant l'eau du lac dans les canaux de décharge. 60 % de la population néerlandaise vit au-dessous du N.A.P. (Normaal Amsterdams Peil), repère amstellodamois qui permet de mesurer le niveau des polders.

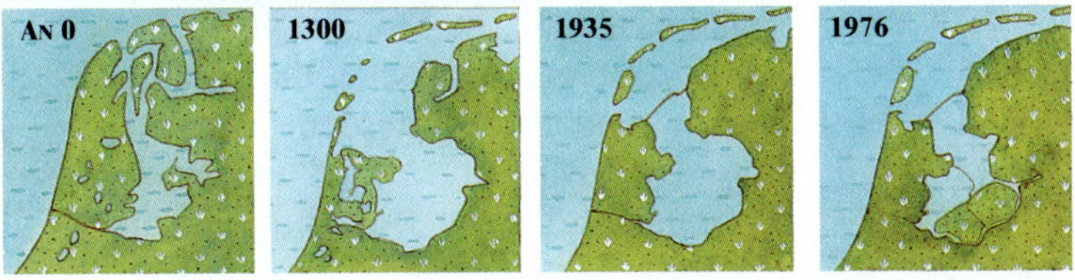

Au début de notre ère, le territoire néerlandais – fait de tourbe, de sable et d'argile - a subi de profondes mutations à la suite de la montée puis de la stabilisation du niveau de la mer.

Au XXe siècle, la construction de polders a été prise en charge par l'État. Ces nouvelles terres conquises sont entourées d'une digue et leur régime hydraulique est régulé par les techniques les plus modernes ◆ *306*.

Mulet

C'est une espèce grégaire, tolérante aux variations de salinité. Sa petite bouche dépourvue de dents (il se nourrit d'algues microscopiques) permet de le distinguer du bar.

Anguille

Les civelles (alevins d'anguilles), nées dans la mer des Sargasses, remontent les rivières pour vivre 5 ans en eau douce avant de regagner la mer.

Flet

Poisson plat, il apprécie les fonds sableux.

Sandre

Chasseur originaire d'Europe de l'Est et du Nord. Il affectionne les eaux calmes. Assez vorace. Grégaire. Chair appréciée.

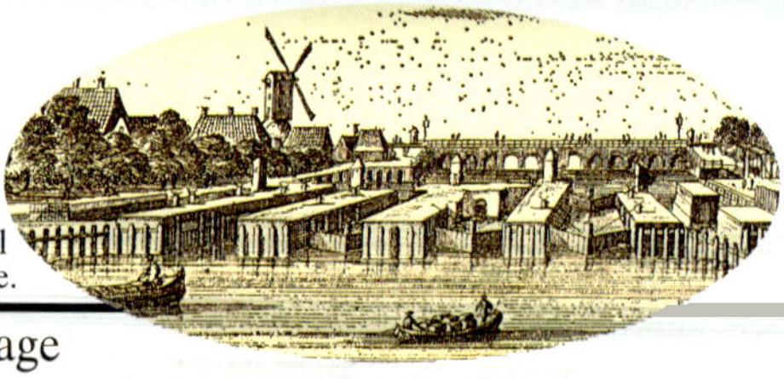

Le système d'écluses sur l'Amstel au XVIe siècle.

Le paysage de canaux, typique des villes du Nord, est remarquable à Amsterdam. L'évolution du réseau fluvial est le fruit d'une ingénieuse politique d'urbanisme ● *34* motivée par le désir de gagner en surface habitable. C'est au XVIIe siècle, cinq siècles après la fondation d'«Amstellodamme» ● *28* (digue sur l'Amstel), que va se dessiner la future physionomie de la ville : une ceinture de canaux parallèles disposés en forme de fer à cheval autour du centre historique. Dans ce labyrinthe fluvial, entre ponts et écluses, le promeneur pourra observer l'incroyable adaptation au milieu urbain d'une faune réputée «sauvage» qui y a trouvé gîte et nourriture.

MARTINET NOIR

PERCHE

GARDON

ANGUILLE

Si le gardon s'accommode plutôt bien d'eau de qualité médiocre, l'anguille est plus sensible à la pollution. Dans tous les cas, il faut que la faune et la flore soient présentes pour permettre à ces espèces de survivre.

En hiver, tant que les canaux ne gèlent pas, ils accueillent une faune peu farouche, habituée à l'homme, qui la nourrit souvent.

Pipistrelle
Les soirs de printemps et d'été, c'est elle que l'on voit longer les bâtisses de son vol heurté.

Les écluses ont été construites pour éviter les inondations dans les quartiers situés au-dessous du niveau de la mer.

Pigeon biset
Depuis longtemps, il vit auprès de l'homme. Parfois envahissant, il salit façades et statues par ses déjections.

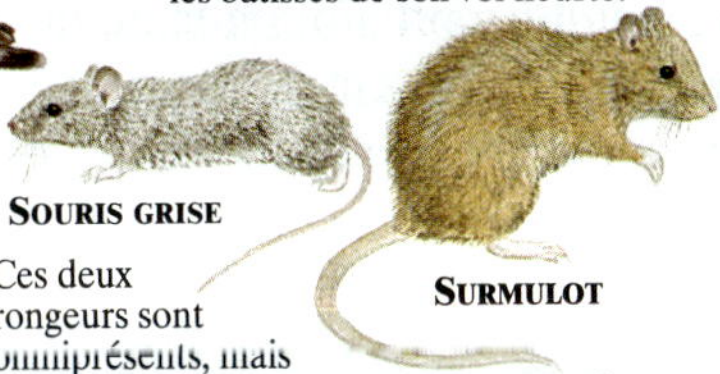

Souris grise

Surmulot

Ces deux rongeurs sont omniprésents, mais discrets (et de mœurs souvent souterraines pour le rat), on ne les aperçoit guère.

Des interstices du pavé surgit, au printemps, une microflore diversifiée, bien adaptée au piétinement.

Mouette rieuse
Toute l'année, elle arpente les canaux de la ville de long en large à la recherche de sa pitance.

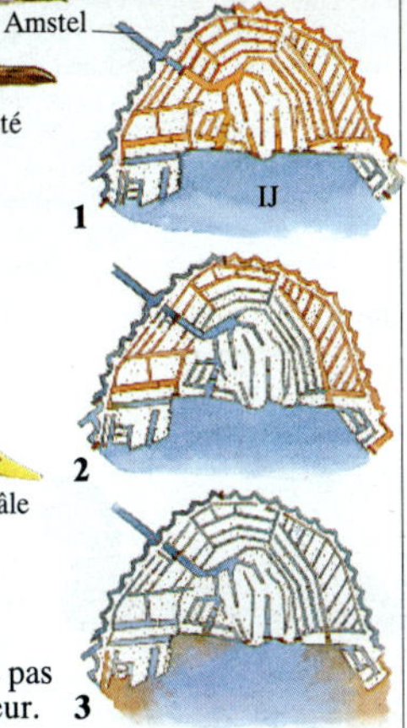

Canard colvert
Plus ou moins sauvage, ce canard n'hésite pas à venir manger dans la main du promeneur.

Autrefois les canaux faisaient office d'égouts. Les eaux sales (1) étaient évacuées une fois par jour par l'eau salée du Zuiderzee (2, 3). Aujourd'hui, l'eau est renouvelée avec celle de l'IJ (2 fois par semaine en hiver et 4 fois en été).

Héron cendré
Amsterdam est l'une des villes d'Europe où l'on peut voir des hérons cendrés au cœur de la cité.

Grèbe huppé
Chaque année, quelques couples établissent leurs nids en bordure des canaux de la ville.

WATERLAND : UN VIEUX POLDER

C'est vers 1100 que les tourbières ont été défrichées afin de les transformer en zones de culture ou de pâturage.

Le Waterland, région très caractéristique des Pays-Bas, est une vaste terre de marécages où court un lacis de chenaux et de canaux. Ces terres «poreuses» sont en constante évolution : au Moyen Âge, la couche de tourbe située à 2 mètres au-dessus du niveau de la mer est passée aujourd'hui à 1 ou 2 mètres en dessous. Ce phénomène s'explique par l'affaissement du terrain et par la montée du niveau de la mer. Dans cette région, aujourd'hui peu exploitée par l'agriculture, une faune et une flore spécifiques se sont développées.

STERNE PIERREGARIN

FOULQUE MACROULE
Peu exigeante, elle fait son nid dans la végétation en bordure des canaux.

BARGE À QUEUE NOIRE
85 % de la population européenne niche aux Pays-Bas.

VANNEAU HUPPÉ
C'est un limicole typique des prairies légèrement humides et pâturées par le bétail.

BÉCASSINE DES MARAIS
Elle a besoin de prairies et de tranquillité pour élever sa couvée. Elle est en régression en Europe.

BRUANT DES ROSEAUX
Le bord des chenaux, encombré de roseaux et d'autres plantes aquatiques, est un lieu idéal pour sa nidification.

PHRAGMITE COMMUN
On l'appelle vulgairement «roseau», mais c'est en fait une graminée liée aux zones humides.

Le cygne tuberculé parcourt régulièrement les eaux saumâtres des canaux de décharge du Waterland qui drainent les terres de polder.

CAMPAGNOL NORDIQUE
Il atteint aux Pays-Bas la limite méridionale et occidentale de son habitat.

Les polders du XXe siècle sont ces terres conquises sur l'IJsselmeer, fermée par un barrage en 1932. Ces nouveaux territoires aménagés, grâce à de fortes digues et à des techniques performantes de pompage, offrent des zones cultivables de bonne qualité ▲ *192.*

FULIGULE MORILLON
Depuis le début du siècle, ce petit canard plongeur a colonisé de très nombreuses pièces d'eau.

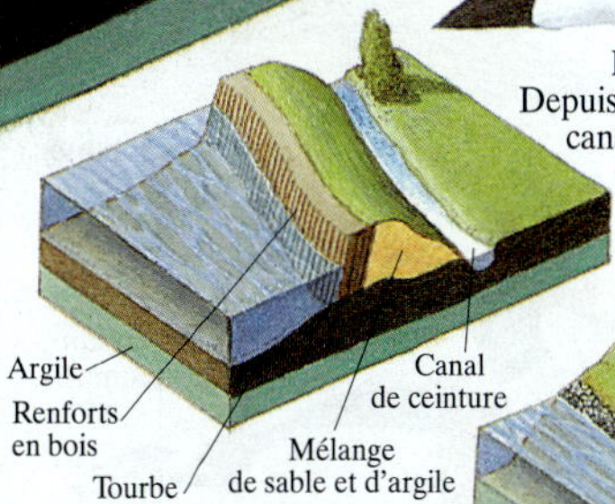

Les anciens polders (avant 1850) étaient à l'origine des ouvrages purement défensifs, sortes de tertres reliés ensuite par des digues.

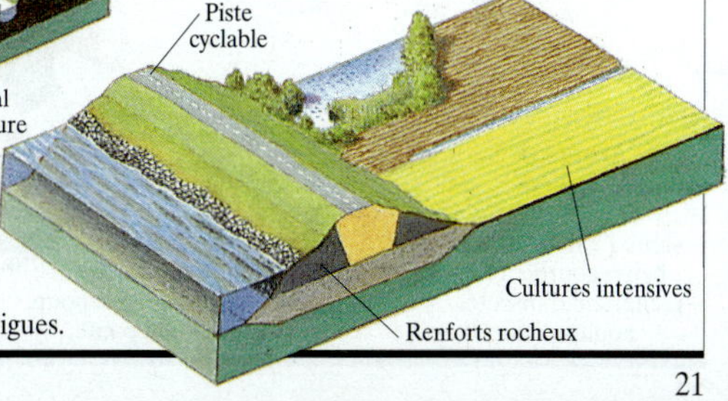

DUNES

PANICAUT DE MER
Piétinement, cueillette et destruction de dunes ont contribué à sa raréfaction.

La formation des dunes a commencé il y a environ 5000 ans sur le littoral des Pays-Bas. On distingue deux générations de dépôts de sable : d'une part les dunes «anciennes», peu élevées, et d'autre part, les dunes «jeunes» qui les recouvrent. Sur cet étroit cordon dunaire, la flore et la faune se sont développées en fonction de l'humidité, de l'exposition au vent et de la nature du sol plus ou moins calcaire.

GOÉLAND ARGENTÉ
Très présent sur les dunes ainsi qu'à l'intérieur des terres.

CRAPAUD CALAMITE
Il vit surtout dans les arrière-dunes, là où se forment de petites mares.

HUÎTRIER PIE
Quand ils élèvent leurs jeunes, les adultes donnent l'alarme au-dessus des dunes à l'approche d'un intrus.

COURLIS CENDRÉ
En route vers le sud, des troupes de migrateurs s'arrêtent sur le littoral dunaire à l'automne.

AVOCETTE ÉLÉGANTE
Cet échassier sabre l'eau avec son bec recourbé à la recherche d'insectes aquatiques.

TADORNE DE BELON
Sur la dune, il choisit le terrier d'un lapin pour y déposer sa ponte.

En zone arrière-dunaire, on rencontre des peuplements d'argousiers, dont les baies oranges sont riches en vitamine C.

Hibou moyen-duc
Les boisements de pins proches de la dune attirent ce rapace nocturne.

Alouette des champs
Son chant mélodieux retentit dès la fin de l'hiver. Le mâle chante en volant.

Les oyats contribuent efficacement à la fixation des dunes.

Phragmite des joncs
Cette fauvette aquatique possède un chant très imitatif. Craintive, elle reste cachée dans la végétation.

Oyat des dunes
Cette graminée est répandue sur les côtes nord de l'Europe.

Liseron des dunes
Cette plante aux larges fleurs roses pousse à même le sable.

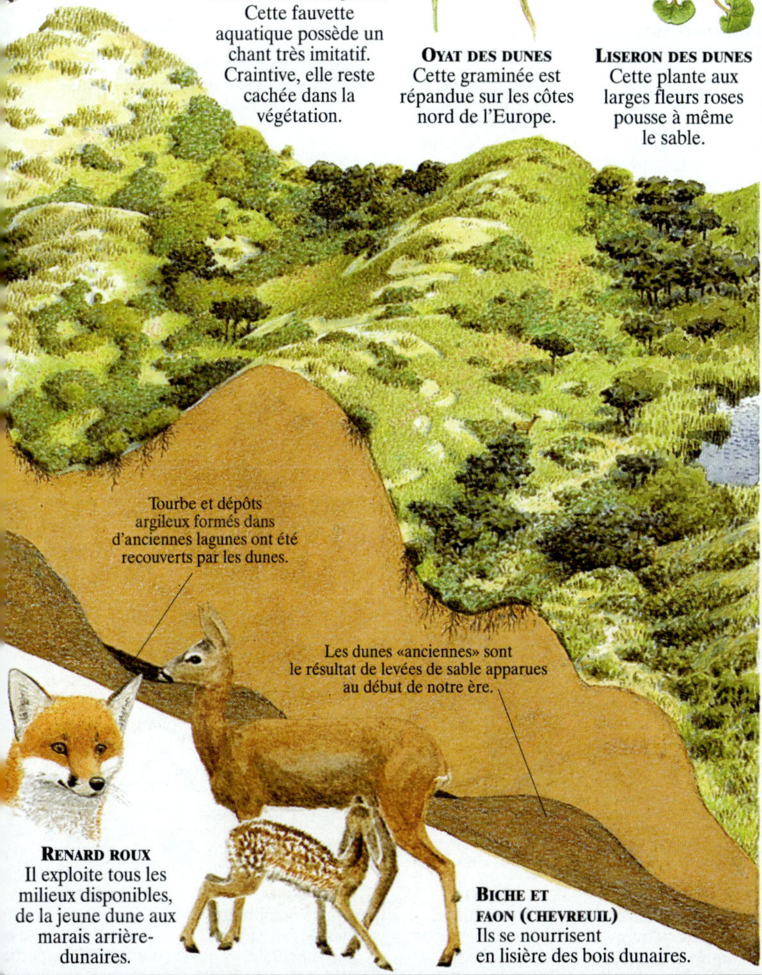

Renard roux
Il exploite tous les milieux disponibles, de la jeune dune aux marais arrière-dunaires.

Biche et faon (chevreuil)
Ils se nourrisent en lisière des bois dunaires.

PLANTES À BULBE

Bulbes à fleurs de printemps

La culture des plantes à bulbe s'est développée à partir du XVIe siècle dans la zone des anciennes dunes, terrain calcaire et sablonneux approprié à ce type de culture. La plupart des plantes ont été importées puis sélectionnées et adaptées au climat. Aujourd'hui la bulbiculture, qui occupe environ 16 000 hectares, traite deux catégories de plantes : celles à bulbe – tulipes, jacinthes – et celles à racine rhizomateuse – par exemple le dahlia ou le glaïeul. Ces bulbes sont destinés soit à la vente «en sec», plants pour les jardins, soit au forçage, pour la production des fleurs en serres.

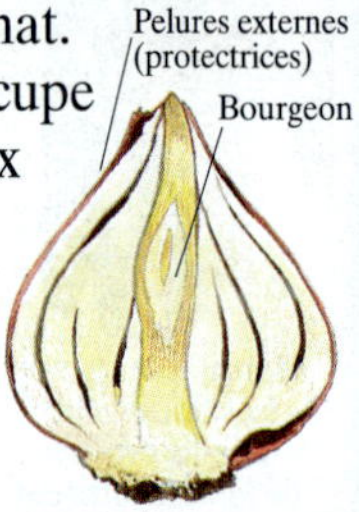

Coupe transversale d'un bulbe de tulipe au stade embryonnaire.

FLORAISON PRINTANIÈRE / PLANTATION AUTOMNALE

PERCE-NEIGE
Une des rares espèces originaires des Pays-Bas.

ANÉMONE BLANDA
De culture facile, sa floraison est précoce

Il existe environ 300 variétés, ou cultivars, de tulipes. Le bulbe de tulipe est exploité sur une superficie de 7 000 ha.

TULIPE BOTANIQUE

TULIPE DE DARWIN

FLORAISON ESTIVALE / PLANTATION PRINTANIÈRE

GLAÏEUL
C'est la plante la plus cultivée après la tulipe.

DAHLIA
Cette plante à rhizome est originaire du Mexique.

BÉGONIA
Il existe de nombreuses variétés de cette plante ornementale.

LIS («LILIUM SPECIOSU RUBRUM»)
Une variété très connue d'un rose e d'un carmin superbe

À Aalsmeer, on peut assister à la vente au cadran traditionnelle. Mais il faut aussi visiter les plantations de tulipes au parc floral de Keukenhof, près de Lisse.

La bulbiculture est une activité essentiellement saisonnière. Pendant les mois d'hiver les horticulteurs pratiquent donc la culture des fleurs en serres chauffées. Cette activité horticole occupe plus de 70 000 personnes ! On dit que les Pays-Bas sont les fleuristes de l'Europe. En effet, ils approvisionnent 70 % du marché mondial.

Plantation des bulbes
On distingue deux périodes de plantations : au printemps et à l'automne.

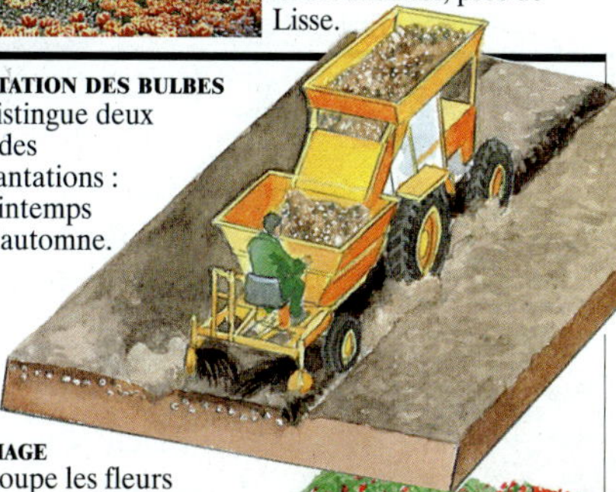

Écimage
On coupe les fleurs peu après la floraison. Ainsi le bulbe en terre profite des réserves nutritives initialement destinées à la fleur.

Récolte des bulbes
Elle se fait deux ou trois mois après l'écimage.

Après la récolte on trie les bulbes ; les plus gros, destinés au forçage, sont stockés à température variable suivant la période de floraison.

Jacinthe
Sa production se limite aux Pays-Bas.

Jonquille
Cette fleur précoce pousse aussi à l'état sauvage.

Acidanthera
Proche du glaïeul, elle est cultivée comme fleur à couper.

Freesia
Cette fleur très parfumée est cultivée pour la coupe.

Les champs de tulipes dessinent de chatoyantes mosaïques de couleur dans le paysage hollandais. Mais, à Amsterdam, il faut aller au marché aux fleurs, qui a lieu du lundi au samedi le long du Singel ▲ *187*.

FROMAGES DE HOLLANDE

À Alkmaar, le marché aux fromages est une véritable fête folklorique.

La tradition fromagère hollandaise s'est forgée sur quelques atouts essentiels qui favorisent l'élevage des vaches laitières : la nature du sol, le climat, la qualité de l'herbe et de l'eau. Dès le Moyen Âge, le principe de fabrication des fromages à pâte pressée, d'une bonne conservation, est mis au point ; on fabrique et on exporte ainsi Edam, Gouda et Mimolette. Aujourd'hui, les Pays-Bas consacrent un tiers de leur superficie à l'élevage et sont devenus le premier exportateur mondial de fromages. L'agriculture et l'industrie laitière très performantes ainsi que le contrôle des produits laitiers développent les techniques les plus modernes.

FRUITÉ DE GOUDA

MIMOLETTE

PIE-NOIRE HOLLANDAISE
C'est à partir de cette laitière remarquable – aujourd'hui la plus répandue à travers le monde – que se sont développés plus de soixante autres races comme la Prim'Holstein.

EDAM

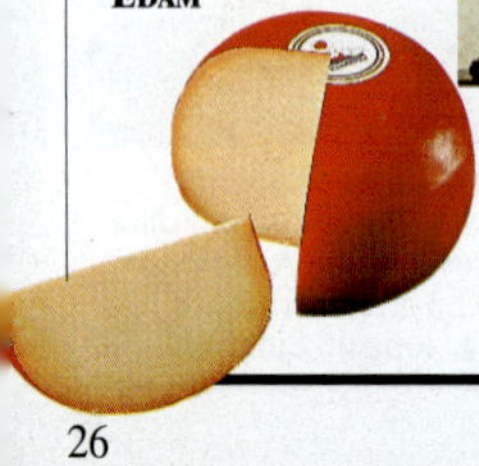

Au lait versé dans une grande cuve, on ajoute une culture de ferment lactique et de la présure.

Le «caillé», découpé et brassé, est séparé du petit-lait pour obtenir une masse de «caillebotte» qui sera ensuite moulée.

Après le pressurage, qui lui donne sa forme, le fromage passe plusieurs jours dans un bain de saumure.

HISTOIRE ET LANGUE

L'Antiquité

Ier siècle avant J.-C. Les Romains occupent les régions marécageuses comprises entre le Rhin et la mer du Nord, où vivent les Bataves. En 69 après J.-C., conduits par Julius Civilis, ceux-ci se révoltent. Civilis réveille l'ardeur guerrière de ses concitoyens et leur fait prêter serment. Au IIIe siècle, les Bataves sont absorbés par les Francs, qui dominent l'ouest de l'Europe.

Le Moyen Âge

800
Charlemagne est couronné empereur d'Occident.

843
Le traité de Verdun consacre le partage de l'Empire carolingien.

962
Constitution du Saint Empire romain germanique.

600-1200. Évêché d'Utrecht. En 695, après l'implantation du catholicisme, Willibrord, moine anglais, est consacré évêque d'Utrecht, importante autorité régionale. Bonifatius est l'un de ses premiers successeurs. Au Xe siècle, après la mort de Charlemagne et la division de son empire, seule Utrecht reste un lieu de pouvoir, mais les comtes de Flandres s'approprient peu à peu un territoire au détriment de l'évêque d'Utrecht. Le comté de Hollande se forme au XIIe siècle, sa frontière avec Utrecht étant constituée par le territoire de la future Amsterdam.

Le premier document officiel citant Amsterdam, en 1275.

1200-1500. Fondation d'Amsterdam. La légende veut que le site ait été découvert par deux pêcheurs frisons, accompagnés d'un chien, dont l'embarcation aurait échoué au confluent de l'IJ et de l'Amstel. C'est là que, vers le XIIIe siècle, fut fondée la ville. Pour se protéger des inondations, les premiers habitants construisirent une digue (*dam*) sur l'Amstel, ce qui a donné Amstellodamme, puis Amsteldam et, plus tard, Amsterdam. Les plus anciens vestiges archéologiques remontent à 1225. Au sein du comté de Hollande, Amsterdam est mentionnée pour la première fois en 1275 sur un document dans lequel le comte Floris V de Hollande exempte la ville de taxe. Elle reçoit sa charte d'autonomie en 1300. Six ans plus tard, débute la construction du premier édifice religieux, qu'on appellera par la suite Oude Kerk. En 1323, le comte de Hollande attribue le droit de péage pour les marchandises entrant dans la ville, plaque tournante pour le commerce. Le miracle de l'hostie, retrouvée intacte dans un brasier, en 1345, provoque la venue de pèlerins. En 1428, la Hollande passe dans le domaine de Philippe le Bon, duc de Bourgogne. Plusieurs incendies ravagent Amsterdam au XVe siècle. Les privilèges des villes sont confirmés, en 1477, par Marie de Bourgogne, épouse de Maximilien, empereur romain germanique, et celui-ci, douze ans plus tard, octroie à la ville le droit d'ajouter à ses armes la couronne impériale en récompense d'un prêt.

1271
Premier voyage de Marco Polo.

La Oude Kerk, bâtie au XIVe siècle au bord de l'Oudezijds Voorburgwal.

1453
Chute de Constantinople.

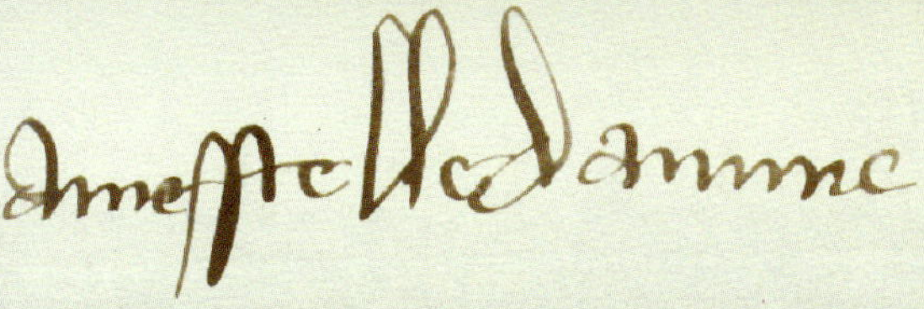

1500-1600 : La Renaissance

Domination espagnole. En 1515, Charles Quint devient, par le jeu des alliances, le souverain de la Hollande et de l'Empire. Vingt ans plus tard, le mouvement anabaptiste, millénariste d'origine allemande, s'implante en Hollande. Il n'accepte pas la validité du baptême des enfants et est sévèrement réprimé. En 1556, Charles Quint abdique, laissant le trône à Philippe II d'Espagne, qui devient roi jusqu'en 1598 et va conduire la guerre contre les protestants, dominés par les calvinistes.

Querelles religieuses et révolte. En 1558, Marguerite de Parme devient régente des Pays-Bas espagnols et réside à Bruxelles. En 1566, le premier service religieux protestant est autorisé en public. Mais, en avril, une pétition *Doleanti* est présentée par la petite noblesse à la régente afin d'obtenir des réformes. Cette «révolte des Gueux» (*geuzen :* mendiants, puis calvinistes) oblige Marguerite à accepter une certaine libéralisation religieuse. À la suite d'une seconde pétition, une vague d'iconoclasme déferle sur les Pays-Bas. Les Hollandais se révoltent contre les Espagnols à partir de 1568, amorçant une guerre qui va durer quatre-vingts ans. Le prince allemand Guillaume d'Orange (1533-1584), dit le Taciturne, désigné comme stadhouder (représentant des seigneurs des provinces) par les dix-sept provinces des Pays-Bas, se soulève avec les Gueux contre l'Espagne, en 1572. Guillaume parvient à sauver Leyde, alors qu'Haarlem tombe aux mains des Espagnols, après un long siège.

Les Provinces-Unies. En 1578, Amsterdam, restée neutre, rejoint finalement le camp des protestants et de Guillaume d'Orange : les catholiques sont expulsés et leurs institutions démantelées. L'année suivante, à la suite de l'Union d'Utrecht entre provinces protestantes, est créée l'union des Sept Provinces. La Haye devient le siège de la cour et des états généraux. En 1581, le souverain espagnol Philippe II n'est plus reconnu par les Sept Provinces qui forment une république, les Provinces-Unies. Amsterdam reçoit alors un afflux d'immigrants, riches marchands d'Anvers et juifs du Portugal, qui fuient les persécutions.

Charles Quint (1500-1558).

1492
Christophe Colomb découvre l'Amérique.

1509
Naissance de Jean Calvin.

1517
Réforme luthérienne.

Bataille navale entre Hollandais et Espagnols près d'Haarlem, le 26 mai 1573, par H. C. Vroom.

«Est-il ou n'est-il pas Guillaume d'Orange, Que Dieu le laisse devenir grand, Préservez-le de la mort, ce petit bonhomme.»

1588
Défaite de l'Invincible Armada (fin de la suprématie maritime espagnole).

Le théologien Voétius (1588-1676) s'opposa aux remontrants et à Descartes.

1600-1700 : Le Siècle d'or

Le port d'Amsterdam au XVIIe siècle.

Une ère de richesse. Au tournant du siècle, la prospérité hollandaise est telle qu'Amsterdam devient pour des décennies le grenier de l'Europe. Après les expéditions de la fin du XVIe siècle, des navires partent pour un second voyage vers les Indes, le Japon, Ceylan et l'Indonésie. En 1602, la Compagnie des Indes orientales (V.O.C.) est fondée, dotée d'un large pouvoir commercial et militaire. Et, en 1609, Henry Hudson tente de trouver un passage par l'ouest et découvre le site de La Nouvelle-Amsterdam, fondée par Pieter Stuyvesant en 1625, qui deviendra, quarante ans plus tard, New York. La même année, la trêve de Douze-Ans est signée avec l'Espagne. C'est aussi le début d'affrontements entre protestants, remontrants et gomaristes. La population amstellodamoise augmente fortement, à la suite d'une intense période d'immigration qui se prolongera tout au long du siècle : en 1622, la ville compte 105 000 habitants, puis 120 000 en 1630 et 200 000 en 1675. On élabore donc des projets d'extension de la ville. Amsterdam, entrée dans une ère de richesse sans égal, inaugure en 1611 sa Bourse des grains et des monnaies. Et en 1622 est créée la Compagnie des Indes occidentales. Cinq ans plus tôt, le synode de Dordrecht est intervenu, contrairement à la Constitution, dans les conflits religieux de chaque État et a tranché en faveur du calvinisme orthodoxe contre les remontrants. Le représentant des états généraux (le stadhouder) Maurice fait condamner à mort pour trahison le grand pensionnaire de Hollande (chef de l'administration) Oldenbarnevelt, partisan de la paix avec l'Espagne et de la pluralité religieuse. En 1630, la liberté des cultes est instituée. Rembrandt s'installe à Amsterdam l'année suivante, alors que la cité se transforme en un grand marché de la peinture. En 1642, Abel Tasman découvre la Tasmanie, future Australie, et la Nouvelle-Zélande : la marine hollandaise est alors au faîte de sa puissance. Et en 1648, le traité de Münster met fin à la guerre avec l'Espagne. Deux ans plus tard, le grand

Entrée de Marie de Médicis à Amsterdam en 1638.

1609
Le Hollandais Grotius proclame le principe de la liberté des mers dans De Mare Liberum.

1628
Descartes aux Pays-Bas.

Pieter Stuyvesant (1592-1672).

Bataille navale entre Néerlandais et Anglais.

pensionnaire de Hollande, installé à Amsterdam, décide de ne plus entretenir d'armée. Opposé à cette décision, le stadhouder Guillaume II envahit la ville, mais meurt trois mois après. Nouveau grand pensionnaire, Johan de Witt refuse la nomination d'un stadhouder en 1654.

GUERRES CONTRE L'ANGLETERRE. La même année, l'Angleterre décrète l'Acte de navigation, favorisant la marine britannique, ce qui provoque une première guerre avec les Provinces-Unies, puis, en 1665, un second conflit. L'amiral de Ruyter met le feu à la flotte anglaise, basée sur la Tamise. Les deux pays signent, en 1667, la paix de Breda : l'Angleterre et les Provinces-Unies se répartissent leurs domaines coloniaux. La paix ne dure pas puisqu'en 1672 c'est la troisième guerre contre l'Angleterre et, en même temps, l'invasion des Provinces-Unies par Louis XIV, stoppé à 25 km d'Amsterdam par l'ouverture des écluses de l'Amstel. Les protestants français se réfugient à Amsterdam à partir de 1685, après la révocation de l'édit de Nantes. En 1697, le tsar Pierre le Grand effectue incognito son premier voyage en Hollande, afin de se familiariser, notamment, avec la construction navale.

Johan de Witt (1625-1672).

Réunion des états généraux à La Haye en 1651.

XVIIIe SIÈCLE : L'AFFAIBLISSEMENT

DOMINATIONS ÉTRANGÈRES. Malgré la concurrence de la France et de l'Angleterre, de plus en plus puissantes, Amsterdam demeure quelques temps riche et active, surtout en raison de son commerce colonial. Les fraternités et les sociétés savantes se développent, avec notamment l'ouverture de *Felix Meritis* en 1788. Mais, au cours de la guerre de 1780-1784, les Anglais démantèlent la flotte des Provinces, afin d'en écarter définitivement la concurrence. Dans le même temps, se forme à Amsterdam un parti patriote inspiré de la révolution américaine, que la France aide et reconnaît en 1782. En 1787, Frédéric-Guillaume II, roi de Prusse, occupe Amsterdam pour soutenir son beau-frère, le prince d'Orange, ce qui oblige les patriotes à s'exiler à Paris. Peu après, ils reviennent, escortés par les troupes françaises de la Révolution qui, après les batailles de Wattignies et Fleurus (1795), envahissent le pays et instituent la République batave, sous étroit contrôle français. Plusieurs constitutions aboutiront au royaume de Louis, frère de Napoléon, de 1806 à 1813. Amsterdam paiera, durant cette période, un lourd tribut à la France.

1689
Stadhouder des Pays-Bas, Guillaume d'Orange devient roi d'Angleterre (Guillaume III).

1787
Adoption de la Constitution américaine.

Entrée des Prussiens à Amsterdam, le 10 octobre 1787, par la Leidsepoort.

1789
Début de la Révolution française.

LES XIXe ET XXe SIÈCLES

8 octobre 1811 : on remet à Napoléon les clés de la ville.

1815
Bataille de Waterloo.

Le premier navire à vapeur entre dans le port d'Amsterdam en 1816, par N. Baur.

DE L'EMPIRE À L'INDÉPENDANCE. À l'orée du XIXe siècle, l'Empire français domine l'Europe et les Pays-Bas. De 1806 à 1810, Louis Bonaparte, frère de Napoléon, s'installe comme roi à l'hôtel de ville du Dam, où il est notamment chargé de veiller au maintien du blocus contre l'Angleterre, qui est un désastre économique. Napoléon visite Amsterdam le 8 octobre 1811 pour inspecter les ports et les plages, en vue de préparer son grand projet de débarquement en Angleterre. En 1813, la ville se révolte contre la France, chasse l'occupant et devient la capitale du royaume de Belgique et des Provinces-Unies. Guillaume d'Orange est choisi comme souverain sous le nom de Guillaume 1er. En 1830, la Belgique deviendra un royaume à part entière.

TRANSITIONS ÉCONOMIQUES ET SOCIALES.
Amsterdam ne s'adapte pas immédiatement à la révolution industrielle, et accuse un certain retard économique par rapport aux grands pays européens. De 1824 à 1876, un projet de canal reliant la cité à la mer du Nord est peu à peu mené à bien. Les navires évitent ainsi le contournement du nord de la Hollande et le Zuiderzee, et il faut désormais simplement quatre heures aux vapeurs pour faire ce trajet. À partir de 1850, l'économie repart, et on note une reprise notable de la croissance de la population citadine. Pourtant, de 1854 à 1873, la municipalité se dégage de l'aide aux pauvres. Des industries de luxe, chocolat, bière, diamants, eau de Cologne, assurent à la ville une bonne réputation. Un plan de travaux, en 1882, prévoit la Gare centrale, le Rijksmuseum, le Concertgebouw alors qu'on revient à une politique municipale d'aide sociale, et que le socialisme progresse parmi les ouvriers (12 % des voix en 1901). Ferdinand Domela Nieuwenhuis joue un rôle fondamental au sein du socialisme hollandais. Au début du XXe siècle, la population ouvrière s'accroît à Amsterdam et la municipalité développe des programmes d'urbanisme public (loi d'urbanisme et de logement de 1901) : le style si spécifique de l'école d'Amsterdam prend forme et se développera considérablement par la suite. Restés neutres pendant la Grande Guerre, les Pays-Bas sont cependant touchés par des restrictions alimentaires. En 1932, la digue du nord du Zuiderzee est achevée, le transformant en mer intérieure. Dans les années 30, les Pays-Bas subissent la crise économique mondiale. Ainsi, en 1934, le Jordaan, quartier populaire, se soulève contre la misère et le chômage. Un nouveau plan d'extension de la ville voit alors le jour.

1869
Inauguration du canal de Suez.

Ferdinand Domela Nieuwenhuis (1846-1919)

Juliana succède à Wilhelmine (1880-1962) en 1948.

«Au fil des siècles, le plan d'Amsterdam est devenu un signe toujours plus complexe, un idéogramme chinois [...] à la signification immuable. La terre est le papier, l'eau, l'encre.» Cees Nooteboom

1940. Seconde Guerre mondiale. Le 10 mai 1940, alors que les Pays-Bas étaient restés neutres, Rotterdam est bombardée, et le pays occupé par les Allemands. La reine Wilhelmine s'exile à Londres. Le 25 février 1941, dans Amsterdam occupée, les dockers et les travailleurs des transports protestent, par une grève, contre la déportation des juifs. En 1942, les Japonais envahissent les colonies néerlandaises d'Asie. Et le 15 juillet 1944, Anne Frank est arrêtée. La jeune fille ne reviendra pas de déportation. En 1945, les Pays-Bas, dévastés, sont tardivement libérés par les Alliés : quelques jours avant la capitulation allemande, Amsterdam retrouve sa liberté. En 1949, après deux ans de guerre, l'Indonésie obtient l'indépendance.

L'après-guerre. Les années 1950 marquent le retour à la prospérité et, avec elle, les Pays-Bas connaissent une remarquable croissance démographique. Amsterdam se développe, atteignant son maximum de population en 1963 avec 868 000 habitants. La municipalité pratique une politique sociale qui ne suffit pas à contenir les nombreux mouvements sociaux dont celui des Provos (provocation), fondé par Roel van Duyn, est le fer de lance à partir de 1964. En mars 1966, opposé à l'ordre établi, il manifeste contre le mariage de la princesse Beatrix (née en 1938), future reine, avec un Allemand. C'est à cette époque que les Provos entrent au conseil municipal, au sein duquel sont débattues les importantes questions de surpopulation et de forte immigration. Dans les années 1970, la politique libérale en matière de drogue fait de la ville la capitale européenne du mode de vie hippie. De violentes manifestations, en 1975, s'opposent à la construction du métro qui nécessite la disparition du vieux quartier juif, ainsi qu'aux importants projets d'urbanisation autour de Waterlooplein. Au tournant des années 1980, un mouvement d'occupation des logements laissés vides par les spéculateurs prend de l'ampleur : les squatters font parler d'eux. En 1986, sur l'emplacement contesté de Waterlooplein, un nouvel hôtel de ville et un théâtre de la musique sont inaugurés sur le même site, vite surnommé «Stopera». En 1990, on discute ferme autour de nouveaux projets d'urbanisme au nord de la ville, et un casino ouvre à la place d'une prison. 1991 est marquée par le centenaire de la mort de Van Gogh et le grand succès de l'exposition consacrée au maître. En mars 1992, les Amstellodamois votent sur les restrictions de circulation dans le périmètre historique, et seuls les habitants du centre ville se prononcent clairement contre les automobiles. Le très faible taux de participation remet en question la validité du scrutin.

1948
Juliana (née en 1909) accède au trône des Pays-Bas après l'abdication de Wilhelmine.

5 mai 1945 : les troupes alliées entrent dans Amsterdam.

1949
Indépendance de l'Indonésie.

1957
Les Pays-Bas sont cosignataires du traité de Rome, instituant la Communauté européenne.

Inondations en 1953. La province de Zélande est sinistrée.

Manifestation des Provos dans les années 1960.

La reine Beatrix, souveraine des Pays-Bas depuis 1980.

Amsterdam vers 1550, représentée par Antonie Van den Wyngaerde (ci-contre).

Spécialité amstellodamoise, la cartographie se développe considérablement grâce aux grands éditeurs d'atlas, dont les Blaeu sont les plus célèbres représentants ● *41.* Depuis le XVIe siècle, la capitale de la Hollande est donc maintes fois représentée sous forme de plans et de vues générales ▲ *168.* Ces documents retracent fidèlement les différentes phases du développement urbain, très planifié. Phénomène unique pour une ville européenne de cette importance : les habitants ont toujours contrôlé l'expansion de leur cité.

LES PREMIERS SIÈCLES. La fondation d'Amsterdam remonte au XIIIe siècle. Le premier village, Amstellodamme, s'établit au confluent de l'Amstel et de l'IJ. Aux abords est et ouest se développent Zeedijk, Nieuwendijk et Haarlemmerdijk, et ensuite, l'Oudezijds, à l'est, avec la Oude Kerk (ancienne église) de 1306, et le Nieuwezijds, à l'ouest, avec la Nieuwe Kerk (nouvelle église) de 1408. Pendant le premier quart

du XVe siècle, on creuse de nouveaux canaux : Geldersekade et Kloveniersburgwal du côté est, Singel à l'ouest. La plus ancienne carte de la ville, conservée de nos jours, est dessinée en 1538 et gravée en 1544 par Cornelis Anthonisz (vers 1499-1556). La cité est entourée de remparts construits à la fin du XVe siècle. Jacob Van Deventer (vers 1500-1575) représente Amsterdam et ses environs vers 1560 (à gauche). On voit très bien, à l'ouest de l'enceinte, les fossés qui deviendront plus tard les canaux du Jordaan. Dès 1585, la ville s'élargit autour de l'Oude Schans et, en trois quarts de siècle, plusieurs phases d'extension suivront. Lors de la première, en 1593, de nouveaux canaux sont creusés (depuis, certains ont été comblés), rattachant à la ville un nouveau quartier, autour de l'actuelle Waterlooplein, qui deviendra le quartier juif d'Amsterdam.

DU XVIIe SIÈCLE À NOS JOURS. L'extension suivante, décidée par la municipalité en 1610, est si ambitieuse qu'il faudra plus de deux siècles pour aménager l'ouest et le sud de la vieille ville en creusant les trois canaux les plus célèbres : Herengracht, Keizersgracht et Prinsengracht. On prévoit de protéger ces nouveaux quartiers grâce à un canal défensif avec remparts, le Singelgracht. Au début du XVIIe siècle, les autorités de la ville ordonnent le creusement du Brouwersgracht au nord-ouest. Les Herengracht, Keizersgracht et Prinsengracht sont ensuite percés jusqu'au Leidsegracht, et les travaux prennent fin vers 1660. Si les trois principaux canaux forment une zone résidentielle pour les familles patriciennes, le Jordaan, créé en dehors de la nouvelle enceinte, abrite les classes laborieuses.

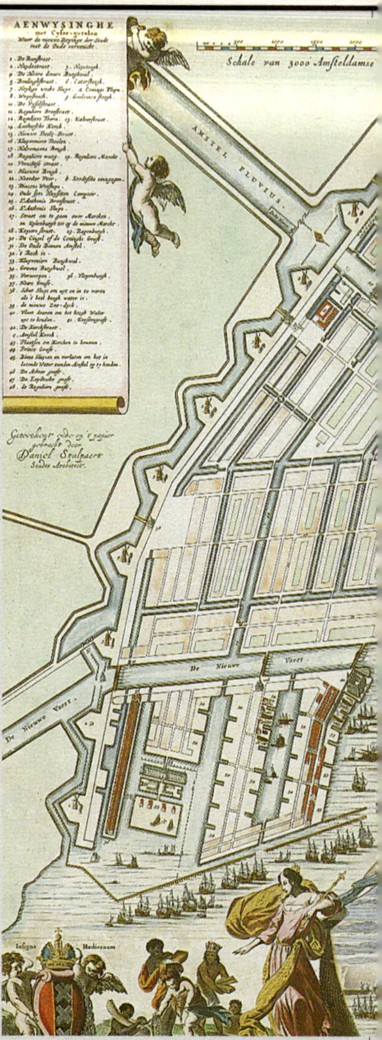

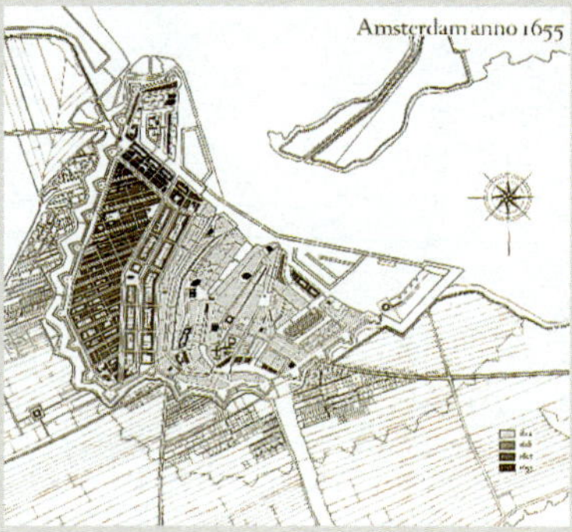

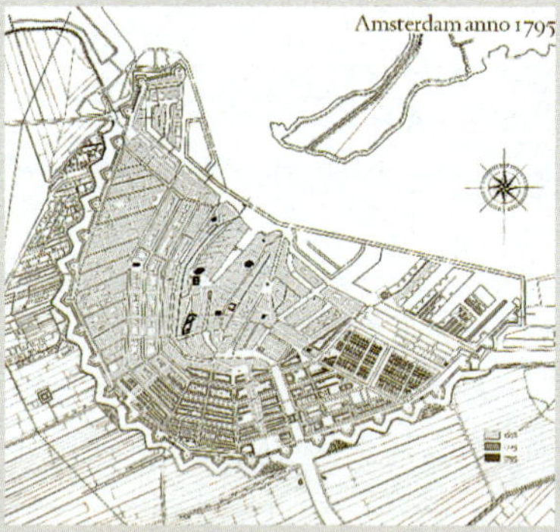

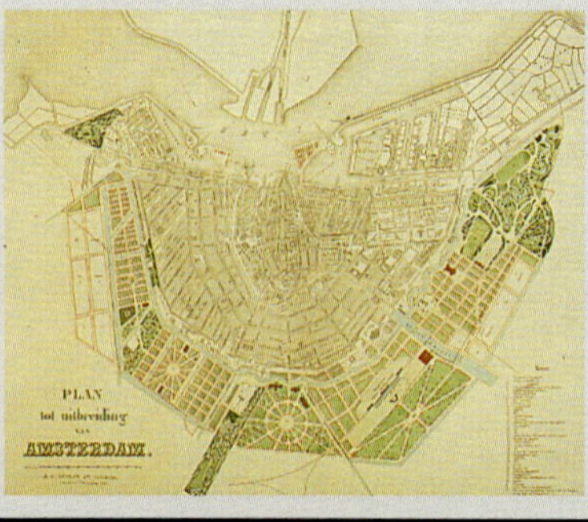

La quatrième extension, à partir de 1658, complète le plan de 1610. On prolonge les canaux jusqu'à l'Amstel et au-delà, vers l'IJ. La carte dessinée par Daniel Stalpaert (1615-1676), architecte de la ville, date de 1662 : elle sera imprimée et éditée par Nicolaas Visscher (ci-dessus). La quatrième extension en cours est clairement lisible sur cette gravure sur cuivre. Pendant plus de deux siècles, la ville se maintiendra dans ses limites en forme de croissant. Au XIXe siècle, un groupe de citoyens fortunés et cultivés souhaitent sortir Amsterdam de sa torpeur. L'un de ces grands pionniers est Samuel Sarphati (1813-1866) très actif dans les domaines de la santé publique, de l'éducation commerciale, du service de la voirie. Dans la continuité de ces actions, l'ingénieur de la ville J. Van Niftrik propose un plan en 1867 :

Ce dessin de P.J. Otten représente le canal de la mer du Nord, ouvert en 1876, permettant la renaissance du port d'Amsterdam.

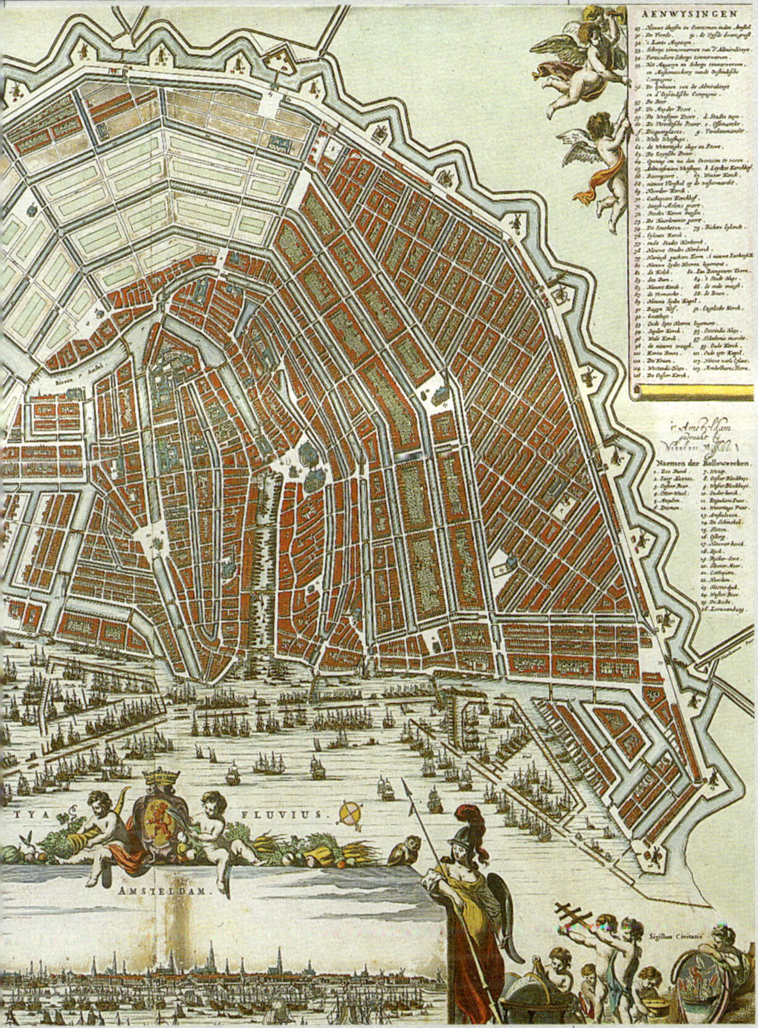

une impressionnante ceinture autour de l'ancienne ville, où logements, industries et parcs doivent se compléter harmonieusement (en bas à gauche). En réalité, tout sera réalisé d'une manière beaucoup moins idéale, selon le projet de Kalff, directeur des Travaux publics (1878). Inauguré en 1877, le Vondelpark constitue une extension luxueuse au sud-ouest de la ville, autour de laquelle s'articule un nouveau quartier résidentiel. Au début du XXe siècle, la capitale annexe quelques communes limitrophes et son territoire quadruple entre 1898 et 1921. H. P. Berlage lance son plan pour Amsterdam Sud, accepté par la municipalité en 1917 et réalisé entre 1920 et 1930. La ville conçoit dans la foulée un plan général d'extension à terminer en l'an 2000 : tous les nouveaux quartiers sont construits de manière à conjuguer pistes cyclables, verdure, larges avenues, et logements équilibrés entre secteurs à loyers modérés et zones plus résidentielles. La carte ci-dessous (1990) montre l'ampleur de ces réalisations : la ville s'étend sur 20 000 ha.

SPINOZA (1632-1677) Théoricien de «l'amour de Dieu», il combat le dogmatisme théologique qui sépare les communautés.

«Lorsque les lois d'un État ont cru devoir souffrir plusieurs religions, il faut qu'elles les obligent aussi à se tolérer entre elles.» Tour à tour catholique et réformée, perpétuel creuset de nationalités et de religions multiples, Amsterdam a pu mettre en pratique ce précepte de Montesquieu extrait de *l'Esprit des Lois.* L'application, par des esprits rompus aux échanges commerciaux, du principe calviniste de «liberté de conscience» a favorisé, depuis trois siècles, une forte tradition de tolérance. Les mentalités s'en sont profondément imprégnées, séduisant bon nombre d'étrangers, émigrés et intellectuels humanistes, participant de cette cohérente diversité...

PIERRE BAYLE (1647-1706) D'origine française, il prend parti pour l'athéisme contre l'idolâtrie dans les *Pensées sur la comète.*

FRANCISCUS GOMARUS (1563-1641) Fervent défenseur d'une conception rigoriste de la prédestination : théorie calviniste selon laquelle quelques élus gagnent leur salut par la seule grâce de Dieu. À partir de 1604, il s'oppose à Arminius, adepte d'une doctrine plus modérée.

«LA PÊCHE DES ÂMES» de A. P. Van de Venne (1589-1662) évoque la rivalité entre les religions pendant la trêve de Douze-Ans entre les Provinces-Unies et l'Espagne (1609-1621). À gauche, parmi les protestants, outre Maurice de Nassau, se trouvent plusieurs souverains européens dont le jeune roi Louis XIII, catholique. À droite, les catholiques sont menés par l'évêque, dans une embarcation.

LA JÉRUSALEM DU NORD Dès la fin du XVIe siècle, Juifs portugais puis allemands trouvent refuge à Amsterdam, qui leur offre une liberté de culte alors unique en Europe. Cantonnés dans l'est de la ville, ils furent décimés pendant les années 1940-1945 malgré la résistance des Amstellodamois.

Conflit entre calvinistes rigoristes et modérés (A. Van der Eyck, 1684-1724)
En 1610, les adeptes d'Arminius adressent aux États de Hollande une supplique, ou Remontrance, s'élevant contre l'intransigeance de la théorie prônée par Gomarus. Celui-ci, à la tête des Contre-Remontrants, obtient finalement la reconnaissance de sa doctrine en 1618 au Synode de Dordrecht. Le glaive du stadhouder Maurice de Nassau, représenté ici en habit éclatant parmi les pasteurs, aurait contribué à faire pencher la balance... ● *30*

Les huguenots, diffuseurs de la culture européenne
La Hollande, sorte de «carrefour des nations» où venaient étudier de nombreux étrangers, sera le plus important refuge pour les huguenots français contraints à l'exil. Ils contribueront à faire d'Amsterdam un foyer cosmopolite des idées en créant, notamment, de grands journaux européens, tel les *Nouvelles de la République des Lettres* de Pierre Bayle (1683).

Les catholiques
Jusqu'en 1578, Amsterdam est une ville catholique. La Réforme va condamner à deux siècles de semi-clandestinité cette religion, symbole de l'envahisseur espagnol et du pouvoir de la papauté. Jusqu'en 1815, les catholiques, bien que tolérés, sont contraints à une extrême discrétion, officiant dans le plus grand secret. Ils ne retrouveront le libre et public exercice de leur culte qu'à la fin du XIXe siècle ▲ *137*.

De l'intolérance à la tolérance

Ville refuge Amsterdam, «la grande arche des fugitifs» (Pierre Bayle), a su perpétuer sa tradition de terre d'asile. Au XVIIe siècle, les immigrés pouvaient y acheter leur droit de citoyenneté, le *poortershap.* Actuellement, ils représentent 25 % de la population.

Squat toléré Au début des années 1970, Amsterdam devient l'une des capitales du mouvement des squatters ▲ *127,* et s'en accommode. Ici, le n° 201 Spuistraat et son mural.

La vague d'immigration qui a suivi l'indépendance du Surinam, ancienne Guyane hollandaise, en 1975, a conduit Amsterdam à abriter la seconde communauté surinamaise au monde. Indonésiens, Turcs et Marocains, quant à eux, se sont installés à la périphérie de la ville (ci-dessous et en bas).

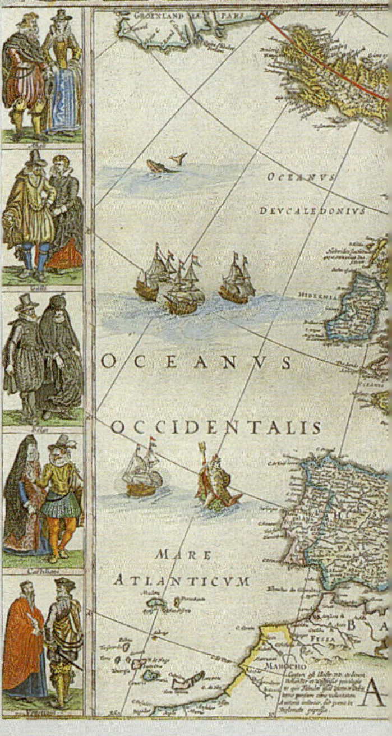

Prostitution tolérée À proximité du port, le quartier rouge, de la couleur des lanternes qui le jalonnent, est le haut lieu de la prostitution ▲ *136.*

«Nulle nation moderne ne joignit avant vous
la liberté et la richesse.»

Mirabeau

Drogue tolérée
La politique d'Amsterdam en matière de toxicomanie est très libérale. Les drogues dites douces à usage personnel sont en vente libre dans certains *coffeeshops*, tandis que des camions distribuent gratuitement de la méthadone, produit de substitution des drogues dures.

Au XVIIe siècle, se mettent en place à Amsterdam de véritables puissances éditoriales. Les atlas monumentaux de Jan Blaeu (1598-1673) comme les classiques littéraires de la dynastie Elzevier témoignent à l'échelle européenne du dynamisme culturel de la ville ● *54*.

René Descartes
(1596-1650)
"Quel autre pays où l'on puisse jouir d'une liberté si entière [...] ?" ● *99*

Expression libre
Au confluent de cultures et de courants de pensées si contrastés, Amsterdam fut, au XVIIe siècle, un lieu privilégié du commerce des idées, vite relayé par la liberté d'imprimer. Celle-ci permit une large diffusion de nouveaux moyens de connaissance, comme la cartographie ● *34* qui, dans une ville si cosmopolite, éveillait de nombreuses curiosités.

Cartouche sur une façade d'Amsterdam : «L'art d'écrire».

Du néerlandais au français
Les bons vivants doivent rendre hommage au néerlandais en saluant des mots tels bière (de *bier*), houblon (de *hoppe*), brandy (de *brandewijn*, «vin cuit»), bitter (de *bitter*, «liqueur amère»).

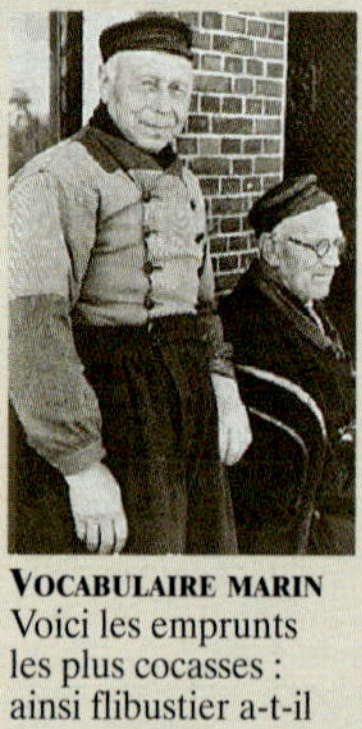

Vocabulaire marin
Voici les emprunts les plus cocasses : ainsi flibustier a-t-il pour origine *vrijbuiter* (celui qui obtient librement un butin) ; matelot, *mattenoot* (compagnon de hamac) ; scorbut, *scheurbuik* (ce qui déchire le ventre) ; amarrer, *aanmaren* (attacher) ; yacht, *jacht* (le chasseur).

Histoire du néerlandais

Un bel exemple de pluralité linguistique. Le néerlandais est issu de dialectes du Moyen Âge parlés le long de la mer du Nord : le flamand, le brabançon et le hollandais. La langue néerlandaise se développe à partir du flamand, puis se répand progressivement à l'est en s'enrichissant d'éléments brabançons et s'épanouit au XVIIe siècle en Hollande. Le néerlandais est donc la synthèse de ces trois dialectes germaniques.

L'évolution de la langue. Au Moyen Âge, les idiomes parlés le long de la mer du Nord étaient appelés, dans les dialectes locaux, *dietsch* ou encore *duutsch*. Ce terme a donné *deutsch*, la langue allemande, et *dutch* qui est le terme anglais pour le néerlandais d'aujourd'hui. Ce mot *dietsch* signifie «ce qui appartient au peuple» par opposition au latin, la langue savante, mais ce terme masque la diversité des dialectes dans ces régions littorales. On n'écrit pas de la même plume à Bruges, à Anvers ou à Amsterdam. À compter du XIIIe siècle, les dialectes flamands joueront un rôle de premier ordre dans ces régions. Il faut se remémorer la grandeur et la puissance économique des villes flamandes comme Bruges ou Gand pour comprendre le prestige du flamand, qui nous a légué de brillants monuments littéraires, comme *Le Roman de Renart*. Au XVe siècle, l'hégémonie passe de la Flandre au Brabant (Bruxelles, Anvers, Bois-le-Duc) qui se transforme en un grand centre politique et économique. Grâce à ce rayonnement, l'élément brabançon occupe désormais une grande place au sein de ces dialectes. Les troubles religieux du XVIe siècle entraînent la séparation de l'actuelle Belgique néerlandophone des provinces septentrionales ● *29*. Bon nombre de Flamands et de Brabançons émigreront, souvent pour des raisons religieuses, vers le nord dans le courant du Siècle d'or des Provinces-Unies (XVIIe siècle). La langue châtiée et cultivée de ces immigrants «méridionaux» exercera une grande influence sur les dialectes hollandais. C'est donc dans cette Hollande, qui avait fourni asile à des milliers de Flamands et de Brabançons, que le néerlandais prit sa forme définitive. Au sommet de sa gloire, Amsterdam fonctionne alors comme un creuset linguistique dans lequel s'est élaborée la langue néerlandaise que nous connaissons aujourd'hui.

Apport du néerlandais au français

Le néerlandais a joué un rôle non négligeable dans l'important échange linguistique européen. Si les termes français fourmillent en néerlandais, les emprunts faits au néerlandais dans notre langue sont bien plus nombreux qu'on ne le penserait d'emblée. L'essor économique de la Flandre au Moyen Âge et de la Hollande au XVIIe siècle a laissé bien des traces dans notre lexique. On peut s'étonner de découvrir une origine néerlandaise pour les termes suivants : colza vient de *koolzaad* (graine de choux) ; pamplemousse, de *pompelmoes* (gros citron) ; bivouac, de *bijwake* ; frelater, de *verlaten* (transvaser). Mais c'est avant tout pour des centaines de termes maritimes que la langue française reconnaît sa dette au néerlandais. Les Pays-Bas ont toujours été une nation de navigateurs et ses chantiers navals ont fait école dans l'Europe du XVIIe siècle.

Région néerlandophone

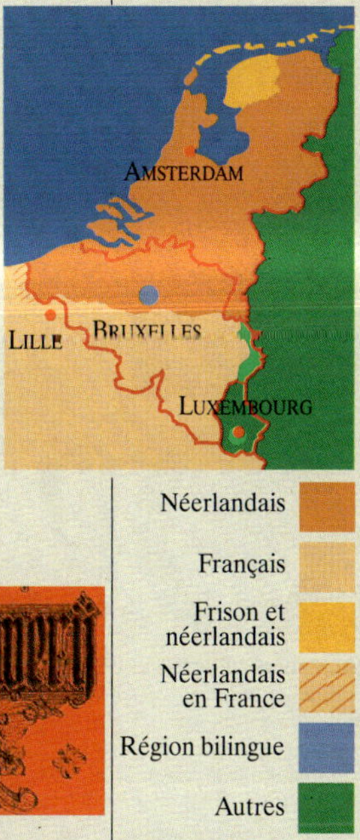

Le néerlandais – on a dit le hollandais jusqu'au XIXe siècle – est une langue germanique, à mi-chemin entre l'anglais et l'allemand. Sa prononciation semble gutturale à l'oreille francophone. Le néerlandais possède des spécificités régionales. En dehors des Pays-Bas, il est parlé dans la moitié de la Belgique et dans les Flandres françaises.

Noms de personnes

Échangez votre carte de visite avec vos amis néerlandais, et l'exotisme linguistique sera vite à son comble. Cette jeune personne que vous appeliez Jo déclinera officiellement son identité par Johanna J. M. D. Van Leeuwen-Waterdrinker. En effet, tous les Néerlandais font la distinction entre leur prénom familier et leurs prénoms d'état civil. Ainsi derrière les diminutifs Bas et Dorien, se cachent un Sebastian et une Theodora. Il n'est pas rare que sur une carte de visite, ce prénom officiel soit suivi de trois ou quatre autres prénoms souvent réduits à leurs initiales. Quant au nom de famille, les femmes mariées y adjoignent assez facilement leur nom de jeune fille.

Scène de classe L'enseignement obligatoire a été institué aux Pays-Bas le 7 juillet 1900, et a permis d'harmoniser le langage dans tout le pays.

"La ville est un livre ouvert, le promeneur est son lecteur." (Cees Nooteboom, ci-dessous, célèbre écrivain néerlandais, né en 1933) ● *112*.

En cas d'études universitaires couronnées de succès, il est de bon ton de signer son nom en le faisant précéder de Dra pour une femme (du latin *Doctoranda :* qui peut se présenter au doctorat, terme utilisé par les personnes ayant fait cinq ou six ans d'études) ou de Drs *(Doctorandus)* pour un homme.
Un nom de famille qui commence par «Van», l'équivalent du «de» français, n'est pas forcément un signe de noblesse. «Van» indique seulement l'origine géographique des ancêtres. Typiquement hollandais sont les noms en -sen comme Janssen, «fils de Jan». Dans l'annuaire téléphonique d'Amsterdam, on trouve souvent des noms à consonance française tel Dupond, assurément des descendants des huguenots exilés, même si bien des noms ont été traduits, comme Legrand en De Groot.

LE NÉERLANDAIS À AMSTERDAM

Vous entendrez souvent parler le hollandais. Il est vrai que de nombreuses caractéristiques du dialecte hollandais – notamment sa prononciation gutturale – sont sensibles à Amsterdam. Mais, plutôt que hollandais, il faudrait dire *Amsterdams*, la langue de la ville, signe de fierté et de ralliement pour tout natif amstellodamois. Au dire des gens de Haarlem qui se targuent de parler le néerlandais le plus pur, l'*Amsterdams* est un idiome bâtard. Les habitants de la région de La Haye, qui ont souhaité raffiner leur langue, parlent le *Bekakt*, c'est-à-dire l'affecté, et considèrent l'*Amsterdams* comme un dialecte vulgaire. En fait, l'amstellodamois, à l'image de l'histoire de la ville, a souvent intégré les apports étrangers : il utilise quantité de mots ou de tournures d'origine huguenotte (française) ou juive (hébreu ou yiddish). L'habitant de très vieille souche appelle sa ville *mokum*, de l'hébreu *makom* (le lieu sacré). Sans forcément faire partie de la communauté juive, il vous donnera des nouvelles de sa *mispooche,* de l'hébreu *mischpacha* (famille). *Kapsones maken,* qui signifie faire des chichis, vient de l'hébreu *kapsones*, fatuité. De plus, 15 à 20 % du vocabulaire néerlandais et, a fortiori, de l'amstellodamois est d'origine française. L'apport des huguenots se retrouve dans le nom du Jordaan ▲ *238*, qui viendrait du mot jardin, et dans des expressions telles que *in de merode zitten*, être dans le pétrin (*merode* vient de maraude), ou encore *op zijn ponteneur zijn* (mettre un point d'honneur à).

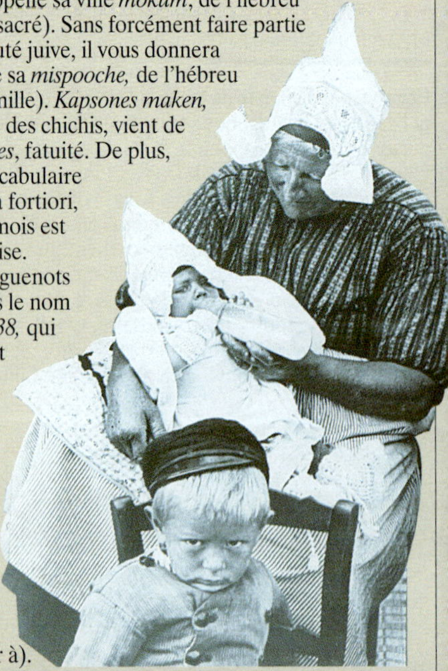

LES NOMS DE LIEUX
Leur signification éclaire parfois sur un point historique ou une activité passée. Le port médiéval s'appelle Oude Schans (vieille fortification) car il se situe à l'emplacement des anciens murs d'enceinte ● *34*.
La Warmoesstraat (rue aux Légumes) fait référence au passé commerçant de cette artère. La traduction se révèle parfois surprenante. Ainsi, Nieuwendijk (Nouvelle Digue) est en fait la digue la plus ancienne de la ville.

LITTÉRATURE
Qui veut parfaire ses connaissances en amstellodamois, doit relire G. A. Bredero (1585-1618) ▲ *153* et Simon Carmiggelt (1913-1987), deux auteurs qui ont transmis la verve et l'esprit de ce parler truculent.

Art de vivre

La plupart des grandes fêtes amstellodamoises sont autant d'occasions d'évoquer le passé marchand de la ville. Tout se passe dans la rue, où la liesse générale sert de prétexte à l'organisation de cortèges, jeux et spectacles. Ces traditions sont restées remarquablement vivantes. Parmi les plus spectaculaires, le jour anniversaire de la reine, qui voit toute la ville d'Amsterdam se transformer en une grande braderie. Autre grande fête populaire, la Saint-Nicolas est célébrée en mémoire du saint patron des marchands, des marins et des enfants.

6 décembre, «Sinterklas», la Saint-Nicolas
Trois semaines avant sa fête, *Sinterklas* arrive par l'IJ à bord d'un remorqueur. Il défile sur son cheval blanc, tandis que son cortège de *Zwarte Pieten* (pères fouettards) jette aux enfants des poignées de *pepernoten*, biscuits au gingembre.

Le 5 décembre au soir, dans chaque maison, un membre de la famille, la main revêtue d'un gant noir, frappe à la porte et abandonne dans la pièce principale un panier de cadeaux, des gâteaux et un poème satirique signé *Sint.*

La fête
Cette aquarelle de 1864 (à droite) montre l'engouement traditionnel des Hollandais pour les kermesses. Certains jeux anciens sont toujours pratiqués avec enthousiasme, tel le *Kop van jut* (les costauds mesurent leur force en tapant sur un gros clou pour

faire sonner une cloche en haut d'un poteau). Concerts en plein air, théâtre de rue, tournoi de dames sur la place du Dam ou fêtes d'eau, comme celle donnée en l'honneur de la visite de Marie de Médicis en 1638 (en haut) : les Amstellodamois n'en finissent pas de festoyer.

Le jour de la Reine
La reine Beatrix des Pays-Bas a conservé la tradition qui fixe au 30 avril, jour anniversaire de la reine mère Juliana, la fête célébrée en son honneur. La ville se transforme en un vaste marché libre de taxes, à l'origine organisé par des enfants, et, pour évoquer la famille d'Orange, tout le monde porte un accessoire de cette couleur. Ce tableau (ci-dessus) montre l'ambiance bariolée qui règne ce jour-là.

Dans cette ville où la musique est reine, tous les genres ont leurs temples. Certains accueillent les passionnés de jazz et de rock, d'autres, les amoureux du classique. Chaque année, 14 000 concerts sont donnés dans divers lieux créés à cet effet mais aussi dans les musées, les églises et en plein air. En se promenant, on croise des musiciens ambulants, jeunes ou plus âgés, en groupe ou solistes, jouant de la musique classique ou plus moderne dans la rue comme sur les canaux.

ORGUES DE BARBARIE
Dans le Jordaan ▲ *235*, on peut découvrir les sublimes orgues de Barbarie de la collection Perlee. L. Van Leeuwen, dernier descendant

d'une véritable dynastie née en 1875, les collectionne, les restaure amoureusement et les loue.

LES CONCERTS
Dans le fameux Concertgebouw, édifié en 1888, à l'acoustique parfaite, l'orchestre symphonique résident que dirige Riccardo Chailly a une réputation internationale ▲ *216*. Son premier violon a même ses fans ! Le Muziek-theater, construit en 1986, abrite l'opéra et le ballet national. Quant aux amateurs de jazz, ils peuvent assouvir leur passion dans de nombreux clubs.

«La musique a été une passion du peuple hollandais et l'une de ses passions les plus ardentes. Les concerts donc sont nombreux à Amsterdam. Concerts en plein air l'été, et dans des salles confortables l'hiver.» Henry Havard

Les orgues à Amsterdam
L'orgue de la Westerkerk ▲ *179* est protégé par un panneau au décor peint par Gerard De Lairesse (1641-1711) au XVIIe siècle, dont on voit un détail ci–dessus.
Nombre record pour une ville de cette dimension, quarante-deux grands orgues chantent encore dans les nefs des églises.

«La lettre d'amour» de Vermeer
Ce tableau peint vers 1666 (ci–contre) représente une femme tenant un cistre. Il illustre une habitude encore actuelle : presque tous les foyers hollandais possèdent au moins un instrument de musique. Amsterdam a toujours été la patrie de grands interprètes, comme ceux qui forment aujourd'hui l'ensemble baroque «Amsterdam Baroque Orchestra».

Eerste Klas, le café-restaurant de la Gare centrale, et son décor authentique ▲ *138.*

Hooghoudt, au n° 11 Reguliersgracht, est un *proeflokaal* traditionnel.

À travers la fenêtre du *'t Smalle* ▲ *237.* En été, les cafés proposent des terrasses agréables.

L'ancien café *De Kroon*, sur Rembrandtplein (gouache de Leo Gestel, 1906).

Le café-restaurant *Kort,* au n° 12 Amstelveld, est installé dans un flanc de l'Amstelkerk ▲ *204.*

De Jaren, au n° 20 Nieuwe Doelenstraat, est l'un des cafés les plus modernes ▲ *160.*

De Druif, au n° 83 Rapenburgerplein, se trouve à deux pas du Musée maritime ▲ *269.*

Le *Papeneiland,* au n° 2 Prinsengracht, n'a pas changé depuis trois siècles ▲ *176.*

Les cafés d'Amsterdam se divisent en trois catégories : les cafés bruns, vieux bistrots au décor en bois foncé (d'où leur nom) ; les *proeflokalen*, ressemblant aux précédents, mais où l'on ne déguste que des alcools forts, tel le genièvre ; et les cafés plus modernes, aux allures délibérément design.

Int Aepjen, au n° 1 Zeedijk, est situé au cœur du quartier rouge ▲ *136*.

Amsterdam Café, café-restaurant installé dans une ancienne usine d'extraction d'eau.

Rembrandtplein et Leidseplein sont les lieux où l'on trouve le plus grand nombre de cafés.

De Belhamel, café-restaurant du n° 60 Brouwersgracht, fait face aux grands canaux.

Aménagé dans le «Stopera», le *Dantzig*, au n° 15 Zwanenburgwal, est très design.

Beaucoup de cafés proposent une table de lecture, où l'on consulte les journaux.

Schipchandler, au n° 8 Gelderskade, est maintenant un traiteur privé.

De Drie Fleschjes, au n° 18 Gravenstraat, près du Dam ▲ *130*.

Ville marchande, Amsterdam conserve avec fierté les reliques de son glorieux et aventureux passé. Souvenir de ce temps où, rapportés à travers les hasards de l'océan grâce à la puissante marine néerlandaise, thé, café, tabac, épices, étoffes et porcelaines précieuses étaient des produits rares et convoités. Quelques magasins exhibent de somptueux décors anciens alliant boiseries et céramiques, velours et lustres authentiques. Les plus remarquables sont aux mains des mêmes familles depuis plusieurs générations et, malgré l'invasion progressive des devantures affriolantes du quartier chaud, elles sont, généralement, restées ancrées près de l'ancien port.

TRADITION DE L'ANCIEN
L'herboristerie *Jacob Hooy* a conservé les moindres détails de sa boutique ouverte en 1743 (à gauche). Dans le magasin de Jan Beekhuizen, spécialiste en étains rares (au centre), on trouve ces gobelets et pichets souvent représentés pendant le Siècle d'or, dans les natures mortes des Claesz. C'est au XVIIe siècle que furent inaugurées à Delft des faïenceries destinées à imiter les précieuses porcelaines chinoises. Il existe, chez certains antiquaires, des pièces anciennes et rares comme ce vase à tulipes (à droite). Devenu un artisanat original et recherché, le Delft est toujours produit avec succès de nos jours. On le trouve sous sa forme la plus simple dans les boutiques de souvenirs (en haut).

«QU'UN MARCHAND TIENNE FERME
À CETTE PRÉCIEUSE MAXIME : L'HONNEUR AVANT L'OR.»

GODFRIED UDEMANS

Ancien décor début de siècle d'un salon de coiffure.

Chez *Wijs en Zonen,* les mélanges de thé sont toujours contrôlés par un goûteur.

«GAPER»
Enseigne de droguerie en forme de tête d'homme.

Cette illustration de 1857 montre une droguerie arborant un *gaper.* Ces effigies reprennent l'attitude du malade venu se faire examiner. Elles sont souvent mauresques, comme pour rappeler la provenance lointaine des substances vendues.

La tradition bibliophile d'Amsterdam date de l'époque où les huguenots, chassés par la révocation de l'édit de Nantes en 1685 et séduits par l'esprit de tolérance de la ville, viennent y imprimer leurs idées ● *31.* Déjà, au XVe siècle, un artisan de Haarlem, Laurens Janszoon dit Coster, est le premier après Gutenberg à imprimer un livre au moyen de caractères mobiles. Aujourd'hui, la ville compte 285 librairies.

HUGO DE GROOT
(1583-1645)
Historien, juriste et diplomate, Hugo de Groot dit Grotius fut un précurseur : non content de lutter contre l'esclavage, il publia en 1609 le *Mare Liberum* pour défendre le principe de la liberté des mers.

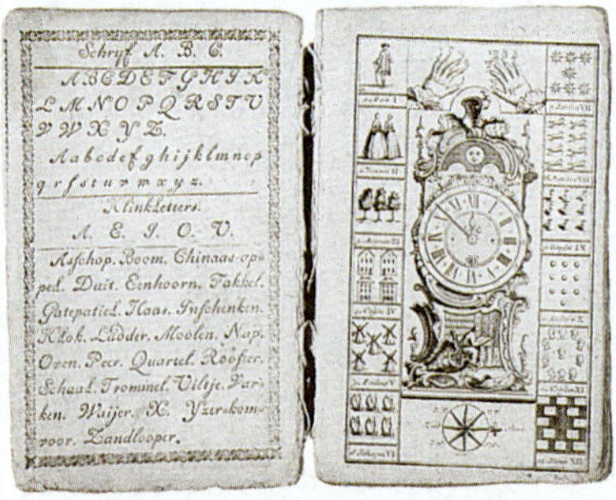
Schryf A. B. C.
A B C D E F G H I K
L M N O P Q R S T V
U W X Y Z.
A a b c d e f g h i j k l m n o p
q r f s t u v w x y z.
Klinkletters.
A. E. I. O. U.
Asschop. Boom. Chinaas-oppel. Duit. Eenhoorn. Fakkel. Gatepatiel. Haas. Insshenken. Klok. Ladder. Moolen. Nap. Oven. Peer. Quartel. Roofter. Schaal. Trommel. Viltje. Varken. Waijer. X. Yzer-komvoor. Zandlooper.

Cet abécédaire destiné aux enfants fut édité à Amsterdam en 1759.

LIBRAIRIES ET TOMBOLAS
Sur ce tableau peint en 1779 par Isaac Ouwater, la foule se presse devant la librairie de Jan de Groot pour acheter des billets de tombola. Très populaires dès le début du XVIIe siècle, ces tombolas étaient organisées par la magistrature locale. Les librairies étaient les dépositaires des billets. Les Hollandais, fous de ces loteries, pouvaient ainsi acquérir des trésors, sans encourir la foudre des calvinistes.

Signature d'Isaak Elzevier (1596-1651), membre de la plus prestigieuse famille d'imprimeurs hollandais.

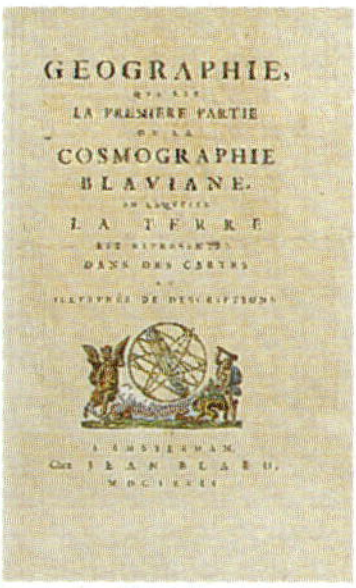

GEOGRAPHIE,
LA PREMIERE PARTIE
COSMOGRAPHIE
BLAVIANE.
LA TERRE
DANS DES CARTES

Couverture de *Géographie*, première partie de la cosmographie de Jan Blaeu ● *41* (XVIIe siècle).

HOUWELYCK:
DAT IS
DE GANTSCHE GE-
LEGENTHEYDT
DES
ECHTEN - STAETS.
TOT DORDERECHT.
Gedruckt by *Jan Barentsz. Smient*, Boeck-
verkooper by de Tol-Brugh, in den vergul-

Cette gravure sur bois, réalisée en 1655 par un artiste anonyme, est la page de titre de *Houwelyck*, manuel du mariage, de Jacob Cats (1577-1660). Homme d'État et écrivain moralisateur, il connut un grand succès durant près de deux siècles. Un critique dira : «Sa popularité fut une catastophe nationale.»

Bibliothèques et marchés
Rares sont ceux qui ont eu le privilège de visiter au Rijksmuseum l'extraordinaire bibliothèque construite au début du siècle (ci-contre). Presque aussi confidentielle est la *Bibliotheca Hermetica Philosophica*, dans Bloemstraat ▲ *247*.

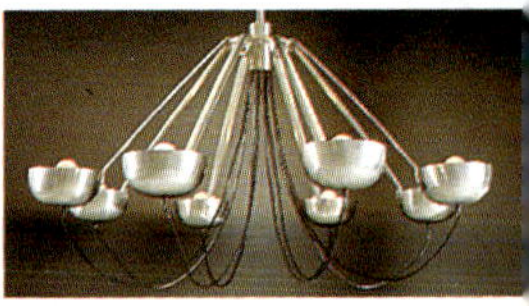

Lampe «Shade»,
de Rob Eckhardt.

Salle de séjour caractéristique du début de siècle, dessinée, en 1909, par T. W. Nieuwenhuis.

L'ébénisterie, au Siècle d'or, manifeste une créativité éblouissante : de hauts cabinets aux chapiteaux étagés ou des meubles partiellement composés de panneaux exotiques. Sous Louis XV, l'influence française prend le pas sur celle des Pays-Bas. Il faut attendre le génie de Berlage ▲ *133* pour que le meuble hollandais retrouve son identité, exaltée au début du siècle dans les œuvres de l'école d'Amsterdam ● *84* et, jusqu'à nos jours, dans celle des designers contemporains.

FAÏENCE DE DELFT
Elle évoque toutes sortes de scènes familières qui se déroulent comme sur une fresque : ce repas sur une terrasse de 1707 est représentatif. Les vases de Delft étaient exposés sur les chapiteaux étagés des cabinets hollandais, dont on peut voir au Rijksmuseum un exemplaire de la fin du XVIIIe siècle décoré de panneaux de glace peints venant de Chine (ci-dessous).

ARMOIRE À LINGE
Cette imposante armoire à linge, de 1650, en palissandre et ébène est caractéristique du grand style hollandais qui sera dépassé quelques années plus tard par l'influence française devenue dominante.

Parmi cette gamme de chaises signées Rietveld, la plus célèbre est le modèle zig zag (à droite) de 1934.

Tabouret et chaises de bar (1990) et lampe «upside down» (1991), ci-dessus.

GROUPE DE STIJL
Deux des membres les plus éminents de ce groupe ▲ *228*, né dans les années 1930, sont le peintre Piet Mondrian et l'architecte Gerrit Rietveld. Leur démarche consiste à donner aux formes un ordre rigoureux et mathématique. La créativité hollandaise explose de nos jours avec les designers de réputation internationale comme J. des Bouvries, R. Eckardt, D. Huese, M. Metz, B. Sipek.

Fauteuil en chêne à pieds de bronze doré conçu en 1923 par l'architecte C. J. Blaauwe dans le plus pur style école d'Amsterdam.

Tout aussi révolutionnaire que le fauteuil de Blaauwe, cette armoire, dessinée par Sluyterman, est en chêne incrusté d'ivoire (1925).

ÉCOLE D'AMSTERDAM
Ce mouvement (1910–1930), favorisant les formes courbes, s'élève contre le constructivisme rationnel de Berlage. Il est l'équivalent hollandais de l'Art déco. Ses membres ne permettent à personne d'intervenir dans leur travail et dessinent parfois eux-même tous les détails d'un bâtiment, des tapis aux meubles.

Le fauteuil «A King of Hugo», réalisé par Rob Eckhardt en 1989, est représentatif de la créativité actuelle.

● Bicyclette

À Amsterdam, le vélo est roi. Dès l'apparition de la bicyclette, à la fin du siècle dernier, les Amstellodamois ont très vite utilisé ce moyen de locomotion, adapté au terrain plat. Dans les années 1960, le mouvement Provo ● *33* a compris les avantages de ce mode de transport et a mis à la disposition de tous des vélos blancs à prendre et à abandonner sur place. En 1978, les élus, préoccupés par la fréquence croissante des embouteillages, ont aménagé de nombreuses pistes cyclables dans la ville qui s'y prêtait d'ailleurs fort bien, avec ses berges étroites, ses ruelles exiguës. Soucieux de préserver leur environnement de la pollution, les Amstellodamois ont favorisé les vélos : leur flux incessant (plus de 550 000) donne à la ville un perpétuel air de vacances.

Affiche de 1910
Publicité pour Simplex, grande marque hollandaise de cycles du début du siècle.

Caricature
Cette caricature anglaise illustre les dangers de la bicyclette à ses débuts. Aujourd'hui, bien que le maniement des vélos soit plus simple, ce sport n'est pas de tout repos, d'autant que bon nombre d'entre eux utilisent encore le rétropédalage comme système de freinage. Les cyclistes d'Amsterdam ne respectent rien, ni sens interdit, ni feu rouge. Les piétons l'ont souvent appris à leurs dépens.

Vélos tous styles
La diversité des vélos amstellodamois est infinie. Peints de couleurs vives, affublés de paniers pour enfants et animaux, ils sont presque toujours personnalisés. Malgré des antivols sophistiqués, ils disparaissent chaque année par milliers. Sur les canaux, se joue parfois le spectacle insolite d'une barge repêchant les carcasses de ce butin abandonné. Le grand chic consiste donc à se balader sur un engin bosselé, fatigué et sans phares.

«Le jour déclinant les digues cyclables
Dans un Ruisdael sombre aux rouges falots
Portent de la ville au loin par les sables
Le pédalement de mille vélos» Louis Aragon

Production néerlandaise de bicyclettes
Les Pays-Bas produisent aujourd'hui environ 900 000 bicyclettes par an (affiche publicitaire de 1886).

Plié ou allongé
Le vélo pliant, conçu pour les soldats de la guerre 1914-1918, est encore en usage de nos jours, dans une version très allégée. Il existe toutes sortes d'autres modèles ; les tandems, par exemple, ne sont pas rares. Certains sont plus spécialisés, comme le vélo équipé d'un cadre allongé, utilisé par les coursiers pour distribuer paquets et lettres.

Ville où l'eau est omniprésente, Amsterdam a d'abord été contrainte de combattre les flots pour, après les avoir apprivoisés et rentabilisés, en faire son principal terrain de jeu. Pratiquée en toutes saisons sur l'IJsselmeer ■ *16,* la navigation à voile donne lieu à des régates acharnées, tandis que sur les canaux, au rythme des avirons, glissent de longues yoles. En hiver, l'eau se couvre d'une carapace de glace qui, dès le XVIe siècle, inspira aux Hollandais l'idée d'un moyen de locomotion devenu sport olympique : le patinage sur glace.

La gloire de l'Ajax
Le football connaît à Amsterdam, patrie du grand joueur des années 1970 Johan Cruijff, un engouement exceptionnel grâce au prestigieux club Ajax. La bande de copains, qui l'avait fondé en 1900, posa pour cette mémorable photo en 1904.

Compétition d'aviron sur l'Amstel au début du XXe siècle
Amsterdam dispose d'un bassin d'aviron de renommée internationale, dans l'Amsterdamse Bos, au sud de la ville. L'aviron est aussi pratiqué sur canaux et lacs ▲ *195.*

SPORTS NAUTIQUES
Ce dessin d'Adriaan Aartman (1755) rappelle que la navigation, à voile ou à rame, sur l'Amstel et sur la Vecht, à l'est d'Amsterdam, était déjà, comme aujourd'hui, un des sports favoris des Amstellodamois.

LE PATINAGE
Adam Van Breen montre, grâce à ce tableau de 1611, que les Hollandais patinaient déjà au XVIIe siècle. On dénombre actuellement, aux Pays-Bas, plus de mille deux cents clubs de patin à glace, qui organisent régulièrement circuits ou courses.

JEUX OLYMPIQUES
En 1928, les jeux Olympiques se déroulèrent à Amsterdam où s'affrontèrent quarante-six nations.

LA COURSE DES ONZE VILLES OU «ELFSTEDENTOCHT»
Cette course de patinage, parmi les plus célèbres, existe depuis 1909. Elle traverse onze villes sur 200 km. Elle ne s'est déroulée que treize fois faute de glace assez épaisse. La dernière course, en 1985, a mobilisé quinze mille patineurs. Les plus rapides couvrent la distance en moins de sept heures.

SOUPE AUX POIS À LA MODE HOLLANDAISE

L'origine de la soupe aux pois cassés ou *erwtensoep* remonte au moins au Siècle d'or hollandais. Avant leurs longs voyages à travers le monde, et à leur retour, les marins appréciaient ce plat riche et sain, reconstituant idéal. De plus, grâce à ses ingrédients bon marché, la soupe aux pois a toujours été un plat très populaire. Elle fait aujourd'hui partie du patrimoine culinaire néerlandais, toujours dégustée, au même titre que le *boerenkool,* plat mijoté à base de choux, et le *hutspot,* ragoût de viande préparé avec des légumes de saison.

INGRÉDIENTS POUR 8 PERSONNES : 500 g de pois cassés, 5 l d'eau, sucre, 1/2 à 1 cuillère à café de sarriette séchée ou 2 cuillères à café de sarriette fraîche, 12 g de sel, poivre, 5 pommes de terre moyennes, 5 poireaux dont on conserve une partie des feuilles vertes, 1 céleri...

... 2 gros pieds de porc, 8 saucisses de Francfort, 250 g de lard.

1. Éplucher les pommes de terre et les coup en cubes. Nettoyer les poireaux et le céleri et les couper en julienne.

2. Rincer les pois cassés à l'eau froide, enlever toutes les impuretés et laisser tremper les pois une douzaine d'heures dans 5 l d'eau.

3. Puis faire bouillir les pois dans l'eau dans laquelle ils ont trempé.

«MAINTES FAMILLES CITADINES [...] S'OFFRAIENT UN BŒUF OU UN PORC, ET PASSÉ LE MOIS DE NOVEMBRE, EN TIRAIENT LE MEILLEUR PARTI SOUS LA FORME D'ABATS, DE SAUCISSES ET DE VIANDE SÉCHÉE POUR PASSER L'HIVER.» SIMON SCHAMA

4. Ajouter les pieds de porc, le lard et le sel. Écumer lorsque l'ensemble bout à nouveau, couvrir et laisser mijoter 3 heures.

5. Ajouter alors les pommes de terre, les poireaux, le céleri et les saucisses. Laisser mijoter, en partie couvert, une trentaine de minutes, en mélangeant de temps en temps pour éviter que cela n'attache.

6. Enlever ensuite les pieds de porc, le lard et les saucisses tout en laissant la marmite mijoter à feu doux.

7. Désosser les pieds de porc, couper le lard et les saucisses en dés. Remettre le tout dans le potage.

8. Ajouter la sarriette, du poivre noir fraîchement moulu, une pincée de sucre et saler suivant sa convenance.

9. Servir avec des tranches de pain blanc ou de pain de campagne bis. Déguster.

● Spécialités

Depuis la fermeture de la brasserie Heineken, rares sont les bières, toutes artisanales, encore produites à Amsterdam ▲ *273, 276.*

Fromage réputé, l'Edam peut être tendre (affiné pendant deux ou trois mois) ou vieilli (affiné pendant une longue période allant jusqu'à dix-huit mois) ■ *26.* Les Hollandais ont été les premiers à importer le thé en Europe. Le genièvre, alcool fort distillé à partir de moult de céréales et de baies de genevrier, se déguste notamment dans les *proeflokalen* ● *50* ▲ *240.*

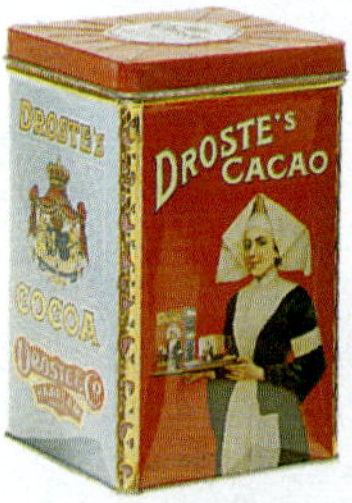

Les fameux *Droste*, fabriqués à Haarlem, sont de savoureux gâteaux ronds au chocolat noir, au lait ou blanc. Les Hollandais sont aussi des amateurs de biscuits au gingembre (ci-dessous). Les sabots en bois isolent du froid et de l'humidité : beaucoup d'agriculteurs en portent encore aujourd'hui. On les voit aussi aux pieds des vendeurs sur les marchés.

Le *roggebrood,* pain de seigle, existe en plusieurs variétés. Noir, il est traditionnellement consommé avec du lard et la soupe aux pois ● *62.*

Sélection de journaux néerlandais
De Volkskrant, d'origine catholique ; *NRC Handelsblad* ▲ *127* plus culturel et scientifique ; *De Telegraaf,* journal populaire ; issu de la Résistance, *Het Parool* est un quotidien aux informations plus locales.

À toute heure, on peut acheter et déguster dans la rue des harengs crus, servis avec cornichons et oignons. Les *broodje haring* sont des petits sandwiches aux harengs ▲ *145.*

ARCHITECTURE

Pont métallique
de l'école d'Amsterdam.

Un grand nombre de canaux d'Amsterdam furent creusés afin d'assécher et d'étendre les surfaces constructibles, et de former un important réseau de communication ■ *18*. L'augmentation du nombre de ponts, plus de quatre cents aujourd'hui, date cependant des XIXe et XXe siècles. Elle résulte de l'extension de la ville ● *34* et de la croissance de la circulation. Avant 1850, il y avait trois types de ponts à Amsterdam : pont-voûte en pierre, pont fixe et pont-levis en bois. Après 1850, fonte et acier deviendront les matériaux essentiels tandis que, vers 1900, le béton armé s'allie à la brique.

BLAUWBRUG
Ce pont éclectique de Springer et de Greef s'inspire beaucoup des modèles parisiens.

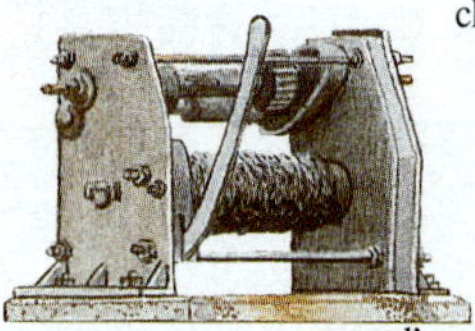

Treuil d'écluse

MAGERE BRUG (PONT MAIGRE)
Ce pont-levis double date de 1670, son emplacement et sa forme n'ont pas changé malgré de nombreuses rénovations et remaniements. Dédoublé, il a permis à des navires de fort tonnage d'emprunter l'Amstel pour naviguer vers l'IJ. Il fonctionne à l'aide d'un contrepoids actionné manuellement qui permet de relever le tablier relié au pont par des tirants ▲ *205*.

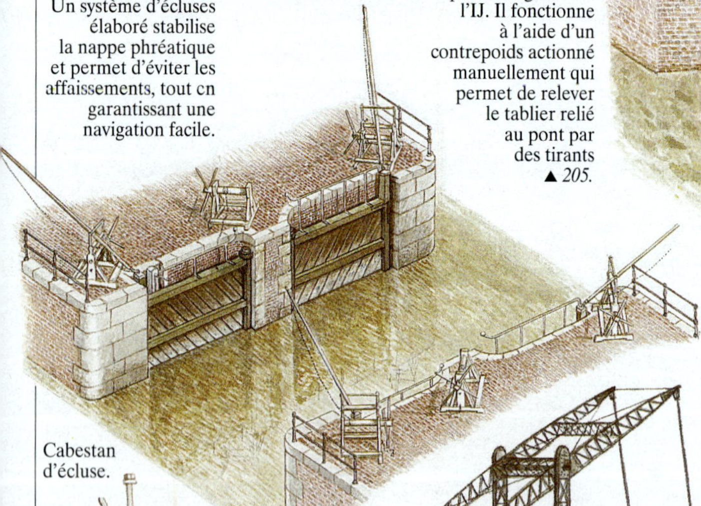

ÉCLUSE
Un système d'écluses élaboré stabilise la nappe phréatique et permet d'éviter les affaissements, tout en garantissant une navigation facile.

Cabestan
d'écluse.

PONT SUR SCHIPPERSGRACHT
Ce pont-levis en acier (XIXe siècle) possède des roues dentées actionnées par des machines.

Pont à arche simple
Le type le plus courant à Amsterdam.

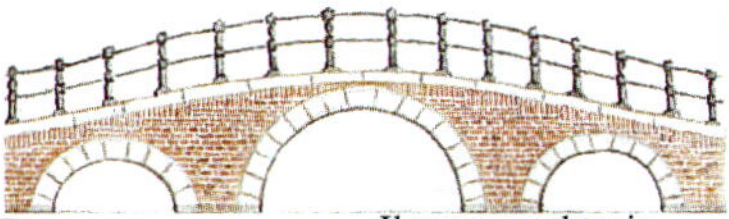

Pont sur Keizersgracht et Reguliersgracht
Il s'agit d'un pont à arches de pierre de type traditionnel. Il comprend trois cintres maçonnés. Celui du milieu, plus élevé, accentue l'aspect bombé de l'ouvrage en brique et pierre.
La rambarde de ces ponts est en général simple : le plus souvent en fonte, la rampe se termine par une doucine avec un bouton.

Pont sur Waals Eilandsgracht
Conçu par Van der Mey, il est une variante de l'école d'Amsterdam sur le schéma traditionnel, avec des voûtes en triangle et un passage en trapèze ▲ *154*.

Berlagebrug
Avec son imposante tour de pontier, il remplit la fonction de double porte de ville : vers le nouveau quartier sud et pour le trafic fluvial venant de l'Amstel et des canaux néerlandais ▲ *278*.

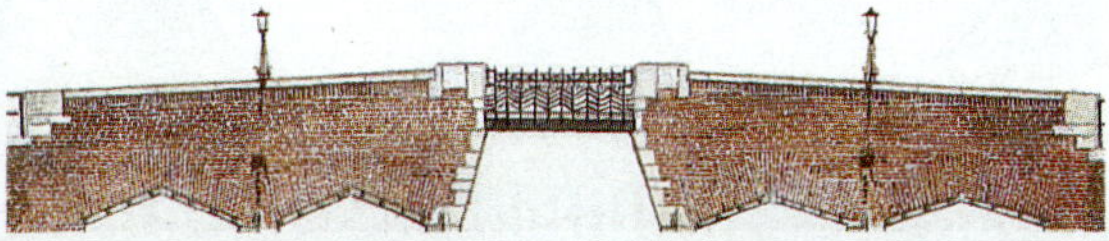

Le Tjasker sur pivot est le plus petit des moulins de drainage.

Autrefois très riche en moulins, Amsterdam n'en compte plus que sept, la plupart ayant succombé à une urbanisation croissante. On distingue les moulins selon leur structure, leur type, leur fonction et la source d'énergie employée, le plus souvent le vent. La structure est déterminée par la partie du moulin mobile au vent : calotte, base ou totalité du corps (moulin tournant, à calotte ou à base tournante).

«WIPMOLEN»
Ce moulin sur pivot creux est le plus ancien servant au drainage, refoulant l'eau à 1,50 m de haut.

«PALTROK»
À Zaandam, ce moulin est utilisé au sciage. Toute la structure tourne sur la base, et non pas seulement la calotte.

«OLIEMOLEN»
Ce moulin à galerie broie et presse des graines d'oléagineux.

TYPE ET FONCTIONS
L'aspect extérieur (moulin à pivot, à galerie ou araignée) désigne le type. Servant au drainage des polders au XVIIe siècle ■ *17*, ils pouvaient aussi réduire le blé en farine, la graine de lin en huile, être utilisés à la fabrication de peinture ou au sciage du bois.

1200 ROE Dans Haarlemmerweg, ce moulin à calotte tournante et à pivot servait au drainage des polders : les débarrasser de leur excès d'eau. Le mot *roe* désigne la partie plate de l'aile mais aussi une unité de mesure : 1200 roes le séparaient du canal extérieur de la ville.

«PALIERS»
Dans ce système, chaque moulin refoule l'eau dans un collecteur situé à un niveau supérieur ■ *17*.

Les ailes Le meunier doit plier ou déplier la toile des ailes en fonction de la force du vent. Le système des jalousies, autorégulateur, lui évite ce travail.

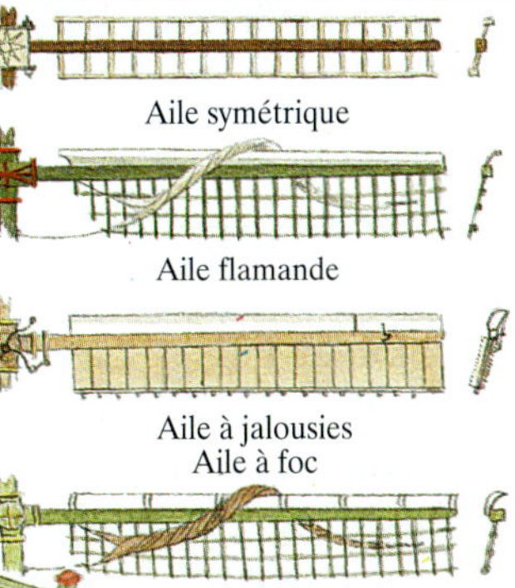

Aile symétrique

Aile flamande

Aile à jalousies

Aile à foc

«De Gooyer» Ce moulin à blé (Funenkade ▲ *273*), à calotte tournante, est doté d'une galerie (10) plus récente.

Mécanique
Bâti sur un socle de brique (1), le moulin se compose d'un corps octogonal en bois recouvert de chaume (2), et d'une calotte (3). Il est orientable grâce à sa queue (4), pièce de bois reliée à sa charpente, qui contient l'arbre moteur (5). Les ailes (6) sont fixées dans sa tête cruciforme en fonte (7). L'arbre vertical, entraîné à son tour par le rouet (8) de l'arbre moteur, transmet son mouvement à une paire de meules (9).

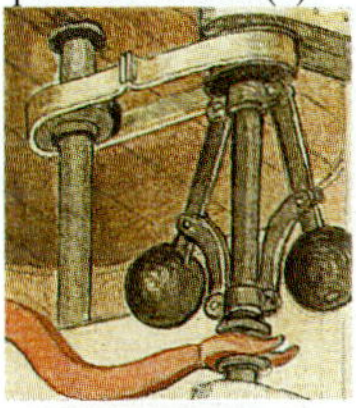

Régulateur à boules contrôlant les meules.

Treuil réglant la rotation de la calotte.

Construction d'une maison

Brique
traditionnelle.

D'abord bâtie en bois au Moyen Âge, la maison de canal amstellodamoise adopte, après les grands incendies du XVe siècle, la pierre et surtout la brique, pour les murs latéraux d'abord, et pour la façade ensuite. Seuls planchers et combles resteront en bois. Les maisons évoluent aussi en hauteur et en profondeur. Si la construction arrière ne s'est guère modifiée, aux XVIIe et XVIIIe siècles, la façade principale subit l'influence de la mode : elle est parfois inclinée pour gagner de l'espace, et surtout pour que le pignon soit visible du sol. Le plus souvent, la façade est divisée en trois travées sur cinq niveaux.

Charpente
1. Chevron
2. Arbalétrier

3. Panne
4. Aisselier
5. Panne faîtière
6. Sommier
7. Blochet
8. Entrait
9. Sablière
10. Soliveau

Les arbalétriers (2) supportent les entraits (8) et les pannes (3) sur lesquelles reposent les chevrons (1). Les soliveaux (10) sont liés aux sommiers (6) par des assemblages à queue d'aronde (ci-dessous).

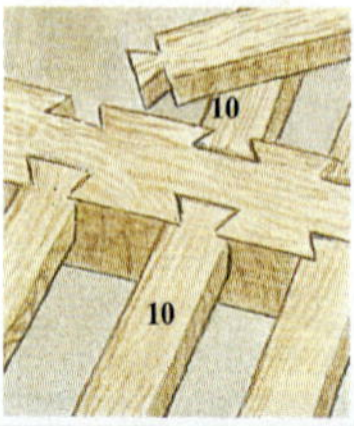

Organisation de la maison
L'habitation se compose de la *voorhuis* (maison de devant) et de la *achterhuis* (maison arrière). Reliées par un couloir, elles sont nettement séparées par une courette murée (plan en haut à droite). Les niveaux se composent d'un sous-sol, d'un bel étage, puis, en général, de deux étages plus petits et d'un grenier.

Potence à poulie
Élément indispensable à Amsterdam, elle s'inscrit dans le comble et supporte le poids des objets hissés aux étages supérieurs.

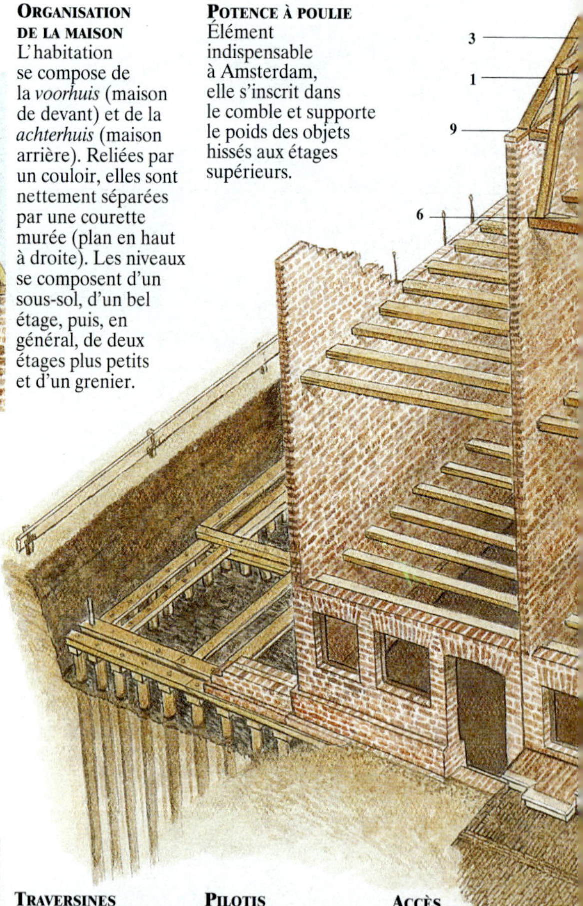

Traversines
Ce sont des planches de bois qui reposent sur les pilotis et les relient entre eux, formant la fondation pour la maçonnerie.

Pilotis
Ces longues tiges de bois sont fichées 10 à 20 m sous la maison, dans la première couche de sable stable ■ *16*.

Accès au sous-sol
Il servait d'entrée au personnel et aux fournisseurs. Là se trouvaient souvent les cuisines.

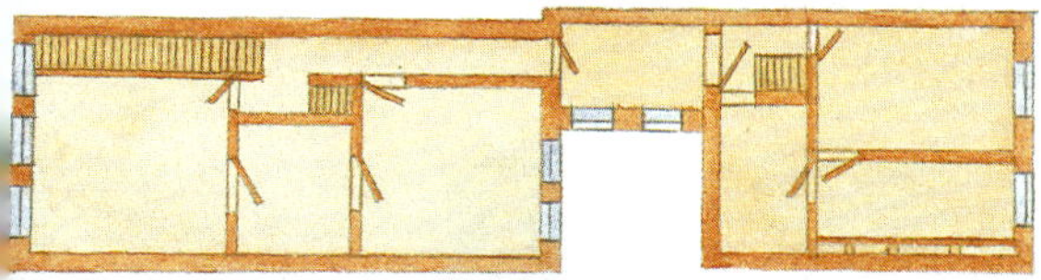

Le plan traditionnel de la maison de canal est composé de la *voorhuis,* et de l'*achterhuis,* qui agrandit la maison en profondeur.

Couverture
Les lattes clouées sur les chevrons portent des tuiles ondulées hollandaises typiques.

Les tuiles s'accrochent aux liteaux par des ergots.

Murs et ancrages
Les ancres de côté (ci-contre, en haut) fixées aux sommiers empêchent l'écartement du mur dû à la poussée des structures. Les ancres de façade (ci-contre, en bas) sont noyées dans la maçonnerie. Les murs sont réalisés en brique. Le côté long de la brique est nommé paneresse, le côté court, boutisse. L'appareil le plus courant fait alterner rangées de boutisses et rangées de paneresses.

Maçonnerie sur la traversine
La fondation du mur est maçonnée en brique sur la traversine et montée de large à étroit (ci-dessous).

Fenêtres
À partir du XVIIIe siècle, on a remplacé les croisées par des fenêtres coulissantes divisées en carreaux par des petits bois ou des barlotières.

Maisons à pignon

1

2

3

Du pignon simple au pignon en cloche Les pignons dominent les façades, et abritent l'accès au grenier. Cette maison (1) est dotée d'une des premières façades en brique qui ont remplacé le bois : le pignon y est simple. Puis les maisons adoptent des formes plus harmonieuses. Droits, agrémentés de décors, les pignons en cou sont placés sur la travée centrale (2 et 3). En cloche, ils sont courbes (5 et 6).

Pignons droits et pointus, en bois ou en pierre, sont les plus anciens : ils existaient déjà au Moyen Âge. Le pignon à redents, également médiéval, se développera surtout durant la Renaissance hollandaise. La forme «en cou», apparue vers 1630, perdurera presque deux siècles ; agrémentée de volutes, à partir de 1660, elle donnera le type de pignon dit «en cloche». Le pignon à corniche avec attique est adopté à partir de 1670, surtout pour les maisons à large façade ● *74.* À la même époque, les décors deviennent plus sobres. Mais, à la fin du XVIIIe siècle, seul le type à corniche droite est utilisé.

Maison des trois canaux Située au confluent de canaux, elle est dotée de trois pignons à redents, érigés dans le style sobre de la Renaissance hollandaise (1610) ▲ *142.*

Maison des Indes orientales
Au n° 24 Oude Hoogstraat, ce bâtiment, attribué à Hendrick de Keyser, date de 1605. Sa façade est richement ornée. L'emploi de la brique rouge pour la construction et du grès jaune pour les décors est typique des réalisations de ce grand architecte ▲ *156.* De grande taille, le pignon, avec ses encadrements de fenêtres en volutes et la balustrade qui le coiffe, est d'un dessin exceptionnel ▲ *145.*

4

5

6

7

Styles de pignons Située au n° 91 Rokin, la maison des Aigles (4) est l'œuvre de l'architecte Philips Vingboons (1608-1675), spécialiste, comme son frère Justus, de la maison amstellodamoise. La façade fait appel à la pierre ▲ *140.* Les n°s 60 et 36 Leliegracht (5 et 6) ▲ *172* portent des pignons en cloche. Toutes deux de forme classique à trois travées et cinq niveaux, elles diffèrent surtout par l'ornementation du pignon. H. de Keyzer a réalisé, au n° 57 Oudezijds Voorburgwal, une façade très décorée (1615). Son pignon à redents est orné de pilastres doubles originaux. La pierre claire des décors contraste avec la brique du reste de la façade (7).

Maison des Têtes Maison d'habitation double (1662), elle est due à Pieter de Keyser, qui s'est inspiré de la maison Bartolotti ▲ *170,* réalisée cinq ans plus tôt par son père Hendrick. Son grand pignon est orné de colonnes et d'obélisques ▲ *118, 173.*

Maison du Béguinage
Au n° 34, se trouve l'une des deux dernières maisons de bois d'Amsterdam, pieusement conservées. Toutes les maisons du Béguinage ont été édifiées à peu près à la même époque (1460) mais, à l'exception de celle-ci, ont été reconstruites aux XVIIe et XVIIIe siècles et présentent toutes une façade en brique. Seuls les murs mitoyens ont été reconstruits en pierre pour éviter la propagation des incendies ▲ *122.*

De l'hôtel classique à la maison éclectique

«L'art de batir»
Cartouche placé au-dessus de la porte du n° 390 Singel.

Une demeure de plus de trois travées à corniche droite ou à fronton représente un autre type de maisons à Amsterdam à partir du XVIIe siècle. Le classicisme de Jacob Van Campen, la sobriété d'Adriaan Dortsman ou encore, au XVIIIe siècle, l'influence française dans les attiques avec ou sans corniche ornementée, en sont les principales variantes. Au siècle suivant, l'éclectisme triomphe.

Porte de 1740
Son imposte aux entrelacs exacerbés est caractéristique du style rococo (n° 284 Nieuwezijds Voorburgwal).

Trippenhuis Huit pilastres corinthiens cannelés supportent l'entablement et le fronton de cette imposante maison en pierre ▲ *151*.

Maison étroite
Cette maison simple à deux travées du n° 323 Herengracht porte un attique à deux potences. Ses sculptures contrastent avec l'austérité de la façade.

Ladder Jacobs
Dû à P. Vingboons ● *73*, cet élégant hôtel («L'Échelle de Jacob»), terminé en 1655, est à cinq travées. Le centre de la façade est orné de pilastres doriques et ioniques, et surmonté d'un fronton, percé d'un œil-de-bœuf, entouré de festons. La parfaite symétrie de l'ensemble est très caractéristique des œuvres de Vingboons (n° 316 Oudezijds Voorburgwal).

Corniche du Herengracht Richement décorée, elle est très représentative des corniches qui surmontent les façades des hôtels patriciens de la Courbe d'or ▲ *198,* bâtis après l'extension des canaux vers l'Amstel en 1658 ● *36.*

Néo-Renaissance Cette maison a été conçue par E. Cuypers, arrière-neveu de P. Cuypers ▲ *211.*

Le style reflète, en grande partie, le style néo-Renaissance hollandaise du XIXe siècle. Les bandes de pierres de taille et briques alternées, reliées aux croisées, tout comme les ancres de fer et les balustrades du deuxième étage, s'inspirent directement d'exemples du début du XVIIe siècle. La construction du toit est un étrange mélange des styles «chalet» et Renaissance (nos 739-741 Prinsengracht).

Influence française D'une largeur de cinq travées, cette maison date de la seconde moitié du XVIIIe siècle. Le contraste entre une sobre façade en brique, d'une part, et un attique richement décoré dans le style Louis XV, d'autre part, caractérise cette période. L'édifice est le bon exemple d'un équilibre réussi entre l'architecture hollandaise et l'influence française, alors à la mode (n° 215 Oudezijds Voorburgwal).

Ces deux maisons ont été conçues pour abriter une entreprise de charpenterie : l'importance des toitures et des décors en bois n'est donc pas un hasard.

Ensemble éclectique Situées aux nos 57-59 et 63 Reguliersgracht, les deux maisons hautes ont été construites simultanément en 1879-1882. Encadrant une maison anomyme, elles reflètent un style néo-médiéval d'une haute fantaisie ▲ *203.*

Riche cité du commerce international à partir de la fin du XVIe siècle ● *30,* Amsterdam possède une multitude de bâtiments jadis tous réservés au stockage des marchandises et à l'administration des grandes compagnies (Indes orientales et Indes occidentales). L'aspect des entrepôts est en général inspiré de l'architecture civile contemporaine, mais en diffère cependant par sa solidité, sa sobriété et ses baies en plein cintre aux volets de bois plein aux couleurs très vives.

MAGASIN MARITIME NATIONAL
Près de l'arsenal national, ce bâtiment en carré, avec cour intérieure, construit en 1656 par Daniel Stalpaert, était à l'origine le magasin central de la Marine républicaine. Après l'incendie de 1791, il fut restauré et retrouva toute sa splendeur. Deux ressauts de milieu furent ajoutés plus tard ainsi que les lucarnes en saillie. L'enduit est orné d'un faux appareil de refend.
Les frontons simples et la composition rythmée des portes et des fenêtres donnent à l'édifice une grande sobriété ▲ *269.*

RECONVERSION
Aujourd'hui, les entrepôts sont de plus en plus transformés en appartements, offrant un nouvel art de vivre ▲ *175.*

LE MUSÉE MARITIME Au XXe siècle, avec le transfert des installations de la marine au bord de la mer du Nord, l'arsenal fut désaffecté. Restauré de 1974 à 1981, le bâtiment accueille le Musée maritime.

MAISONS TOURBIÈRES DE LA VILLE
Les deux pignons droits séparés par un pignon en trapèze, en brique, bordés de pierre de taille, sont de style Renaissance (1610). Tout près de là, les pauvres de la ville recevaient la tourbe nécessaire au chauffage.

«NOMBRE DE BÂTIMENTS ONT REÇU UN AUTRE USAGE : C'EST LE CAS DE LA PLUPART DES ENTREPÔTS, TRANSFORMÉS EN IMMEUBLES D'APPARTEMENTS [...] SANS RIEN PERDRE DE LEUR ASPECT CARACTÉRISTIQUE, AVEC LEURS LOURDS VOLETS DE BOIS.»

MAX VAN ROOY

CORPORATION DES DÉCHARGEURS
Ce cartouche est aujourd'hui replacé dans la cour du Musée historique.

POULIE ET TREUIL
Le mécanisme qui permet de hisser les charges à chaque étage de l'entrepôt est remarquable par la simplicité de sa conception ainsi que par son efficacité. La corde extérieure est reliée à l'axe d'une grande roue en bois, moteur du mécanisme.

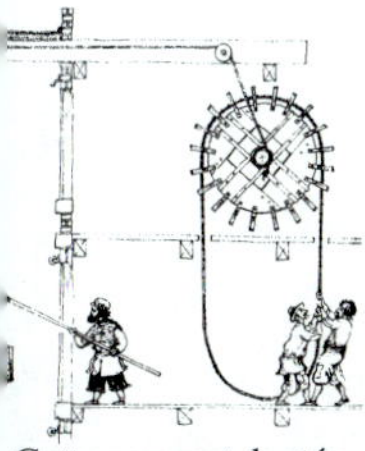

Cette roue est dentée de fourches dans lesquelles passe un anneau de corde, actionné depuis l'étage inférieur. Elle obéit au principe de la démultiplication, qui permet à un petit nombre d'hommes de monter de lourdes charges. À chaque étage, un rouleau fixé sur le linteau de la porte permet de faire riper la charge si celle-ci s'accroche aux ouvertures pendant son ascension.

Compagnie des Indes Occidentales

Kromboomsloot ▲ *155*

Entrepôt du Groenland ▲ *174*

LE DÉCOR
Chefs-d'œuvre de zinguerie, les petits auvents sont à la fois un élément du décor de la façade et une protection pour la poutre de poulie. Les façades se différencient par l'utilisation de pierre de taille dans l'appareillage de brique et par des pierres sculptées en volutes ou en spirales décorant les rives des pignons.

D'abord dominée par le gothique septentrional, Amsterdam va, après l'adoption de la religion protestante en 1578 ● *29*, opter pour un style et un schéma neufs. Hendrick de Keyser ▲ *156* sera le principal acteur de cette renaissance. Après la Zuiderkerk, pseudo-basilique à trois nefs, puis la Noorderkerk de plan centré en croix grecque, il combine idéalement ces deux plans dans la Westerkerk. Le même esprit marque les nombreuses synagogues de la cité.

NIEUWEKERK
Cette basilique à transept (fin du XIVe siècle), de style gothique tardif, bâtie, contrairement à la Oudekerk ▲ *134*, sur un plan régulier et symétrique, offre le contraste d'une nef centrale voûtée d'un berceau en bois, et de nefs latérales pourvues de voûtes d'arêtes en pierre. Son clocher principal, de Jacob Van Campen, est inachevé ▲ *131*.

NOORDERKERK
Ses façades, d'une grande sobriété, affichent d'étonnants gables à balustrades.

Bâtie en 1620, la Noorderkerk montre le type le plus abouti de plan centré élaboré par Keyser ▲ *239*.

LA RENAISSANCE CATHOLIQUE AU XIXe SIÈCLE
Les églises catholiques, tolérées après 1578, ne devaient montrer aucun signe distinctif : elles restaient donc semi-clandestines ● *39*. Les catholiques devront attendre le XIXe siècle avant d'obtenir l'autorisation de construire leurs églises officielles ; et le style adopté alors sera surtout néo-gothique, mais aussi classique s'inspirant de l'Antiquité et de la Renaissance.

ÉGLISE SAINT-ANTOINE-DE-PADOUE, DITE MOISE ET AARON
Conçue dans le style classique des architectes-ingénieurs des Ponts et Chaussées, elle est dotée de tours de bois sur le modèle de Saint-Sulpice à Paris ▲ *159*.

Elle fut élevée de 1837 à 1841 par l'architecte prix de Rome, T.F. Suys.

ÉGLISE DU KRIJTBERG
Néo-gothique, elle date de 1881 (n° 446 Singel).

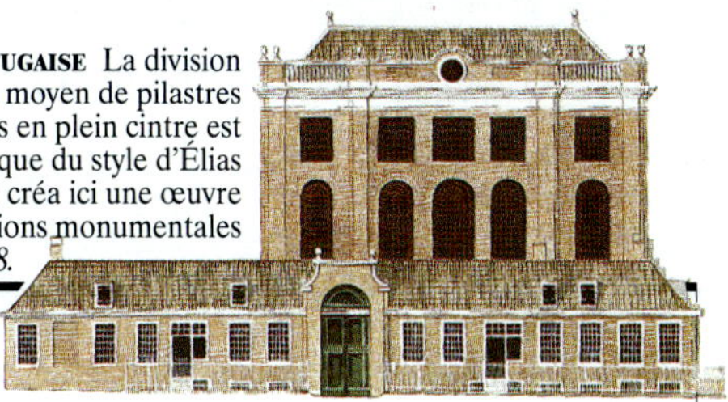

Synagogue portugaise La division des façades au moyen de pilastres et de hautes fenêtres en plein cintre est caractéristique du style d'Élias Bouwman qui créa ici une œuvre de dimensions monumentales (1675) ▲ *158.*

Église Saint-Nicolas
Baroque et néo-Renaissance créent ici un éclectisme étonnant (1887) ▲ *137*

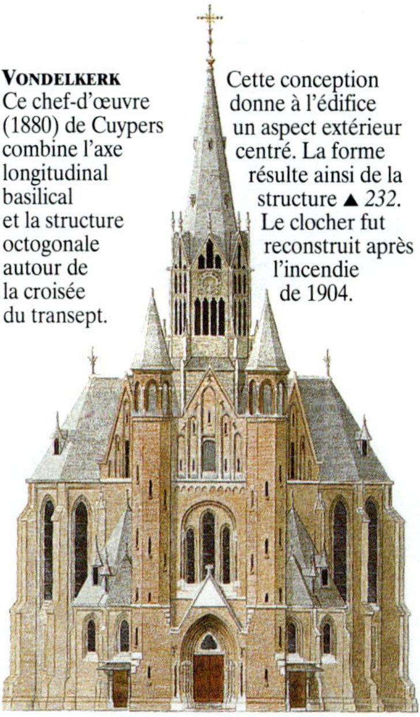

Vondelkerk
Ce chef-d'œuvre (1880) de Cuypers combine l'axe longitudinal basilical et la structure octogonale autour de la croisée du transept. Cette conception donne à l'édifice un aspect extérieur centré. La forme résulte ainsi de la structure ▲ *232.* Le clocher fut reconstruit après l'incendie de 1904.

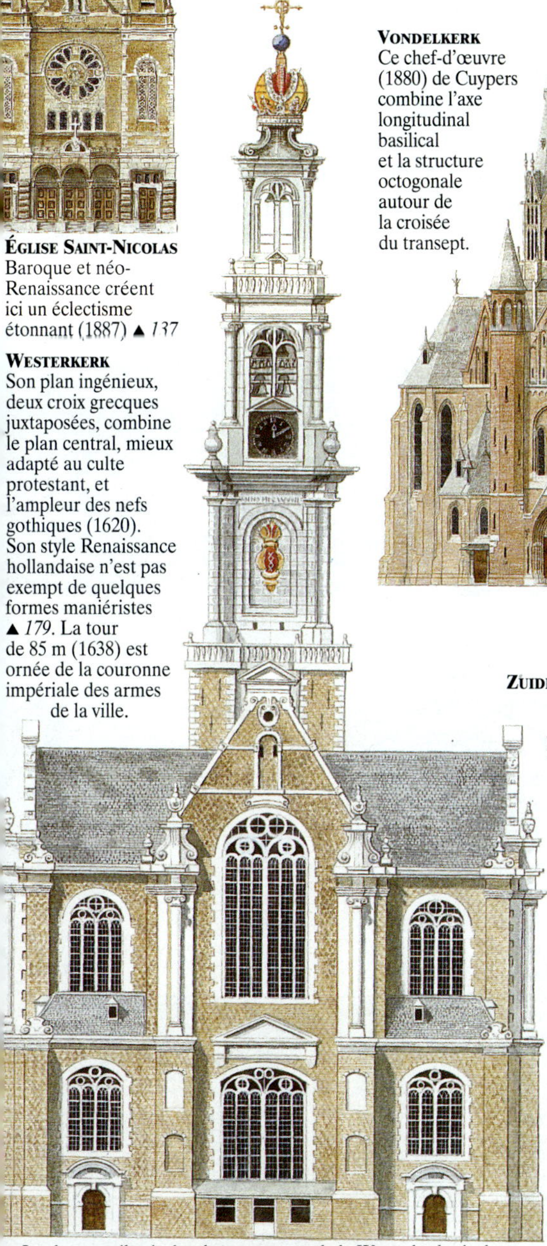

Westerkerk
Son plan ingénieux, deux croix grecques juxtaposées, combine le plan central, mieux adapté au culte protestant, et l'ampleur des nefs gothiques (1620). Son style Renaissance hollandaise n'est pas exempt de quelques formes maniéristes ▲ *179.* La tour de 85 m (1638) est ornée de la couronne impériale des armes de la ville.

Les bras surélevés des deux transepts de la Westerkerk résultent probablement d'une modification du projet initial de Keyser mais sans toutefois altérer l'élégance et la douceur de ses lignes.

Zuiderkerk ● *94*
Cet édifice a inspiré le style de la Westerkerk.

Détail du clocher de la Zuiderkerk (1603) ▲ *156.*

MONUMENTS DU XIXe SIÈCLE

Détail d'un pavillon de la gare.

Aux XIXe et XXe siècles, Amsterdam connaît un essor important qui entraîne une extension territoriale des fonctions de la municipalité ● *36*. Les transports, le commerce et les arts ont donc besoin d'une nouvelle architecture. La ville s'en trouve profondément modifiée, surtout à la fin du XIXe siècle : de 1885, inauguration du Rijksmuseum, à 1903, année de l'ouverture de la Bourse de commerce de Berlage, les édifices publics se multiplient.

La Gare centrale repose sur une île artificielle. La structure de l'édifice est proche de celle du Rijksmuseum.

CONCERTGEBOUW Son style est un compromis entre le néo-Renaissance hollandais (huisseries, blocs et bandes en pierre de taille) et un néo-classicisme plus international (colonnade corinthienne avec fronton). L'ensemble (1888), dû à A.L. Van Gendt, est pourtant équilibré, même avec les nouvelles entrées ouvertes sur la façade latérale ▲ *216*.

RIJKSMUSEUM Les protestants trouvèrent la conception trop gothique et donc trop catholique pour un musée national. Cuypers changea donc les ogives de la galerie en arcs en plein cintre. Mais le bâtiment (1885) ▲ *212* reste toutefois un mélange d'éléments gothiques et Renaissance, comme la Gare centrale.

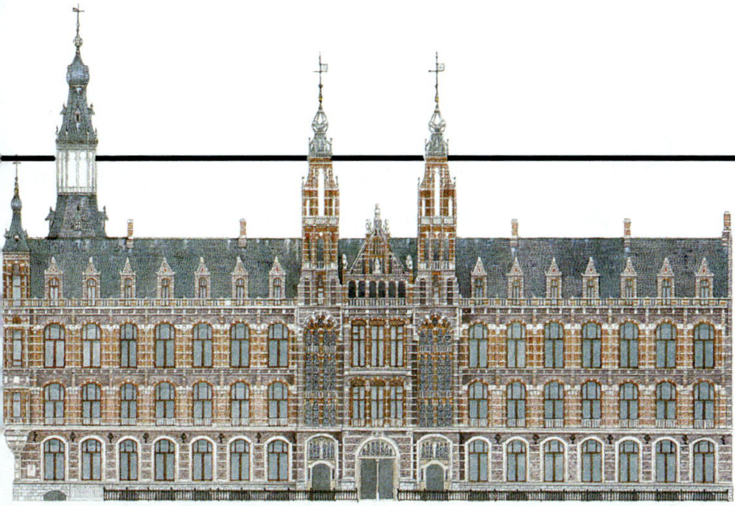

Ancienne Grande Poste (1899) C. H. Peters, architecte des bâtiments publics, conçut l'édifice avec pilastres, bandeaux de pierre, sculptures et ornements : il est directement inspiré de la Renaissance hollandaise, malgré sa silhouette gothique. Les petites galeries en plein cintre que l'on retrouve dans les pignons droits sont d'influence romane ▲ *130.*

Bourse de Berlage Après un projet de Bourse dans le style de la Renaissance hollandaise, Berlage la dessina finalement dans un style révolutionnaire. Les travaux furent terminés en 1903 ▲ *133*.

Gare centrale ▲ *138*
Terminée en 1889 dans le style Renaissance hollandaise, avec des ajouts gothiques, elle est composée d'une partie centrale avec deux tours carrées, flanquée de deux ailes.

Le comble, en acier et en verre, et les tirants sont visibles à l'intérieur, ainsi que les murs en brique. Berlage fut tout de même influencé par l'architecture du passé : la silhouette de la façade avec sa tour carrée s'inspire de l'architecture communale italienne de la période médiévale.

A.N.D.B. Ici, Berlage a laissé la brique à nu à l'extérieur comme à l'intérieur. Il fut là aussi influencé par l'architecture italienne ▲ *266.*

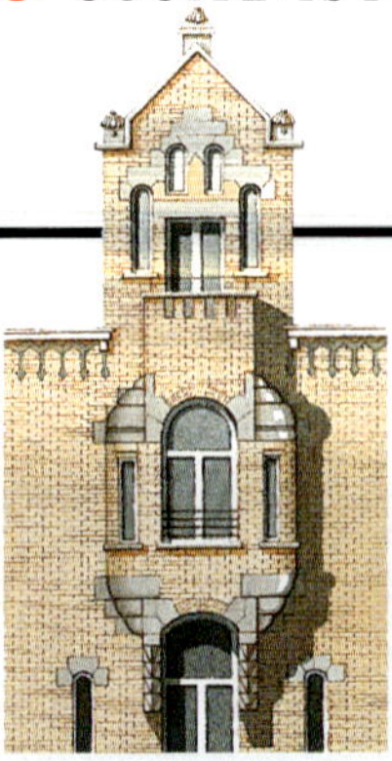

Détail des fenêtres de la façade de l'hôtel *American.* Elles sont surmontées de clochetons.

Dans la continuité du renouveau architectural amstellodamois, commencé au XIXe siècle avec les grands monuments publics ● *80,* et sous l'influence de créateurs aussi différents que Cuypers et Berlage, les architectes font preuve de beaucoup d'imagination et de fantaisie au tournant du siècle. D'importants édifices sont ainsi réalisés, mêlant les styles Art déco, Art nouveau, et école d'Amsterdam ● *84.* De nombreuses réalisations témoignent de ces expériences rénovatrices, parfois originales et souvent très réussies.

DE UTRECHT Situé aux n°s 28-30 Damrak, cet immeuble est l'un des rares exemples d'américanisme à Amsterdam. Conçu par J. F. Staal (futur architecte du «Gratte-ciel» ▲ *280)* et A. J. Kropholler, il a été terminé en 1905. Les travées étroites séparées par des colonnes plates accentuent l'impression de hauteur, car le bâtiment est assez étroit. Les sculptures dominant les portes sont dues à J. Mendes da Costa.

HÔTEL «AMERICAN»
W. Kromhout réunit, dans cet immeuble de Leidseplein, construit en 1898-1902, certains traits de Berlage (aspect et structure) et des éléments Art déco. Cet hôtel sera une source d'inspiration pour l'école d'Amsterdam et le fonctionnalisme. La galerie et l'arcade de la façade évoquent la Bourse et les structures de l'école d'Amsterdam ▲ *191.*

E.H.L.B. Cet édifice, érigé à l'angle de Keizersgracht et Leliegracht en 1905, fut à l'origine le siège d'une compagnie d'assurances. Van Arkel conçut un ensemble Art nouveau, dont l'imposante façade, dotée de *bow-windows,* est décorée de mosaïques et de clochetons. Le hall est aussi très orné ▲ *172.*

Cinéma Tuschinski Ce cinéma, datant de 1918-1921, est unique : sa décoration montre un style Art déco exubérant, dans un foisonnement de détails (vitraux, tourelles, lampes, etc.) ▲ *208.*

Asscher Influencé par Berlage, G. Van Arkel a conçu en 1907 une taillerie de diamants où l'Art nouveau est présent (Institut de Technologie, n° 127 Tolstraat).

Banque ABN-AMRO Construite entre 1919 et 1926 sur des plans de K. de Bazel, l'ordonnance polychrome alternée de granite et de syénite s'étend sur 100 m et sur dix étages. L'édifice se démarque fortement par une composition très géométrique au décor mesuré (n°s 66 à 80 Vijzelstraat).

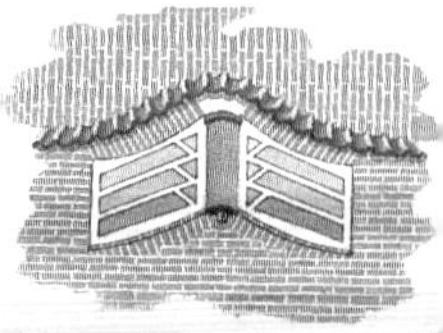

Détail d'une fenêtre de la cour intérieure du «Bateau».

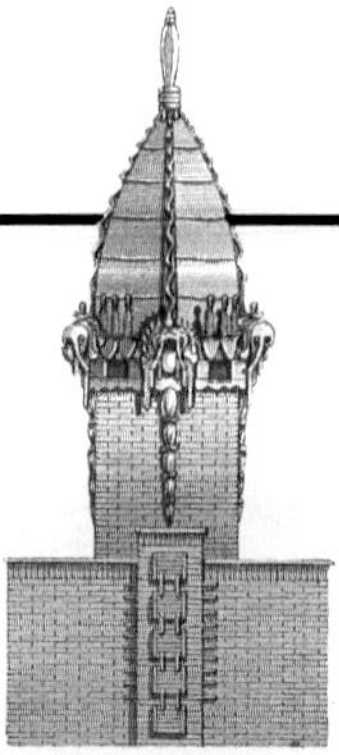

Une des tourelles de la Scheepvaarthuis, couvertes de zinc et de plomb.

Caractérisé par son expressionnisme, un goût pour l'ornement et un strict usage de la brique, le style de l'école d'Amsterdam (1912-1940) atteint son apogée vers 1920. En même temps, le fonctionnalisme, annoncé par Berlage ● *82*, se définit par l'emploi du verre, du béton et de l'acier. La commission de l'architecture urbaine préférera l'école d'Amsterdam, qui marque de son empreinte les quartiers sud (pourtant conçus par Berlage ● *36*) et ouest. Les fonctionnalistes bâtiront surtout après la guerre.

Les cages d'escalier ont été placées dans des cylindres verticaux couverts de tuiles. Fenêtres, portes et rampes sont ornées de petits détails fantaisistes.

SPAARNDAMMERPLANTSOEN Conçu par Michel de Klerk, cet immeuble de logements sociaux, financé par l'association Eigen Haard, a été construit de 1913 à 1915 : c'est l'un des premiers grands bâtiments où la brique joue aussi un rôle décoratif ▲ *256.*

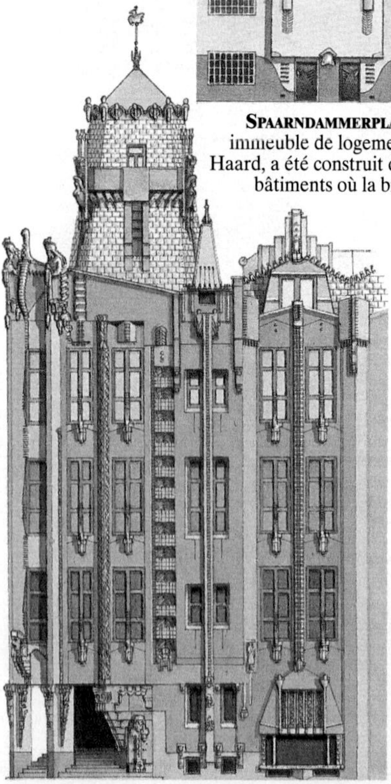

SCHEEPVAARTHUIS J. M. Van der Mey créa, avec la maison de la Navigation (1911-1916), le premier édifice du mouvement. Ce bâtiment est marqué par un style très expressionniste, qui accentue la dimension verticale des travées étroites. Celles-ci sont couronnées par une lucarne en forme de pentagone. Les multiples sculptures représentent les océans et leurs héros, référence aux Pays-Bas, nation de navigateurs. La Scheepvaarthuis fut le bureau des armateurs ▲ *154.*

Petite fenêtre placée à un angle du «Bateau».

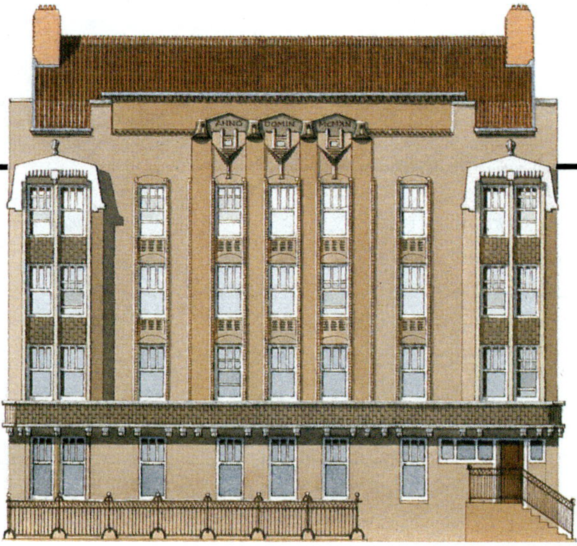

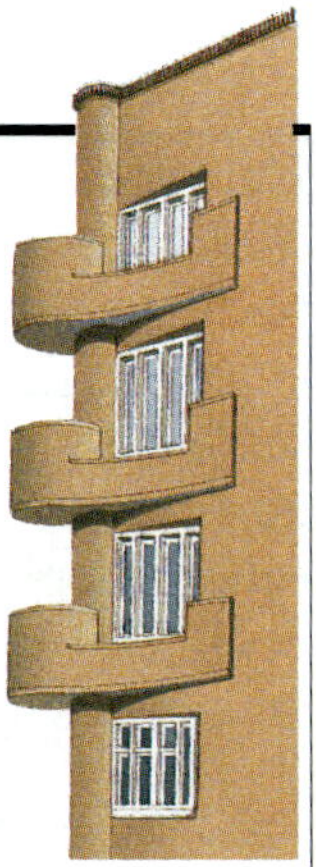

HILLEHUIS Construit en 1911-1912 sur Vermeerplein, près des grands musées, cet édifice est la première réalisation importante de Michel de Klerk. Les lignes sont très verticales et, bien que certains motifs décoratifs fassent leur apparition, l'ensemble manque encore de cette expressivité si caractéristique de l'école d'Amsterdam.

HOLENDRECHTSTRAAT Nombreuses sont les créations de l'école d'Amsterdam marquées par des formes sinueuses en brique, notamment celles des balcons.

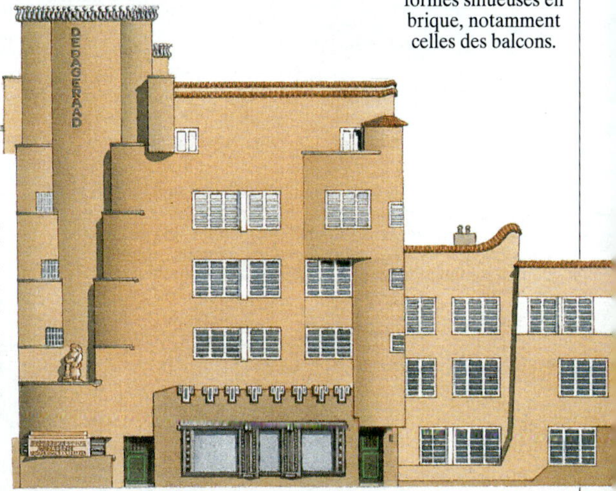

DAGERAAD La cascade en brique conçue par P.L. Kramer est l'élément le plus spectaculaire de cet immeuble de logements constitué de plusieurs ailes et placettes intérieures dessinées par de Klerk. Le jeu de masse décroît afin de laisser place à la colonne centrale, gigantesque support pour le nom de l'association socialiste de logements, «De dageraad» ▲ *280.*

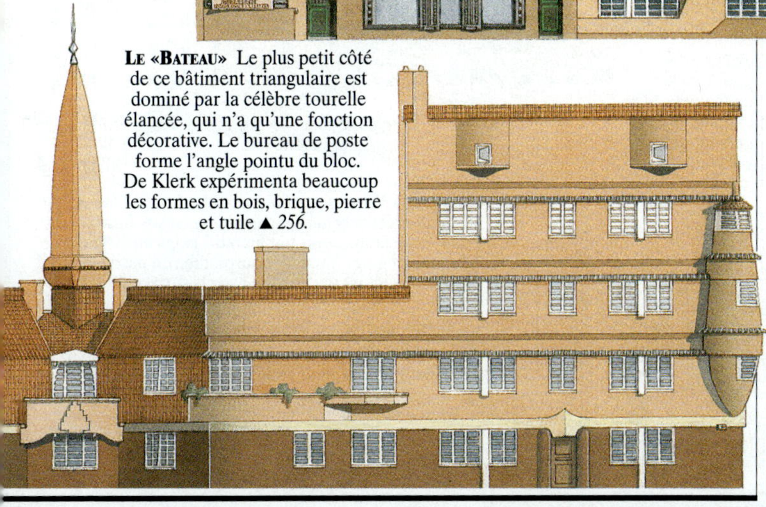

LE «BATEAU» Le plus petit côté de ce bâtiment triangulaire est dominé par la célèbre tourelle élancée, qui n'a qu'une fonction décorative. Le bureau de poste forme l'angle pointu du bloc. De Klerk expérimenta beaucoup les formes en bois, brique, pierre et tuile ▲ *256.*

L'architecture de l'après-guerre se caractérise surtout par l'opposition entre les traditionalistes de l'école de Delft, et les fonctionnalistes. Alors que ces derniers semblent s'affirmer, un contre-courant apparaît, opposé aux conceptions de grande échelle inspirées du passé. A. Van Eyck ▲ *267* et H. Hertzberger en seront les principaux animateurs. Depuis, les architectes ont pu imposer, chacun à leur façon, un style et des innovations.

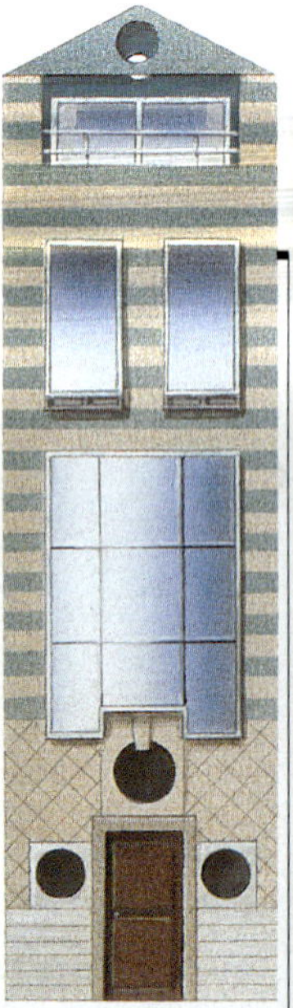

MAISON À PIGNON MODERNE Cette façade de style postmoderne se dresse au n° 99 Rokin, en plein centre-ville ▲ *140.* Bâti en 1990, l'édifice adopte la traditionnelle façade étroite d'une maison amstellodamoise ● *70,* et respecte les alignements voisins. Au sommet, la forme triangulaire stylisée évoque les pignons. L'ensemble de la façade est en granite brun, blanc et vert.

JOODSE INVALIDE Dans la continuité du «Gratte-ciel» ▲ *280,* aux antipodes de l'école d'Amsterdam, J.F. Staal conçut en 1935 cet immeuble doté de très larges surfaces vitrées. L'angle de l'édifice est couronné par un toit arrondi très nouveau pour l'époque : les petites colonnes donnent l'impression d'être son seul support.

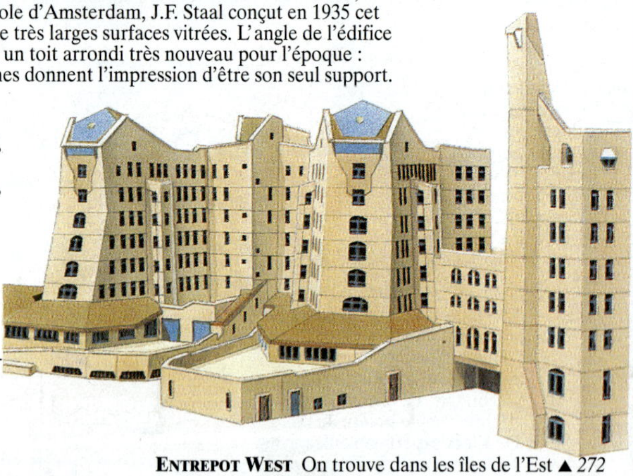

BANQUE ING Terminé en 1987, le siège de cette banque combine, avec son plan irrégulier, aménagements intérieurs et formes extérieures pour fournir un meilleur bien-être aux personnes qui y travaillent.

ENTREPOT WEST On trouve dans les îles de l'Est ▲ *272* des exemples récents de logements sociaux financés par des associations sans but lucratif. Érigé en 1992 dans Cruquiusweg, cet immeuble surplombe en partie le canal, établissant un jeu linéaire avec la surface de l'eau.

AMSTERDAM VUE PAR LES PEINTRES

Au XVIIe siècle, la bourgeoisie d'Amsterdam commande aux peintres de paysages urbains (dont l'école vit le jour à Delft avec notamment Vermeer et Pieter De Hooch) d'innombrables vues du port sur la rivière IJ, auquel elle doit sa richesse. Ludolf Backhuysen (1631-1708) excelle dans ce domaine, et réalise *Le Port d'Amsterdam* (2) en 1674 ▲ *260.* Alors que Backhuysen offre la vision d'un port plein d'activités et de mouvement, c'est au contraire une tranquillité céleste qui règne dans le dessin *Vue de l'IJ et d'Amsterdam* de Lambert Doomer (1624-1700), élève de Rembrandt (3). Le maître, lui-même, fut sans doute un promeneur avide, si l'on compte ses nombreux dessins et esquisses de la banlieue d'Amsterdam, des villages voisins et de la proche campagne. Sa *Vue d'Amsterdam* (1641), dessin à l'encre (1), laisse apparaître l'IJ au premier plan à gauche ▲ *218.* Au XIXe siècle, George Breitner (1857-1923) a inventé un impressionnisme nordique avec des formes lourdes, des touches larges, et très peu de détails. *Le Dam la nuit* (page précédente) est un bel exemple de son art ▲ *258.*

1

2

3

Originaire de Haarlem, Gerrit Berckheyde (1638-1698) exécute entre 1670 et 1675 *Le Marché aux fleurs* (2). On remarque à gauche le canal du Nieuwezijds Voorburgwal, de nos jours recouvert par une rue, et à droite l'arrière du Palais royal du Dam. La composition est déterminée par l'unité de la lumière,

du soleil et des ombres. Jan Wynants (vers 1630-1684) fut l'un des paysagistes de l'école de Haarlem. Sa *Vue du Herengracht* (1) est le seul site urbain peint de sa main. Wynants insiste sur le canal lui-même ▲ *194*, au détriment des maisons voisines. Peinte en 1633, *Procession annuelle des lépreux le lundi après l'Épiphanie* (3), toile imposante de Adriaen Van Nieulandt (1587-1658), nous montre, sur le Dam, une foule de personnages aux multiples activités assemblés pour ce jour de fête ▲ *128*.

1	2
3	

«AMSTERDAM EST UNE VILLE ADMIRABLE, PLEINE DE MOUVEMENT ET D'INATTENDU ; J'ESPÈRE Y RETOURNER»

CAMILLE PISSARRO

«L'école hollandaise peut croître et travailler pendant un siècle ; la Hollande aura de quoi fournir à l'infatigable curiosité de ses peintres, tant que leur amour pour elle ne s'éteindra pas.» Eugène Fromentin

En 1945, Karel Appel (né en 1921, ci-dessus) a choisi une vue large de l'IJ (1), toile au style très différent de celui qu'il développera avec le mouvement Cobra ▲ *230*. Excellent peintre de ports, de bateaux, de mer et de combats navals, Willem Van de Velde le Jeune (1633-1707) s'établit en 1672 à Londres où il fut peintre à la cour du roi. Son tableau de 1686 du *Port d'Amsterdam* (2) suggère une grande impression de profondeur, grâce au ciel à la fois nuageux et ensoleillé.

La Tour des harengs (3) d'Abraham Storck (1635-1704) présente un autre aspect du port avec, à droite, la tour (détruite par la suite) et, au fond, l'amirauté de la Compagnie des Indes orientales ▲ *146*.

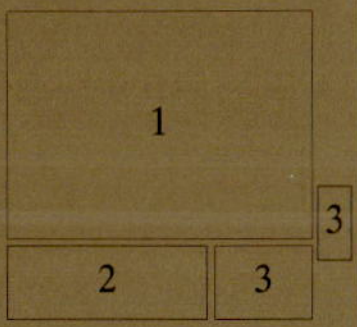

Au XIXe siècle, un grand nombre d'artistes étrangers, et surtout des Français, ont visité Amsterdam. Parmi eux, Boudin, Daubigny, Manet et Pissarro. Autre visiteur, Claude Monet séjourna au moins deux fois aux Pays-Bas, vers 1870 : il y cherchait des thèmes pour sa peinture. Son œuvre *La Zuiderkerk à Amsterdam vue du Groenburgwal* (1871-1874), ci-dessous dans sa version printanière, dominée par le bleu, existe aussi dans une version automnale, mariant ocres et bruns.

Au XVIIe siècle, Gabriel Metsu (1629-1667) était considéré comme un peintre de grand talent. À l'époque, on appréciait dans son œuvre le raffinement, les riches et agréables couleurs, l'élégance des formes et la volonté de plaire. Aujourd'hui un peu oublié, Metsu a notamment laissé *Le Marché aux herbes* (vers 1660). La scène se tient sur le Singel. Le goût du peintre pour le détail y apparaît clairement.

AMSTERDAM VUE PAR LES ÉCRIVAINS

UN CORPS QUI RESPIRE

Paul Claudel (1868-1955), écrivain et diplomate français, a choisi le joli mois d'avril 1935 «pour aller faire, comme sur la pointe du pied, un petit tour en Hollande». Dans son essai L'Œil écoute, *Claudel nous introduit à la peinture hollandaise, et jamais il n'oublie de rendre un hommage à la terre nourricière qui produisit cet art. Amsterdam, Haarlem, Delft, toutes y trouveront leur portrait. Chez Claudel, tout participe au rythme cosmique divin : la Hollande, et en son cœur Amsterdam, opère «l'immense échange» en ce bas monde.*

“Il faut renoncer à comprendre les Pays-Bas, si, dès que l'on s'y est enfoncé pour de bon et en plein, on ne ressent pas sous ses pieds cette élasticité secrète, si l'on ne s'entend pas soi-même participer à cette espèce de rythme cosmique comme une poitrine alternativement qui se soulève et qui s'abaisse.
La Hollande est un corps qui respire, et cette vaste poche du Zuyderzee au milieu d'elle, qu'est-ce que c'est, sinon une espèce de poumon ? Deux fois par jour, à plein cœur, à plein ventre, elle absorbe la mer comme un flot puissant de lait salé, et deux fois par jour sur ces eaux un instant équilibrées s'opère l'immense échange de ce qui arrive avec ce qui attendait de partir. C'est comme si une cloche avait sonné, la Bourse est ouverte, je dis la bourse dans son double sens : celui du réceptacle, – et quel plus largement ouvert que ce comptoir où, en échange de toutes les richesses des Indes, de toutes les denrées qu'énumère l'Apocalypse, la pourpre, la soie, les bois, le fer, le marbre, l'ivoire, les épices et les parfums, le vin, et l'huile, et le froment, et les bêtes de somme, et les esclaves, et les âmes d'hommes, le Rhin et la Meuse viennent opérer leurs versements ? – et le sens aussi de marché où tout ce qui existe vient se transformer en valeur, passer de sa qualité de matière à la dignité générale de signe et de proposition, recevoir, comme on dit, son cours.”

PAUL CLAUDEL, *L'ŒIL ÉCOUTE,* GALLIMARD, PARIS, 1946

UNE ARISTOCRATIE ÉLUE

Charles Louis baron de Secondat ou Montesquieu (1689-1755) publie en 1721 à Amsterdam un écrit anonyme : Lettres persanes. *Soucieux de confronter ses lectures avec l'expérience vivante de l'étranger, il part en 1728 pour un voyage de plusieurs années qui l'entraînera dans toute l'Europe. Amsterdam lui fera grande impression. Le philosophe en loue surtout le caractère industrieux, mais observe aussi les institutions politiques originales de la ville.*

“Les rues d'Amsterdam sont belles, propres, larges. Il y a de grands canaux avec des rangées d'arbres. Dans les grandes rues de la Ville, les barques viennent devant les maisons. J'aimerois mieux Amsterdam que Venise : car, à Amsterdam, on a l'eau sans être privé de la terre. Les maisons sont propres en dedans, et proprement bâties en dehors, égales ; les rues, droites, larges ; enfin, cela fait une des plus belles villes du monde.
C'est un beau spectacle que la Bourse. Je crois bien qu'il y tient 8 ou 10 000 âmes. Elle est pleine à ne pouvoir s'y remuer.
Quand on voit le peuple travailler au canal qui va au port, les hommes, femmes et enfants porter ou traîner des fardeaux, il semble que ce sont ces fourmis que Jupiter changea en hommes pour peupler l'île d'Égine. C'est comme la Salente de *Télémaque :* tout travaille.
[…] La ville d'Amsterdam est une aristocratie, mais une aristocratie la plus sensée :

le peuple est gouverné par un petit nombre de personnes, mais, qui ne viennent pas *jure hereditario,* mais par élection.
C'est un beau morceau que celui de bourgmestre d'Amsterdam : quatre bourgmestres régnants, distribuant toutes les charges, chacun, de leur quartier. Il y a, de plus, les échevins et les conseillers. Les conseillers représentent le Peuple et élisent les échevins et bourgmestres aussi (je crois). ❞

MONTESQUIEU, *VOYAGES,* BORDEAUX, 1894

LE REFUGE DES PHILOSOPHES

Avec le Siècle d'or (XVIIe siècle), Amsterdam conquiert sa renommée de capitale littéraire. C'est dans ce foisonnement créatif que Bayle, Descartes, Voltaire, Montesquieu, Rousseau ou Diderot contournent les interdits français en confiant leurs manuscrits aux imprimeurs d'Amsterdam. Le 5 mai 1631, René Descartes écrit à son ami Jean-Louis Guez de Balzac.

❝ En cette grande ville où je suis, n'y ayant aucun homme, excepté moi, qui n'exerce la marchandise, chacun y est tellement attentif à son profit, que j'y pourrais demeurer toute ma vie sans être jamais vu de personne. Je me vais promener tous les jours parmi la confusion d'un grand peuple, avec autant de liberté et de repos que vous sauriez faire dans vos allées, et je n'y considère pas autrement les hommes que j'y vois, que je ferais les arbres qui se rencontrent en vos forêts, ou les animaux qui y paissent. Le bruit même de leur tracas n'interrompt pas plus mes rêveries, que ferait celui de quelque ruisseau. Que si je fais quelquefois réflexion sur leurs actions, j'en reçois le même plaisir, que vous feriez de voir les paysans qui cultivent vos campagnes ; car je vois que tout leur travail sert à embellir le lieu de ma demeure, et à faire que je n'y aie manque d'aucune chose. Que s'il y a du plaisir à voir croître les fruits en vos vergers, et à y être dans l'abondance jusques aux yeux, pensez-vous qu'il n'y en ait pas bien autant, à voir venir ici des vaisseaux, qui nous apportent abondamment tout ce que produisent les Indes, et tout ce qu'il y a de rare en l'Europe ? Quel autre lieu pourrait-on choisir au reste du monde, où toutes les commodités de la vie, et toutes les curiosités qui peuvent être souhaitées, soient si faciles à trouver qu'en celui-ci ? Quel autre pays où l'on puisse jouir d'une liberté si entière, où l'on puisse dormir avec moins d'inquiétude, où il y ait toujours des armées sur pied exprès pour nous garder, où les empoisonnements, les trahisons, les calomnies soient moins connus, et où il soit demeuré plus de reste de l'innocence de nos aïeux ? ❞

RENÉ DESCARTES, 1631

CAPITALE ARTISTIQUE

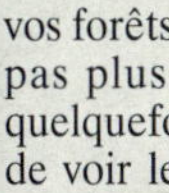

Eugène Fromentin (1820-1876), critique artistique et peintre lui-même, nous offre dans ses Maîtres d'autrefois *(1876) une étude pénétrante des peintres flamands et hollandais. Promeneur d'une nuit d'été, Eugène Fromentin est inspiré par les canaux embrumés : il se remémore l'Amsterdam d'autrefois, la capitale des lettres et des arts européens, le creuset d'un profond humanisme.*

❝ Un lacet de rues étroites et de canaux m'a conduit à la Doelen Straat. Le jour finit. La soirée est douce, grise et voilée. De fins brouillards d'été baignent l'extrémité des canaux. Ici, plus encore qu'à Rotterdam, l'air est imprégné de cette bonne odeur de Hollande, qui vous dit où vous êtes et vous fait connaître les tourbières par une sensation subite et originale. [...] Ainsi noyée dans ses buées odorantes, vue à pareille heure, traversée par son centre, peu boueuse, mais humectée par la nuit qui tombe, avec ses ouvriers dans les rues, sa multitude d'enfants sur les perrons, ses boutiquiers devant leurs portes, ses petites maisons criblées de fenêtres, ses bateaux marchands, son port au loin, son luxe tout à fait à

l'écart dans les quartiers neufs – Amsterdam est bien ce qu'on imagine quand on ne rêve pas d'une Venise septentrionale [...].
Il faut connaître la naïveté profonde, la passion de fils, l'amour des petits coins qui distinguent les peintres hollandais, pour s'expliquer les aimables et piquants portraits qu'ils nous ont laissés de leur ville natale. Les couleurs y sont fortes et mornes, les formes symétriques, les façades entretenues dans leur neuf, sans nulle architecture et sans art, les petits arbres des quais grêles et laids, les canaux fangeux. On sent un peuple pressé de s'installer sur des boues conquises, uniquement occupé d'y loger ses affaires, son commerce, ses industries, son labeur, plutôt que son bien-être, et qui jamais, même en ses plus grands jours, ne songea à y bâtir des palais.

[...] Me voici donc dans la patrie de Spinoza et de Rembrandt. De ces deux grands noms, qui représentent, dans l'ordre des spéculations abstraites ou des inventions purement idéales, le plus intense effort du cerveau hollandais, un seul m'occupe, le dernier. Rembrandt a ici sa statue, la maison qu'il habita dans ses années heureuses, et deux de ses œuvres les plus célèbres, – c'est plus qu'il n'en faut pour éclipser bien des gloires. Où est la statue du poète national Juste Van den Vondel, son contemporain, et, à sa date, son égal au moins en importance ? On me dit qu'elle est au Nouveau-Parc. La verrai-je ? Qui va la voir ? Où donc a demeuré Spinoza ? Que sont devenues la maison où séjourna Descartes, celle où passa Voltaire, celles où moururent l'amiral Tromp et le grand Ruyter ? Ce que Rubens est à Anvers, Rembrandt l'est ici. Le type est moins héroïque, le prestige est le même, la souveraineté égale. »

EUGÈNE FROMENTIN, *LES MAÎTRES D'AUTREFOIS*, HOLBEIN, BÂLE, 1947

L'EUROPE DES MARCHANDS

En 1954, Albert Camus s'accorde une brève escale à Amsterdam : un seul jour, une seule nuit. Mais une journée pleine et une nuit entière à emmagasiner des images qu'il transcrira un an et demi plus tard dans La Chute. *Le héros de son roman déambule dans une cité nostalgique de son passé.*

« Ce pays m'inspire, d'ailleurs. J'aime ce peuple, grouillant sur les trottoirs, coincé dans un petit espace de maisons et d'eaux, cerné par des brumes, des terres froides, et la mer fumante comme une lessive. Je l'aime, car il est double. Il est ici et il est ailleurs.
Mais oui ! À écouter leurs pas lourds, sur le pavé gras, à les voir passer pesamment entre leurs boutiques, pleines de harengs dorés et de bijoux couleur de feuilles mortes, vous croyez sans doute qu'ils sont là, ce soir ? Vous êtes comme tout le monde, vous prenez ces braves gens pour une tribu de syndics et de marchands, comptant leurs écus avec leurs chances de vie éternelle, et dont le seul lyrisme consiste à prendre parfois, couverts de larges chapeaux, des leçons d'anatomie ? Vous vous trompez. Ils marchent près de nous, il est vrai, et pourtant, voyez où se trouvent leurs têtes : dans cette brume de néon, de genièvre et de menthe qui descend des enseignes rouges et vertes. La Hollande est un songe, monsieur, un songe d'or et de fumée, plus fumeux le jour, plus doré la nuit, et nuit et jour ce songe est peuplé de Lohengrin comme ceux-ci, filant rêveusement sur leurs noires bicyclettes à hauts guidons, cygnes funèbres qui tournent sans trêve, dans tout le pays, autour des mers, le long des canaux. Ils rêvent, la tête dans leurs nuées cuivrées, ils roulent

en rond, ils prient, somnambules, dans l'encens doré de la brume, ils ne sont plus là. Ils sont partis à des milliers de kilomètres, vers Java, l'île lointaine. Ils prient ces dieux grimaçants de l'Indonésie dont ils ont garni toutes leurs vitrines, et qui errent en ce moment au-dessus de nous, avant de s'accrocher, comme des singes somptueux, aux enseignes et aux toits en escaliers, pour rappeler à ces colons nostalgiques que la Hollande n'est pas seulement l'Europe des marchands, mais la mer, la mer qui mène à Cipango, et à ces îles où les hommes meurent fous et heureux.»

ALBERT CAMUS, *LA CHUTE*, GALLIMARD, PARIS, 1956

D'INDISPENSABLES ÉCHANGES

À la fin du XIXe siècle, le capitaine de la marine marchande britannique Joseph Conrad (1857-1924) se trouve bloqué par les glaces à Amsterdam. L'auteur de Lord Jim *raconte ici son attente et ses escapades à terre qui le mènent sous la verrière de ce qui est aujourd'hui l'hôtel Krasnapolski. À travers cette anecdote ressort l'importance de l'activité portuaire amstellodamoise.*

«Nonobstant la présence du petit poêle de fer, l'encre gelait sur la table à cardan du carré, et je trouvais plus commode d'aller à terre, trébuchant à travers ce désert arctique et frissonnant de froid dans des tramways vitrés, pour écrire chaque soir mon rapport à mes armateurs dans un somptueux café du centre de la ville. C'était un lieu immense, haut de plafond et doré, capitonné de peluche rouge, plein de lampes électriques, et si parfaitement chauffé que même le marbre des tables était tiède au toucher. Le garçon qui m'apportait mon café prenait, par contraste avec mon absolue solitude, l'aspect aimable d'un ami intime. Là, seul au milieu d'une foule bruyante, j'écrivais avec lenteur une lettre destinée à Glasgow, dont la substance était : il n'y a pas de cargaison, et aucun espoir d'en voir arriver une d'ici à la fin du printemps, à ce qu'il me semble. [...] Presque chaque matin arrivait une lettre de mes armateurs m'ordonnant d'aller voir les affréteurs et de réclamer à grands cris la cargaison ; de les menacer des plus lourdes pénalités de *surestaries* ; d'exiger que cet assortiment de marchandises diverses, immobilisé dans un paysage de glace et de moulins à vent quelque part à l'intérieur, soit aussitôt mis sur rails, et donné chaque jour comme nourriture au navire en doses régulières. Après avoir bu un peu de café chaud, tel un explorateur arctique partant en traîneau pour le pôle Nord, j'allais à terre et roulais en frissonnant dans un tramway jusqu'au cœur même de la ville, passant devant des maisons aux façades nettes, devant des milliers de portes peintes qui luisaient derrière des rangées d'arbres de cette espèce propre aux trottoirs, sans feuilles, étiques, apparemment morts à tout jamais.»

JOSEPH CONRAD,
LE MIROIR DE LA MER, 1906,
TRAD. PIERRE ET YANE LEFRANC,
GALLIMARD, «LA PLÉIADE», 1985

Un Portugais à Amsterdam

Romancier d'expression portugaise, José Rentes de Carvalho a vécu quatre ans (à partir de 1956) à Amsterdam et y a publié un livre sur les Pays-Bas intitulé Là où vit cet autre Dieu. *Il y rapporte non sans ironie ses expériences d'homme méridional dans la cité nordique. Carvalho nourrit une profonde sympathie pour cette ville qui, comparée à d'autres métropoles européennes, offre un visage réellement humain.*

« A travers les rues et les ruelles, les parcs et les places, de la Gare centrale à Leidseplein et à travers les minuscules ruelles du Jordaan, de Kattenburg ou du quartier est, j'ai dû passer des heures innombrables à vagabonder, comme si inconsciemment j'avais voulu prendre le pouls de la ville, comme si j'avais voulu en sentir, en saisir l'atmosphère. Et même s'il m'arrivait, pour toutes les raisons du monde, d'être déprimé ou de me sentir joyeux sans aucune raison particulière, cette ville m'est toujours apparue chaleureuse et hospitalière, jamais je ne me suis senti rejeté ou interdit de séjour comme cela a pu être le cas à Paris, Lisbonne, São Paulo et tant d'autres villes.

Contrairement à beaucoup d'autres métropoles, Amsterdam semble avoir conservé ce sentiment d'intimité et de sécurité qui sont propres aux petites agglomérations. Peut-être parce que les rues n'y sont pas monumentales, peut-être à cause de ses canaux sinueux, peut-être aussi à cause de la succession incessante de l'eau et de la terre. Quoi qu'il en soit, la ville a quelque chose d'attachant, même au cœur de l'hiver, ses rues ne connaissent pas ce froid glacial des boulevards parisiens, ce qui, sans doute, peut être attribué à l'habitude des Amstellodamois – je ne peux toujours pas m'y habituer – de laisser grands ouverts leurs rideaux, et de livrer ainsi leurs intérieurs aux regards curieux des passants.

Les cafés, ces havres de paix pour les étrangers ou les âmes esseulées, ne rayonnent pas ici d'une folie excessive, ils adressent avec gentillesse quelques signes de la tête encourageants au promeneur, l'invitent à entrer, et il est rare qu'un luxe redoutable pour sa bourse le fasse reculer. Cela vaut aussi pour les magasins qui n'étalent pas de richesses tapageuses et qui retiennent, avant toute chose, le bon goût. Les salles de théâtre, de cinéma, d'opéra, les musées, les bâtiments publics, les grands bureaux, tous respirent la même modestie, incontestablement de «bon ton» ici à Amsterdam. Celui qui, croyant posséder plus ou beaucoup mieux que les autres, se sent obligé d'en faire également état, ne récoltera ici que mépris et ignorance. »

José Rentes de Carvalho, *Waar die andere God woont (Là où vit cet autre dieu)*, Uitgeverij De Arbeiderspers, 1972, trad. inédite pour la présente édition de Laurent-Philippe Réguer, 1993

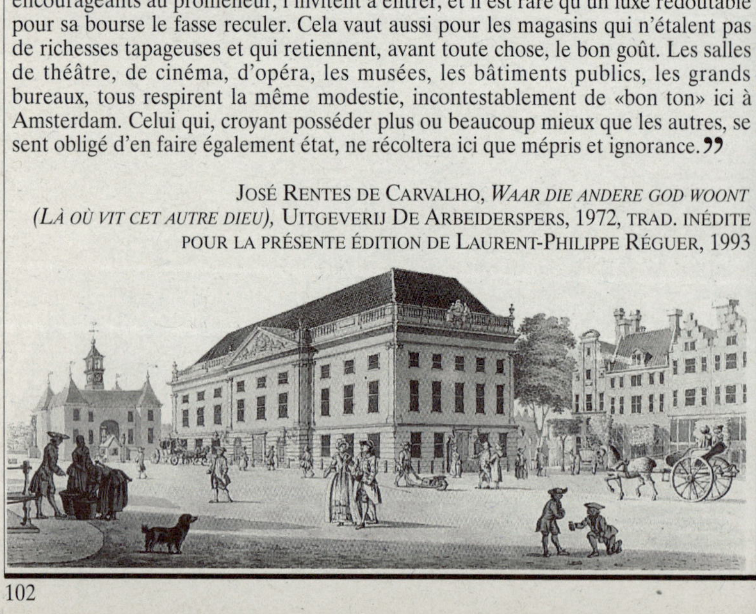

La liberté des exilés

En 1933, à l'arrivée d'Adolf Hitler au pouvoir, Amsterdam redevient la ville-refuge pour de nombreux émigrés allemands. Klaus Mann, fils de Thomas Mann, y fonde la revue Die Sammlung (Le Recueil), *ouverte en priorité aux jeunes écrivains de langue allemande qui n'avaient plus l'opportunité de s'exprimer dans leur pays. Dans cet extrait de son autobiographie, l'exilé Klaus Mann rend hommage au port de la liberté tout en brossant un portrait ambigu de la ville.*

« Une belle ville, Amsterdam – que ce soit un émigré qui jouisse de cette beauté, ou un touriste. Le proscrit, lui aussi, admire l'architecture noble et simple des vieilles demeures patriciennes, ressent le charme des canaux comme ensorcelés, avec leurs odeurs et leurs perspectives vénitiennes. Les eaux stagnantes de ces canaux que l'on aimerait peindre ont toujours exercé sur moi une fascination inquiétante. Les rats, à ce qu'on m'a dit, vivent en masse dans leurs profondeurs huileuses. C'est une eau empoisonnée, une eau mortelle ; si l'on y tombait et si l'on en avalait une grande quantité, on mourrait, comme un lépreux du Moyen Âge, de bubons horribles et du meilleur effet pictural. Les ruelles étroites fourmillent de cyclistes qui glissent dans le crépuscule, silencieux, rapides, fantomatiques. Il y a partout des portraits de femmes de la famille royale, la reine-mère, la reine, la princesse ; partout, il y a des tulipes. Mais les filles qui, dans certains quartiers de la ville, sont assises, hospitalières, à leur fenêtre et attirent le passant d'une plaisanterie gaillarde, préfèrent, Dieu sait pourquoi, les fleurs artificielles. Semblables à d'opulents Rubens, elles trônent dans leur fauteuil, à côté du vase de roses en papier, dans la lumière intime de la lampe. À Amsterdam, même le vice – si on veut vraiment appeler cela ainsi – prend un caractère archaïque de bonhomie chaleureuse et méditative. »

Klaus Mann, *Le Tournant,* 1952, trad. Nicole Roche, Solin, 1984

Une ville tolérante

Depuis toujours, races et civilisations cohabitent sereinement à Amsterdam. De nombreuses œuvres de la littérature néerlandaise rappellent que cette tolérance fut mise à mal par les nazis. Ainsi le célèbre Journal *d'Anne Frank. Dans cet extrait du 24 juin 1942, Anne, dont la famille s'est réfugiée aux Pays-Bas après l'arrivée de Hitler au pouvoir en Allemagne, rend hommage à la solidarité hollandaise. Grâce à l'aide et la profonde sympathie des Amstellodamois, beaucoup de juifs survivront dans cette ville qu'ils avaient baptisée* Mokum.

« Chère Kitty,

Quelle canicule ! On étouffe, tout le monde est essoufflé, recuit. Par cette chaleur, je couvre toutes les distances à pied. Je commence maintenant à comprendre combien un tramway est chose merveilleuse, mais ce plaisir ne nous est plus accordé, à nous, juifs. Il faut nous contenter de nos jambes comme seul moyen de locomotion. Hier après-midi, j'ai dû aller chez le dentiste qui habite Jan Luykenstraat, c'est très loin de l'école. Revenue, je me suis presque endormie en classe. Heureusement que de nos jours les gens vous offrent tout naturellement à boire ; l'assistante du dentiste est vraiment gentille.

Nous avons encore accès au bac de passage. Quai Joseph-Israëls il y a un petit bateau qui fait le service. Le passeur a consenti immédiatement à nous faire traverser. Ce n'est vraiment pas la faute des Hollandais si les juifs passent par tant de misère.

J'aimerais autant ne pas aller à l'école depuis que mon vélo a été volé à Pâques et que celui de Mère a été confié à des chrétiens. Les vacances approchent, heureusement, encore une semaine de souffrance qui sera bientôt oubliée. »

Anne Frank, *Journal,* trad. Tylia Caren et Suzanne Lombard, Calmann-Lévy, 1950

MANIFESTATION

Dans l'Attentat, *l'écrivain néerlandais Harry Mulisch (né en 1927) évoque l'occupation allemande et ses tragiques retombées sur une paisible famille d'Haarlem. Trente ans plus tard, le héros se trouve au milieu d'une manifestation pacifiste à Amsterdam, traditionnelle ville d'engagement.*

« Ils parcoururent difficilement la distance qui les séparait encore du point de rassemblement ; on n'avançait presque plus. Sous un grand ballon noir représentant une fusée en chute libre, l'esplanade qui s'étend du Concertgebouw au Rijksmuseum était couverte de dizaines, de centaines, de milliers de gens, foule hérissée de pancartes et de banderoles larges parfois de dix mètres, tandis que de toutes parts les rues dégorgeaient encore leurs flots humains. Les haut-parleurs accrochés aux arbres et aux lampadaires gueulaient un discours prononcé apparemment à la tribune qu'Anton voyait dans le lointain, mais les paroles le laissaient indifférent. [...] Il avait déjà perdu de vue van Lennep, mais il ne lui vint pas à l'esprit de s'esquiver. Cela devint d'ailleurs rapidement impossible. Ils étaient là, brins d'herbe perdus dans l'immense champ de blé humain avec la grande faux planant au-dessus de leurs têtes, et Anton avait perdu son appréhension des mouvements de panique. [...] Les haut-parleurs annonçaient qu'au cours de la dernière demi-heure, deux mille autocars étaient entrés dans Amsterdam : cela représentait cent mille personnes de plus. Hourras, applaudissements. La voix précisait que les gares continuaient à déverser des milliers de personnes, arrivées par trains supplémentaires ; toutes les voies d'accès à la place du Musée étaient bloquées. Mais, pensait Anton, multiplier aussi démesurément la puissance d'une voix humaine, c'était une prouesse technique indissociable de l'existence de bombes atomiques. Quarante ans plus tôt, on était incapable de l'une ou de l'autre de ces réalisations – ce qui se déroulait sur terre était peut-être encore plus effroyable et plus insoluble que les gens ne pensaient…

Combien de temps resta-t-il là ? Impossible à dire. Peter aperçut un camarade de classe, prit congé et disparut aussitôt de son champ visuel. Un bref moment Anton pensa aux bunkers qui se dressaient là jadis, au foyer de la Wehrmacht et aux administrations allemandes qui occupaient ces mêmes villas où étaient installées aujourd'hui l'ambassade américaine, la mission commerciale soviétique, la Société générale. Des politiciens se faisaient acclamer ou siffler, et pour finir la foule s'ébranla, pas à pas. Le trajet officiel prévu pour la manifestation ne pouvait visiblement absorber tous les participants, et des cortèges séparés s'engageaient maintenant en ville de différents côtés. Une étrange euphorie s'était emparée d'Anton, exempte d'excitation, plutôt rêveuse et retrouvant des impressions très anciennes, d'avant la guerre. Il n'était plus en lui-même, il se répandait dans chacun de ces gens. Malgré le brouhaha, un grand calme planait sur eux. Leur présence semblait tout changer, non seulement en lui-même, mais dans le décor : les maisons et leurs fenêtres d'où pendaient des draps blancs comme pour la reddition d'une ville, les nuages gris qui dérivaient au-dessus d'eux, le vent qui ballottait le ballon-fusée et le ployait de temps à autre – mais l'engin se redressait instantanément. *Merci pour l'avenir !* Au coin de la place, la manifestation se heurta à un large flot de gens qui n'avaient pas encore rejoint le point de départ. Chacun, souriant, s'excusant, laissait passer chacun. Anton ne put se dissimuler son émotion : il découvrait ses contemporains beaucoup moins grossiers qu'il ne les croyait devenus – à moins qu'il n'eût justement sous les yeux ceux qui ne l'étaient pas encore ? »

HARRY MULISCH, *L'ATTENTAT,* TRAD. PHILIPPE NOBLE, CALMANN-LÉVY, 1984

OUVERTE DEMEURE

L'intérieur de la maison hollandaise est très caractéristique, et représente beaucoup pour l'habitant. Louis Aragon (1897-1982) a saisi en quelques vers la quintessence de la demeure hollandaise. Dans son recueil de poèmes intitulé Le voyage en Hollande et autres poèmes, *l'écrivain fait parler Amsterdam pour revivre son amour tragique pour Elsa Triolet.*

INTÉRIEURS

Les maisons de la Hollande ont
Le cœur traversé de lumière
Si bien que tête la première
Sans pudeur nous y regardons

Les cactus et les plantes vertes
La faïence et l'argenterie
Toutes choses de rêverie
Qui nous sont à la vitre offertes

Entre la rue et le jardin
Il y a la place de l'âme
Que nous violons sans Sésame
Aladin ni Robert Houdin

La vie est un tableau complexe
Où s'inscrivent meubles et gens
Suivant un ordre convergent
Comme dans ce miroir convexe

Il n'y manque pas le point blanc
Qu'on voit au ventre des théières
On jurerait que c'était hier
Que fut abattu ce brelan

Qu'un visiteur poussa la porte
Et le joueur se retourna
Mais d'où venaient les ananas
Mis dans cette nature morte

Harengs cerfeuil et crudités
Un canard pendu des couverts
Sur le linge l'éclat des verres
Le faste des pièces montées

Je suis cette ouverte demeure
Où plongent passant les passants
On m'y voit l'autre et l'un versants
Et mes secrets et mes rumeurs

Mais qu'y peut-on lire sinon
Ce qui m'habite et qui me hante
Ce qui me trouble et que je chante
Ecrit partout partout ton nom [...]

LOUIS ARAGON, *LE VOYAGE EN HOLLANDE ET AUTRES POÈMES,*
SEGHERS, PARIS, 1964

LA MAISON IDÉALE

Entrons maintenant avec l'écrivain Georges Duhamel (1884-1966) dans la maison hollandaise. Ici l'intérieur, toujours élaboré, impeccable, tient plus de la tradition que du design. Et qu'importe l'extérieur, «elle aura beaucoup de larges fenêtres»…

“Nous choisirons notre maison soit dans une ville morte, sur la rive du Zuyderzee, soit dans un de ces petits hameaux d'opéra-comique, nets et coloriés comme des joujoux neufs. Peut-être habiterons-nous quelque grande ville féroce, un de ces quartiers d'affaires où les fauves du négoce, embusqués derrière leurs bureaux mécaniques, crachent tout le jour, dans le téléphone, des ordres et des menaces.
Notre maison, veux-tu qu'elle soit peinte en noir, avec un doux poudroiement d'algues vertes ? L'aimes-tu mieux de brique franche, avec des volets incarnats ? La préfères-tu de bois ? Sera-t-elle inclinée en arrière, les yeux levés vers le ciel, ou bien, comme celles de Dordt et d'Amsterdam, se penchera-t-elle au contraire en avant pour soustraire sa face au ruissellement des pluies ?
De bois ou de brique, qu'importe ! Elle aura beaucoup de larges fenêtres. Peut-être, pour la baie de notre chambre, trouverons-nous de ces vieilles vitres roses qui prêtent au ciel gris la couleur du regret. Et nous ferons poser, dans notre salle commune, de ces carreaux dorés qui, par les jours les plus moroses, évoquent un soleil chimérique.
Nous aurons des meubles anciens et pesants, des faïences de Delft, des étoffes de Sumatra. Des peintures enfumées célébreront, sur les murailles, les nourritures succulentes, les fleurs, l'ordonnance des cités, la puissance du Seigneur.
Nous aurons des foulards épais, des vêtements de drap solide. Et nous nous plairons dans un confort minutieux et un peu froid – ascétisme et sensualité – car la Hollande n'a pas de houille et les arbres sont de belles créatures respectables, faites pour charmer le regard.”

GEORGES DUHAMEL, *SUITE HOLLANDAISE,* IN *GÉOGRAPHIE CORDIALE DE L'EUROPE,*
MERCURE DE FRANCE, PARIS, 1936

MOBILIER HUMAIN

Dans ses Carnets du grand chemin, *l'écrivain Julien Gracq (né en 1910) nous confie ses notes de voyages en France – avec quelques évasions plus lointaines à Londres ou à Amsterdam. L'auteur du* Rivage des Syrtes *connaît la Hollande depuis 1940. Citant Apollinaire, il évoque ici les ambiances des intérieurs nordiques, «ce silence végétal du Nord»...*

“*Amsterdam :* près de l'hôtel, au long de l'*Apollolaan* où je me promène après le dîner, des pelouses fraîchement rasées s'étendant sur le bord du canal, ombragées de saules pleureurs, d'ormes, de marronniers et de peupliers ; des pêcheurs s'y installent pour tendre leur ligne, allongés contre l'eau de tout leur long sur l'herbe. Le quartier, silencieux et cossu, semble être, à lire les plaques des portes, un quartier de médecins spécialistes, une sorte de *Harley street*. De l'autre côté du canal, au-delà des arbres, de belles et tranquilles maisons de briques, aux façades colonisées par la vigne

vierge ; derrière les vitres sans rideaux qui m'avaient tant surpris déjà en 1947 à Dordrecht, un mobilier humain lent et placide se déplace «rarement comme des

pièces aux échecs», pour parler comme Apollinaire qui connaissait cette lenteur, ce silence végétal du Nord si sédatif. L'odeur stagnante de foin coupé, les grappes jaunes des cytises qui pendent à la verticale dans cette immobilité crépusculaire, aussi inertes que des fils de plomb, enchantent à mesure, au long de ma promenade, ce silence, cette torpeur vespérale d'une grande ville qui semble signifier à tous naïvement, presque ruralement, l'heure rafraîchissante de la couchée. Ville qui n'a d'une capitale aucun des attributs vulgaires : ministères et ambassades, drapeaux, palais officiels, relèves de la garde, luxe administratif glacial et palaces standardisés, mais qui en a retenu toutes les prérogatives secrètes et chaleureuses : les reliquaires d'art, l'argent accumulé, la préservation d'une culture ancienne et haute, sans réclame et sans oripeaux, le séculaire, le très subtil aménagement du mariage d'une population et d'un site. Ville impasse, ville terminus – et non nœud de communications – qui s'embobine et se ferme sur elle-même dans le peloton serré de ses canaux : excentrique pour la Hollande, centrale pour le monde, par la pensée, l'art, le goût de la liberté, l'esprit de sérieux conjugué à l'esprit d'aventure.»

JULIEN GRACQ, *CARNETS DU GRAND CHEMIN*, JOSÉ CORTI, PARIS, 1992

BÂTIES SUR UN MÊME PLAN

Le Français Henry Havard (1838-1921), inspecteur des Beaux-Arts et critique d'art, a beaucoup fréquenté les Pays-Bas au cours du XIXe siècle, et a rapporté de ses excursions des récits de voyage. Havard décrit ici dans le moindre détail un intérieur typique...

«Un petit perron en granit, juché en haut d'un escalier luisant, des bornes reliées par des chaînes puissantes qui éloignent le passant et le tiennent à distance, les écrans bleus, qu'on nomme des *horretjes* et qui empêchent les regards de traverser la vitre, pour violer le secret de ce *home* si cher à tout bon Hollandais, toutes ces précautions nous révèlent les préoccupations d'un autre temps, où la sécurité n'était pas comme de nos jours complète, absolue, où la discrétion n'était pas encore passée dans les mœurs.

Notez, qu'à l'intérieur, les maisons hollandaises ont conservé, aussi bien qu'au-dehors, leurs anciennes dispositions, leur distribution primitive, leur caractère. Toutes, ou à peu près, affectent la même disposition. Le perron de granit aboutit à un long vestibule, toujours peint en blanc et pavé de larges dalles de marbre. A droite et à gauche, s'ouvrent des portes aux tons clairs, et dans une niche spéciale, se dresse l'inévitable coucou hollandais, portant à son sommet une demi-douzaine de petits dieux dorés.

Les salons et la salle à manger ont accès sur ce long couloir, et, dès qu'on franchit leur seuil, on sent qu'on pénètre dans le sanctuaire de la famille. On devine du premier coup d'œil que les vertus qu'on honore surtout en ces lieux sont l'ordre et la régularité. Ne cherchez pas, dans ces pièces de réception, cet encombrement fantaisiste, ce désordre apparent dont nos Parisiennes raffolent ; mais partout vous trouverez, méthodiquement disposés, ces petits objets qui indiquent la présence de la femme, qui révèlent ses aimables travaux et le gracieux souvenir des anniversaires : sièges brodés à la main, coussins en tapisserie, housses en guipure.

Quelques livres soigneusement reliés, chefs-d'œuvre des littératures européennes, anglais, allemands, parfois hollandais, français surtout ; dans les armoires vitrées et

sur les étagères de menues pièces d'orfèvrerie, cafetières minuscules, rouets microscopiques, couteaux, jouets, précieuses frivolités, des porcelaines bleues du Japon, des figurines de Saxe, quelquefois, mais rarement, quelques échantillons de Delft, enfin à la muraille, un tableau de la vieille école soigneusement transmis de père en fils, et défendu contre les tentatives des marchands ; tel est cet intérieur qui nous raconte, mieux que le plus détaillé récit, des mœurs paisibles, une vie exemplaire, un bonheur calme et sans secousse, des traditions patriarcales pieusement conservées.
C'est par milliers qu'il faut compter les maisons que je pourrais vous montrer ainsi, toutes pareilles, bâties sur un même plan, meublées dans le même goût et parées, ornées, entretenues avec le même soin, comme si la félicité avait ici ses formules, et tenait à porter partout la même livrée. »

Henry Havard, *La Hollande à vol d'oiseau*, Decaux-Quantin, Paris, 1881

De bien curieuses fenêtres

À Amsterdam, les fenêtres sont très caractéristiques. Que l'on soit à l'extérieur ou à l'intérieur des maisons, on ressent, comme Viviane Forrester, écrivain et journaliste, des émotions dues à cette transparence géométrique originale.

« Ce qui distingue Amsterdam – si manifeste que l'on en vient à l'oublier, à l'ignorer, comme dans *La Lettre volée* d'Edgar Allan Poe – ce ne sont pas tant les canaux, ni la symphonie des pignons découpés sur le ciel, que les fenêtres aux contours soulignés, dessinés, les fenêtres encadrées comme autant de tableaux et dont l'ensemble forme sur chaque maison un autre tableau, différent chaque fois. Elles sont le langage d'Amsterdam, ce sont elles qui la disent, la modulent, l'animent. (Mondrian, obsédé par le jeu des fenêtres, absorbe leurs secrets dans ses toiles dès lors plus pulsionnelles qu'abstraites.) Fenêtres d'Amsterdam, non plus incertaines, non plus dissimulées ni, comme ailleurs, orifices équivoques, transparences douteuses, nécessité incontournable, qui semblent avoir gêné les architectes, risqué de déparer les murs qu'elles trouent au hasard, non sans évoquer, susciter de part et d'autre du bâtiment les troubles du voyeurisme et de la clandestinité. L'inquiétude, en quelque sorte, qui dérègle l'évidence des parois ainsi perturbées.
Amsterdam expose ce qui ailleurs embarrasse : les fenêtres ne sont plus insignifiantes ou honteuses, oubliées mais flagrantes, notoires, elles définissent la maison ; chaque maison s'organise autour d'elles sans ambiguïté et devient, de par cette insistance sur chacun de ses éléments ainsi rehaussés, la quintessence de la demeure.

Autre vertu des fenêtres – elle vaut pour toute la Hollande, qu'il s'agisse des vitres à petits carreaux dans les villes anciennes ou des grandes baies des immeubles modernes bordant les autoroutes –, elles encouragent la curiosité… à moins qu'en supprimant la notion de dissimulation, elles ne la découragent ! Pas de rideaux, jamais, sauf ceux, parfois, de dentelle épaisse et blanche, qui encadrent les vitres sans les masquer. Autorisée, l'indiscrétion devient donc impossible. »

Viviane Forrester,
Amsterdam, Amsterdam…,
Un guide intime,
Autrement, 1987

FASCINATION DE L'EAU

Le jeu de l'eau est un thème récurrent dans la littérature néerlandaise et nombreux sont les textes où Amsterdam apparaît comme la ville-reflet, ou plutôt comme la ville où l'homme se reflète. La contemplation du canal, voilà l'activité privilégiée du romantique hollandais. Herman Pieter Schönfeld Wichers (1902-1990), médecin, est plus connu sous le nom de Belcampo. Sa plume, très justement appréciée pour ses traits vifs et humoristiques, aime à approcher les frontières du réel et du monde fantastique.

« C'était à Amsterdam, sur une terrasse au bord de l'IJ. Seul, assis à une petite table, je regardais le mouvement de l'eau. Je cherchais une anecdote pour mon journal. Le jeu de l'eau, comme celui du feu, a une influence stimulante sur mes pensées. Quand j'eus trouvé l'anecdote en question – l'histoire d'un type qui, ayant passé son temps sur les ponts à cracher dans l'eau, passe-temps favori des chômeurs d'Amsterdam, après avoir trouvé de l'embauche sur un bateau, ne pouvait s'empêcher de cracher en l'air chaque fois qu'il passait sous un pont – je vis à une autre table un homme, lui aussi absorbé dans la contemplation du canal. Il était plutôt intéressé par la navigation des bateaux, la conduite des gens sur ces bateaux. La façon dont il observait me frappa. Il semblait étudier le spectacle de la vie avec une profonde affection. Après avoir contemplé quelque chose pendant un certain temps, son regard se fixait, devenait voilé. Puis, un autre incident réclamant son attention, le voile se déchirait. Cet homme avait une personnalité qui m'intriguait : j'eus l'impression, qu'en lui, tristesse et bonheur ne se faisaient pas une guerre incessante, comme il en est pour la plupart des gens, mais qu'au contraire, chez lui, ces deux opposés s'étaient rejoints. J'étais persuadé que c'était un homme exceptionnel. »

BELCAMPO, *LE MONDE FANTASTIQUE DE BELCAMPO*,
TRAD. MARIA-PIA AMSBERG, DENOËL, PARIS, 1963

LE MYTHE DE GISBERT D'AMSTEL

Vondel (1587-1679) est considéré comme le plus grand des poètes hollandais. Auteur de nombreuses tragédies, il met en scène Amsterdam au cœur de Gisbert d'Amstel, *histoire du conflit opposant les troupes de Floris aux Amstellodamois dirigés par Gisbert. Le chœur remercie Dieu pour l'échec du siège d'Amsterdam.*

CHŒUR DES VIERGES D'AMSTERDAM

Sonnez, voix douces, magnifiques
Et entonnez de beaux cantiques,
Louange à Dieu qui dans le ciel
Réside au faîte de la gloire
Et voit avec quelle envie noire
La Spaarne jalousait l'Amstel.

La rage armée et ses colonnes
Voulaient raser les tours, couronne
De cette ville au nom fameux,
Priver ses flancs par violence
De ses remparts, ceinture immense,
Piller ses trésors précieux.

[...] Où fuit le monstre de jactance,
D'Amstel perdant la ville immense,
Broyant ses murs dans ses deux bras ?
Quel vain effroi de lui s'empare,
Et quelle vaine peur égare
Ceux qui s'enfuient honteux là-bas ?

JOOST VAN DEN VONDEL, *GISBERT D'AMSTEL*,
TRAD. JEAN STALS, UNESCO, 1969

L'AMSTERDAM DE REMBRANDT

Dans sa monumentale somme consacrée à l'histoire de l'art, Élie Faure (1873-1937) s'émerveille de l'œuvre de Rembrandt et devient lyrique en imaginant l'ambiance inspiratrice du maître.

« Où donc Rembrandt eût-il pris son or et ses rouges, et cette lumière argentée ou roussâtre où le soleil et la poussière d'eau se mêlent, s'il n'eût toujours vécu à Amsterdam, dans le coin le plus grouillant, le plus sordide de la ville, près des bateaux versant aux quais des loques rouges, de la ferraille rouillée, des harengs saurs, du pain d'épices et la traînée royale des carmins et des jaunes le jour du marché aux fleurs ? À travers la fermentation des rues visqueuses du quartier juif où des chiffons de couleur pendent aux fenêtres, réchauffant de lueurs ardentes l'ombre rousse, il allait, le long des ruelles d'eau qui clapotent et réfléchissent les façades fleuries, les loques peintes, jusqu'au bord de l'Amstel où les grands navires débarquent, dans les soirs enflammés des cités maritimes, les étoffes brodées, les fruits tropicaux, les oiseaux des îles. Où donc eût-il pris son désir des voyages imaginaires, des lointaines mers entrevues, de cet Orient magique qu'il apercevait comme une poussière dansante dans une flèche de soleil, lorsqu'il faisait descendre un rayon de sa lumière jusque dans les caves en contrebas où filtre l'humidité des canaux ? Et quand il entrait dans ces tanières où les usuriers du ghetto pesaient l'or au trébuchet, où les pauvres s'entassaient par familles, vêtus de haillons roussis, d'oripeaux indiens de rencontre, où les brocanteurs empilaient dans l'obscurité des cuirasses de fer, des armes damasquinées, le cuivre et le cuir travaillés, comment n'y eût-il pas surpris les gestes qu'on ne surveille plus dès qu'on consent à sa misère, les mères dépoitraillées pour faire téter les petits, les vieux mourant sur les paillasses, les plaies qu'on entoure de linges crasseux et l'innocence retrouvée de la faim et de l'amour ? »

ÉLIE FAURE, *HISTOIRE DE L'ART*, DENOËL, PARIS, 1927

LUXE, CALME ET VOLUPTÉ

Charles Baudelaire (1821-1867) écrivit en 1847 L'Invitation au voyage, *composante des* Fleurs du mal, *dont il existe aussi une variante versifiée. Comment ne pas ressentir dans ces lignes une vision onirique et mythique d'Amsterdam, qui n'est pas nommée et où le poète n'est jamais allé ?*

L'INVITATION AU VOYAGE

« Il est un pays superbe, un pays de Cocagne, dit-on, que je rêve de visiter avec une vieille amie. Pays singulier, noyé dans les brumes de notre Nord, et qu'on pourrait appeler l'Orient de l'Occident, la Chine de l'Europe, tant la chaude et capricieuse fantaisie s'y est donné carrière, tant elle l'a patiemment et opiniâtrement illustré de ses savantes et délicates végétations.
Un vrai pays de Cocagne, où tout est beau, riche, tranquille, honnête ; où le luxe a plaisir à se mirer dans l'ordre ; où la vie est grasse et douce à respirer ; d'où le désordre, la turbulence et l'imprévu sont exclus ; où le bonheur est marié au silence ; où la cuisine elle-même est poétique, grasse et excitante à la fois ; où tout vous ressemble, mon cher ange.

[...] Sur des panneaux luisants, ou sur des cuirs dorés et d'une richesse sombre, vivent discrètement des peintures béates, calmes et profondes, comme les âmes des artistes qui les créèrent. Les soleils couchants, qui colorent si richement la salle à manger ou le salon, sont tamisés par de belles étoffes ou par ces hautes fenêtres ouvragées que le plomb divise en nombreux compartiments. Les meubles sont vastes, curieux, bizarres, armés de serrures et de secrets comme des âmes raffinées. Les miroirs, les métaux, les étoffes, l'orfèvrerie et la faïence y jouent pour les yeux une symphonie muette et mystérieuse ; et de toutes choses, de tous les coins, des fissures des tiroirs et des plis des étoffes s'échappe un parfum singulier, un *revenez-y* de Sumatra, qui est comme l'âme de l'appartement.

[...] Ces trésors, ces meubles, ce luxe, cet ordre, ces parfums, ces fleurs miraculeuses, c'est toi. C'est encore toi, ces grands fleuves et ces canaux tranquilles. Ces énormes navires qu'ils charrient, tout chargés de richesses, et d'où montent les chants monotones de la manœuvre, ce sont mes pensées qui dorment ou qui roulent sur ton sein. Tu les conduis doucement vers la mer qui est l'Infini, tout en réfléchissant les profondeurs du ciel dans la limpidité de ta belle âme ; – et quand, fatigués par la houle et gorgés des produits de l'Orient, ils rentrent au port natal, ce sont encore mes pensées enrichies qui reviennent de l'Infini vers toi. ”

CHARLES BAUDELAIRE, *LE SPLEEN DE PARIS, PETITS POÈMES EN PROSE*, PARIS, 1869

RÊVE D'ARTISTE

Né en 1929, Remco Campert compte parmi les auteurs humoristiques les plus appréciés aux Pays-Bas. Dans son livre Waar is Remco Campert ?, *publié en 1978, l'écrivain accorde une place importante au décor de ses années de jeunesse en Hollande. Grand amateur de jazz, il ne pouvait passer sous silence le quartier de la Leidsestraat, où pullulent toujours restaurants, cafés et cabarets, et où tout le monde peut se prendre – ne serait-ce qu'un instant – pour un artiste.*

“Je n'atterris pourtant pas, alors que j'étais seulement au niveau du marché, directement sur Leidseplein. Je me dirigeais vers le Shéhérazade, tout près de Rembrandtplein, où l'on jouait ma musique ou au Casablanca dans Zeedijk pour écouter Teddy Cotton et Kid Dynamite, ou toujours dans cette même Zeedijk, cette fantastique Bet van Beeren, ou encore, cela me traverse juste l'esprit, dans un bistrot-mouchoir de poche dans Lange Niezelstraat où l'on jouait aussi de la musique. C'était un véritable café de ville portuaire, très amateur de noms exotiques de bateaux scandinaves. Ce café s'appelait Walhalla.

C'était ici que, lycéen, je venais, ici où je me sentais pris dans la vraie vie, car la vie nocturne des filles légères, des marins ivres et des fonctionnaires qui avaient mal tourné, me semblait tellement plus authentique que celle de l'école secondaire qui ne constituait, comme on se plaisait à le rabacher, qu'une préparation à la vie de tous les jours.

Leidseplein vint quelque temps plus tard, car Leidseplein avait quelque chose de spécial, de plus orienté. Si l'on se rendait à Leidseplein, on avait fait un choix décisif dans sa vie. On était alors artiste ou sur le point de l'être. La première phase de cet apostolat artistique, vous la passiez dans la journée au café Reynders et en soirée au café Eijlders. Au café Eijlders régnait une génération plus avancée avec à sa tête une troupe sympathique de peintres un peu ours mal léchés comme Germ de

Jong, John Deventer, Jan van Herwijnen et, bien sûr, sans oublier le professeur Roelofsz Sr. dont la voix pouvait paralyser toute la ville.
Artiste encore en herbe, on ne pouvait s'installer au bar, déjà à cause de la gêne pécuniaire chronique (c'était le temps de la «manche»), à moins d'y être explicitement invité, et encore le faisait-on de très mauvaise grâce, ni à une table d'ailleurs, on prenait plutôt place dans le petit escalier qui menait aux toilettes, une sorte de nid à mendiants. Là-même se trouvait la fine fleur des lettres néerlandaises, mais on ne le savait pas encore.»

REMCO CAMPERT, *WAAR IS REMCO CAMPERT ? (MAIS OÙ EST DONC PASSÉ REMCO CAMPERT ?)*, DE BEZIGE BIJ, AMSTERDAM, 1978, TRAD. INÉDITE POUR LA PRÉSENTE ÉDITION DE LAURENT-PHILIPPE RÉGUER, 1993

UN PONT SUR LA RIVIÈRE IJ

Romancier, poète, essayiste, Cees Nooteboom, né à La Haye en 1933, est l'un des écrivains néerlandais majeurs. Rituels, *son troisième roman, a été couronné aux Pays-Bas et traduit en plusieurs langues. Grand voyageur, Cees Nooteboom campe souvent les décors de ses romans dans un étranger lointain. Amsterdam émerge cependant régulièrement de ses œuvres. Ici, il imagine çe qu'aurait apporté le projet de pont jeté sur l'IJ, au XIXe siècle (dessin ci-dessous).*

«Il m'est très cher, ce contemporain de Tollens, Huet et Multatuli. Des objections d'ordre juridique et pratique auraient certes contrecarré le projet, mais je ne peux arracher mon regard du dessin de Galman. Comme une flèche décochée par un sage zen, son pont vient se ficher au beau milieu de la cible et vole avec la sérénité du tir magistral au cœur d'Amsterdam. Vous voyez-vous, vous y promenant un matin de printemps ? Vous voyez au loin «le mouillage des bateaux à grand gabarit et des paquebots à vapeur», au point le plus élevé du pont vous apercevez le vert des lointains polders et les moulins qui jouent de leurs ailes, et juste devant vous les églises d'Amsterdam : la Oude Kerk, la Westerkerk et la Zuiderkerk, et puis vous entrez littéralement dans la ville, une longue ligne géométrique vous transporte audessus du Damrak désert, mais richement ourlé d'ormes et de tilleuls, vers le nombril de ce monde : la place du Dam. Mais ce pont n'a jamais existé, et par voie de conséquence cette personne que nous aurions pu être – qui se serait promenée sur le pont un matin de printemps – non plus.»

CEES NOOTEBOOM, *NOOIT GEBOUWD NEDERLAND (DES PAYS-BAS QUI N'ONT JAMAIS VU LE JOUR)*, KVGO, AMSTERDAM, 1980, TRAD. INÉDITE POUR LA PRÉSENTE ÉDITION DE LAURENT-PHILIPPE RÉGUER, 1993

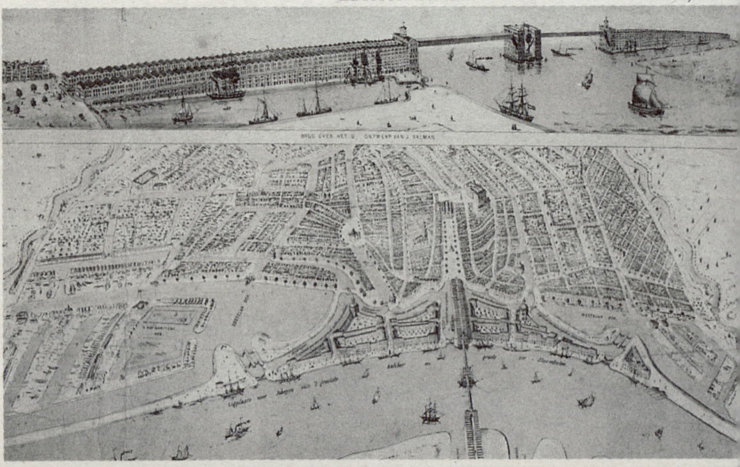

Itinéraires dans Amsterdam

▲ Vieux pignons et corniches du Keizersgracht.

▲ Été comme hiver, les bicyclettes sont les petites reines des canaux.

▲ Les toits pentus du vieil Amsterdam, cachés derrière façades et pignons.

▼ Les rues du quartier rouge, et les vitrines illuminées de l'Oudezijds Voorburgwal.

▲ La ville de la tolérance affiche aussi ses opinions sur l'eau.

▼ Le charme des îles de l'ouest, Prinseneiland, Bickerseiland, Realeneiland.

La maison des Têtes, sur le quai du Keizersgracht, date du XVIIe siècle.

CENTRE-VILLE OUEST

1/2 journée

Dans le cœur historique d'Amsterdam, qui va de l'Amstel, au sud, à la Gare centrale, au nord, on rencontre tous les styles et tous les genres architecturaux. On peut aussi bien se trouver devant des monuments chargés d'histoire que dans des rues où prostituées et revendeurs de drogue proposent leurs services, près de l'ancien port. Même la plus ancienne église de la ville, l'une des plus belles, l'Oude Kerk ▲ *134,* est complètement cernée de vitrines de prostituées !

Gaper, enseigne traditionnelle de droguiste, dans Kalverstraat ● *52.*

DE MUNTPLEIN AU SPUI ♥

MUNTPLEIN. La place de la Monnaie est située sur le confluent du Singel et de l'Amstel. Au-dessus de la cohue de Muntplein se dresse la TOUR DE LA MONNAIE (Munttoren), tour d'angle occidentale de l'ancienne REGULIERSPOORT (porte des Réguliers), construite vers 1490. Après l'incendie de la porte en 1618, seule la partie inférieure a subsisté, et la municipalité invita l'architecte Hendrick de Keyser ▲ *156* à concevoir une superstructure en bois sur la carcasse de pierre. C'est cette tour qu'on peut toujours admirer aujourd'hui. Placé dans la lanterne octogonale, son carillon est en grande partie l'œuvre des frères Hemony ▲ *128.* Le monument tient son nom de la période (1672-1673) où on y frappa monnaie parce que Dordrecht, ville habituellement chargée de cette fonction, était menacée par l'invasion française des troupes de Louis XIV.

KONINGSPLEIN. Sur le Singel, cette place fut à l'origine constituée autour de la PORTE DE HEILIGEWEG, démolie en 1663. Elle a reçu son nom (Place royale) après l'extension de 1593 ● *34,* quand le Singel est devenu un canal intérieur, nommé Koningsgracht (canal du Roi). Le nom du canal n'est pas passé dans l'usage courant, mais la place a conservé le sien.

HEILIGEWEG ET KALVERSTRAAT. Courte rue commerçante et animée, Heiligeweg permet de rejoindre Kalverstraat, qui relie Muntplein au Dam, elle aussi très commerçante. Ces deux rues sont étroitement liées par l'histoire. Au XIVe siècle, on a construit dans Kalverstraat une chapelle, dite de la Ville Sainte, pour commémorer le miracle d'Amsterdam (1345) ▲ *127.* Dans le même temps, les religieux tracèrent un chemin pour les pèlerins, qui les menait jusqu'à Kalverstraat. Ce chemin portait le nom de Heiligeweg (chemin saint). Même Overtoom, aujourd'hui large et longue artère parallèle au Vondelpark ▲ *232,* dans le prolongement de Heiligeweg, a longtemps porté ce nom. Au n° 19, une porte datant du debut du XVIIe siècle et dont la construction est attribuée à Hendrick de Keyser rappelle qu'ici, la RASPHUIS (Maison de la râpe) avait pour mission de remettre dans le droit chemin des mendiants et des délinquants, en tentant de les humaniser. La création de cette institution était due aux mesures prises par les magistrats, à partir de 1595, contre la mendicité et la criminalité croissantes dans la ville. Les hommes devaient effectuer des corvées, comme râper du bois brésilien pour obtenir une matière colorante utilisée dans les teintureries. La Rasphuis fut démolie en 1896, après la construction d'une nouvelle maison d'arrêt en 1892.

OUDE LUTHERSE KERK. Venus d'Allemagne après 1600, les luthériens avaient transformé un entrepôt, *De Vergulde Pot* (*Le Pot doré*) en église. En 1631, la municipalité leur donna l'autorisation de démolir ce bâtiment et de le remplacer par un autre édifice, à condition toutefois que sa façade ressemblât à celle de l'entrepôt. C'est ainsi que fut construit, en 1632-1633, à l'angle du Singel et du Spui, l'Ancienne Église Luthérienne (Oude Lutherse Kerk), qui prit ce nom quand fut édifiée la Nouvelle Église Luthérienne. Le dimanche, les luthériens y célèbrent toujours leurs offices. Le reste du temps, l'édifice, racheté par l'université d'Amsterdam, accueille des soutenances de thèses (qu'on appelle des défenses), des conférences, ainsi que les leçons inaugurales des professeurs appointés par la reine.

LA TOUR DE LA MONNAIE marque le confluent du Singel et de l'Amstel.

LA PORTE DE LA RASPHUIS, Au n° 19 Heiligeweg, elle a été préservée et est ornée d'un bas-relief représentant une charrette pleine de bois à râper, tirée par des animaux sauvages (en haut). L'Ancienne Église Luthérienne, ci-contre, vue par Pierre Fouquet au XVIIe siècle.

LA PLUS VIEILLE MAISON
Dans le Béguinage, au n° 34, se dresse cette façade en bois avec son pignon en pointe. Elle date de 1460 : c'est la plus vieille maison d'Amsterdam ● *73.*

LA PORTE DU BÉGUINAGE

En haut, tableau naïf contemporain de Lotte Funke représentant le Béguinage.

SPUI ♥

La place du Spui (Pertuis), carrefour très animé, s'étend du Singel au Rokin ▲ *140.* Elle accueille notamment le vieux CAFÉ BRUN *Hoppe*, datant de 1670, l'un des bistrots les plus appréciés des Amstellodamois : en soirée, il est quasiment inaccessible ! Son voisin, le café *Luxembourg*, au décor de style 1930, est aussi très célèbre. Au n° 14 Spui, la librairie ATHENAEUM possède une façade Art nouveau et propose un grand choix de livres, dans la tradition bibliophile de la ville ● *54.* Il y a d'ailleurs plusieurs librairies sur la place et un marchand de journaux de tous les pays est ouvert tous les jours.

BEGIJNHOF ♥

À gauche du Spui, après avoir traversé Spuistraat, on pénètre, à travers une petite porte que domine sainte Ursule, à l'intérieur du Begijnhof (Béguinage). Le cadre et l'atmosphère sont saisissants : le Béguinage est si bien entretenu et restauré qu'on se croirait dans un décor de cinéma. Un petit village clos formé de vieilles maisons et d'une petite église encercle

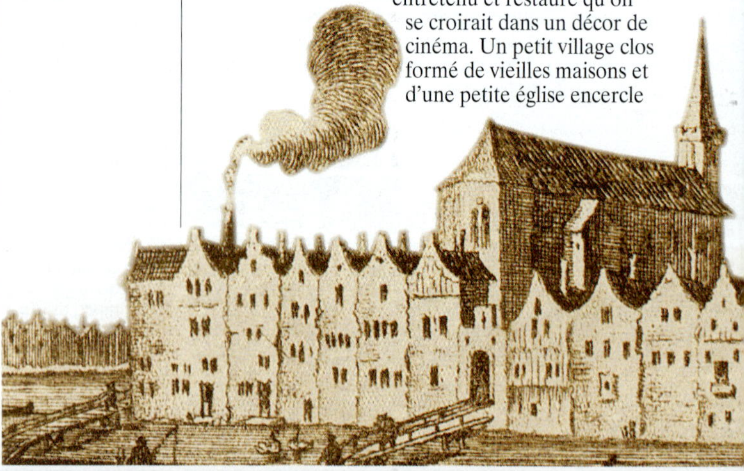

CARTOUCHES DU BÉGUINAGE
La Fuite en Égypte, des martyrs et les disciples d'Emmaüs.

une pelouse plantée d'arbres centenaires. Même les klaxons des voitures, le bruit des tramways et le brouhaha de la rue ne pénètrent pas ici. Le Béguinage fut fondé en 1346 sur un terrain qui formait à l'époque la limite extérieure de la ville. Le NIEUWEZIJDS VOORBURGWAL, alors canal de rempart, était courbé pour entourer le verger des béguines. «Le pouls de l'histoire, et singulièrement de l'histoire sociale de la cité, on le sent battre aussi dans le silence absolu qui caractérise les "courettes" *(hofjes)* séculaires, si nombreuses dans la vieille ville. Ce sont autant d'oasis de paix, ceintes d'une couronne de maisonnettes toutes semblables, vraies maisons de poupées généralement précédées d'un jardinet. Dus à l'initiative charitable de personnes privées ou de communautés, ces ensembles de logements d'une seule pièce, groupés autour d'une cour intérieure et accessibles par un portail voûté, constituent les premiers foyers de personnes âgées d'Amsterdam. La perle et la doyenne de ces "courettes" est le Béguinage.» (Max Van Rooy, *Le Langage de la brique,* dans *L'Art de vivre à Amsterdam).* Les béguines, qui n'étaient pas des religieuses, faisaient néanmoins vœu (non perpétuel) d'obéissance à Dieu, et consacraient leur temps à s'occuper de personnes âgées, si elles ne l'étaient pas déjà elles-mêmes. De cet ancien enclos, il ne reste plus rien du fait des grands incendies de 1421 et 1452. La plupart des maisons actuelles datent du XVIIe siècle. Quoique restaurée, une seule maison, au n° 34, possède encore une façade de bois. C'est la plus vieille maison d'Amsterdam : elle a été construite en 1460 ● *72.*

DEUX ÉGLISES. De style gothique, l'église centrale a été construite vers 1400, et attribuée aux réformés en 1578. L'édifice a été agrandi au XVIIe siècle et est devenu l'église anglaise presbytérienne de la ville. En face, confondue avec les autres maisons, se trouve une église clandestine catholique datant de 1671 ● *39* ▲ *137.*

MUSÉE HISTORIQUE ♥ ● *34* ▲ *124*

En bordure nord du Béguinage, le Musée historique (Historisch Museum) renferme d'impressionnantes collections de tableaux, de livres, de cartes et toutes sortes d'objets illustrant l'histoire de la ville.

LE TITI AMSTELLODAMOIS
Au centre du Spui se dresse la petite statue du titi amstellodamois, réalisée par le sculpteur Carel Kneulman : ce personnage filiforme fut à la fin des années 1960 le symbole du mouvement Provo. Les Provos manifestaient beaucoup sur le Spui, et s'amusaient notamment à faire des farandoles autour de cette statue ● *33* ▲ *243.*

Le Béguinage, au début du XVIe siècle, se trouvait en bordure de la ville : on voit au premier plan l'emplacement de l'actuel Spui.

Après le ralliement au calvinisme en 1578 ● *29*, la ville créa un orphelinat municipal dans les bâtiments du cloître du couvent de Sainte-Lucie. Les architectes Hendrick de Keyser et Jacob Van Campen l'agrandirent au XVIIe siècle. L'orphelinat fonctionna jusqu'en 1960, puis les locaux furent restaurés par la municipalité pour devenir le musée de la ville. La grande innovation fut la construction, sur l'emplacement d'un petit canal, de la Schuttersgalerij, véritable rue-musée exposant les portraits des milices de la garde civique ▲ *126*.

LA NOORDERKERK VERS 1644
Ce tableau d'Abraham Beerstraten (dates inconnues mais peintre réputé dans les années 1635-1665) montre l'église peu après sa construction, vue du Brouwersgracht en hiver. L'artiste faisait partie d'une famille de peintres : son père et ses frères signèrent aussi des toiles qui représentent souvent des marines, ou des paysages d'hiver.

STATUE DE FEMME
Cette statue en bois du XVe siècle est anonyme : on ne connaît ni le sculpteur, ni le modèle. Le musée possède une collection de sculptures, dont certaines ont été sauvées de l'iconoclasme.

«PAUL ET BARNABÉ À LYSTRA»
Le peintre Pieter Lastman (1583-1633) fut le maître de Rembrandt qui s'inspira de plusieurs de ses tableaux et recommanda Lastman à ses propres assistants. Son œuvre est essentiellement composée de scènes bibliques.

«HET FRANSCHE PAD»
Ce tableau de Willem Hekking (1796-1862) décrit le Goudsbloemgracht, dans le Jordaan.

Bouclier d'argent
Il décorait le cercueil d'un membre de la Guilde des porteurs de grain.

Cartouches
Un grand nombre de cartouches ont été replacés dans le mur de l'entrée du musée située dans Sint Luciensteeg (ci-dessus). Ils proviennent de façades démolies. À droite, une porteuse de lait.

Rescapé
Ce fragment d'un tableau de Pieter Aertsz, ou Aertsen, (1508-1575) provient sans doute d'une *Adoration des Mages* détruite par les iconoclastes en 1566 ou lors de l'incendie de l'hôtel de ville en 1652.

«Auberge avec de joyeux buveurs»
Tableau d'Adriaen Van Ostade (1610-1684). Les premières œuvres de ce peintre, qui a exécuté plus de 900 tableaux, sont marquées par les personnages pittoresques de scènes de vie quotidienne.

«Goliath»
Cette statue date du XVIIe siècle, et se trouvait à l'origine dans un jardin du Prinsengracht. On peut la voir dans le restaurant du musée.

Un vieillard
Gravure de J. C. Van der Vliet (vers 1610).

Squat des nos 214-216 Spuistraat, racheté par ses habitants. Sa façade peinte est devenue célèbre.

MILICES AMSTELLODAMOISES. Dès la fondation d'Amsterdam, les habitants durent contribuer à la défense de leur cité. Ce devoir collectif les amena à créer des corporations, ou milices. Après 1578, année du ralliement au protestantisme ● *29*, une nouvelle organisation vit le jour : chacun des onze quartiers possédait sa propre compagnie dirigée par un capitaine, chef du quartier, assisté de trois lieutenants et de trois sergents. En 1580, ces corporations et leurs gardes furent transformées en gardes civiques et associations de tir, formations contrôlées par la municipalité. L'ensemble était dirigé par un colonel-général et chaque compagnie était divisée en quatre escouades, dont celle de Frans Banningh Cocq, devenue très célèbre grâce à Rembrandt (*La Ronde de nuit*) ▲ *218*. Les *doelen*, ou terrains de tir, changèrent peu à peu de caractère. Leurs bâtiments furent agrandis et servirent de plus en plus à des banquets et à des réceptions. Les grands tableaux commandés comme décoration indiquent ce développement militariste et hiérarchique : les différences sociales apparaissent dans les vêtements et les armures. Les membres des milices sont, en général, des bourgeois qui ont atteint un certain standing, bien que les grades d'officiers soient occupés exclusivement par des descendants des grandes familles patriciennes. Ces milices perdirent de leur prestige, à cause de la décadence des fêtes et banquets, et parce qu'il suffisait de pouvoir payer pour racheter son devoir de service obligatoire. Transformées en Garde nationale en 1813, les milices disparurent sans gloire. La Garde elle-même fut dissoute lors d'une réorganisation militaire en 1907. La grande époque des milices restera le siècle d'Or, quand les Pays-Bas bénéficiaient d'une immense prospérité. Une multitude de tableaux furent

Vue du Palais royal depuis les canaux occidentaux.

LE SQUAT DU «HANDELSBLAD-GEBOUW»
Les locaux de ce journal ont été réhabilités au cours des années 1980. Il y a environ une centaine d'habitants dans ces immeubles où galeries d'art et boutiques prospèrent. Une communauté vivante et jeune peuple ainsi le cœur de la ville : elle bénéficie d'une vue imprenable sur le Palais royal.

alors peints par les plus grands artistes, dont Rembrandt, Van der Helst, Hals..., représentant ces groupes d'hommes en grande tenue, ou festoyant à table ▲ *218*, *224*.

Marché aux timbres. Près du Musée historique, sur le Nieuwezijds Voorburgwal, un marché aux timbres a lieu très régulièrement, le mercredi et le samedi, depuis 1927. Les vendeurs s'y installent dans de minuscules boutiques.

Squats et squatters

Le mouvement des squatters. «L'occupation illégale d'un logement vide n'entraîne pas de sanction pénale», constatait en 1923 la municipalité d'Amsterdam. La ville demanda vainement des sanctions sévères «à l'encontre des familles qui s'installaient sans autorisation dans des logements inoccupés». Un mandat d'expulsion nécessitait une procédure compliquée, et ce n'est qu'en 1986, lors de l'adoption de la loi sur les logements inoccupés, que le conseil municipal vit son souhait exaucé. Pendant toute cette période, les jeunes sans-logis firent jouer le vide juridique pour squatter des habitations. Dans les années 1970, squatter était même devenu un phénomène de masse chez les jeunes. Ce mouvement collectif et organisé prolongeait l'action politique des Provos ● *33* ▲ *243* : cafés, consultations juridiques, journaux de petites annonces et divers manuels du squat aidèrent les squatters à franchir le pas ▲ *183*, *234*. De nos jours, si les squatters sont moins nombreux et ont vieilli, ce phénomène reste d'actualité, et fait véritablement partie de la vie amstellodamoise.

Squat du journal abandonné. Après sa fusion en 1975 avec le *NRC* (*Nieuwe Rotterdamse Courant : la Nouvelle gazette de Rotterdam*), le quotidien libéral *Handelsblad* ● *64* (*Journal du commerce*), établi depuis 1831 au n° 230 Nieuwezijds Voorburgwal, laissa en déménageant un labyrinthe d'immeubles de bureaux, s'étirant entre Nieuwezijds Voorburgwal, Paleistraat, Spuistraat et Keizerrijk. Les premiers squatters s'installèrent, trois ans après, dans les locaux restés inoccupés. En avril 1980, la municipalité acquit l'ensemble des immeubles et il fallut six années de négociations pour parvenir à un accord sur les loyers et les travaux d'aménagement. Aujourd'hui, les premiers habitants sont toujours là, les murs ont échappé aux démolisseurs et les trous béants ont fait place, après des années d'abandon, à des appartements rénovés.

Rokin
Le Rokin vu par Breitner ● *88* à la fin du XIXe siècle (ci-dessous), et au XVIIe siècle (en bas).

Miracle de l'hostie
Sur le Rokin, près du Dam, se dresse le monument commémoratif d'un miracle : en 1345, l'hostie qu'un malade ne put avaler fut jetée au feu et ne brûla pas. On la retrouva intacte dans les cendres. Cet endroit devint un lieu de pèlerinages ● *28*.

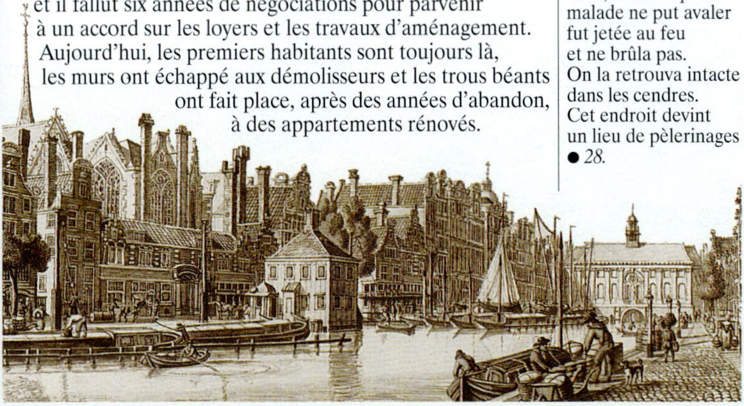

Le tympan
du Palais royal.

LES FRÈRES HEMONY
Le carillon du Palais royal a été fondu par François et Pierre Hemony (1610-1667 et 1620-1680), Lorrains de Levécourt émigrés à Zutphen (1642) pendant la guerre de Trente Ans. Ils installèrent leur atelier sur le Keizersgracht, près du Molenpad, et sont enterrés dans la Nieuwe Kerk.

DAM ♥

● *90*

Le nom de la place centrale de la vieille ville, le Dam, carrefour du Rokin et du Damrak, sur le parcours de l'Amstel, signifie «digue». Le terme est aussi à l'origine du nom de la ville : Amsteldam (digue sur l'Amstel). Le Dam fut construit vers 1270 entre les deux digues, le long des bords de l'Amstel (actuellement Nieuwendijk et Warmoesstraat), pour empêcher les violentes inondations dues aux tempêtes venant du nord. Cette place médiévale, qui était bâtie sur une écluse voûtée, accueillait le marché central de la ville d'autrefois : on y vendait toutes sortes de marchandises... Sur la place, le Poids public (aujourd'hui disparu), l'hôtel de ville (devenu le Palais royal) et la Nieuwe Kerk (Nouvelle Église) constituaient la triade sacrée de l'esprit commercial hollandais. Le Dam a donc toujours été une place très animée, inspirant un grand nombre d'artistes ● *87.* Ici eurent lieu l'émeute des anabaptistes de 1535, et, en 1628, la révolte sur le butin de la «flotte d'argent» ▲ *252.* Des troubles politiques se produisirent plusieurs fois ainsi que des échauffourées lors de fêtes populaires. Le Dam a aussi connu les émeutes de 1918 (manque de pommes de terre) et de 1934 (diminution des allocations de chômage) ▲ *238,* puis les affrontements avec la police pendant les années 1960 et 1970 : les Provos ▲ *243,* les Damslapers (jeunes passant la nuit sur la place), les manifestations contre la guerre du Viêt-nam et pendant l'intronisation de la reine Beatrix dans la Nieuwe Kerk ● *33* ▲ *244.* Les événements actuels sont plus paisibles : kermesse de la Libération, marché aux livres en juin et en juillet...

PALAIS ROYAL ♥

En 1648 commençait la construction d'un nouvel hôtel de ville, pour remplacer le vieux bâtiment datant de la fin du XIVe siècle. L'architecte Jacob Van Campen (1595-1657) introduisait le style classique à Amsterdam, avec des lignes solides, une grande richesse d'ornements, et la belle pierre de Bentheim. Van Campen prenait ses distances

L'ancien hôtel de ville, dont la plus ancienne partie datait de la fin du XIVe siècle, fut finalement détruit par un incendie le 7 juillet 1652. Tableau de P. J. Saenredam (1597-1665).

avec les formes pleines de fantaisie de la Renaissance hollandaise en bâtissant dans un ample style assez austère. Le résultat fut à l'époque assez surprenant : soutenu par 13 659 pilotis, le bâtiment mesure 80 m de longueur et 56 m de largeur, et constitue le signe extérieur de prospérité d'une ville vouée au commerce. À l'intérieur, la salle de réception (Burgerzaal) est la plus imposante des nombreuses pièces. Bien que la pose de la première pierre ait eu lieu le

29 octobre 1648, on prit vite du retard : fallait-il finir d'abord la construction de l'hôtel de ville ou la tour de la Nieuwe Kerk voisine ? Une mésentente entre Jacob Van Campen et Daniel Stalpaert ● *36*, nommé architecte de la ville en 1648, qui voulut remanier le projet, provoqua le départ définitif de Van Campen en 1654. Mais l'incendie de l'ancien hôtel de ville, juste à côté, en 1652, accéléra les choses, et le 9 juillet 1655, les dirigeants de la ville purent s'installer dans le nouveau bâtiment. Dans la seconde moitié du XVIIe siècle et pendant tout le XVIIIe siècle, les services municipaux y étaient établis et la magistrature municipale s'y réunissait. Cependant, en 1808, tout changea : lorsque le roi Louis résida à Amsterdam, il élut domicile à l'hôtel de ville et la municipalité fut obligée de s'installer

Le Monument national fut inauguré le 4 mai 1956 au centre du Dam. On y rend hommage chaque année, à la même date, aux morts

de la Seconde Guerre mondiale, en présence de la famille royale et du gouvernement. Ce monument est dû à l'architecte J. J. P. Oud et au sculpteur J. Raedecker. Le Dam sert aussi de lieu de rassemblement pour les jeunes (ci-contre). Les musiciens y jouent en plein air, et de petites foires s'y tiennent.

La construction du nouvel hôtel de ville, représentée par J. Lingelbach (1622-1674). Le Poids public occupe le centre de la place, animée par le marché.

Derrière le Palais royal, la poste (ci-dessous) a été transformée en galerie commerciale ● 80. Le vieux café *De Drie Fleschjes* (médaillon), dans Gravenstraat.

L'ÉGLISE DES ROIS
Rois et reines ont tous été intronisés dans la Nieuwe Kerk (en haut) depuis Guillaume Ier en **1814, jusqu'à Beatrix en 1980. En plus du mausolée de De Ruyter, on y trouve** les tombeaux de Jan Van Galen, mort lors d'une bataille navale contre les Anglais en 1653, de l'amiral Van Kinsbergen (1735-1819), et de J. C. Van Speyk (1802-1831), dont le navire coula à Anvers pendant la guerre d'indépendance des Belges. Sont aussi inhumés ici les maires C. P. Hooft ▲ *162*, Jan Six II ▲ *200*, le docteur Tulp ▲ *182*, le peintre Jan Lievens, le graveur Reinier Vinkeles, l'architecte J. J. Bilhamer, le poète et historien P. C. Hooft ▲ *186*, le professeur C. Van Baerle ▲ *143*, le grand économiste Pieter de La Court et, enfin, le diplomate R. J. Schimmelpenninck (1761-1825).

(comme dans les années 1652-1655) dans le Prinsenhof ▲ *144*. Le frère de Napoléon fit modifier l'aménagement intérieur et un balcon fut ajouté à la façade.

HÔTEL DE VILLE OU PALAIS ROYAL ? Après la révolution de 1813, le roi Guillaume Ier d'Orange se vit octroyer le palais. On en resta là jusqu'en 1873, année où un groupe de notables demanda au conseil municipal de recouvrer l'édifice, afin que la ville puisse l'utiliser à nouveau comme hôtel de ville. Un accord fut conclu le 19 décembre 1935 : la municipalité renonça à toute revendication en échange d'un paiement par l'État de dix millions de florins, somme devant servir à construire une nouvelle maison communale (finalement réalisée dans les années 1980, pour un coût bien supérieur : le «Stopera» ▲ *160*). Le Palais royal appartient toujours au souverain, dont la résidence principale se trouve à La Haye, siège du gouvernement et du parlement néerlandais. Organe commun des fiefs des Pays-Bas, les états généraux se réunirent dès le Moyen Âge à La Haye, au château des comtes de Hollande. Les Provinces-Unies perpétuèrent cet état de fait, ce qui explique que les institutions politiques se trouvent à La Haye, et non pas à Amsterdam, qui demeure néanmoins la capitale du pays. La reine n'occupe qu'occasionnellement le palais du Dam, notamment lors de réceptions officielles.

«CE QUI N'A PAS CHANGÉ, C'EST LE DAM. MAIS LE DAMRAK QUI NOUS Y MÈNE EST, LUI AUSSI, EN PARTIE TRANSFORMÉ ; ON A AGRANDI [...] SON QUAI, CAR D'UN CÔTÉ LES MAISONS BAIGNENT LEURS PIEDS, COMME À VENISE, DANS LES EAUX FANGEUSES.»

HENRY HAVARD

NIEUWE KERK ♥

● *78*

Jouxtant aujourd'hui le Palais royal, la Nieuwe Kerk (Nouvelle Église) a été bâtie au XVe siècle. Le 15 novembre 1408, l'évêque d'Utrecht autorisa les habitants d'Amsterdam à bâtir une seconde église paroissiale, la première étant l'Oude Kerk ▲ *134.* La ville commençait en effet à prendre de l'ampleur, et sa richesse naissante permit cette construction. En 1421, une partie de la ville brûla, et l'église, non encore terminée, fut touchée. On reprit les travaux jusqu'en 1452, année du terrible incendie d'Amsterdam : seuls l'Oude Kerk et ses environs furent épargnés ● *28.* De style gothique, la Nieuwe Kerk reçut une belle décoration. Mais, en 1578, l'édifice passa aux mains des calvinistes, qui ôtèrent statues et autels. L'iconoclasme épargna pourtant le porche. L'église a survécu à un incendie en 1645, mais fut éclipsée par l'édification de l'hôtel de ville parce qu'elle ne reçut jamais son grand clocher. Les trois cloches fabriquées par François Hemony sont de petite taille : elles ont pu être accrochées dans la tourelle au croisement des toits. À la fin du XVIIe siècle, le mausolée de Michiel Adriaansz. de Ruyter (1607-1676), le plus grand amiral des Pays-Bas ▲ *148,* fut installé dans l'église.

JOHANES BLAEU
Près de la Nieuwe Kerk, dans Blaeu Erf, se trouvait de 1666 à 1672 l'imprimerie cartographique de la famille Blaeu, qui brûla complètement ● *41.*

Le Damrak, qui relie le Dam à la gare, dans les années 1930.

La Bourse de Zocher, bâtie au XIXe siècle.

Vue de la Bourse en 1668 par Job Adriaensz. Berckheyde (1630-1693).

MOZES EN AARONSTRAAT. Entre le Palais royal et la Nieuwe Kerk, cette rue relie le Dam au Nieuwezijds Voorburgwal. Le nom (Moïse et Aaron) symbolise à la fois le pouvoir temporel (l'ancien hôtel de ville) et le pouvoir spirituel (l'église). Entre 1942 et 1945, cette rue a porté le nom de Poststraat : les Allemands ne voulaient pas conserver les noms des figures bibliques juives.

HISTOIRE DE LA BOURSE

Dès le Moyen Âge, quand le commerce commença à se développer en Hollande, les marchands se rencontraient très régulièrement pour faire des affaires, naturellement près du port, c'est-à-dire tout près de l'embouchure de l'Amstel, sur le Damrak et le Rokin. Initialement, ces réunions se tenaient en plein air dans Warmoesstraat, entre Sint Olofspoort et Oudezijds Armsteeg. En cas de mauvais temps, les marchands s'abritaient sous les auvents des maisons. Au XVIe siècle, d'autres grandes villes européennes, comme Anvers et Londres, avaient déjà leur bourse couverte. Hendrick de Keyser ▲ *156* fut envoyé dans la capitale britannique, afin d'étudier la Bourse, de s'en inspirer et de concevoir un projet pour Amsterdam. «La nouvelle Bourse fut édifiée sur le Rokin en 1608, à deux pas à peine de l'hôtel de ville et du bureau de pesage (Waag) – symboles de juridiction paternelle sur l'économie. Confinée à l'intérieur de sa belle cour à colonnade flamande maniériste, la Bourse était plus ou moins laissée à sa propre réglementation. Il ne s'agissait pas tant de règles imaginées par la cité pour le change, que de barrières placées entre celui-ci et le commerce de la ville. Et ces barrières intéressaient le temps comme l'espace.

FIERTÉ D'AMSTERDAM
La Bourse en 1665 : sur une de ses façades, on pouvait lire ces vers gravés dans un médaillon :
«D'Éphèse la gloire était le temple
Tyr avait son marché et son port
Babylone ses murs de pierre
Memphis ses pyramides
Rome son Empire
Le monde entier me loue.»

La Bourse était le seul endroit autorisé pour de telles affaires, et les tractations ne pouvaient se dérouler qu'entre midi et deux heures. Les horaires d'ouverture et de fermeture étaient strictement réglementés par la grande tour de l'horloge qui dominait la cour, et les membres qui arrivaient après l'heure dite étaient passibles d'une amende. Si des tableaux comme ceux de Job Berckheyde et Emmanuel de Witte représentent des assemblées plutôt calmes, les relations écrites donnent une impression plus incongrue de la conduite à la Bourse.» (Simon Schama, *L'Embarras de richesses.*)
Surplombant l'Amstel, la Bourse s'appuyait sur cinq arches, dont la principale était suffisamment haute pour que des bateaux mâtés puissent passer dessous. En 1835, l'édifice fut démoli et dix ans plus tard, Jan David Zocher (1791-1870) conçut une nouvelle Bourse. Zocher fut généralement plus apprécié en tant que paysagiste que comme auteur de ce bâtiment de type classique, que Jacob Van Lennep ▲ *197* qualifia de «petit portail ionique ouvrant sur un petit temple dorique». Peu adaptée, cette Bourse n'était pas satisfaisante, et vers la fin du siècle, Hendrik Petrus Berlage proposa un autre projet.

Bourse de Berlage ♥ ● *81*

Sur un terrain obtenu par expropriation de lots près de Warmoesstraat et par un comblement partiel du Damrak, qui est l'Amstel canalisée, Hendrik Petrus Berlage (1856-1934) ▲ *279* a construit la Bourse. Terminé en 1903, l'édifice, par sa conception, a influencé l'architecture amstellodamoise au début du XXe siècle. Ce bâtiment, le long du Damrak, est remarquable par la simplicité des matériaux utilisés, dominés par la brique, mais dont le fer est un des éléments originaux : on le trouve notamment dans la travée des trois salles. D'autres artistes ont consacré leurs efforts à la décoration du bâtiment : des sculptures de Lambertus Zijl et de Mendes da Costa, des peintures murales de Jan Toorop et R. N. Roland Holst ainsi que des vitraux du professeur A. J. der Kinderen. Le poète Albert Verwey a contribué aux maximes des cadrans (*Beidt Uw Tijd* et *Duur Uw Uur :* «Attendez votre temps» et «Durez votre heure») et des façades. La Bourse est maintenant devenue une salle de concerts (l'édifice abrite l'orchestre philharmonique des Pays-Bas), et un lieu d'expositions, de réunions et de conférences. Une partie de la Bourse a été aménagée en musée dans lequel on peut découvrir son histoire. Il est aussi possible de monter dans sa tour.

«D'un point de vue architectonique, la Bourse est le monument le plus intéressant d'Amsterdam. Je passe devant la Bourse au moins une fois par semaine et j'y entre régulièrement. Je ne manque jamais, alors, de frapper à petits coups le bois massif des portes et de caresser du doigt la brique rouge clair, cette incomparable brique hollandaise, produit de la cuisson des argiles grasses extraites des francs-bords aux berges de nos rivières.» (Max Van Rooy, *Le Langage de la brique.*)

Hendrik Petrus Berlage
Cet architecte fut l'élève de Cuypers ▲ *211.* Le style de ses créations a considérablement rénové les concepts architecturaux néerlandais et européens au tournant du XXe siècle. Sa réalisation la plus célèbre, la Bourse, est flanquée d'une tour d'horloge dominant le Damrak (ci-contre), et décorée de sculptures. La grande salle (ci-dessous) est surmontée d'une verrière à structure métallique.

La plus vieille date qu'on trouve gravée sur l'église.

TOMBES CÉLÈBRES
L'église contient le mausolée de J. Van Heemskerck, survivant à l'hiver 1596 en Nouvelle-Zemble alors qu'il cherchait un passage vers les Indes, et mort devant Gibraltar en 1607 en lançant une offensive contre les Espagnols. On trouve aussi les épitaphes et plaques du compositeur et organiste J. P. Sweelinck, de Van Rensselaer, un des fondateurs de New York, et du peintre et historien d'art C. Van Mander. Sont aussi enterrés ici les peintres J. Van der Heyden ▲ *215* et P. Aertsz ▲ *125,* les architectes Vingboons ● *73,* les orfèvres Lutma, le poète Roemer Visscher, Saskia, épouse de Rembrandt ▲ *157,* les historiens Commelin et Van Domselaer, C. Cruys, au service de Pierre le Grand ▲ *272,* et le mathématicien et bourgmestre J. Hudde.

OUDE KERK ♥

En passant par Paternostersteeg, puis par Wijde Kerksteeg, on parvient sur l'étroite place qui supporte l'Oude Kerk (Vieille Église), le plus ancien édifice religieux d'Amsterdam. Des fouilles, lors de sa restauration, ont clairement montré que dans sa forme originelle, l'Oude Kerk était construite en style roman.
On a cessé de bâtir une église à transept quand l'invasion des troupes du comte Floris V dans le territoire de Gijsbrecht Van Aemstel (Gisbert d'Amstel), en 1274, provoqua l'incendie d'une partie de la ville ● *109.* L'année suivante, Floris accordait aux habitants d'Amsterdam à titre de dédommagement la fameuse franchise de péage sur tout le territoire de Hollande ● *28.* Les Amstellodamois décidèrent alors d'ériger une église encore plus grande qui, en septembre 1306, fut consacrée à saint Nicolas par l'évêque d'Utrecht Guy d'Avennes, dont l'Amstelland était le fief perpétuel. Les incendies qui ravagèrent Amsterdam en 1421 et 1452 n'ont curieusement pas touché l'Oude Kerk (ce nom lui a été

Les armoiries de Maximilien d'Autriche et de Philippe le Beau.

attribué lors de la construction de la Nieuwe Kerk). C'est pourquoi une grande partie de sa structure architecturale a été préservée. Le portique sud étant orné des blasons de Maximilien d'Autriche et de son fils Philippe le Beau, on peut penser que les deux souverains ont contribué à la construction par un don considérable. Vers la moitié du XVIe siècle, l'église avait déjà sa taille définitive, imposante, et reçut son clocher (1565) qu'on peut toujours admirer, de même que le carillon fondu par François Hemony (1658) ▲ *128.* Le clocher, octogonal, fut probablement dessiné par Joost Jansz Bilhamer. L'église se caractérise par sa triple nef, surmontée d'une charpente élaborée, qui confère au toit un découpage particulièrement original, surtout aux Pays-Bas. Dans l'année suivant l'achèvement de la tour, l'iconoclasme calviniste fit rage à Amsterdam et causa d'importants dommages aux autels : en 1578, Amsterdam se rallia aux Gueux et l'église passa au protestantisme calviniste ● *29.* Sa décoration intérieure est donc particulièrement sobre, hormis l'orgue ajouté au XVIIe siècle. L'Oude Kerk fut dès le début l'église principale d'Amsterdam et le resta malgré la volonté des habitants du nouveau côté de la ville ● *34* qui, au XVe siècle,

Concerts d'orgue
À l'intérieur de l'Oude Kerk, les décors austères dus à la Réforme ont été modifiés par l'installation de grandes orgues au XVIIe siècle. L'église accueille aujourd'hui très souvent des concerts. Son carillon résonne aussi tous les jours ◆ *284.*

souhaitaient faire de leur église paroissiale, la Nieuwe Kerk ▲ *131,* alors en construction, l'église principale. Bien qu'elle ait été agrandie et dotée d'une entrée sud sur le Dam, elle ne parvint pas à supplanter l'Oude Kerk qui resta, après la Réforme, le premier édifice religieux.

« Amsterdam est coupée, dans toutes les directions, par une multitude de canaux communiquant ensemble, et qui la divisent en une centaine d'îles reliées par un demi-millier de ponts. Cela seul suffirait, semble-t-il, à lui assurer un cachet à peu près unique au monde, à en faire une ville absolument exceptionnelle. Mais, ce qui est bien plus typique encore, ce qui la rend tout à fait originale, c'est qu'elle a conservé tous ses atours du vieux temps. »

Henry Havard, *La Hollande à vol d'oiseau.*

Au XVIIe siècle, la diaconie s'installa dans un nouveau bâtiment de Gravenstraat, tout à côté de la Nieuwe Kerk. Le conseil de l'Église, qui avait déjà réparti ses réunions d'été et d'hiver entre les deux édifices, s'installait définitivement dans la Nieuwe Kerk. Le roi Guillaume Ier y fut intronisé et la rivalité prit fin : la Nieuwe Kerk est depuis le XIXe siècle le temple national des Pays-Bas. Depuis le début du XXe siècle, la Fondation Oude Kerk veille aux intérêts du bâtiment et a entrepris sa restauration depuis 1955. Comme beaucoup d'autres lieux d'Amsterdam, l'église accueille régulièrement des concerts, qui permettent d'apprécier les grandes orgues ● *48.*

VITRINES
Que ce soient des vitrines «à lampe rouge», ou de simples vitrines de boutiques, elles ont souvent, dans le quartier chaud, un aspect très accrocheur !

LA CHAPELLE DU VIEUX QUARTIER DE LA VILLE
au XVIIIe siècle. Elle se situait dans Oudezijds Armsteeg.

QUARTIER ROUGE ▲ *114*

Autour de l'Oude Kerk, la place se trouve juxtaposée au district réglementé de prostitution. Le promeneur est donc forcé de passer, sans transition, même s'il ne le souhaite pas, de la visite de la plus vieille église d'Amsterdam ou de l'écoute de pièces de musique d'orgue de Bach, Schütz ou Sweelinck, à la vue de vitrines de prostituées. Elles occupent, en effet, une partie des maisons de la place, ainsi que tout ce quartier, autrefois surtout fréquenté par les marins, quand le port se trouvait à deux pas. Le chanteur belge Jacques Brel a très bien décrit cette ambiance dans sa chanson *Amsterdam :* «Dans le port d'Amsterdam / Il y a des marins qui chantent / Les rêves qui les hantent / Au large d'Amsterdam [...] Dans le port d'Amsterdam / Il y a des marins qui boivent / Et qui boivent encore / Ils boivent à la santé des putains d'Amsterdam / De Hambourg ou d'ailleurs». Les installations portuaires se sont déplacées vers l'ouest, en périphérie, mais ce district réglementé de prostitution est toujours là. On ne peut éviter les vitrines surmontées de lampes rouges lorsqu'on se promène dans les petites rues, le long de l'Oudezijds Voorburgwal, et dans Zeedijk, qui relie l'église Saint-Nicolas au Waag ▲ *152.* Ce périmètre est également très fréquenté par les revendeurs de drogue, et on y trouve aussi la grande majorité des *coffee-shops* d'Amsterdam ● *41.* «C'est la Zeedijk, le quartier des marins. C'est là qu'au retour de leurs longs et périlleux voyages, les navigateurs hollandais viennent se reposer de leurs fatigues et s'enivrer de genièvre et d'amour.

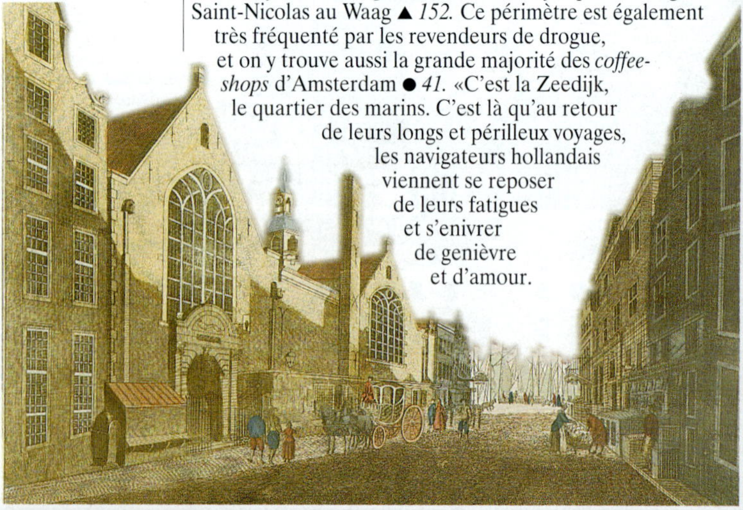

Rien de plus curieux et aussi rien de moins édifiant, que de parcourir ces quartiers tout peuplés d'estaminets, de cabarets, de *Tapperijen*, où l'écriteau *Zeeman-logement* indique clairement quels locataires on réclame, pendant que des filles huileuses, pommadées et fardées, étalant au seuil du logis leurs grâces répugnantes, nous révèlent que le voyageur trouvera là le bon gîte "et le reste" dont parle La Fontaine», écrivait Henry Havard à la fin du XIXe siècle ● *107.* Un siècle plus tard, peu de choses ont changé !

Musée Amstelkring ♥

Dans cet environnement, à quelques mètres de l'Oude Kerk, se trouve au n° 40 Oudezijds Voorburgwal l'un des plus petits musées d'Amsterdam, qui est aussi l'un des plus attrayants. Le bâtiment, une maison de commerce du début du XVIIe siècle, fut aménagé en 1663 en chapelle catholique privée consacrée à saint Nicolas, le saint patron d'Amsterdam, à l'époque où seul le protestantisme calviniste pouvait être pratiqué publiquement ● *39.* Elle fut agrandie par des rénovations internes et tranformée en église clandestine. Les messes étaient célébrées à l'étage supérieur : de là vient l'expression populaire du «Bon Dieu au grenier». Cette église fonctionna jusqu'en 1887, année où un plus grand édifice consacré à saint Nicolas fut construit en face de la Gare centrale. Dès 1888, l'église du «Bon Dieu au grenier» fut transformée en musée Amstelkring, intéressant pour son histoire et ses collections d'art sacré. Juste avant la Seconde Guerre mondiale, le bâtiment fut parfaitement restauré. On peut déambuler sur plusieurs niveaux et visiter les différentes pièces qui composent cet étonnant lieu, de la chambre du curé à l'église proprement dite, où se trouve notamment un autel en partie escamotable : en cas d'urgence, si des protestants venaient, il disparaissait derrière des panneaux.

Sint Nicolaas Kerk ● *79*

Sur Prins Hendrikkade, l'église catholique Saint-Nicolas fait partie des églises récentes du centre-ville. Elle sert de point de repère pour tous ceux qui sortent de la gare. L'imposant bâtiment, de style néo-Renaissance, caractérisé par sa coupole et ses deux grandes tours de façade, a été dessiné par l'architecte A. C. Bleys (1842-1912), auteur de la maison du n° 508 Keizersgracht ▲ *196.* L'église fut consacrée en 1888.

Pignon à redents
Au n° 14 Oudezijds Voorburgwal, cette maison au pignon à redents date de 1605. En haut, détails de décoration de la façade. À gauche, l'église du musée Amstelkring.

Temple bouddhiste
Le temple He Hwa de l'ordre taïwanais Fo Guang Shan se trouve au cœur du quartier chinois, sur le Zeedijk. Entièrement construit en style chinois, il a été inauguré le 15 septembre 2000, en présence de la reine Béatrix. C'est le plus grand temple bouddhiste d'Europe.

La façade de la gare, tournée vers la ville, s'étend sur plusieurs centaines de mètres. Son style est très proche de celui du Rijksmuseum ▲ *212.*

GARE CENTRALE

● *80*

Lorsque le gouvernement prit en considération le développement du chemin de fer après 1860, la ligne Den Helder-Alkmaar-Amsterdam fut programmée pour permettre des correspondances avec des voies de communications existantes ou projetées.

POLÉMIQUE SUR L'IMPLANTATION. Un débat s'instaura quant à la localisation de la gare entre les partisans d'un site près de Leidseplein ▲ *190,* lié à la construction d'un pont sur l'Amstel pour la ligne vers Utrecht, et ceux qui faisaient valoir la nécessité d'une ligne longeant le côté sud de la ville alors en pleine construction. D'autres défendaient aussi l'installation d'une ligne au nord de la ville, avec une gare centrale située sur l'IJ. En 1864, le premier ministre Johan Rudolf Thorbecke (1798-1872) ▲ *207* invita le conseil municipal à donner son avis. Celui-ci se prononça unanimement contre une gare sur l'IJ et opta pour une localisation derrière la Leidsepoort ▲ *191.* Mais l'ingénieur d'État préférait une gare sur l'IJ et son point de vue triompha, grâce à la pression gouvernementale.

SEPT ANS DE TRAVAUX. La construction de la voie ferrée et de la gare boucha totalement l'ouverture de la ville sur l'IJ : cela constitue encore le principal grief contre ce projet, car la façade maritime d'Amsterdam a considérablement souffert de cette construction ● *112.* D'autre part, la gare, qui donne sur le Damrak, a accentué le caractère monocentrique du centre-ville d'Amsterdam autour de l'axe Damrak-Dam-Rokin-Rembrandtplein-Leidseplein. En 1882, la construction commença, d'après des plans de P. J. H. Cuypers (1827-1921) ▲ *211* et A. L. van Gendt (1835-1901) ▲ *216.* Le 15 octobre 1889, la gare, posée sur trois îles artificielles et sur 8 700 pilotis, fut mise en service.

SINT OLOFSPOORT
Cette ruelle donnant sur Prins Hendrikkade, près de l'église Saint-Nicolas, est l'endroit le plus ancien d'Amsterdam. À proximité, le petit canal Oudezijds Kolk longe l'église et parvenait, avant la construction de la gare, jusqu'à l'IJ.

Le canal Open Havenfront sépare la gare de l'église Saint-Nicolas (vue du début du XXe siècle).

CENTRE-VILLE EST

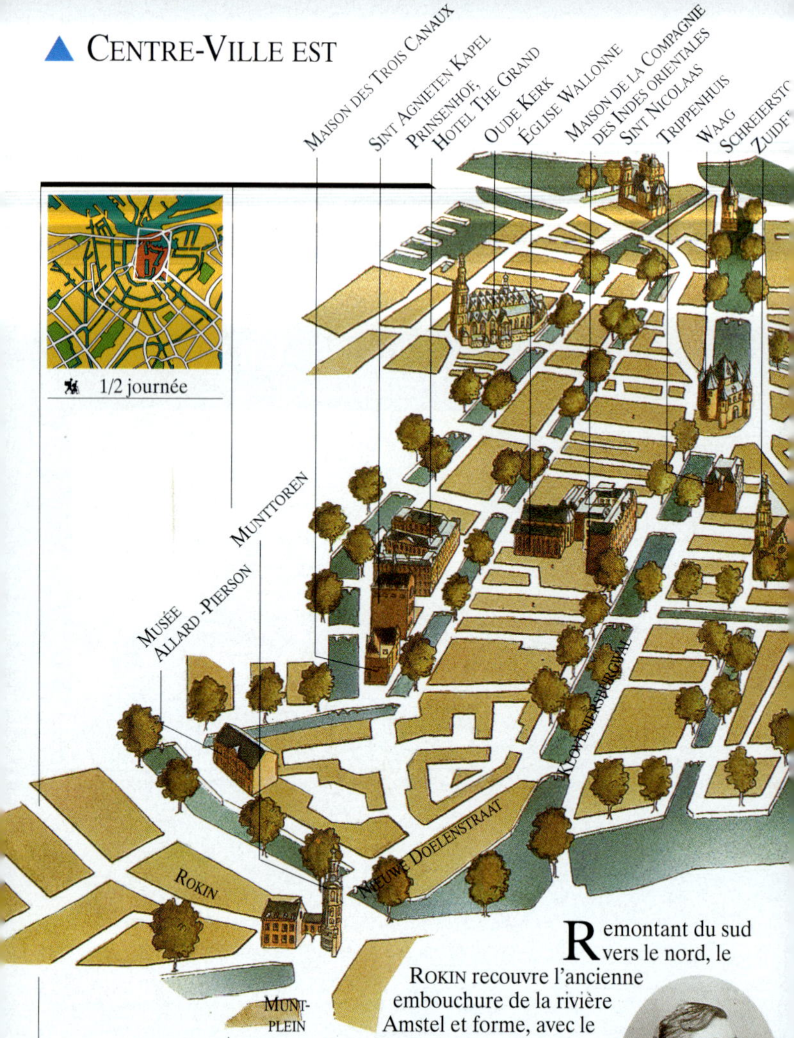

1/2 journée

Remontant du sud vers le nord, le ROKIN recouvre l'ancienne embouchure de la rivière Amstel et forme, avec le Damrak, la grande artère du centre-ville. Au nord du Dam ▲ *128* se trouvait autrefois un bassin portuaire (*rak*) qui reçut le nom de Damrak. Plus au sud, dans l'intérieur du pays, se situait le *Rak-in*, devenu le Rokin. Une partie du canal, Langebrugsteeg, entre le Dam et Grimburgsluis, a été comblée en 1936. Le vrai Rokin existe encore entre Muntplein ▲ *120* et Langebrugsteeg, où se trouvent les bateaux-mouches. Là où se situe leur point de départ, une grande fête sur l'eau fut organisée en 1638 lors de la visite à Amsterdam de Marie de Médicis, reine de France ● *30*, *47*.

BUREAUX ET COMMERCES. Le Rokin actuel est flanqué de grands immeubles abritant des bureaux, au milieu desquels subsistent quelques vieilles maisons, surtout du côté calme du Rokin. Ces demeures possèdent des façades à pignon en cou construites par Vingboons. Les plus remarquables sont situées aux nos 91 et 141-147 ● *72.* Au coin du SPUI ▲ *122*, où se trouvait jusqu'à la fin du XIVe siècle la frontière sud de la ville, s'articule, autour de la STATUE DE LA REINE WILHELMINE À CHEVAL, une vaste zone commerciale et artistique : la Maison de Bonneterie (nos 140-142) ; la société ARTI ET AMICITIAE (n° 112) où un cercle d'artistes organise des expositions ;

VIEUX PIGNONS
Entre les bâtiments récents qui ont envahi le Rokin survivent quelques maisons anciennes. Au n° 91, Vingboons a créé une façade dont le pignon est orné d'aigles ● *72.*

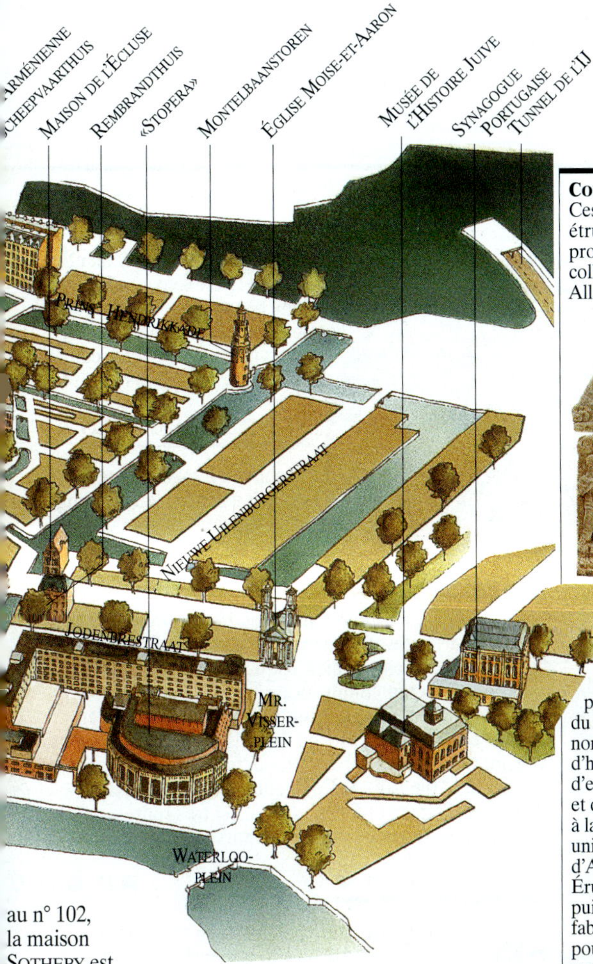

au n° 102, la maison SOTHEBY est spécialisée dans la vente aux enchères d'objets d'art. Aux n°s 92-96 se trouve la boutique de P. G. C. HAJENIUS qui, depuis 1826, constitue une adresse fameuse pour les amateurs de tabacs. Hajenius s'est toujours attaché à la vente d'un cigare traditionnel et non poudré. À l'intérieur, les revêtements de bois, les lustres, les bronzes décoratifs, les armoires d'acajou et les comptoirs de marbre oscillent entre le style Empire et le style moderne ● *52*.

MUSÉE ALLARD-PIERSON. Sur Oude Turfmarkt (vieux marché de tourbe), au n° 127, ce musée est spécialisé dans l'archéologie. Ses collections proviennent surtout de Mésopotamie, de Grèce, de l'Empire romain ou des civilisations étrusques et hittites.

COLLECTION
Ces sculptures étrusques proviennent de la collection du musée Allard-Pierson.

ALLARD PIERSON
En 1877, ce pasteur wallon (1831-1896), parfait humaniste du XIXe siècle, fut nommé professeur d'histoire de l'art, d'esthétique et de lettres modernes à la nouvelle université d'Amsterdam. Érudit doté d'une puissance de travail fabuleuse, il plaida pour un vrai modernisme qu'il plaçait au-dessus du catholicisme, de l'orthodoxie protestante et du libéralisme (portrait au centre).

Le Rokin au XVIIe siècle, avec la Bourse, au fond.

LANGEBRUGSTEEG

Cette ruelle mène au GRIMBURGWAL. Les anciens bâtiments de l'Hôpital central accueillent aujourd'hui des établissements de l'université d'Amsterdam. Ils abritent notamment les enseignements de sciences politiques, l'office culturel et le restaurant universitaire *Atrium.*

NES ET KUIPERSSTEEG

Au coin du Langebrugsteeg, apparaît à gauche le Nes, longue rue étroite dont le nom dérive de *Nesse,* qui signifie «champ marécageux». Aux XVe et XVIe siècles, plusieurs couvents de religieuses y étaient installés. Cet endroit est ensuite devenu une rue de commerçants et d'artisans. Du siècle dernier jusqu'à la Seconde Guerre mondiale, elle était connue pour la vente publique, chez Frascati, de tabac des Indes orientales. Le Nes est aussi un centre de culture, de divertissements et de loisirs, avec notamment *De Brakke Grond,* le centre culturel flamand, Frascati et le théâtre De Engelenbak. Le petit passage entre Kuipersteeg et Grimburgwal est très représentatif de cette ancienne zone médiévale parsemée de couvents.

LES TROIS CANAUX ♥

■ *18,* ● *60, 72*

Le Grimburgwal représentait au XIVe siècle la frontière sud de la ville (*grim* signifie «fossé bourbeux»). Avant 1385, la rivière Amstel divisait la ville en deux parties presque égales : le côté ancien *(Oude zijde)* et le côté nouveau *(Nieuwe zijde).* Chacun d'eux était délimité par un fossé. Quand de nouveaux fossés furent creusés, vers 1385, ceux qui préexistaient furent nommés *Voorburgwal* et les nouveaux appelés *Achterburgwal.*

MAISON DES TROIS CANAUX ♥ ● 72. L'une des plus belles maisons d'habitation de la ville doit son nom à son emplacement, puisqu'elle est située à l'angle formé par Oudezijds Voorburgwal, Oudezijds Achterburgwal et Grimburgwal. Elle fut restaurée en 1909 par Jan de Meyer et présente des PIGNONS À REDENTS, des vitraux, des contrevents, et une façade mêlant briques et pierres de taille. Une plaque commémorative, incrustée dans la façade, mentionne le nom de *Fluwelenburgwal* (Fossé de velours). De nombreuses familles patriciennes l'ont habitée : Reael, Oetgens, Roeters. De nos jours, elle abrite une librairie.

L'AGNIETEN KAPEL (chapelle Sainte-Agnès) servit de magasin à l'Amirauté. On y entreposa notamment des marchandises (en haut).

OUDEMANHUISPOORT Passage situé entre Oudezijds Achterburgwal et Kloveniersburgwal, la Oudemanhuispoort (ci-dessus) fut construite vers 1600. Lors de la fondation de l'université d'Amsterdam, les locaux furent rattachés au centre universitaire. Ci-contre, une vue de l'Oudezijds Voorburgwal.

Agnieten Kapel. Au n° 231 Oudezijds Voorburgwal se trouve la seule chapelle, bâtie en 1397, d'un couvent médiéval conservé intact. Après avoir brûlé entièrement, le couvent fut reconstruit en 1470.

En 1578, lors du ralliement au calvinisme ● *29*, le bâtiment reçut une nouvelle affectation et fut utilisé comme magasin de l'Amirauté. En 1632, destiné à l'éducation supérieure, il fut appelé l'Athénée Illustre (Illustrae Atheneum) ▲ *197*. À partir du milieu du XVIIe siècle, il fut le foyer de la vie scientifique de la capitale et, jusqu'en 1838, accueillit la bibliothèque de la ville. Les deux premiers professeurs de l'Athénée Illustre étaient des hommes célèbres, issus de l'université de Leyde : Caspar Van Baerle (Barlaeus) et Geeraerd Vossius. Barlaeus fit un discours inaugural sur le «Mercator sapiens» (Le Marchand savant) et Vossius traita «De Historia utilitate» (L'Utilité de l'histoire). Au début, la renommée des deux hommes fut entâchée par le fait qu'ils étaient considérés comme des porte-parole des conceptions libérales. En 1877, l'école latine de l'Athénée Illustre fut remplacée par l'université municipale d'Amsterdam à laquelle fut accordé le droit de conférer la distinction de docteur. La restauration de la chapelle fut entreprise sous la direction de l'architecte A. A. Kok (1881-1951). Ce dernier réussit à conserver

Kuiperssteeg
Ici se trouvait l'ancien couvent de Sainte-Claire puis, au XVIIe siècle, une tonnellerie. Les cartouches du n° 3, ci-dessus, représentent des artisans.

Langebrugsteeg
Cette ruelle abrite de nombreuses boutiques d'objets en métaux précieux. Ci-contre, la devanture d'une bijouterie.

Impostes tropicales
Dans Rusland, les portes d'une maison arborent des impostes aux inspirations tropicales. Sans doute une influence du passé colonial néerlandais.

Cette photo de la partie nord de l'Oudezijds Achterburgwal date du début du XXe siècle.

Cette *Vue de la maison de l'Amirauté* fut réalisée au XVIIe siècle par Fouquet. La cour du Prinsenhof n'a pratiquement pas changé et accueille aujourd'hui un prestigieux hôtel,

The Grand, dont la façade donnant sur le canal date du XXe siècle (détail ci-dessus).

la beauté, l'ambiance et la dignité du bâtiment. Le toit élevé, de style gothique, possède une tourelle gracile. Sur la grille sont inscrites les dates qui marquent les différentes étapes de l'histoire de l'Athénée.

OUDEMANHUISPOORT ♥. Entre Oudezijds Achterburgwal et Kloveniersburgwal s'élevait un hospice de vieillards qui fut construit vers 1600. Le bâtiment est devenu un centre universitaire après la fondation de l'université d'Amsterdam. Des bouquinistes sont logés dans les niches du passage, qui est doté d'une belle cour intérieure.

RUSLAND. Ce nom, contrairement aux apparences, n'évoque en rien la Russie… Mais rappelle, de très loin il est vrai, celui de Willem Russchen à qui, selon un acte de 1403, appartenait ce lopin de terre. Au XVIe siècle, le terrain était traversé par un cours d'eau, dont les deux côtés étaient bâtis, et qui fut ensuite comblé. C'est pourquoi Rusland est devenue une rue large, comparée à d'autres artères de la vieille ville.

En 1597, des notables se réunissent au Prinsenhof, le temps d'un repas.

MONT-DE-PIÉTÉ. Après 1578, les réformés calvinistes s'opposèrent avec acharnement aux usuriers lombards, qui jouaient un rôle important dans le commerce. Cette époque est rappelée par les Enge (étroite) et Wijde (large) Lombardsteeg (ruelles des Lombards) voisines. Pour aider les habitants dont les revenus étaient médiocres, sinon incertains, il fut décidé que la ville elle-même servirait de prêteur. C'est ainsi que fut fondé, en 1614, le STADSBANK VAN LENING (le mont-de-piété), situé au n° 300 Oudezijds Voorburgwal. Au n° 274, l'ancienne Vleeshal (Halle aux viandes) est surmontée de têtes de bœuf, évoquant la fonction du lieu.

Cette peinture murale de Karel Appel, dans l'ancienne cantine de l'Hôtel de Ville, mécontentait les fonctionnaires qui n'appréciaient pas son style.

PRINSENHOF ♥

En face, sur la rive droite du canal, le Prinsenhof a été construit sur le terrain de l'ancien couvent Sainte-Cécile. Il devint, après 1578, la résidence des personnages princiers avant d'être rénové pour accueillir les réunions de l'Amirauté. Après la transformation de l'hôtel de ville du Dam en Palais royal ● *32* ▲ *128* sur l'ordre du roi Louis (1808), le Prinsenhof devint à son tour le siège du conseil municipal d'Amsterdam. Après la construction d'un nouvel Hôtel de Ville (le «Stopera» ▲ *160*)

«J'AIME MARCHER À TRAVERS LA VILLE, LE SOIR, DANS LA CHALEUR DU GENIÈVRE. JE MARCHE DES NUITS DURANT, JE RÊVE, OU JE ME PARLE INTERMINABLEMENT.»

ALBERT CAMUS

dans les années 1980, il fut transformé en hôtel de luxe, *The Grand.* La cour a conservé le style des origines. L'extérieur, en particulier l'entrée principale et les façades de style amstellodamois du début du XXe siècle, a été bien conservé. Les transformations les plus radicales ont eu lieu dans les années 1920. La salle du conseil date de cette époque, tout comme la salle des mariages, de style Art déco, et la cage d'escalier en marbre et ornée de vitraux. Dans l'entrée de la cantine des fonctionnaires de l'Hôtel de Ville, devenue le *café Roux,* Karel Appel ● *93* ▲ *230* a peint une fresque, en 1949, au modernisme presque abstrait : *Vragende Kinderen (Enfants interrogeant).*

HARENG AU GENIÈVRE
Au n° 18 Oude Doelenstraat, la poissonnerie de Jan Hendriks propose «son» hareng ! Consommé avec du genièvre Korenmout, sa qualité est célébrée par les gourmets d'Amsterdam ● *64.*

ÉGLISE WALLONNE

Au bout de Oude Doelenstraat, le *Pillenbrug* (surnom signifiant «pont des pilules et des drogues»), sur l'Oudezijds Achterburgwal, est réputé pour son commerce interdit ou semi-clandestin. Après le pont, à droite, légèrement en retrait de la rive du canal, l'Oude Walenkerk (Vieille église wallonne) constitue le dernier souvenir d'un couvent médiéval des Frères Saint-Paul. L'ancienne chapelle avait été cédée en 1586 par la municipalité aux réformés wallons, réfugiés en 1540, afin qu'ils puissent poursuivre leur culte protestant en français ● *38.*

WALENKERK
La vieille église wallonne est le dernier vestige d'un couvent médiéval des Frères Saint-Paul. Devant l'église se trouve la petite place wallonne (Walenpleintje), tranquille et intime.

COMPAGNIE DES INDES ORIENTALES

Au n° 24 Oude Hoogstraat, et le long du Kloveniersburgwal, se dresse l'ancienne maison du siège de la Compagnie, installée là aux XVIIe et XVIIIe siècles. L'histoire d'Amsterdam et des Pays-bas est étroitement liée à l'épopée de la Compagnie.

L'Oude Walenkerk figure ci-dessous sur ce document du XVIIIe siècle.

Construction d'un navire de la V.O.C. (1647).

Dès la fin du XVIe siècle, la marine hollandaise effectue les premiers échanges avec l'Asie du Sud-Est. Ainsi se créent à Amsterdam, en 1602, de multiples sociétés commerciales unifiées et organisées en monopole commercial sous la bannière de la *Verenigde Oost-Indische Compagnie* (V. O. C.) ● *30,* ▲ *150.* La Compagnie des Indes orientales acquiert dès lors de puissants droits de souveraineté – dont celui de faire la guerre ou la paix – et ouvre des comptoirs au Japon, dans les Indes orientales, à Ceylan et en Tasmanie. Après une immense prospérité au XVIIe siècle, dont bénéficie Amsterdam, la Compagnie décline, en raison de la concurrence anglaise et française, et disparaît à la fin du XVIIIe siècle.

L'AMIRAL CORNELIS TROMP (1629-1691)
Fils du grand amiral Maarten Harpertsz Tromp(1598-1653), il contribue à assurer la puissance maritime de la V. O. C.

«LE RETOUR DU SECOND VOYAGE AUX INDES»
Les Hollandais organisent en 1595 leur première expédition vers les Indes. Puis, en mai 1599, une seconde revient des antipodes. C'est cette dernière que le peintre Hendrick Cornélis Vroom (1566-1640) rappelle sur cette toile.

LA MAISON DES INDES ORIENTALES
Situé au coin du Kloveniersburgwal et de Oude Hoogstraat, ce bâtiment est loué à la Compagnie, à partir de 1605. Des navires peuvent accoster le long du quai bordant cet ancien dépôt d'armes et de munitions. Pendant deux siècles, la *Oost Indisch Huis* reste le centre nerveux de toute l'administration de la V.O.C., dont les entrepôts et magasins sont dispersés dans la ville.

Vue de Batavia (Jakarta) par Andries Beeckman (1658).

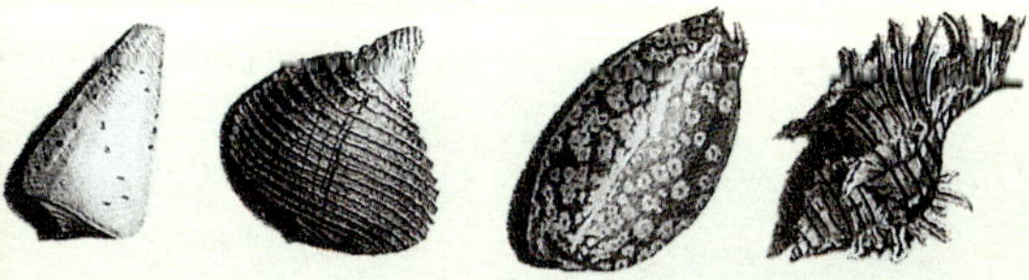

François Valentijn, naturaliste hollandais (1656-1727)
Auteur de *Oud en Nieuw-Oostindie,* ouvrage sur la faune et la flore des Indes orientales, illustré d'après sa collection de coquillage (1724-1728).

Pourparlers commerciaux avec des Japonais
Pour augmenter ses dividendes et conforter son monopole, la Compagnie étend son action sur l'Asie orientale, jusqu'au Japon, et importe thé, sucre, soie, laques et porcelaine.

Excès de richesse
Les dirigeants de la Compagnie s'enrichissent en spoliant les autochtones. La moyenne de leurs dividendes se situe entre 18 % et 20 % ; l'année 1662 bat le record avec 50 %. Le coût de la quatrième guerre contre les Anglais (1780-1784) et les revenus élevés des associés sont, en partie, les causes du déclin de la V. O.C.

Arbuste à thé
Collection Hendrick d'Acquet ▲ *149.*

Écriture ceylanaise
En bas à gauche : relevé de N. Witsen (1641-1717).

«Plantation hollandaise au Bengale»
(H.V. Schuylenburg).

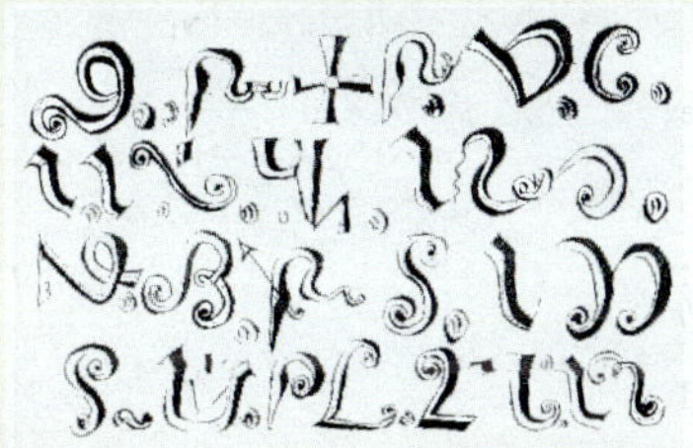

MICHIEL ADRIAANSZ. DE RUYTER (1607-1676)

Il sillonne les mers dès l'âge de onze ans sur la flotte commerciale et gravit les échelons de la hiérarchie maritime, au service de la République, en s'illustrant dans les guerres successives contre les Anglais. L'amiral de Ruyter périra avec son escadre, près de l'Etna, en luttant contre la flotte française.

UNE MANUFACTURE
La V.O.C. au Bengale peinte par H. V. Schuylenburg, au XVIIe siècle.

LES DÉCOUVREURS HOLLANDAIS
W. Janz est le premier à aborder les côtes de l'Australie en 1606 et A. Tasman la Tasmanie en 1642 ; terres colonisées par les Anglais dès 1788.

Musée maritime
Anciens magasins de la V.O.C. convertis en musée ▲ *270.*

Boîte à sel en porcelaine de Chine (XVIIe siècle)
Les boîtes à sel proposées à l'époque sont fabriquées en bois, la V.O.C. fait appel au savoir-faire des potiers chinois et leur commande des modèles en porcelaine dure, aux formes européanisées.

«Escadre néerlandaise de la Compagnie des Indes orientales»
(Ludolf Backhuysen, XVIIe siècle ● *88)*
Les archives de la Compagnie recensent seulement 5 % de navires échoués. Les mutineries à bord sont moins fatales en perte d'hommes que les maladies dues à l'absence d'hygiène, à l'eau polluée, à la nourriture carencée et à l'inadaptation climatique. Les tentatives d'assainissement : nettoyer au vinaigre ou enfumer avec des baies de genièvre n'enrayent pas le scorbut, la fièvre typhoïde et la dysenterie. Impuissance aussi face aux troubles psychologiques, dénommés «la grande mélancolie», qui engendrent la folie ou le suicide.

Fleur de la Passion
Couronne d'épines, clous et marteau, elle arbore les instruments de la Passion du Christ, interprétation qui date du XVIIe siècle.

Erythrina orientalis
(H. de Jager, 1642-1705, dans *L'Album des plantes de Java).*

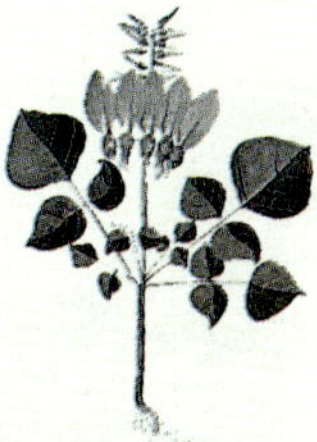

Pamplemousse
(Adriaan Van Lee, 1624-1715). Ces trois dessins proviennent de la collection Hendrick d'Acquet (1632-1706). Échevin et maire de Delft, naturaliste passionné, il commande auprès des marins et des fonctionnaires de la V.O.C. ce qu'il juge utile pour enrichir sa remarquable collection.

LA COUR DE LA MAISON DE LA COMPAGNIE
Au n° 24 Oude Hoogstraat, un porche permet d'accéder à la petite cour de l'ancien siège de la V. O.C. *(Verenigde Oost-Indische Compagnie,* Compagnie des Indes orientales). L'édifice, parfaitement conservé, date de 1605 et est attribué à l'architecte Hendrick de Keyser. Le pignon qui surmonte la façade, tout en subtiles formes rondes, dominé par une balustrade, est exceptionnel à Amsterdam ● *72* ▲ *146.* L'édifice est maintenant occupé par l'Institut d'études sociologiques.

HISTORIQUE DE LA COMPAGNIE DES INDES ORIENTALES ● *30.*
Fondée en 1602, la Compagnie réunissait plusieurs sociétés commerciales, à l'initiative de Johan Van Oldenbarneveldt (1547-1619), sans doute l'homme politique le plus influent de la jeune République. C'est lui qui signa la trêve d'Anvers avec l'Espagne, mais il fut accusé par des calvinistes orthodoxes d'avoir trahi son pays et fut mis à mort à La Haye en 1619, à l'âge de 72 ans. Puissante, la V. O. C. pouvait notamment conclure des traités, entretenir une flotte et une armée. Divisée en six chambres (Amsterdam, Middelburg, l'estuaire de la Meuse avec Rotterdam et Delft, la Frise Occidentale avec Hoorn et Enkhuizen), la Compagnie comptait soixante-trois directeurs, issus des sociétés antérieures, avec à leur tête un conseil de dix-sept membres, nommé *Heren XVII* (les Dix-Sept Magistrats). Ces dirigeants étaient choisis parmi la riche bourgeoisie néerlandaise, et leur pouvoir était absolu. La Compagnie était une société commerciale ayant pour seul but de faire des bénéfices, ce qui entraîna des dissensions entre les tenants d'un développement colonial harmonieux et généralisé (notamment ceux qui ne faisaient pas partie de la V. O. C.), et les partisans du monopole maintenu dans ses strictes règles de départ (les dirigeants de la V. O. C.). Pour renforcer son autorité et la coopération entre les comptoirs très dispersés d'Asie, la Compagnie devint très centralisatrice et nomma un seul dirigeant : le gouverneur général. Le premier d'entre eux fut Pieter Both, de 1609 à 1614, appuyé par le Conseil des Indes

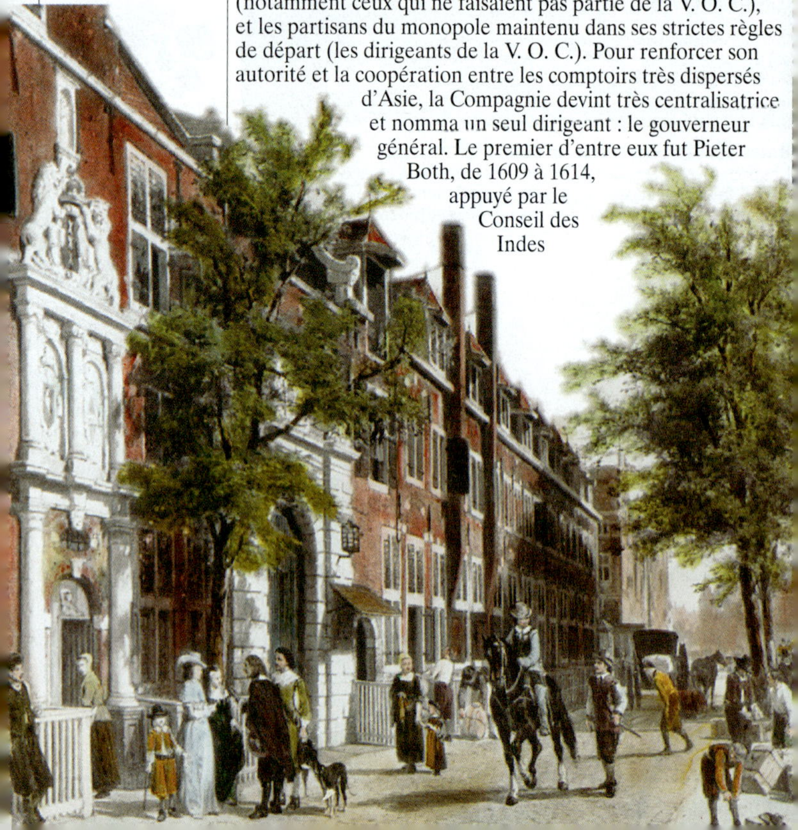

«Du logis que j'habite à l'angle du Kloveniersburgwal, j'aperçois à droite, au bord du canal, la façade rougeâtre et enfumée du musée Trippenhuis.»

Eugène Fromentin

(cinq personnes). Le siège du gouvernement fut d'abord situé à Banten (à l'extrême ouest de Java) et ensuite à Batavia (l'actuelle Jakarta), fondée par Jan Pieterszoon Coen sur les cendres de l'ancienne Jacatra. Pour maintenir le monopole, il fut nécessaire d'augmenter le rayon d'action et d'aller jusqu'au Japon (île de Decima), de sorte qu'en plus des épices d'Indonésie, Amsterdam importait du Japon et de Chine des laques, du thé, de la soie et de la porcelaine, alors que l'Inde fournissait des tissus de coton. La Compagnie a ainsi prospéré jusqu'à la fin du XVIIIe siècle, avant d'être officiellement dissoute le 17 mars 1798, sous la République batave mise en place par les révolutionnaires français ● *31.*

Trippenhuis
Demeure des frères Trip, le bâtiment accueillit pendant l'occupation française les séances du Corps législatif. Installé dans laTrippenhuis, l'Institut royal des sciences et des beaux-arts, fut inauguré par Louis-Napoléon. Une collection de tableaux, dont *La Ronde de nuit* de Rembrandt, s'y trouvait avant l'ouverture du Rijksmuseum. C'est devenu l'Académie royale hollandaise des sciences.

Kloveniersburgwal ■ *18,* ● *60, 72, 74*

Ce canal est ainsi nommé en souvenir des miliciens *(kloveniers)* qui y installèrent leurs associations et leurs terrains d'entraînement ▲ *126.* Plus loin, en remontant le canal, on croise Bethaniënstraat, qui porte le nom de l'ancien couvent de Sainte-Marie-Madeleine-de-Béthanie. Ce dernier avait été bâti à cet endroit aux environs de 1450. Le quartier fournit d'excellents exemples de rénovation urbaine. Aux nos 6-8 Kloveniersburgwal, le Brouwhuis Maximiliaan est un café-restaurant où le malt et le houblon de la bière sont préparés dans des cuves de cuivre rouge. Le moût de malt sucré ainsi obtenu est ensuite placé dans des cuves de levure. Selon d'anciens documents, le couvent de Béthanie disposait ici même de sa propre brasserie (1567). Au n° 12, se trouve l'ancienne épicerie de *Jacob Hooy & Co* datant de 1743. Elle abrite aujourd'hui une boutique d'herboriste ● *52.* Dans Barndesteeg, l'ancien couvent de Béthanie, parfaitement restauré, est maintenant utilisé comme salle de concerts et de conférences. Le n° 50, ancienne église réformée, abrite aujourd'hui le théâtre de la troupe Trust.

«Jacob Hooy & Co»
L'odeur des produits aromatiques d'un herboriste filtre du n° 12 Kloveniersburgwal, lieu de la vieille épicerie *Jacob Hooy & Co* (1743).

Trippenhuis ♥ ● *74*

Les frères Lodewijk et Hendrik Trip, grâce à leur commerce lucratif de fer, cuivre, plomb, armes – et même de vaisseaux de guerre – étaient très riches. En 1660, Justus Vingboons conçut les plans de leur demeure. Situé au n° 29 Kloveniersburgwal, cet imposant bâtiment de style français classique, fut donc érigé en pierre grise. Il comporte sur sa façade huit colonnes ioniques aplaties à pilastres, un grand nombre de sculptures et, sur le toit, d'énormes cheminées en forme de mortiers.

SINT ANTONIESPOORT
La première porte Saint-Antoine, bâtie en 1488, fut agrandie et dotée de tours et de meurtrières, pour devenir le monument que l'on peut encore admirer aujourd'hui. Après son intégration dans la ville, la porte devint le Poids public, ou pesage public, lieu permettant aux négociants de peser leurs marchandises.

Ce tableau intitulé *Le Nieuwmarkt avec le Waag de St. Antoine* fut réalisé par Isaak Ouwater en 1765. Au premier plan, des marchandes vendent des tableaux et des faïences.

NIEUWMARKT ♥

Aux allures de forteresse médiévale, le bâtiment du WAAG (Poids public) était autrefois l'une des portes de la ville : la porte Saint-Antoine. Ses tours rondes et lourdes possédaient des meurtrières qui trahissent aujourd'hui encore leurs origines. En 1614, la porte devint un quartier intra-muros, et une partie du Kloveniersburgwal fut comblée pour agrandir le marché de Saint-Antoine (l'actuel Nieuwmarkt). L'étage supérieur du Waag servit aussi de logement pour quelques corporations de métiers : les forgerons, les peintres, les maçons et les chirurgiens. Chaque corporation disposait de sa propre entrée. Celle des chirurgiens est encore marquée des termes *Theatrum Anatomicum.* C'est dans la salle de réunion de leur guilde que Rembrandt peignit la *Leçon d'anatomie du Professeur Tulp* ▲ *182.* Hendrick de Keyser a décoré la porte des maçons. Là se réunissaient les tailleurs de pierre, les couvreurs, les poseurs d'ardoises et les plombiers. Les peintres constituaient également une guilde, en compagnie des vitriers et des sculpteurs. L'évangéliste saint Luc, leur patron, est représenté au-dessus de la porte qui donnait accès à leur salle de réunion. Aujourd'hui, le Waag abrite un cybercafé.

Aux XVIIe et XVIIIe siècles, Nieuwmarkt était compartimenté en marchés spécialisés, dont un marché aux poissons. Les bateaux atteignaient la place grâce au Geldersekade (dont une maison-bateau pleine de verdure est reproduite ci-dessus), canal venant du port sur l'IJ.

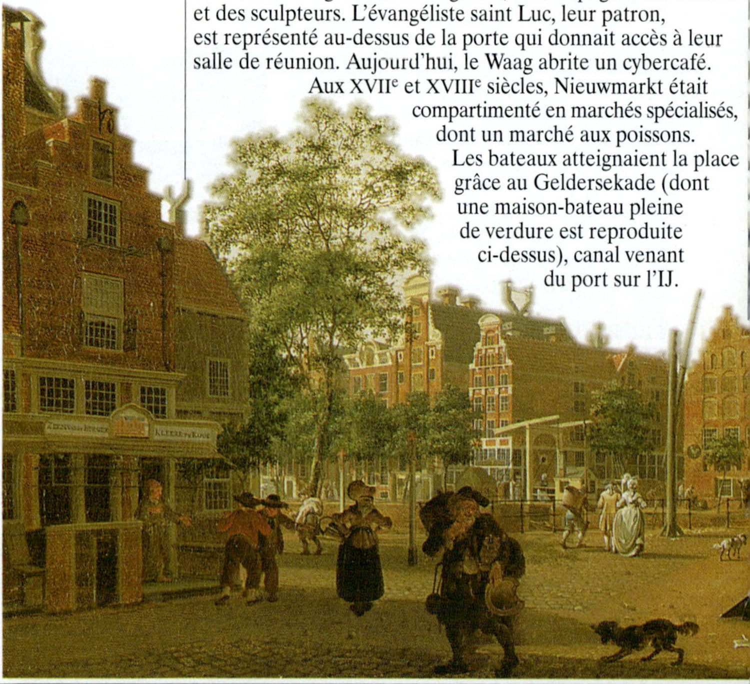

«VOYEZ À DEUX PAS DE NOUS CE MASSIF PUISSANT AVEC SES CINQ POIVRIÈRES. C'EST L'ANCIENNE PORTE SAINT-ANTOINE ; EN 1500, LA VILLE S'ARRÊTAIT LÀ.»

HENRY HAVARD

SCHREIERSTOREN ♥. Du Waag, en regardant vers le nord, on aperçoit cette petite tour de brique demi-circulaire, érigée au coin de Prins Hendrikkade et de Geldersekade. Elle constitue un vestige de l'ancienne muraille médiévale. Le nom de la tour (tour des Pleureuses) renvoie aux lamentations des femmes qui regardaient leurs maris partir sur les mers depuis ce site. Parmi les navigateurs célèbres qui quittèrent Amsterdam depuis la Schreierstoren, l'Anglais Henry Hudson, au service des Hollandais, appareilla en 1609 avec son bateau *Halve Maen (La demi-lune).* Il vogua vers l'ouest pour fonder les Nouveaux Pays-Bas (*Nieuw Nederland),* sur la côte américaine, l'actuelle New York ▲ *252.*

GERBRAND ADRIAENSZ. BREDERO. Sur Nieuwmarkt, face au Geldersekade, une statue réalisée par le professeur Esser représente un couple d'amoureux du XVIIe siècle, selon le style de Gerbrand Adriaensz. Bredero (1585-1618). Cet important écrivain a grandi dans le milieu de la rhétorique amstellodamoise et flamande. Sa maison de naissance était située dans le Nes, le plus

Au centre, une maison-bateau de Geldersekade devenue un gîte pour les cygnes.

«LE NORD»
Sur cette ancienne publicité touristique pour le Nord, apparaît la Schreierstoren. À ses pieds, sur le Geldersekade, glissent des patineurs.

UN STYLE HORS DU COMMUN
La décoration intérieure et extérieure de la Scheepvaarthuis, bâtie en 1911-1916, annonce le style de l'école d'Amsterdam ● *84.* Le toit est surtout composé de verrières donnant sur la cage d'escalier et le hall, et les deux façades principales sont ornées d'une multitude de détails inspirés notamment par l'Art nouveau et le style amstellodamois du début du XXe siècle (en haut au centre).

À L'ANGLE DE CANAUX
La Montelbaanstoren, fut érigée au XVIe siècle. La tour, de petites dimensions (en 1544, au centre), a été agrandie. Au début du XVIIe siècle, elle reçut, probablement d'après un plan de Hendrick de Keyser, une légère superstructure de bois. Les canaux la bordant, proches du port, connaissaient une activité intense (ci-contre).

grand quartier de couvents de la ville à la fin du Moyen Âge ▲ *142.* Son père y était cordonnier. Dans le même quartier, les immigrés du Brabant possédaient leur propre salle de réunion, appelée la «Lavande blanche». Bredero put ainsi se familiariser avec le dialecte d'Anvers, ville tombée aux mains de l'armée espagnole en 1585 ● *29.* Sa pièce de théâtre la plus connue, *De Spaanse Brabander (Le Brabançon espagnol),* inspirée du célèbre texte espagnol du *Lazarillo de Tormes,* traduit en néerlandais en 1609, est le récit d'un enfant du peuple qui entre au service d'un noble pauvre. Avec ce personnage, Bredero se prononce contre la xénophobie qui commençait à se répandre, accompagnant l'arrivée de nombreux immigrés du sud des Pays-Bas. Bredero, auteur d'un grand nombre de pièces de théâtre, d'un recueil de chansons burlesques et de poèmes, fut le vrai évocateur de la vie populaire de la ville. Il était aussi peintre et bon élève du maître d'escrime, médecin et architecte Gérard Thibaut. Mort à l'âge de trente-trois ans, il avait comme devise : *'t kan verkeren* («la chance peut tourner») ● *44.*

SCHEEPVAARTHUIS ♥ ● *84*

Après avoir emprunté Binnen Bantammerstraat ou l'une des rues parallèles, à travers le quartier chinois, on rejoint Waals Eilandsgracht. Ce canal est traversé par un pont au profil original, représentatif de l'école d'Amsterdam ● *67.* Son architecte, Johan Melchior Van der Mey (1878-1949), a aussi signé la Scheepvaarthuis (Maison de la Navigation), qui domine le canal, à l'angle du Waals Eilandsgracht et de Prins Hendrikkade. Par la forme en pointe de la construction, Van der Mey a voulu

suggérer l'étrave avancée d'un vaisseau. Les sculptures des façades sont de Hendrik Albertus Van den Eijnde (1869-1939). Depuis 1916, la Scheepvaarthuis a été le siège de différentes compagnies de navigation. Aujourd'hui, elle accueille les bureaux de l'entreprise des transports municipaux.

MONTELBAANSTOREN ♥

Cette tour fut construite au XVIe siècle au coin de Waals Eilandsgracht et de Oude Schans (Vieux Retranchement) pour assurer la défense du quartier. L'origine de son nom demeure assez obscure. L'historien Johan Wagenaar avance avec précaution que le terme est peut-être lié au château de Montauban en Guyenne (sud-ouest de la France). Selon d'autres interprétations, il y aurait eu dans le quartier une maison appelée Montalbaan : de nombreuses demeures possédaient en effet des plaques commémorant Renaut de Montalban, l'un des quatre personnages qui, sur le magnifique cheval Bayart, combattirent Charlemagne ▲ *194.*

ÉGLISE ARMÉNIENNE. En empruntant Recht Boomssloot, petit canal, par sa rive gauche, on croise sur la gauche son jumeau, le Krom Boomssloot. Au n° 22, un entrepôt fut transformé en église en 1714 : elle n'est plus utilisée aujourd'hui.

LASTAGE
Au n° 42 Recht Boomssloot, un cartouche (ci-dessus, à droite) porte la mention «Lastage» : il s'agit du nom du quartier, datant du Moyen Âge, et faisant sans doute référence au mot français «lest». Ici se trouvaient autrefois des chantiers navals, des entrepôts et des corderies. En 1593, ce petit territoire alors en marge fut intégré à la ville et, en 1930, de nombreux travaux de réhabilitation y furent effectués. Sur Krom Boomssloot, au n° 61, un cartouche représente un tigre (en haut, à gauche).

Porte de l'église Arménienne, au n° 22 Krom Boomssloot.

En haut, tableau naïf de la Montelbaanstoren, avec, alentour, les nombreux patineurs des canaux ● *60.*

Cornelis Pieter Boom, propriétaire d'un chantier naval proche du port, fit creuser, au XVIe siècle, deux petits canaux au cœur du quartier afin d'obtenir une liaison entre son chantier et le Lastage. Ces canaux lui doivent leurs noms.

SINT ANTONIESBREESTRAAT. À l'extrémité méridionale du Kromboomssloot, en empruntant Snoekjessteeg, courte rue, on atteint Sint Antoniesbreestraat, grande artère de la vieille ville d'Amsterdam. On se trouve ici dans l'ancien quartier juif de la ville, qui s'étendait du Nieuwmarkt jusqu'aux synagogues de J. D. Meijerplein, à l'est. Les juifs, environ cent mille avant la Seconde Guerre mondiale, ont été presque tous déportés pendant l'occupation allemande. Le quartier, détruit en partie par les Allemands, était devenu très vétuste, et a été totalement bouleversé par de gigantesques travaux de réhabilitation et de modernisation, ainsi que par la construction d'une ligne de métro dans les années 1970. C'est ce qui explique que Sint Antoniesbreestraat, rue très ancienne, soit bordée d'immeubles récents. Ces travaux avaient d'ailleurs entraîné des contestations, et des affrontements importants ont eu lieu entre forces de l'ordre et manifestants qui souhaitaient empêcher qu'on transforme leur quartier, cœur historique d'Amsterdam ● *33.*

Cet autoportrait a été réalisé en 1630 par Rembrandt.

TRANSFORMATIONS
Cette vue de la Zuiderkerk depuis la Sint Antoniesbreestraat à deux époques différentes, au XVIIe siècle (en bas) et de nos jours, montre l'intrusion du modernisme dans cette rue. La Pintohuis, au n° 69, belle maison bâtie en 1651 par le banquier Isaac De Pinto a été épargnée par les travaux d'aménagement du quartier, et aménagée en bibliothèque annexe.

ZUIDERKERK ♥ ● *78, 94*

Légèrement en retrait de Sint Antoniesbreestraat, au bord d'une petite place piétonne flanquée d'immeubles modernes, la Zuiderkerk (église du Sud) constitue un vestige du temps passé. On accède à la place (Zuiderkerkhof) par une ancienne porte de cimetière, conservée le long de la rue. La Zuiderkerk a été construite en 1611 sur des plans d'Hendrick de Keyser. Cette église fut la première église protestante bâtie aux Pays-Bas. Elle présente quelques similitudes d'aspect avec la Westerkerk, du même architecte : ainsi le clocher, de même style, domine le quartier comme celui de la Westerkerk se dresse au-dessus des quatre grands canaux parallèles ▲ *179.*

HENDRICK DE KEYSER
Cet architecte (1565-1621) a notamment conçu la maison Bartolotti ▲ *171,* la Munttoren ▲ *120,* ainsi que la Westerkerk ▲ *179.* Son fils Pieter (1595-1676) fut aussi architecte.

REMBRANDTHUIS ● *110*

En traversant le pont de l'écluse du Zwanenburgwal et de l'Oude Schans, on aperçoit, sur le côté, la petite MAISON DE L'ÉCLUSE ♥, en bois,

«C'EST LÀ QU'HABITAIT REMBRANDT, AU CŒUR DE CE PURGATOIRE, DANS LA CONFUSION DES PEUPLES, DES LANGUES ET DES RELIGIONS. IL FAISAIT ENTRER CHEZ LUI SES VOISINS DÉGUENILLÉS, LES JUIFS DE JODENBREESTRAAT.»
GEORGES DUHAMEL

bien conservée. La Jodenbreestraat, très remaniée au cours des années 1970, abrite toujours la maison de Rembrandt (Rembrandthuis), au n° 4. Le peintre vécut, dans ce quartier, des jours heureux avec Saskia mais y traversa des moments difficiles.
À cette époque, des mécènes tel que Six passaient commande d'un tableau, permettant aux artistes de vivre ▲ *206.* Les premières années de déclin économique firent se côtoyer, dans le quartier où s'étaient établis des Juifs en quête de paix et de liberté, de nombreux personnages ruinés ou en passe de l'être. Là vivait donc Rembrandt, avec pointes et burins, pinceaux et palettes.
Il y rencontrait les modèles de ses tableaux bibliques, dont les Juifs barbus venus d'Europe orientale et des Juifs aristocratiques du Portugal.
Le peintre effectuait aussi des périples le long de l'Amstel et dans le Waterland ■ *20,* où il élaborait ses toiles d'après ce qu'il avait observé dans la journée dans l'ancienne Amsterdam. En 1633, il peignit, parmi beaucoup d'autres personnages, le grand remonstrant, théologien et porte-parole de la tolérance ferme, Johannes Uyttenbogaert (1567-1644) ● *39.* Dans cette maison, restaurée en 1908, et transformée en MUSÉE ♥, ont été réunis gravures, estampes et dessins en hommage au peintre.
La maison de Rembrandt a été aménagée telle qu'elle devait l'être du vivant du peintre.

MONUMENT AUX JUIFS
En 1988, une colonne fut érigée sur le pont de l'écluse du Zwanenburgwal pour commémorer la déportation des juifs d'Amsterdam durant la Seconde Guerre mondiale. Ce monument est l'œuvre de Josef Glatt.

DIAMANTAIRES
Les tailleurs de diamants de la firme Coster en plein travail, au XIXe siècle, rappellent l'importance passée du marché du diamant à Amsterdam, surtout dans ce quartier. La taillerie de diamants Gassan (ex-Boas) se trouve à proximité, dans Nieuwe Uilenburgerstraat.

À gauche, la maison du peintre Rembrandt, sur Jodenbreestraat, vue au XVIIe siècle. Au fond, la Zuiderkerk.

Les tours de l'église Moïse et Aaron ont été construites sur le modèle de celles de l'église Saint-Sulpice, à Paris.

LE JURISTE JONAS DANIËL MEIJER a publié entre 1819 et 1823 sa plus grande œuvre, en six volumes : *Esprit, origine et progrès des institutions judiciaires.*

JONAS DANIËL MEIJERPLEIN

Au bout de Jodenbreestraat, après ce carrefour moderne qu'est Mr. Visserplein, se trouve Jonas Daniël Meijerplein. En octobre 1873, la ville d'Amsterdam honorait le juriste Jonas Daniël Meijer (1780-1834) en donnant son nom à cette place. Issu d'une famille de banquiers, il fut séduit par la devise «Liberté, Égalité, Fraternité» de la Révolution française. Quand la République batave fut proclamée, il contribua à l'introduction d'une législation humanitaire et devint le premier avocat juif des Pays-Bas. Après l'arrivée de Louis, frère de Napoléon, au pouvoir en 1806, J. D. Meijer, sur son ordre, effectua une étude sur la communauté juive d'Amsterdam et découvrit sa misère. Il joua également un rôle important dans l'introduction de la législation française aux Pays-Bas. Et dès le début du royaume souverain, en 1813, Meijer sut gagner la confiance du roi Guillaume Ier ● *32.*

SYNAGOGUE DES JUIFS PORTUGAIS ♥ ● *78*

Cette synagogue est la plus grande et la plus majestueuse des trois synagogues de Jonas Daniël Meijerplein. En 1590, les premiers émigrants séfarades du Portugal et d'Espagne se réfugièrent aux Pays-Bas. Ils furent bientôt très nombreux. Ils célébrèrent d'abord leurs services religieux dans une petite synagogue du Houtgracht. Après quelques déménagements, ils s'installèrent en 1671 dans l'actuel bâtiment, construit selon un projet d'Elias Bouman qui s'est inspiré du temple de Salomon. La construction de cet édifice, tourné vers le sud-est, vers Jérusalem, dura quatre ans. La synagogue fut consacrée en 1675, en présence du bourgmestre et des échevins d'Amsterdam. Ce cœur de la communauté juive est encore en activité et accueille environ six cents membres. Ils étaient plus de sept mille à la veille de la Seconde Guerre mondiale. Sa bibliothèque, *Ets Haim,* fondée en 1616, est considérée comme l'une des plus importantes au monde.

SYNAGOGUE DES JUIFS ALLEMANDS

La «Grande Synagogue» est en fait la plus petite des trois synagogues de Jonas Daniël Meijerplein. Mais c'est la plus ancienne. Depuis 1825, elle est en outre la principale

LA PLUS BELLE DES «MAISONS DE DIEU» L'orientation de la superbe synagogue des Juifs portugais (ci-contre), dont la construction dura quatre ans, est dirigée vers le sud-est, vers Jérusalem. Même les timbres postaux lui rendent hommage.

synagogue de la communauté néeerlando-israélite. Le bâtiment, d'un classicisme austère, fut élevé en 1670-1671 selon un projet de Daniel Stalpaert. Originellement, le bâtiment était dénommé «ancienne synagogue des Juifs haut-allemands». Ces derniers avaient fui d'Europe centrale, devant les atrocités de la guerre de Trente Ans, pendant le premier quart du XVIIe siècle. Vers 1635, dans ce quartier récent, se forma la première communauté juive. Puis, en 1649, en signe de tolérance, la première synagogue fut inaugurée par le bourgmestre et les échevins d'Amsterdam. Déjà en 1670, la communauté juive s'était développée si rapidement que le bâtiment devint trop petit. En 1752, une NOUVELLE SYNAGOGUE fut édifiée, juste à côté, selon les plans de G.F. Maybaum. Inspirée par la Grande Synagogue, elle fut néanmoins réalisée avec plus de soin dans les détails que son modèle. En partie détruites par les nazis, et durement touchées par les difficultés financières de la communauté juive, qui avait fortement diminué après la guerre, les deux synagogues fermèrent. Le complexe, rénové, est devenu un MUSÉE consacré à l'histoire juive et présentant de belles expositions.

Dans cette peinture de 1680, Emmanuel de Witte (1617-1692), spécialiste des vues intérieures d'édifices religieux, a su exprimer toutes les richesses contenues dans la synagogue portugaise. Le mystérieux personnage, vu de dos, au premier plan apparaît également dans d'autres œuvres de De Witte.

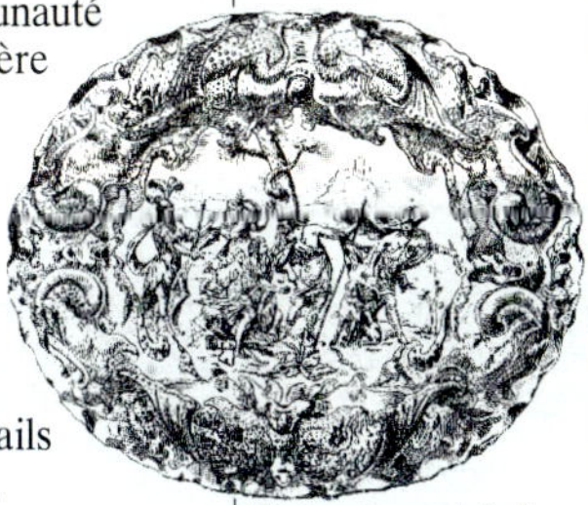

Plat en argent de la synagogue portugaise.

MOZES EN AARONKERK ● *78*

Cette église catholique (Moïse et Aaron), bordant Waterlooplein, date du XIXe siècle. Elle s'appelait originellement Saint-Antoine-de-Padoue. Ce bâtiment, doté de deux tours ajourées et de quatre colonnes devant l'entrée, possède une longue histoire. Quand les catholiques n'étaient pas

“On a beaucoup parlé des juifs et des juives d'Amsterdam. Il n'est guère de légendes qui courent à leur sujet. On va même jusqu'à vanter leur beauté. Hélas ! il faut bien en rabattre. Il n'est point nécessaire d'errer dans le voisinage de l'église Moïse et Aaron pour revenir à une appréciation plus normale de leurs mérite.”

Henry Havard, *Le Charme de la Hollande*

La synagogue des Juifs allemands.

L'Amstel au XIXe siècle, avec, sur la gauche, le quartier où sera bâti dans les années 1980 le nouvel Hôtel de Ville et sa salle d'opéra.

encore autorisés à pratiquer leur religion en public, ils décidèrent de fonder des églises clandestines ● *39* ▲ *137.* Pour cela, le prêtre Boelens acheta la maison Mozes et Aaron, dans Jodenbreestraat. Elle était habitée par un riche marchand juif qui avait décoré la façade avec de petites statues représentant Moïse et Aaron. L'actuelle église fut consacrée le 26 octobre 1841. La MOZESHUIS (Maison de Moïse) et l'église Moïse et Aaron constituent de nos jours des centres d'apprentissage destinés aux travailleurs étrangers. Expositions, concerts et spectacles y sont aussi organisés.

TOUS ENSEMBLE
Le «Stopera», vu depuis l'Amstel, ci-dessus, possède un théâtre de la Musique. Cette sculpture d'un violoniste jaillissant du sol, placée dans le hall, est révélatrice de la modernité des lieux. Waterlooplein accueille aussi en plein air, derrière le «Stopera», un marché aux puces où l'on vend fripes, disques, brocante et timbres. L'un des cafés les plus modernes d'Amsterdam, le *Dantzig,* occupe une partie du rez-de-chaussée du «Stopera» : ses baies vitrées ainsi que sa terrasse, en été, offrent une vue superbe sur le centre-ville ◆ *287.*

WATERLOOPLEIN

«STOPERA» ● *33.* Sur cette grande place se trouve depuis 1986 le nouvel HÔTEL DE VILLE (Stadhuis) et le MUZIEKTHEATER, salle consacrée à l'opéra et aux ballets. On a surnommé cet ensemble «Stopera», contraction des mots *stadhuis* et opéra. Cet imposant bâtiment fut conçu par l'architecte viennois Wilhelm Holzbauer, qui remporta le concours de projets lancé à cette occasion, et par son confrère néerlandais Cees Dam. L'édification de l'Hôtel de Ville, au bord de l'Amstel, suscita de nombreuses critiques, parce que tout l'ancien quartier a été complètement rasé, et parce que l'esthétique du «Stopera» ne fait pas l'unanimité.
MONUMENT AUX JUIFS. Devant le «Stopera», à l'angle de l'Amstel et du Zwanenburgwal, a été apposée en 1988 une stelle dédiée à la mémoire de la résistance juive contre les nazis ● *33.* Ce mémorial est l'œuvre de Josef Glatt. Dans le passage intérieur de l'Hôtel de Ville, où sont établis plusieurs services municipaux, se trouvent installés des tuyaux transparents verticaux permettant d'observer le niveau de l'eau à Amsterdam, ainsi que dans tous les Pays-Bas ■ *16.* Au n° 213 du Waterlooplein se trouve l'ARCAM, un centre d'expositions sur l'architecture d'Amsterdam.
À la suite de l'opposition acharnée contre les projets d'élargissement des rues – dont la réalisation avait déjà été commencée, comme par exemple dans Jodenbreestraat –, les travaux furent stoppés. On peut observer les résultats en comparant la largeur des tracés de Jodenbreestraat et de Sint Antoniesbreestraat. De l'autre côté du Zwanenburgwal, Staalstraat permet d'atteindre le Groenburgwal, d'où l'on bénéficie d'un superbe panorama sur la Zuiderkerk (ci-dessus, au début du XXe siècle) ● *94.* Dans Nieuwe Doelenstraat, de l'autre côté du Kloveniersburgwal, le café restaurant *De Jaren,* au style très moderne, possède une terrasse au bord de l'Amstel ◆ *287.*

Canaux nord

1/2 journée

CORNELIS PIETERSZ HOOFT
Cet ancien maire (1547-1626) vécut au n° 122 Singel, tout comme son fils Pieter, célèbre poète et historien ▲ *186*.

LE DANGER DES CANAUX
En raison des nombreuses chutes et noyades dans les canaux, l'occupant français exigea en 1812 qu'on tende des cordes sur les quais. Elles ne suffirent toutefois pas à contenir les amateurs de genièvre s'attardant dans le quartier. Au début du XXe siècle, un habitant du Jordaan, Dirk Rietveld, se couvrit de gloire en sauvant plus de cent «plongeurs» involontaires. Aujourd'hui, une rambarde basse, longeant tous les quais, protège les piétons, les cyclistes et surtout les voitures.

PLAN NOUVEAU
Cette carte de 1612, due à Nicolaas Visscher, montre les trois nouveaux canaux parallèles, dans leur forme initiale, de 1609 à 1660, s'arrêtant au Leidsegracht.

La ceinture des canaux entoure le centre ancien ▲ *119* par l'ouest, à partir de l'IJ. Quatre grands canaux parallèles offrent un paysage urbain et architectural conçu au XVIIe siècle et apparemment inchangé, mais toujours vivant aujourd'hui grâce au mode de vie des Amstellodamois. En suivant ce parcours en zigzag à travers les quartiers qui composent cette partie essentielle d'Amsterdam, le visiteur pourra aussi voir vivre les habitants et partager les moments qu'ils affectionnent : s'arrêter dans les cafés, fréquenter les boutiques et flâner le long des canaux en s'asseyant de temps à autre sur un banc, le temps d'admirer telle ou telle façade, ou de regarder filer les bicyclettes sur les quais. Tout cela pour mieux profiter de l'atmosphère sereine des lieux.

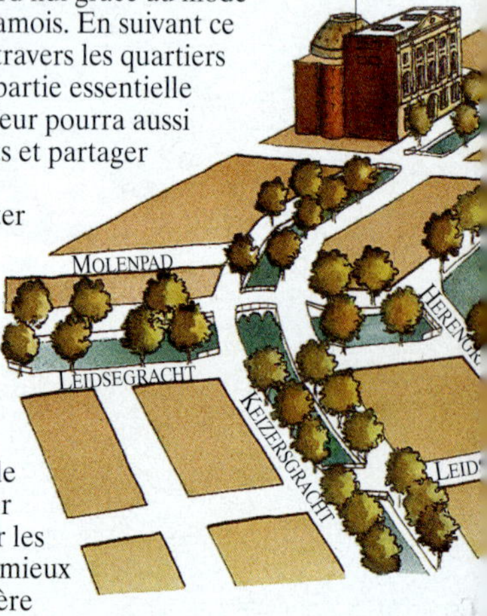

HISTORIQUE ● *34*

Les canaux visités sont situés au nord de l'ensemble construit aux XVIe et XVIIe siècles lors de l'expansion de la ville vers l'ouest. Ils s'étendent de la vieille ville au Jordaan ▲ *235*, que certains bordent ou même traversent. En 1585, la chute d'Anvers, prise par les Espagnols, déclencha une explosion démographique, économique et sociale à Amsterdam. La ville devint dès lors une terre d'accueil pour des milliers de protestants, dont un grand nombre de marchands ● *29*. Jusqu'à cette époque, la cité était limitée à l'ouest par le canal du Singel, fossé des murs de la ville.

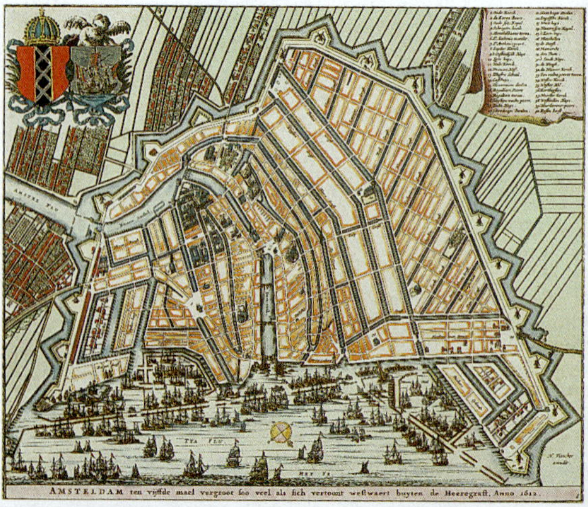

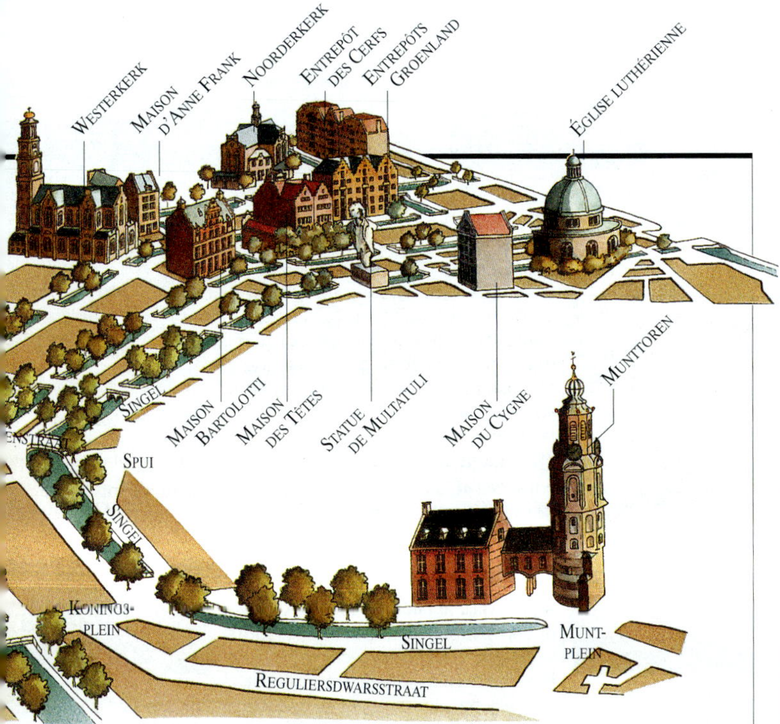

Construction des canaux. En 1586, le conseil municipal décida d'annexer le Singel et d'en faire un canal intérieur en l'élargissant et en lui adjoignant des quais sur sa rive occidentale. Un nouveau quai fut construit de l'autre côté, sur ce qu'allait devenir le Herengracht, creusé dans le cadre du plan Staets d'aménagement de trois nouveaux canaux parallèles, à partir de 1609, conduisant jusqu'au Leidsegracht. Après 1660, grâce à la prospérité d'Amsterdam et de ses riches habitants, on prolongea encore la ceinture des canaux vers l'est, jusqu'à l'Amstel ▲ *205.* Les premiers quais du Singel furent d'abord bâtis en bois avant d'être consolidés en brique. La division de ces nouvelles terres en lots marqua immédiatement une différence de valeur et d'utilisation entre les parcelles donnant sur le canal et celles situées à l'arrière. Les premières, plus chères, servirent à édifier des habitations pour les riches marchands et des entrepôts directement accessibles. Les secondes abritèrent des ateliers et des logements de location. Mais les lots furent souvent divisés par leurs premiers acheteurs, constituant ainsi des parcelles de tailles très inégales. Après la construction des canaux, C.P. Hooft, un marchand de harengs réputé pour son honnêteté, ancien maire de la ville, fut placé à la tête d'une commission de travaux s'efforçant de freiner la spéculation sur la valeur des terrains. Hooft proposa d'évaluer le prix des terres (à vendre ou à exproprier) en fonction des futurs aménagements. Le Singel, ainsi que les trois autres canaux qui lui furent adjoints plus tard, présente un ensemble architectural de maisons, d'églises, de ponts et d'entrepôts résumant quatre siècles d'histoire ● *28.* Depuis le début du XXe siècle, les résidents ont créé plusieurs associations pour la protection des canaux ▲ *246.*

"On se place au bord des canaux, sur les passerelles de l'Amstel, ou sur quelque point animé de ce labyrinthe d'eaux tout encombré de barques, de pontons, de gabarres surchargées, de sabots vernis aux panses enflées, aux poupes joufflues, qui tiennent de la jonque, du meuble et du tonneau... Les heures sont fredonnées assez tristement dans l'air du ciel pâle. Les hommes s'échangent entre les rives, sur les ponts minces. L'observateur regarde vivre, et vit."

Paul Valéry,
Retour de Hollande.

L'ÉCLUSE DE HAARLEM
est l'une des écluses qui, tant que le Zuiderzee ne fut pas fermé, protégeaient la ville des marées. En la traversant, les bateaux pénétraient sur le Singel. Depuis le XVIIIe siècle, on l'ouvre pour nettoyer les canaux.

CE PANORAMA DU SINGEL
offre un large éventail de façades (nos 44 à 16) dont les plus anciennes datent du XVIIe siècle. Peu à peu, des bâtiments plus récents se sont immiscés au milieu des vieux pignons.

LE CANAL VERS 1760
Cette gravure du Singel a été réalisée par Jan de Beijer (1703-1780). Le bateau à pavillon, au premier plan, transportait des marchandises et des voyageurs, et effectuait la navette par les canaux et les lacs vers d'autres villes.

SINGEL ♥

■ *18,* ● *66, 70, 72, 76*

QUAI DE RÉSIDENCES ET DE COMMERCES. D'abord largement consacré au commerce et au transport des marchandises par voie d'eau, le Singel n'acquit que bien plus tard son aspect résidentiel. Il fut longtemps le quai d'accostage de grands bateaux de marchandises qui devaient auparavant franchir l'écluse de Haarlem (Haarlemmersluis), située à son entrée nord. Avec le chemin de fer, ce type de navigation a disparu. De nos jours, seule une circulation locale emprunte le canal dont les quais sont souvent occupés par des maisons-bateaux immobiles ▲ *177.* Le Singel – à ne pas confondre avec le Singelgracht, qui ferme la série des canaux à l'ouest – est aussi appelé le Cingle (la Ceinture) dans la littérature et la cartographie anciennes. Sa rive gauche, une ANCIENNE DOUVE jouxtant la vieille ville ▲ *119,* est par endroits longée de maisons moins hautes, plus austères et plus anciennes que celles construites sur la rive droite. Dans ce quartier, le Singel est sans doute le canal abritant le moins d'entrepôts. Certains ont en effet disparu. Ainsi, les nos 19 à 27 ont formé autrefois un seul bâtiment qui accueillit jusqu'en 1647 une brasserie appelée *Le Bœuf,* du nom de la minuscule rue reliant

Kattegat au canal bordant l'église luthérienne, Ossepooksteeg (ruelle des Bœufs). Les nos 19-21 résultent de la partition de cette brasserie et comprennent une longue maison restaurée, mêlant une toiture «à la française» et un pignon en forme de cou. Sur la façade est inscrite la phrase *Vita hominum similis Naviganti* : «La vie des hommes est comme celle d'un navigateur.»

Église luthérienne. Bâtie par Adriaan Dortsman entre 1668 et 1671, elle brûla en 1822 mais fut reconstruite. En février 1993, un nouvel incendie a endommagé sa coupole, rénovée depuis. Cette dernière est un élément très inhabituel dans l'architecture religieuse des Pays-Bas qui privilégie les clochers ● *78*. Au sommet se dresse le cygne luthérien, symbole de cette branche du protestantisme hollandais ● *38*. Comme de nombreuses constructions religieuses d'Amsterdam, l'édifice, qui ne sert plus au culte, accueille des congrès et des concerts, notamment ceux de musique de chambre ● *48*.

Diversité architecturale. Par l'usage, certaines maisons sont devenues des entrepôts. Elles se remarquent dès l'entrée du Singel : ainsi au n° 2, le café *De Spaanse Gevel* (Le Pignon espagnol), avec son cartouche *De Kruiwagen* (La Brouette). Vers 1650, son propriétaire, un marchand de fournitures pour bateaux, entassait ses articles dans cet entrepôt. Sur les deux rives, qui offrent un mélange de bâtiments, on peut découvrir la hauteur, l'étroitesse, la forme des pignons et des toits, les portes et les fenêtres, les perrons et les sous-sols. Mais on peut aussi imaginer à l'intérieur des maisons des escaliers très raides et étroits, la répartition particulière des pièces, les jardins cachés. Le Singel a trouvé un équilibre entre la vie de quartier et la vie commerciale. Il ne possède cependant ni le caractère aristocratique du Herengracht ou du Keizersgracht, ni la vivacité du Prinsengracht.

Relais de poste
La malle de poste reliant Amsterdam et La Haye partait de la maison du n° 74 Singel. Établie en 1660, elle transportait aussi des passagers.

Un bateau, au bord du Singel, recueille les chats du quartier (photo du milieu).

Maison du Cygne
Au n° 83 Singel, elle arbore un cartouche représentant un cygne, du nom du propriétaire (Swaan). Datant de 1651, la maison est en fait composée de deux bâtiments juxtaposés.

Panorama du Singel : n° 82 à 54.

Moulin et bateau
Au XVIe siècle, un moulin se trouvait sans doute là où a été bâtie la maison du n° 188 Singel. Quant à ce navire, il figure sur la façade du n° 8 Blauwburgwal.
En bas, le pignon du n° 116 Singel, et sa poulie, toujours utilisée.

La Jan Roodenpoortstoren
Cette tour, érigée au XVIIe siècle, devenue prison militaire, reposait sur le pont le plus large du Singel (42 m), et lui a donné son nom de Torensluis. Les prisonniers étaient enfermés dans des

cellules sous le pont, aujourd'hui occupées par une galerie d'art. La tour, démolie en 1829, a laissé place à une large esplanade où a été érigée une statue de Multatuli.

La maison du n° 36, dite *Zeevrugt* (Fruit de mer), date de 1736. Ces liens avec la mer sont illustrés par le vaisseau sculpté au-dessus de la porte et la présence dans la corniche de Mercure, dieu du Commerce, enserrant une bourse dans ses mains, un coq à ses côtés. L'observation des nos 62 et 64 permet de comprendre comment les architectes de la seconde moitié du XIXe siècle s'inspirèrent du style propre aux maisons de canaux du XVIIe siècle ● *72.* Tandis que la maison de gauche présente, sur une façade du XVIIIe siècle, un pignon à redents dans le style Renaissance de 1638, la maison de droite en offre une sorte de copie accentuée datant du XIXe siècle, de style Néo-Renaissance.

Musée Multatuli ♥. Dans son roman *Max Havelaar,* publié en 1860 à Amsterdam, le poète et romancier Multatuli a dépeint l'étroitesse d'esprit de ses collègues et le racisme régnant à Java envers les indigènes. Cette œuvre exerça une grande influence sur le mouvement anticolonialiste. Dans Korsjespoortsteeg, un intéressant petit musée et une bibliothèque sont consacrés à Multatuli ▲ *248.*

Blauwburgwal ♥. Au coin du n° 108, le Blauwburgwal, petit canal transversal, offre une échappée vers l'ouest. Son nom de «mur du pont bleu» provient sans doute du pont bleu bâti lors de son creusement en 1614. À moins qu'il ne doive son nom aux ateliers de teinturiers qui étaient situés à cet endroit. Aux nos 7-9, l'enseigne NVSH abrite une organisation typique des Pays-Bas : un centre d'information sur la sexualité, comprenant une boutique et un club qui ne sauraient être confondus avec les vitrines du quartier rouge ▲ *136* qui n'attirent pas les mêmes foules. Au bout de ce court canal, le Herengracht ▲ *170* laisse entrevoir ses façades aristocratiques.

Torensluis. Les ponts ont toujours été des lieux d'échange et d'activité dans l'univers souvent résidentiel des canaux. Un marché se tenait autrefois sur le large pont de Torensluis (écluse de la Tour). À proximité, les navires déchargeaient leurs cargaisons sur le quai appelé alors quai de Rouen.

La plus petite maison. La maison du n° 166 Singel, datant de 1634, passe pour être la plus petite demeure d'Amsterdam. Derrière sa minuscule façade, elle comporte en réalité, longeant une allée, une partie plus large.

Façade penchée. Au n° 182, la façade s'incline en avant, selon un procédé de construction réglementé en 1565 et obéissant à deux motifs, esthétique et fonctionnel : étroite et sans recul, la façade peut être entièrement vue du quai et, lorqu'on hisse des charges, la corde s'écarte de la façade.

Faculté des Arts et Lettres. Ces bâtiments modernes, construits en 1984, fournissent, le long du Singel, un bon exemple de cohabitation avec des bâtiments plus anciens. Mêlant le fer et le verre gris, jaune et blanc, ils se fondent dans l'alignement du canal et intègrent la maison du coin de Raadhuisstraat, érigée en 1900. Les locaux de l'université sont aussi appelés P. C. Hoofthuis (Maison P. C. Hooft). C'est en effet sur l'un de ces lots que résida au XVIIe siècle le poète ▲ *186.*

Maison des Dauphins ♥. La maison double des n°s 140-142 fut construite autour de 1600 par l'architecte De Keyser (1565-1621). Elle appartint d'abord à H. L. Spieghel (1549-1612), écrivain et auteur de la première grammaire néerlandaise ▲ *42.* Les dauphins qui figuraient à l'origine dans la frise étaient une allusion à l'un de ses textes.

Eduard Douwes Dekker
Ce fonctionnaire amstellodamois (1820-1887), prit pour pseudonyme Multatuli, expression latine signifiant «J'ai beaucoup souffert».

La maison des Dauphins
est représentée sur ce tableau d'Abraham Stork (1684) ● *93.* Cette maison revint en 1630 à la fille du maire Overlander, épouse du capitaine Frans Banningh Cocq, héros de la *Ronde de nuit* (1642) de Rembrandt ▲ *218.* Cocq, dit Lord Pumerland, était docteur en droit et immensément riche.

▲ Amsterdam, «Venise du Nord»

Sur Stromarkt n° 9, près du Singel, ce cartouche rappelle qu'un marchand d'épices habitait là. Il arborait le lion de Saint-Marc sur sa maison, signe de relations commerciales avec Venise.

«Et pour raison de l'air, de l'eau, de l'assiette du lieu, et pour la commodité, et grand nombre des canaux, desquels il y en a presque par toutes les rues ; et pour autres occasions : cette ville se rend semblable presque à la cité de Venise. [...] Cette ville deviendra à juste titre la Venise du Nord.» En 1582, dans sa *Description de tous les Pays-Bas,* le grand voyageur florentin Ludovico Guicciardini est le premier à utiliser l'expression «Venise du Nord» à propos d'Amsterdam. Réelles ou imaginaires, nombreuses sont les similitudes entre les deux cités, que l'écrivain ne sera pas le seul à comparer : en plus de l'eau et des canaux, le commerce maritime, la banque, l'imprimerie, la tolérance, le cosmopolitisme, la république, la peinture...

❝À l'époque où j'habitais Amsterdam, il ne m'est guère arrivé de prononcer, devant un étranger, le nom de cette grande et belle ville sans l'entendre immédiatement appeler la Venise du Nord. Il est certain que, pour ceux qui connaissent à fond l'histoire de la Hollande et celle de la Vénétie, qui ont vécu dans les deux pays, étudié le caractère des habitants, pénétré les mœurs et les coutumes, fouillé les traditions, il y a entre Amsterdam et Venise des analogies frappantes. Placées toutes deux au fond d'un golfe, à la base d'une presqu'île, elles ont dû l'une et l'autre au commerce maritime une prospérité inouïe.❞

Henry Havard, *Amsterdam et Venise*

● *107.*

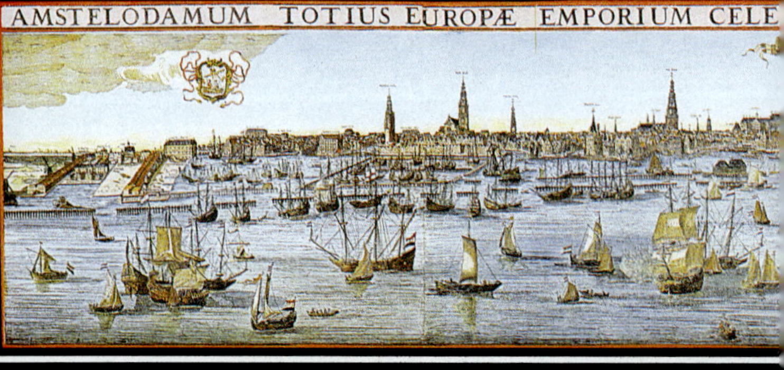

VÉDUTISTES HOLLANDAIS
Les Hollandais ont longtemps acheté des œuvres italiennes, ce qui a favorisé le marché vénitien de la peinture. Les premiers védutistes de Rome et Venise furent pourtant des Hollandais : Matthias Withoos (1627-1703) et surtout Gaspar van Wittel (Amersfoort 1653 – Rome 1736), célèbre sous le nom de Vanvitelli, a d'abord peint Venise depuis des gravures, puis s'y est rendu pour la première fois entre 1690 et 1694. Ci-dessus, son tableau *Bacino di San Marco,* daté de 1710, offre un large panorama sur le grand canal et la pointe de la Salute. Son œuvre a ouvert la voie à Canaletto (portrait ci-dessous).

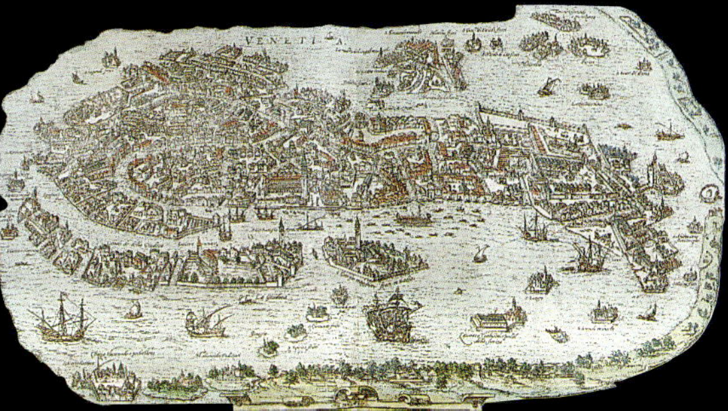

DES PORTS ACTIFS
Les représentations des deux cités, entre le XVIe et le XVIIIe siècle, montrent toujours l'activité maritime foisonnante de leurs ports. Ci-contre, carte d'Amsterdam de Cornelis Anthonisz (1538). Ci-dessus, vue de la Sérénissime datant du début du XVIIe siècle. En bas, Amsterdam à la même époque.

La galerie marchande
de Raadhuisstraat.

LA PERCÉE
Ce tableau de George Breitner ● *88* ▲ *258* illustre les travaux de la percée de

Raadhuisstraat, en 1894-1896. Cette rue a surtout été créée pour permettre aux tramways de traverser les canaux, du Jordaan au Palais royal. Une galerie marchande, conçue à la même époque par l'architecte A. L. Van Gendt ▲ *216*, longe la rue entre le Herengracht et le Keizersgracht. Ci-dessus, un détail extérieur de cette galerie.

La maison des Dauphins fut d'abord, comme la maison Bartolotti et la maison des Têtes ▲ *173*, œuvres des De Keyser père et fils, une maison double comportant non seulement l'habituelle *voorhuis* (pièce de devant) mais aussi une seconde grande pièce de réception. La famille habitait dans les étages, le plus élevé servant d'entrepôt. La cuisine était en sous-sol. Les pignons représentent l'élément décoratif le plus spectaculaire, mêlant la brique et la pierre blanche avec le pilastre, l'obélisque et les volutes.

MAISON DU SOLEIL LEVANT. La maison du n° 118, construite au XVIIe siècle, fut vendue à des Mennonites formant la congrégation dite «du soleil», d'où le surnom de la «maison du Soleil levant» : l'astre est visible sur la corniche.

MAISON DU LÉOPARD. Le n° 138 fut en 1617 un lieu d'affrontements sévères entre Remontrants et Contre-Remontrants ● *39*. Là, habitait Rem Egbertsz Bisschop, marchand calviniste et partisan du théologien Arminius, qui attribuait à l'homme un pouvoir sur sa destinée. Les Contre-Remontrants, parfois appelés les singes, vinrent ici s'opposer à un prétendu rassemblement public de leurs ennemis. La maison fut dévastée avant que les autorités n'interviennent .

HERENGRACHT ♥ ■ *18* ● *66, 70, 72, 76*

HISTORIQUE. Le Herengracht (canal des Seigneurs) constitue le premier des nouveaux canaux. Sa construction débute en 1585. Il fut ensuite intégré au plan de 1610 ● *36*, prolongé au-delà de Leidsegracht (canal de Leyde) après 1660. La construction et la vente des terrains furent conduites presque simultanément afin de remplir les caisses de la ville et financer le projet. Pour attirer de riches marchands, le nouveau canal offrait des lots beaucoup plus larges que ceux du Singel, mais la hauteur constructible était limitée à 30 pieds sur les deux tiers de chaque lot et à 10 pieds sur le restant. En revanche, la profondeur pouvait atteindre 190 pieds. Chaque acheteur devait payer le mur de briques du quai correspondant à son lot. Les artisans ne pouvaient exercer leurs activités dans cette zone. Seuls des ponts fixes, et non à bascule, furent autorisés. Ces différents règlements devaient s'appliquer au Keizersgracht dont la construction fut entreprise en 1614 après celle du Prinsengracht.

MAISON VAN BRIENEN. Cette maison (n° 182) fut acquise à la fin du XVIIIe siècle par Jan Van Brienen, banquier catholique. Son fils Willem Joseph fut nommé maire lors de l'incorporation de la Hollande à l'Empire français. Il eut notamment la tâche délicate de présenter les clés de la ville à Napoléon en 1811 lors de sa visite à Amsterdam ● *32*.

MAISON BARTOLOTTI ET MUSÉE DU THÉÂTRE ♥. Sur l'autre rive du canal, vue de Driekonigenstraat, cette demeure, qui abrite aujourd'hui le musée du Théâtre, a été construite par

Cartouche de la façade de la maison Bartolotti.

De Keyser en 1617-1618. Son propriétaire, un administrateur de la Compagnie des Indes occidentales ▲ *252*, s'appelait en fait Van den Heuvel. Mais il prit le nom italien de Bartolotti en contrepartie de l'héritage de son beau-père, calviniste d'origine bolonaise. Bartolotti faisait commerce en tout genre. Il signa avec la Russie, au milieu du siècle, un contrat exclusif d'importation du blé. En 1631, il passait pour la deuxième fortune de la ville. Sur la façade se retrouve le style décoratif de la maison des Dauphins ▲ *167* et de la maison des Têtes ▲ *173* : fenêtres encadrées de pilastres surmontés de motifs décoratifs, pignons à redents. Les devises figurent dans les cartouches latéraux : «Par la capacité et le travail assidu» et «Religion et droiture». Aujourd'hui, l'entrée du musée et de la maison Bartolotti s'effectue par le n° 168, dite «Maison Blanche» en raison de la couleur du grès de la façade. Michiel Pauw, un des fondateurs de la Compagnie des Indes occidentales ▲ *252*, la commanda en 1638 à l'architecte Philips Vingboons (1607-1678). Pour ses débuts, celui-ci réalisa sans doute la première façade ornée d'un pignon en forme de cou ● *72* avec une décoration, constituée d'un vase et de volutes. L'intérieur fut transformé en 1730 par sa propriétaire qui fit exécuter un escalier monumental allant de la cave au grenier, dispositif rare dans ces maisons toujours trop étroites. Le hall comprend notamment des sculptures d'Ignatiuszoon (1733) et des plafonds de Jacob de Wit (1696-1754), dont les décors à fond blanc et trait clair ont été surnommés des Witjes. La traversée du couloir permet de rejoindre, aux n°s 170-172, la maison Bartolotti : les deux portes extérieures correspondent à une double entrée, n° 172 pour le jour et n° 170 pour les soirées. La décoration actuelle de cet étage date des acquéreurs successifs de la maison. Jacob de Wit décora les portes et les plafonds de divinités. On y admire également des panneaux muraux de

Musée du Théâtre
Il renferme des costumes, des pièces sur la réalisation de photos d'artistes et sur les divines des années 1930, ci-dessus. On y voit le théâtre miniature du baron Van Slingelandt (1781), ci-contre.

Maisons patriciennes
Jan Van der Heyden (1637-1712) ▲ *193* a peint en 1688 les trois maisons du n° 168 au n° 174 du Herengracht. La maison de gauche a été totalement transformée à la fin du XVIIIe siècle. En revanche, la maison Bartolotti occupe toujours le centre de cette courbe du canal.

Ce bâtiment Art nouveau de 1905 abrita une compagnie d'assurances sur la vie ● *83*. À l'intérieur, une céramique représente l'octroi de l'exemption du droit de péage de 1275 ● *28* et, au sommet de la façade, une autre symbolise, par une sorte d'ange gardien, la responsabilité de la compagnie. L'association écologiste Greenpeace y a établi son quartier général, avec ses militants actifs et son magasin de souvenirs.

Au n° 7 Herenstraat, un Noir bâillant, une pilule collée sur la langue, est l'enseigne traditionnelle des droguistes amstellodamois ● *52*.

Moucheron, de style Louis XIV, posés au XIXe siècle. Dans le jardin, les Allemands avaient installé un blockhaus de commandement toujours visible.

LA «MESSINA». Cette maison, au n° 164, fortement remaniée au cours des ans, contenait au XVIIe siècle la collection d'un riche marchand de soie, Philips de Flines. Elle comptait de nombreux tableaux de Giorgione, Titien, Poussin et des gravures des Italiens de la Renaissance. On trouve aussi au Rijksmuseum ▲ *212* quelques grisailles de Gérard de Lairesse provenant de cette collection (ci-contre).

LELIEGRACHT ♥

Le Leliegracht (ou canal des Lys ; tous les canaux transversaux autour du Jordaan ▲ *235* portent des noms de fleurs) a été creusé à l'initiative des premiers acheteurs des lots de cet axe qui ne souhaitaient pas y voir une rue. Il avait deux fonctions : la navigation entre le Jordaan et le centre, et, grâce à une écluse, la jonction des deux systèmes d'alimentation en eau des canaux – celui, dit «bleu», des trois canaux centraux, isolé des rivières, et celui, dit «rouge», du Prinsengracht, relié à l'Amstel. Ce système servait à renouveler l'eau en déversant les réserves du système rouge dans le système bleu. Mais il tomba en désuétude avec les transformations du Zuiderzee (aujourd'hui appelé IJsselmeer) ■ *17*. De nos jours, le Leliegracht constitue, non seulement un passage, mais aussi un vrai quartier, avec ses boutiques et ses cafés. Peu à peu, ce petit canal est devenu l'un des meilleurs endroits pour les amateurs de livres neufs et d'occasion ● *54*.

KEIZERSGRACHT ♥

Le canal de l'Empereur date de 1612. Son nom provient de Maximilien, empereur du Saint Empire romain germanique.

MAISON DES TÊTES ♥ ● *73*. Récemment restaurée, cette demeure (n° 123) représente un troisième exemple du style décoratif de Hendrik de Keyser, mort en 1621, même si on suppose que son fils, Pieter, l'acheva en 1622. Le premier propriétaire fut Nicolaas Sohier, allié aux Bartolotti, dont il connut probablement la maison toute proche ▲ *170.* Le second fut un riche marchand, Louis de Geer, faisant commerce d'armes et de fer avec la Suède et son roi Gustave-Adolphe.

DE RODE HOED ♥. Du nom du cartouche du chapelier du n° 104, *De Rode Hoed* (Le Chapeau rouge), au n° 102, abrita au XVIIe siècle une église quasi clandestine de Remontrants, partisans d'Arminius, et critiques de la doctrine calviniste ● *38,* dans le bâtiment dont la construction est illustrée ci-dessous. La charpente intérieure et les belles colonnes en bois de divers ordres sont remarquables. Sa façade actuelle, en brique, date du XIXe siècle. Le lieu sert maintenant de café, de studio d'enregistrement et de salle de concerts.

GASPARUS VAN HOUTEN
avait sa fabrique de chocolat au n° 22 Leliegracht depuis 1812. Les grains de cacao étaient d'abord torréfiés puis moulus dans un moulin entraîné par des hommes.

MAISON DES TÊTES
Un soir, Nicolaas Sohier, propriétaire, sortit avec toute sa famille, laissant une domestique à la maison. De la cuisine, elle entendit des voix d'hommes. S'armant d'une épée, elle descendit à la cave. Les fenêtres avaient été forcées et l'une d'elles laissait passer une tête d'homme qu'elle trancha. Six autres têtes apparurent qu'elle trancha tour à tour. Au retour de son maître, elle envoya celui-ci à la cave. Stupéfait, il aurait fait immortaliser cet exploit en faisant sculpter les six têtes qui ornent la façade.

LA CHASSE À LA BALEINE
Les baleines étaient chassées au harpon à partir du *sloop*, petit navire à mât vertical unique, avant d'être dépecées sur la côte. Le blanc (partie huileuse de la tête), une fois bouilli, fournissait l'huile. À partir de 1642, les baleines quittaient le Spitzberg et montaient davantage dans le Nord. Cette migration obligea les équipages à subir des hivers terribles. Souvent, près de 250 bateaux chassaient simultanément. À son apogée, en 1721, la chasse à la baleine employait près de dix mille hommes.

ENTREPÔTS ET BALEINES. Dans le passé, cette partie du Keizersgracht était le périmètre des industries et du commerce qui firent la force économique de la ville. Nombreuses sont les installations qui demeurent encore, même si souvent leur fonction a changé. Tel est par exemple le cas des entrepôts qui ne sont pas caractéristiques du monde social du Keizersgracht et ont constitué une exception sur ce canal résidentiel. En fait, les Néerlandais découvrirent les bancs de baleines en cherchant à la fin du XVIe siècle une route des Indes par le nord. La Compagnie du Nord, créée en 1614, bénéficia du monopole de la chasse jusqu'en 1642. L'huile des baleines était recherchée pour la fabrication du savon, la lubrification, l'éclairage. Utilisée également pour traiter le cuir et la laine, elle entrait dans la composition de la peinture et du goudron appliqués aux bateaux. Conservée dans d'immenses cuves de brique situées au rez-de-chaussée des ENTREPÔTS GROENLAND, aux n°s 40-44 Keizersgracht, l'huile était classée selon sa qualité. Chacun des trois bâtiments principaux comportait cinq réservoirs divisés en quatre cuves. On y empilait les os de baleine (servant à fabriquer couteaux, corsets ou boîtes) dans les étages. De nos jours, les entrepôts ont été transformés en appartements. Mais la baleine reste présente dans l'ornementation de nombreuses maisons du quartier.

GALERIE NANKY DE VREEZE. Le bâtiment connu sous le nom de *De Zaaier* (Le Semeur) au n° 22 a souvent changé de fonction. D'abord partie habitée d'un entrepôt, il devint une ÉGLISE JÉSUITE vers 1663. La messe y était célébrée de façon intermittente, selon les règlements imposés au culte catholique ● *39*. Vers 1835, l'édifice prit l'aspect d'une église classique, avec une véritable façade, et décorée avec le faste catholique. En 1859, l'architecte Cuypers la rénova. Abandonnée en 1929, entrepôt puis salle de sport, elle a été transformée en 1992, avec le concours de la Ville, en une immense galerie d'art moderne.

Cette enseigne en fer forgé (n° 162 Brouwersgracht) représentant deux morues séchées se trouve sur une maison du XVIIIe siècle située à la place du grand entrepôt «Bergen», siège de la Compagnie du Nord.

BROUWERSGRACHT ♥ ■ *18* ● *76*

LE CANAL DES BRASSEURS. Le Brouwersgracht constitue la limite nord-ouest de la ceinture des canaux. Creusé avant les autres, il occupait en effet une position essentielle par sa proximité avec le port, l'IJ et la Spaarne (voie d'eau conduisant alors à Haarlem). Le canal doit son nom à ce qui fut son activité principale, la fabrication de la bière. Il s'étendit d'abord du Singel jusqu'au Herengracht, puis au-delà vers l'ouest après l'extension de 1613 ● *36*, et devint un grand centre d'activité avec ses immenses entrepôts et ses fabriques. On concentra ici toutes les activités polluantes tandis que les autres canaux étaient réglementés pour préserver la tranquillité de leurs riches habitants. Salpêtre, poudre, cuir, huile de baleine, épices, cacao, café, sucre et grain étaient les principaux produits traités et stockés ici.

DE L'INDUSTRIE AU QUARTIER RÉSIDENTIEL. Très longtemps, le Brouwersgracht ne fut qu'une zone industrielle, sombre et malodorante. Aujourd'hui, c'est un quartier très recherché avec ses maisons-bateaux, ses entrepôts (*Pakhuizen*) intacts abritant des appartements, et ses commerces. Au carrefour du Jordaan ▲ *235*, par sa rive sud, et du Haarlemmerbuurt ▲ *251* au nord, il est extrêmement animé, notamment grâce à une population très jeune. On reconnaît tout de suite les entrepôts à leurs lourds volets en bois destinés à protéger les marchandises ● *76*. Aux n°s 174-178, le SLAGTHUIS fut d'abord un ensemble de trois entrepôts à pignons à redents ; il a été transformé en 1894 en lieu d'habitation. Il faut surtout le découvrir le soir, lorsque ses habitants, éclairant leurs appartements, laissent entrevoir la profondeur des pièces et leurs aménagements actuels. Au n° 198 fut construite au XIXe siècle une école pour les enfants pauvres. De nos jours, elle abrite des logements à prix abordable placés sous la responsabilité d'un comité de quartier. Aux n°s 204-212, deux larges entrepôts en entourent un plus étroit : ces ANCIENS ENTREPÔTS À GRAIN, rénovés en 1975, portent des noms de cerfs (*hert*, terme signifiant aussi «cœur» en vieux hollandais), et sont ornés, sur leur faîte, de cerfs.

Jadis industriel et artisanal, le Brouwersgracht est devenu un paisible canal bordé de résidences agréables.

LES ENTREPÔTS GROENLAND (en bas) En 1621, il y avait cinq entrepôts Groenland. De nos jours, il n'en reste plus que trois (n°s 36-38).

Ci-dessous, cette couronne impériale (emblème de la ville) datée de 1618 orne l'entrepôt des n°s 116-118.

Les entrepôts du Brouwersgracht, du XVIIe siècle, ont inspiré le peintre naïf Zeljko Premerl.

Ces trois cartouches ornent la façade du n° 175 Prinsengracht, qui abrita sans doute des animaux.

UN CAFÉ TRÈS ANCIEN
Le *Papeneiland* (île des papistes) occupe le rez-de-chaussée du n° 2 Prinsengracht. Sa décoration intérieure, rustique et typique des cafés bruns ● *50,* témoigne de l'ancienneté des lieux (XVIIe siècle).

LA VIE SUR L'EAU
Les maisons-bateaux sont surtout regroupées à la hauteur des n°s 187 à 207 Prinsengracht. Elles offrent une grande diversité d'aménagements : anciennes péniches du Rhin qui ont conservé leur solidité bourgeoise, véritables radeaux abritant des sortes de chalets, serres, jardins, asiles de chats et ateliers d'artistes, tous alimentés en électricité et en eau.

PRINSENGRACHT ♥ ■ *18* ● *66, 72, 76*

Le Prinsengracht (canal des Princes) doit son nom à Guillaume le Taciturne (1533-1584), prince d'Orange et héros de la révolte contre les Espagnols ● *29.* Dernier des canaux historiques de la ceinture, il fut dessiné en 1609. Le Prinsengracht est conçu comme un axe de circulation et d'habitation autour duquel se regroupaient toutes les formes de la vie sociale : le travail, avec la présence d'entrepôts et d'ateliers, et le culte religieux, puisque le canal est bordé de plusieurs églises. À l'entrée du Prinsengracht, le quai de la rive droite, très animé, mène à la Noorderkerk, lieu traditionnel de rassemblement et de marché, bâtie à la limite du Jordaan ▲ *235.* À l'angle des deux canaux, les maisons construites aux n°s 2 et 4 datent du début du XVIIe siècle. Elles ont appartenu à un marchand qui les acheta à un potier et à une marchande de textile et de fromage. Le pignon redenté surmontant le vieux café *Papeneiland* (au n° 2) est à la fois typique d'Amsterdam, par son mélange de briques et de pierres blanches, et particulier par sa répétition sur chacune des façades donnant sur les canaux. Ces détails caractéristiques sont réapparus en 1957, après quelques travaux. Dans cette partie du canal, le Prinsengracht abritait autrefois de nombreuses raffineries de sucre, en particulier aux n°s 13 et 83. La production du sucre fut une activité florissante jusqu'au milieu du XVIIIe siècle.

VAN BRIENENHOFJE. Le *hofje* désigne l'institution amstellodamoise qui accueillait les femmes seules ou âgées dans des bâtiments généralement regroupés autour d'une cour *(hofje)* et d'un petit jardin. ▲ *240.* Ce *hofje* de Van Brienen (n°s 89-133), de construction tardive, date de 1804. Selon la légende, un riche marchand catholique, Aernout Van Brienen, fit vœu de charité après avoir été libéré de la chambre forte où il avait été enfermé par accident. Il acheta le terrain, lieu de sa détention, qui appartenait alors à une brasserie, et y fit bâtir cet hospice. Ses résidents, catholiques, étaient soumis à un règlement très strict, notamment en matière de propreté.

MAISONS-BATEAUX ♥. Ces habitations originales sont apparues dans les années 1950. Leur prolifération fut liée à la crise du logement qui sévissait à l'époque et à la diminution de la navigation sur les canaux intérieurs, au profit des voies commerciales. Comme l'a observé Franklin Hollander dans son ouvrage *Houseboats,* ces maisons flottantes se sont concentrées principalement sur l'Amstel et le Prinsengracht. Mais le nombre d'apontages devint rapidement insuffisant pour accueillir toutes ces embarcations. En 1973, la municipalité décida de réagir à cette forme illégale de logement, proche des squats : les bateaux déjà apontés, qui représentaient une flottille d'environ 2 400 embarcations, furent légalisés et contraints de payer une redevance annuelle modique.

«Amsterdam perdrait beaucoup de son attrait si toutes ces maisons-bateaux disparaissaient soudainement !»

Franklin Hollander

LES CAFÉS
du Prinsengracht attirent leur clientèle sur les terrasses estivales, où les habitués se mêlent aux promeneurs.

UNE VENTE SÉCULAIRE
Au n° 180, face à l'église, *H. Keijzer's*, marchand de thé et de café depuis 1839, offre cent types de thés et vingt types de cafés différents, tous torréfiés sur place.

ÉCURIES DE LA GRANDE ARMÉE
Le général Lebrun, gouverneur général de la ville pendant l'occupation napoléonienne, loua certains entrepôts longeant le Prinsengracht pour garer ses équipages.

CORNICHE À LA FRANÇAISE
Située au n° 126 du canal, cette corniche décorée «à la française», pleine de fantaisie, présente un style assez rare sur le Prinsengracht, et plus courant sur le Herengracht.

LA VIE SUR LE PRINSENGRACHT. Alors que l'animation régnant sur la place de la Noorderkerk est rythmée par la fréquence des jours de marché ▲ *239*, la vivacité du quartier est quotidienne. Constitué de petites rues transversales, ce quartier, compris entre Prinsenstraat et le Leliegracht, doit son animation au dynamisme de ses habitants, à ses boutiques, à ses ponts et surtout à ses nombreux cafés. Dans Prinsenstraat, l'agitation est la plus vive à l'endroit où un pont débouche sur le canal. Deux cafés bruns ● *50, De Vergulde Gaper* (L'Enseigne dorée), au coin nord, et *De Twee Prinsen* (Les Deux Princes), au coin sud, sont ainsi des lieux de convivialité. Non loin, aux n°s 60-62, le restaurant végétarien *Bolhoed* (Le Chapeau rond) propose de délicieux menus bon marché. Cet établissement est doté d'une terrasse pour le déjeuner et d'une salle où sont diffusés régulièrement des disques de chansons françaises datant des années 1950-1970. Au n° 114 est situé *De Twee Zwaantjes* (Les Deux Petits Cygnes), café célèbre où se rendaient autrefois, tôt le matin, les travailleurs des brasseries et les porteurs qui déchargeaient les barges. Ses clients y chantent le samedi soir.

ENTREPÔTS-ÉCURIES. Aux nos 187-217 s'étend une série d'entrepôts ● *76.* Anciens sièges d'une brasserie et d'une raffinerie de sucre, ils portent des noms évocateurs : *Hoop* (L'Espoir), *Liefde* (L'Amour) et *Geloof* (La Foi). Certains de leurs propriétaires les utilisèrent aussi comme écuries.

MAISON DES PAUVRES. La Nieuwezijds Huiszittenhuis (Maison des pauvres ambulants), située aux nos 235-237 du canal, fut dès 1645 un lieu d'assistance pour les nécessiteux. Des aliments (pain et hareng) leur étaient distribués ici. Le cartouche de la façade du n° 235 évoque la légende de la découverte du site de la future Amsterdam par deux pêcheurs naviguant avec leur chien sur leur *kogge* ● *28.* Les installations nécessaires à la fabrication des denrées offertes aux pauvres étaient situées au n° 237 : une boulangerie, une cuisine, une chambre froide et les bureaux des régents. Le local devint une caserne de pompiers à la fin du XIXe siècle. Abandonné, il abrite désormais des logements destinés aux étudiants. On peut admirer, au Rijksmuseum, des toiles de Ferdinand Bol (1657) et d'Adriaan Lelie (1799) représentant les SIX RÉGENTS de la maison des Pauvres ▲ *212.*

MAISON D'ANNE FRANK ♥. Pendant la Seconde Guerre mondiale, la famille Frank a habité l'arrière de la maison située au n° 263 Prinsengracht. C'est aujourd'hui un musée et le siège d'une fondation luttant contre le racisme et l'antisémitisme ▲ *180.*

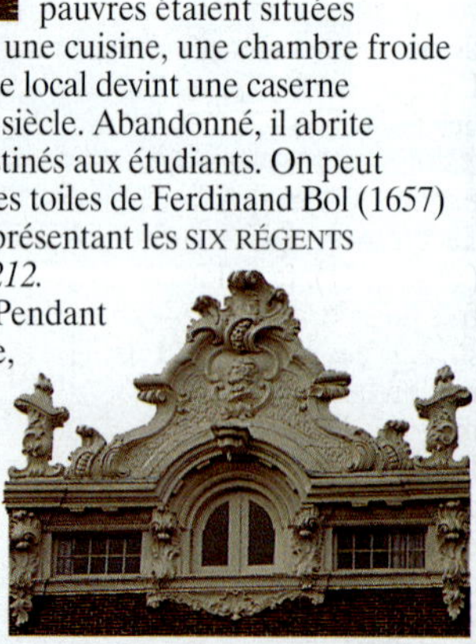

Cartouche ornant une façade du Prinsengracht.

WESTERMARKT

MAISON DE DESCARTES. René Descartes séjourna au n° 6 Westermarkt (marché de l'Ouest, aujourd'hui place de l'Ouest) pendant l'été 1634 ● *99.* Mathématicien catholique peu orthodoxe, le philosophe vint chercher dans cette ville calviniste, ouverte au nouvel esprit scientifique, un climat de liberté et de tolérance dans l'Europe de la Contre-Réforme.

MONUMENT AUX VICTIMES HOMOSEXUELLES. Le monument «des trois triangles roses» est érigé sur Westermarkt et le Keizersgracht. Inaugurée en 1987, cette œuvre de Karin Daan témoigne des persécutions – notamment nazies – contre l'homosexualité. Le triangle était l'insigne que devait porter les homosexuels pendant la répression nazie.

WESTERKERK ♥ ● *79*

La Westerkerk (église de l'Ouest) et la Westertoren (tour de l'Ouest), son clocher, dominent Amsterdam. Comme la plupart des églises ou temples protestants, l'église porte le nom de son implantation géographique dans la ville, et non celui d'un saint. La construction de la Westerkerk commença à partir de 1620, après celle de la Zuiderkerk ▲ *156.* Elle s'inscrit dans l'expansion du culte protestant, sans pour autant que les architectes – en l'occurrence Hendrick de Keyser ▲ *156* – aient élaboré une esthétique propre à cette religion, complètement détachée de la tradition catholique, si ce n'est par le refus de toute décoration. La TOUR DE L'ÉGLISE, qui s'élève à 85 m de haut, porte la couronne impériale que l'empereur Maximilien accorda aux armes de la ville ● *28* et que son fils, Philippe Ier, menaça de retirer avant de la confirmer en 1497. Le visiteur est étonné par la simplicité de l'église et l'étroitesse de l'entrée, débouchant sur une nef (la plus grande des temples protestants néerlandais) en forme de double croix grecque. La nef centrale est surmontée d'une voûte en forme de berceau, construite en bois afin de ne pas alourdir l'édifice reposant sur un sol peu solide. L'orgue monumental fut destiné à accompagner les chants des fidèles quand cette pratique fut autorisée à la fin du XVIIe siècle. L'instrument, commandé au facteur Johannes Duyschot en 1682, fut décoré par le peintre Gérard de Lairesse (1640-1711), familier des grandes fresques décoratives. Ses œuvres, surtout des grisailles, étaient très recherchées par les patriciens des maisons du Herengracht ▲ *170.* L'artiste a peint les panneaux de l'orgue en mêlant les thèmes bibliques, la représentation d'instruments de musique et les quatre évangélistes ● *48.*

TOMBE DE REMBRANDT
Ce dessin de la tour de l'Ouest, attribué à Rembrandt, serait dû, en réalité, à l'un de ses élèves.
Le 8 octobre 1669, le maître de la peinture hollandaise est inhumé dans la Westerkerk.
Une plaque mortuaire rappelle l'événement.
On pouvait lire sur le registre de l'église : «8 octobre. Rembrandt Van Rijn, peintre, domicilié au Rozengracht, en face du Doolhof, bière avec seize porteurs ; laisse deux enfants. Frais perçus : vingt florins.» ▲ *156*

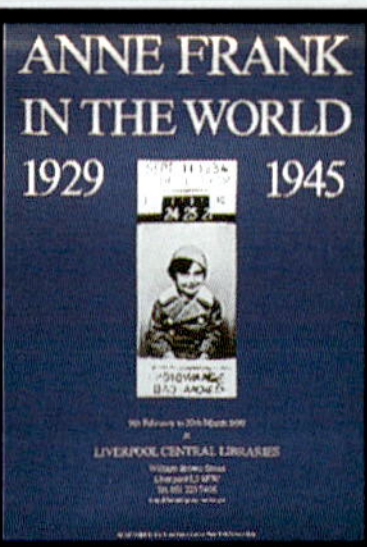

De juillet 1942 à août 1944, à Amsterdam, la famille Frank et la famille Van Daan, toutes deux juives, sont contraintes de vivre cachées dans les bureaux inoccupés de la société que dirigeait M. Frank, pour échapper à la Gestapo. La solidarité du personnel permet aux réfugiés de survivre. C'est à cette époque qu'Anne entreprend la rédaction de son journal intime où elle note les menus faits et gestes de la petite communauté, avec la sensibilité de ses 13 ans. Le 4 août 1944, ils sont tous arrêtés et déportés. Seul M. Frank survivra ; il retrouve le journal et le publie. C'est un succès mondial ● *33, 103*.

«INJUSTICE/RÉSISTANCE» Ce timbre, édité en 1985 aux Pays-Bas, marque le quarantième anniversaire de la fin de l'occupation allemande et de la répression, qui avait notamment frappé les juifs.

Juin 1942 : Anne a 13 ans, et s'invente une amie imaginaire : Kitty, à qui elle adresse son journal.

La maison d'Anne Frank
C'est un des lieux les plus visités d'Amsterdam. Un arrêt du canal-bus se trouve juste devant.

Cachés dans la maison de derrière «Notre annexe est idéale comme abri. Bien qu'humide et biscornue, c'est un endroit suffisamment confortable, et unique en son genre, que l'on chercherait vainement dans tout Amsterdam.» (11 juillet 1942)

Porte dérobée
«Notre "cachette" peut dorénavant prétendre à ce nom. M. Kraler était d'avis de placer une armoire devant notre porte d'entrée (il y a beaucoup de perquisitions à cause des vélos cachés), mais alors une armoire tournante qui s'ouvre comme une porte.» (21 août 1942)

Trois petites pièces pour survivre
«Ce n'est pas drôle du tout, loin de là, de vivre dans une cachette pendant la quatrième année de guerre. Est-ce que ça finira jamais, toute cette charogne !» (14 mars 1944)

Rafles anti-juives
«Aujourd'hui je n'ai que des nouvelles déprimantes à t'annoncer. Beaucoup de nos amis juifs sont petit à petit embarqués par la Gestapo, qui ne les ménage pas.» (9 octobre 1942)

Symbole
Cette statue d'Anne, par M. Andriessen, se trouve sur Westermarkt. Anne est devenue un symbole de la lutte contre le racisme.

La famille d'Anne
«Mon père avait déjà 36 ans lorsqu'il épousa ma mère, qui en avait 25. Ma sœur Margot naquit en 1926 à Francfort-sur-le-Main. Et moi, le 12 juin 1929. Étant des juifs 100 %, nous émigrâmes en Hollande en 1933, où mon père fut nommé directeur de la Travies N.V., à Amsterdam.» (20 juin 1942)

Anne, sa mère et Margot.

DÉCORS DE L'ORGUE
La Westerkerk possède un orgue dont les volets ont été peints par De Lairesse. Ici, la reine de Saba et des instruments de musique ● *48*.

PIED DE MARBRE BLANC
D'origine indéterminée (fragment d'une statue romaine, ou copie datant du XVIe ou XVIIe siècle), ce pied et sa sandale sculptés ont fait partie de la collection de Gérard Reijnst.

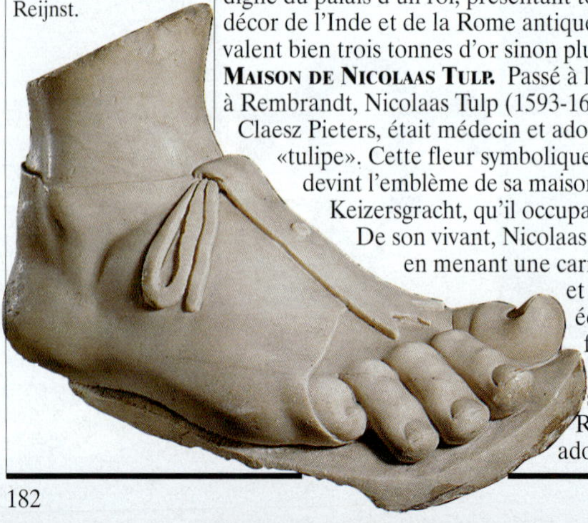

Dans la Westerkerk, un second orgue est exclusivement destiné à l'accompagnement des cantates de Bach. Les cloches, récemment restaurées, sont l'œuvre du Lorrain François Hemony ▲ *128 ;* l'ensemble est formé de quarante-deux éléments. Un concert de carillon est donné tous les mardis à 12 h de juillet à septembre. La Westerkerk, lieu de culte de l'Église réformée néerlandaise, accueille de nombreux concerts. Ainsi qu'en témoigne une plaque mortuaire, l'édifice abrite aussi la tombe de Rembrandt, qui fut enterré à cet endroit le 8 octobre 1669. L'emplacement exact de cette tombe n'a toutefois pu être découvert.

AUTOUR DE WESTERMARKT

MAISON DE L'ESPOIR. Cette maison, située au n° 209 Keizersgracht, possède un attique datant de 1743. Il est décoré de vases et d'une balustrade sculptée. Son fronton est formé de volutes enserrant une statue de femme tenant une ancre, symbole de l'espoir. L'histoire de la demeure est marquée par le souci esthétique : «En 1634, elle passa aux mains de Gerard Reijnst (1599-1658), marchand passionné d'art. Il constitua une somptueuse collection comme il convenait à l'esprit du temps fondé sur l'universalité de la culture. Ainsi, en dehors des tableaux et des sculptures, sa collection comprenait également des fossiles et des monnaies anciennes.» *(The Canals of Amsterdam).* Déjà considérée à l'époque comme l'une des plus belles maisons de la ville, elle est ainsi décrite en 1662 par Melchior Fokkens : «Une maison avec un intérieur digne du palais d'un roi, présentant toutes les variétés de décor de l'Inde et de la Rome antique... et toutes ces raretés valent bien trois tonnes d'or sinon plus.» *(id.)*

MAISON DE NICOLAAS TULP. Passé à la postérité grâce à Rembrandt, Nicolaas Tulp (1593-1674), qui s'appela d'abord Claesz Pieters, était médecin et adopta le surnom de «tulipe». Cette fleur symbolique, encore rare à l'époque, devint l'emblème de sa maison, située au n° 210 Keizersgracht, qu'il occupa jusqu'en 1637. De son vivant, Nicolaas Tulp acquit la célébrité en menant une carrière de médecin et de politicien : il fut élu échevin en 1622 puis deux fois bourgmestre de la ville. Homme sévère et Contre-Remontrant ● *38,* il fit adopter de nombreuses

«DANS “LA LEÇON D’ANATOMIE”, LA MORT EST OUBLIÉE POUR UN JEU DE PALETTE. ICI DEUX DES FIGURES PRINCIPALES PERDENT LEUR CORPS, LEUR INDIVIDUALITÉ, LEUR SENS HUMAIN DANS DES LUEURS DE FEUX FOLLETS.» EUGÈNE FROMENTIN

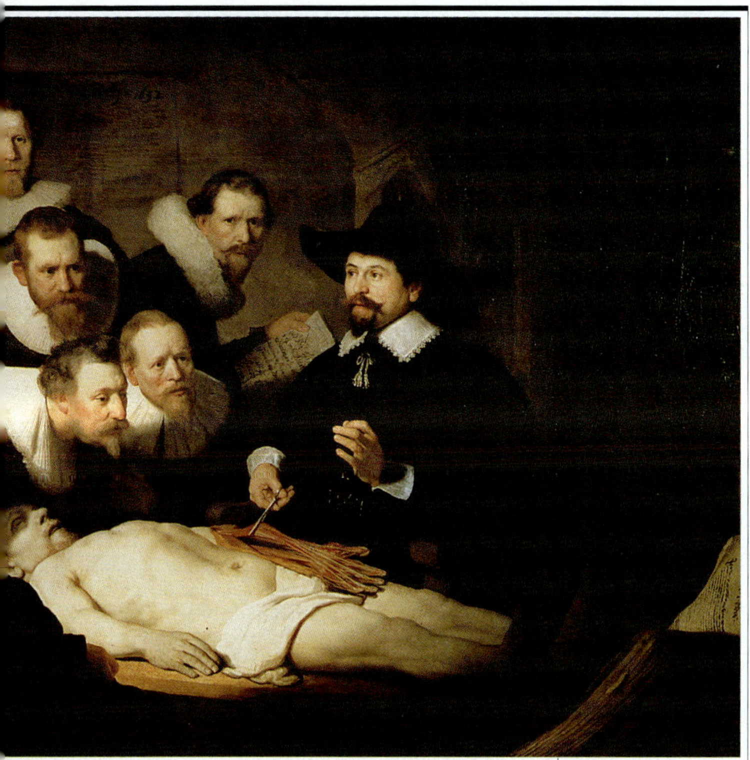

réglementations dans la pratique médicale et dans la vie quotidienne de sa cité ; il interdit par exemple la représentation de la pièce *Lucifer* de Van den Vondel en 1654. L’image du médecin a été immortalisée en 1632 par Rembrandt dans *La Leçon d’anatomie*. Cette scène, inscrite dans un genre traditionnel de la représentation des notables, fut commandée par Nicolaas Tulp lui-même. L’œuvre contribuera à asseoir la célébrité de Rembrandt à Amsterdam ● *88* ▲ *218*.

GRAND KEIJSER. L’ensemble des maisons s’étendant du n° 242 au n° 252 Keizersgracht, et surtout le bâtiment des nos 242-246, occupe une place privilégiée dans l’histoire d’une Amsterdam particulière, celle de la révolte et de la tolérance ● *40* ▲ *127*. Longtemps inhabités, ces locaux furent occupés par des squatters. En décembre 1979, après six mois de présence, les habitants du «Grand Keijser» (ci-contre) s’opposèrent au mandat d’expulsion. Après l’annulation de l’expulsion, les squatters diffusèrent les émissions de la radio pirate «Le Libre Keijser» d’où ils dirigèrent la manifestation du 30 avril 1980 contre le couronnement de la reine Beatrix ● *33*, avant d’être finalement délogés. Depuis ces événements, les immeubles «squattés» sont systématiquement évacués sans délai par la police.

«LA LEÇON D’ANATOMIE»
de Rembrandt était une œuvre peu estimée au XIXe siècle. Sans l’intervention du roi Guillaume Ier en 1828, le tableau aurait été vendu à l’Angleterre.

«LE GRAND KEIJSER EST PARTOUT.»
C’était le slogan favori des squatters des cinq demeures situées au bord du Keizersgracht.

Ainsi qu'en témoigne cette représentation de la ville de Bordeaux, située au n° 320 du canal, les Hollandais ont, dès le XVIIe siècle, importé du vin français et de l'alcool pour distiller leur genièvre.

PIERRE LE GRAND
«Tantôt savant, tantôt héros, puis charpentier et navigateur, il marqua toute chose de son empreinte, fut sur le trône perpétuel travailleur.»
Alexandre Pouchkine

FRONTON DE «FELIX MERITIS»
Édifié en 1787, le théâtre Felix Meritis dispensa des enseignements variés. Il comprenait une salle de concerts (de forme elliptique), un modèle d'acoustique repris dans la petite salle du Concertgebouw ▲ *216,* où jouèrent Brahms, Saint-Saëns et Grieg, et une salle de sciences pour les expériences.

DE REESTRAAT AU KEIZERSGRACHT

En empruntant Reestraat, on rejoint la rive gauche du Prinsengracht, en particulier du n° 315 au n° 375, qui fut longtemps le lieu d'une intense activité industrielle et commerciale, avec notamment la fabrication du savon (n°s 325-337). Au-delà de Reestraat, se trouvait dès 1644 le marché aux légumes. Une large partie de ce qui fut autrefois un ensemble de fabriques (n° 315 à 331) abrite, après une rénovation en 1968 due à un descendant du fondateur du prix américain Pulitzer, un complexe hôtelier, qui porte son nom. Ce lieu est célèbre pour ses expositions, ses ventes aux enchères d'œuvres d'art et son restaurant *De Goudsbloem*.

SÉJOUR DE PIERRE LE GRAND. En 1716, lors de son second voyage aux Pays-Bas pour des motifs diplomatiques – il désirait faire alliance avec les Pays-Bas et la France –, Pierre le Grand (1672-1725) ▲ *272* s'installa chez son ambassadeur dans une élégante maison (n° 317 Keizersgracht) datant de 1639. Aujourd'hui restaurée, cette demeure blanche est remarquable par son étroitesse et l'audace de sa décoration verticale, ainsi que par l'utilisation de pilastres doriques soutenant les frontons, et par les œils-de-bœuf et les vases. Son architecte, Ph. Vingboons (1607-1678) a réussi dans sa conception un compromis entre l'art amstellodamois et l'art italo-hollandais.

THÉÂTRE FELIX MERITIS. Ce théâtre fut bâti en 1787. Il abrita la fraternité Felix Meritis *(Heureux par le mérite)* dont le but était, dans le climat des Lumières, le progrès de la société par les arts, les sciences et le commerce ● *31.* Après la Seconde Guerre mondiale, Felix Meritis devint le siège du Parti communiste néerlandais et hébergea la rédaction de son journal. En 1968, le théâtre expérimental Shaffy s'y installa et, aujourd'hui, il est le siège d'une fondation pour la promotion des artistes européens.

L'INCENDIE DU THÉÂTRE
Le 11 mai 1772, le théâtre de l'Académie savante et culturelle fut totalement ravagé par un incendie. Certains y virent une punition du ciel. Le feu fit dix-huit victimes et on vit ses flammes depuis le nord du pays.

THÉÂTRE DE L'ACADÉMIE SAVANTE ET CULTURELLE. L'édifice, situé au n° 384, fut inspiré par le projet philanthropique du poète Samuel Coster (1579-1662) et inauguré en 1637. Amsterdam, qui accueillit dès la fin du XVIe siècle des visiteurs enthousiasmés par son architecture, ses canaux et son hôtel de ville, fut cependant souvent critiquée pour son théâtre – tant pour les bâtiments que pour le répertoire proposé. Le marquis de Sade, en visite en 1769, écrit avec quelque chauvinisme dans sa correspondance : «Il n'y a point de spectacle français. Une assez mauvaise troupe hollandaise fait l'amusement de cette capitale. La salle est assez grande, mais de la plus grande simplicité, quoiqu'elle soit aussi haute que nos salles de spectacle ordinaires ; elle n'a que deux rangs de loges ; le parterre est rempli de banquettes et les hommes et les femmes y sont également. On m'avait annoncé

La numérotation des maisons d'Amsterdam ne fut entreprise que sous Napoléon. Auparavant, on distinguait les édifices grâce aux cartouches gravés. Par leur conception, ces œuvres indiquaient l'identité de leurs habitants en illustrant leur activité professionnelle ou en représentant un symbole choisi par le propriétaire.

VASE À TULIPES
Typiquement hollandais, ce vase en faïence de Delft (XVIIIe siècle) est idéal pour mettre en valeur les fleurs achetées au marché du Singel.

des décorations magnifiques ; je les ai trouvées fort simples. Le génie de cette nation qui ne s'étend guère au-delà du commerce n'a pas fourni une grande multitude de poètes. Leur théâtre se borne à deux tragédies, et dans mon séjour à Amsterdam, je fus assez heureux pour en voir une. C'est une compilation d'incidents extraordinaires, ni amenés, ni ménagés.» Il ne reste aujourd'hui du *Schouwburg* (théâtre) que sa grille et, dans la petite cour subsistant, la STATUE DE TROIS POÈTES : Pieter Cornelis Hooft ▲ *162,* Joost Van den Vondel ● *109* et Samuel Coster. Pour rejoindre le Singel, le visiteur peut passer par Huidenstraat, en traversant le Herengracht, ou bien remonter vers Wolvenstraat et Oude Spiegelstraat avant de redescendre vers le Singel.

LE MARCHÉ AUX FLEURS
est situé sur le Singel, lorsque le canal prend fin au pied de la Munttoren (tour de la Monnaie) ▲ *120.* Tableau naïf de E. Gevaert, ci-dessus et gravure de H. Clerget, fin du XIXe siècle, ci-dessous.

DE HEISTEEG À MUNTPLEIN

VOGELSTRUYS ▲ *127.* La façade du n° 370 Singel possède la particularité, outre celle d'être décorée d'une pierre indiquant le Vogelstruys (*struisvogel* signifiant «autruche», les fondateurs se sont amusés avec ce nom), d'être équipée d'une caméra de surveillance. Associée à des fenêtres en verre synthétique et à un revêtement spécial, cette décoration d'un type moderne est un souvenir de 1980, quand la maison fut squattée et évacuée trois fois de suite en l'espace de trois mois. L'immeuble constituait l'enjeu d'une lutte de prestige opposant squatters et autorités municipales. Aussi les expulsions provoquèrent-elles des affrontements dans le quartier. Le Vogelstruys qui, par ailleurs, communique avec le n° 329 Herengracht, demeure depuis la cible de diverses actions. En continuant vers le sud-est apparaissent, vers l'est, le Spui ▲ *122* et, en direction de l'ouest, un large panorama jusqu'au Prinsengracht.

Décor du Singel
Cartouche d'Adam et Ève, au n° 367.

Ancienne église luthérienne. Situé au n° 411, le monument, qui date de 1633, évoque par ses galeries en bois le style des temples de la Nouvelle-Angleterre. ▲ *121.*

Odeon. L'immeuble situé au n° 460 fut bâti par Vingboons. Ancienne propriété d'un riche brasseur, ce lieu accueillit le second président des États-Unis, venu négocier un prêt à la jeune République hollandaise. En 1838, il fut transformé en salle de concerts et reçut son nom actuel. Plus tard, l'*Odeon* devint un cinéma, puis un club gay et brûla en 1990. Il est aujourd'hui une discothèque très populaire.

Marché aux fleurs ♥. Amsterdam comptait aux XVIIe et XVIIIe siècles une vingtaine de marchés spécialisés, dispersés le long des canaux ● *96.* Deux au moins étaient des marchés aux fleurs, issus de la passion hollandaise pour les tulipes ■ *24.* «L'arrivée de la tulipe en Europe occidentale n'a rien de mystérieux. Elle pénétra aux Pays-Bas au XVIe siècle à une époque de contacts culturels et commerciaux florissants entre le Levant ottoman et l'empire des Habsbourg, malgré l'état de guerre officiel. L'ambassadeur Busbecq en observa la culture à Andrinople, cependant que dans les années 1560 des agents et des diplomates aussi bien que des marchands achetèrent des bulbes destinés aux jardins de courtisans, de savants et de banquiers d'Anvers, de Bruxelles et d'Augsbourg.» (Simon Schama, *L'Embarras de richesses).* L'un de ces marchés aux fleurs, situé à l'extrémité nord du Herengracht, a disparu. Le second, sur le Singel, toujours en activité près de la Munttoren (tour de la Monnaie) ▲ *120,* appelé Bloemenmarkt (marché aux Fleurs), existait déjà au XVIIe siècle, selon Johan Wagenaar, historien officiel de la ville. Ce marché de détail est aujourd'hui approvisionné par les fleuristes d'Aalsmeer ■ *24* et par ceux de la région

L'Odeon
se caractérise par son pignon en cou du XVIIe siècle.

«Les bateliers blonds
au bleu de leur pipe
Ont les yeux noyés
par l'Indonésie
Tandis que
les marchandes
de tulipes
Pour les étrangers
déjà s'égosient.»
Louis Aragon,
Le Roman inachevé.

Sur la façade du n° 7 Berenstraat, ce cartouche représente la «Prospérité d'Amsterdam».

d'Haarlem, ville symbole de la longue histoire de la tulipe. Sa particularité est de se dérouler depuis 1862 sur des bateaux. Il accueille actuellement une quinzaine de péniches accostées en permanence sur le Singel. Son développement fut lié à la construction des premières serres en 1872. Bulbes, fleurs coupées et plantes y sont vendus à des prix très raisonnables. Outre des tulipes multicolores, les Amstellodamois, grands amateurs de plantes (comme le dit le héros du roman d'Albert Camus, *La Chute :* «En Hollande, tout le monde est spécialiste en peintures et en tulipes.» ● *100* ▲ *201),* affectionnent particulièrement les tournesols, souvent immenses, qu'ils emportent acrobatiquement sur leurs bicyclettes. Une procession des fleurs, qui part d'Aalsmeer, aboutit tous les ans sur ces quais, le 1er samedi de septembre.

Boutiques amstellodamoises, près des grands canaux.

RUES TRANSVERSALES ♥

Les canaux sont traversés par une série de petites rues très commerçantes et vivantes, notamment à proximité du marché aux fleurs. La plupart de ces rues, qui servent de liens entre les canaux, ne conservent pas leur nom en passant d'un canal à l'autre depuis le Prinsengracht. Ainsi, Reestraat devient Hartenstraat après le Keizersgracht, puis Gasthuismolensteeg après le Herengracht. Les noms de ces rues sont dans leur majorité empruntés au vocabulaire du traitement et du commerce du cuir, les deux activités principales de ces axes. Une première série de noms relève des animaux fournissant des peaux : Huidenstraat (rue des Peaux), Berenstraat (rue des Ours), Wolvenstraat (rue des Loups) ou encore Hartenstraat (rue des Cerfs) et Reestraat (rue des Chevreuils). Quant à Runstraat, elle désigne le tanin d'écorce de chêne utilisé pour rendre les peaux imputrescibles. Longtemps habités par des artisans, les rez-de-chaussée des maisons ont peu à peu été transformés en boutiques de produits divers. Vitrines de passementerie, fripes et vente de boutons alternent ainsi avec fleuristes, bouquinistes, cafés et la véritable institution qu'est devenue la pâtisserie *Pompadour,* dans Huidenstraat.

❝C'est ma ville, un signe réservé aux initiés. Elle ne se livrera jamais totalement à l'étranger qui en ignore la langue et l'histoire, parce que ce sont justement la langue et les noms qui conservent les secrets des humeurs, des lieux et des souvenirs. Ville ouverte, ville close. Une ville pour nous, une autre pour les autres. Une ville au bord de l'eau, une ville d'hommes, une ville conçue et écrite par les hommes et par l'eau. Une ville de pierre, de bois, d'eau et de verre, et d'une autre substance que le langage ne peut nommer.❞

Cees Nooteboom, *Sous le signe de l'eau.*

CANAUX SUD

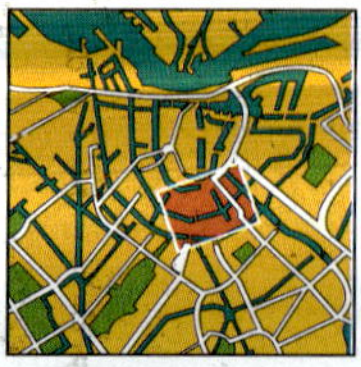

1/2 journée

«À Amsterdam, reprend Gérard, on vient pour quelques mois, puis on repart. On tourne, quoi. Au *Melkweg,* les spectacles, les activités changent tout le temps. Impossible de savoir ce qui va se passer. C'est pourquoi il se passe toujours quelque chose. Il faut venir et attendre. Prendre son temps. Faire chaque chose en son temps. Être ensemble. Puis se retirer et être seul. Notez bien, ajoute-t-il avec une vivacité subite, que malgré l'atmosphère relaxe, il y a une tension permanente. Loin d'être avachis, les types vivent intensément, parce qu'ils font à mesure ce qu'ils ont envie de faire, besoin de faire.»
Dominique Fernandez, *Amsterdam.*

Menant à l'Amsterdam aristocratique des «beaux quartiers», ce parcours pourrait presque s'identifier à l'arbre généalogique des plus riches familles de la ville ; les unes ayant conservé leurs maisons pendant trois siècles tandis que d'autres déménagèrent vers le Herengracht. Les Deutz, par exemple, habitèrent sur le Herengracht, spéculèrent sur le Keizersgracht et firent construire

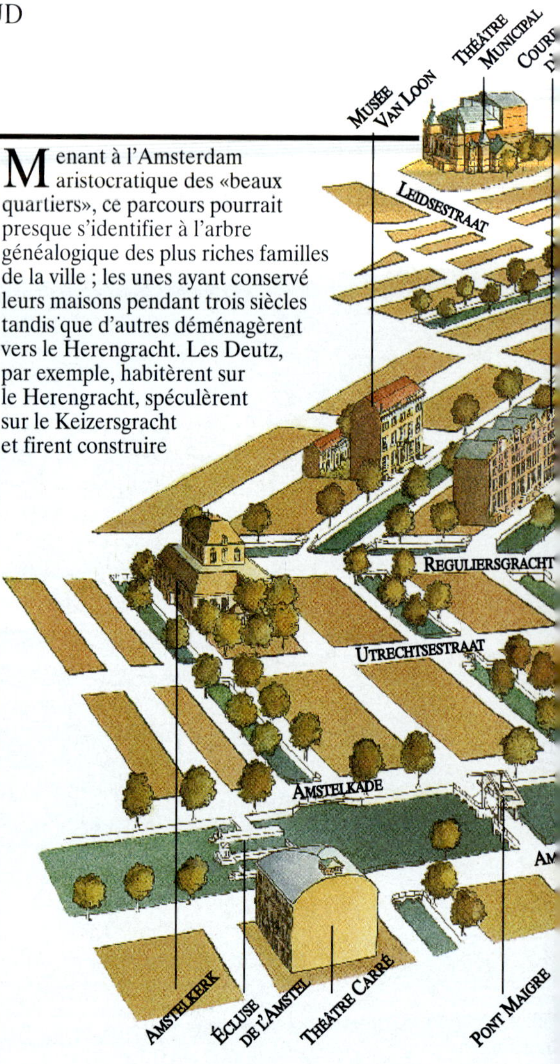

sur le Prinsengracht. La branche de Jan Deutz (1655-1719) s'installa sur le Keizersgracht, mais ses onze enfants firent bâtir un hospice de vieillards sur le Prinsengracht, et Willem Gideon Deutz (1697-1757) séjourna au n° 605 Herengracht. Cependant, des firmes et des institutions rachetèrent peu à peu les maisons des grandes familles fortunées.

STADSSCHOUWBURG
Représentations théâtrales et ballets sont inscrits au programme du théâtre municipal (Stadsschouwburg), dessiné en 1894 dans le style Renaissance par l'architecte Springer.

LEIDSEPLEIN ♥ ● *111*

Centre de rassemblement de la foule amstellodamoise, Leidseplein (place de Leyde) offre une forte densité de salles de spectacle, de cinémas et de cafés. En 1774, un théâtre à la façade en bois fut inauguré sur cette place. Surnommé «La Boîte en bois», il brûla en 1890. Peu après, a été élevé le STADSSCHOUWBURG (théâtre municipal). Il servit d'opéra jusqu'à la construction du «Stopera» ▲ *160.* Une librairie spécialisée dans les arts du spectacle y est ouverte. Mais ce n'est là qu'une des nombreuses attractions de la place, puisque mille sièges de café attendent les clients ! Parmi eux,

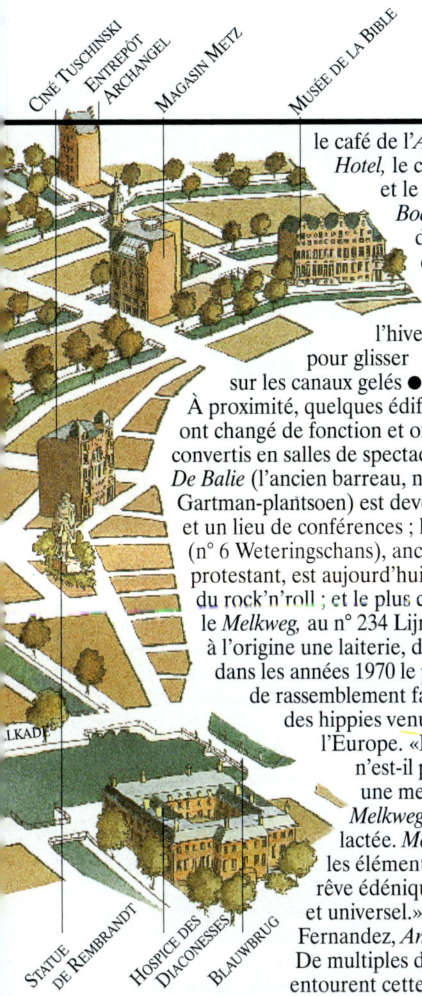

le café de l'*American Hotel,* le café *Eylders* et le café *Hoopman Bodega,* spécialisé dans la location de patins à glace, utilisés, l'hiver venu, pour glisser sur les canaux gelés ● *60.* À proximité, quelques édifices ont changé de fonction et ont été convertis en salles de spectacle : *De Balie* (l'ancien barreau, n° 10 Kleine Gartman-plantsoen) est devenu un théâtre et un lieu de conférences ; le *Paradiso* (n° 6 Weteringschans), ancien temple protestant, est aujourd'hui un «temple» du rock'n'roll ; et le plus connu de tous, le *Melkweg,* au n° 234 Lijnbaangracht, à l'origine une laiterie, devient dans les années 1970 le point de rassemblement favori des hippies venus de toute l'Europe. «Le nom même n'est-il pas une merveille ? *Melkweg,* la Voie lactée. *Melkweg* précise les éléments du grand rêve édénique et universel.» (Dominique Fernandez, *Amsterdam).* De multiples discothèques entourent cette place où se déroulent souvent des rassemblements : rencontres dramatiques, comme ces manifestations anti-nazies pendant la guerre, ou joyeuses, tels les débordements des supporters du club de football de l'Ajax Amsterdam ● *60.* C'est également sur cette place que se trouve le seul fleuriste ouvert le dimanche. Après être passé devant l'*American Hotel* et le *Melkweg,* le visiteur pénètre sur le Leidsegracht.

La porte de Leyde
Les *plein* d'Amsterdam constituaient des entrées dans la ville où les voyageurs laissaient

leur charretée ou attelage. Ci-dessus, la Leidsepoort, détruite au XIXe siècle.

Melkweg
Investi en plein mouvement *provo*

▲ *243,* temple du mouvement hippie en 1970, le *Melkweg* renferme aujourd'hui un complexe de salles de cinéma, d'expositions et de concerts. Le samedi soir, à partir de 1 heure le *Melkweg* se transforme en discothèque.

«American Hotel»
Son architecture préfigura par son style Art déco les constructions de l'école d'Amsterdam ● *84.* Son bar est l'une des attractions de Leidseplein.

LEIDSEGRACHT ♥

Le canal de Leyde date de 1664. Longtemps, des bateaux à fond plat, appelés *kagen,* partirent du Leidsegracht pour Leyde. Quartier calme et résidentiel, il fut le lieu de séjour de personnalités célèbres. Venant du *Melkweg,* le visiteur débouche sur la rive sud du Leidsegracht et laisse sur la gauche l'extrémité ouest du canal, vers Marnixstraat, où s'élevait jusqu'en 1880 un manège de chevaux ; Mozart y donna un concert en 1766. En remontant vers le centre-ville, le premier canal croisé est le Prinsengracht, avec à l'angle, situé au n° 424, un café brun, *De Pieper* ● *50.* Les n°s 579-581-583 Prinsengracht abritèrent d'abord une brasserie puis, au siècle dernier, un fabricant de gâteaux et de pâtisseries (affiche ancienne ci-dessous). Aujourd'hui, un marchand de pianos y a installé, dans un décor du XIXe siècle, son magasin, avec un salon où sont organisés des concerts et des réceptions.

La partie du Prinsengracht comprise entre Berenstraat et Leidsegracht est un monde particulier. Cela est dû au type de lotissements : on ressent, tout au long de la boucle des canaux, combien sont rares les petits passages entre les maisons ou les petites allées habitées. Ces boyaux, interdits dans cette zone par les règlements du XVIIe siècle, abritaient des logements pour domestiques, des étages à louer, des ateliers pour artisans. Plusieurs d'entre eux sont dénombrés ici, au n° 557 (résidence d'un fabricant de cartouches) et au n° 497 qui menait autrefois à une église. Cafés, galeries et une bibliothèque publique, au n° 587, animent ce quartier.

ENTREPÔT D'ARCHANGEL. Appelé «Arkhangelsk» en néerlandais, du nom du port situé dans le golfe de Dvina sur la mer Blanche (Russie), le bâtiment du n° 88

CORNELIS LELY
Fils d'un courtier en grain, C. Lely (1854-1929) naquit au

n° 39 Leidsegracht. Ingénieur, ministre des Travaux publics, il dirigea la fermeture du Zuiderzee par une digue et créa de nombreux polders ■ *20.* L'isolement des Pays-Bas pendant la Première Guerre mondiale et l'inondation du nord de la Hollande précipitèrent la réalisation des travaux achevés en 1932, trois ans après la mort de Lely. En hommage, son nom a été donné à la ville nouvelle de Lelystad. ◆ *297*

Cette caricature du siècle dernier met en scène la sortie mouvementée du public, après une représentation au théâtre municipal.

Ces façades sont situées entre les nos 66 et 42 du Leidsegracht (de gauche à droite).

.eidsegracht date du XVIIIe siècle. De nos jours, cet entrepôt :st transformé en appartements. En 1700, un contrat dont a charte est reproduite ci-dessous a été passé entre Pierre e Grand ▲ *272* et le propriétaire de l'entrepôt, Egbert Thesingh. Ce dernier élargit les échanges établis par son père jui, depuis 1659, se rendait tous les ans en Russie pour :xporter des tissus et importer le bois nécessaire à la construction des mâts de navire. Egbert Thesingh fit construire près d'Arkhangelsk, sur le modèle hollandais, des scieries actionnées par des moulins à vent ● *68.* En outre, ce contrat lui accorda le monopole de l'exportation des cartes terrestres et maritimes ainsi que celui des livres. Depuis le XVIe siècle, les Néerlandais avaient en effet dressé les cartes de la mer Baltique et des pays avec lesquels ils commerçaient.

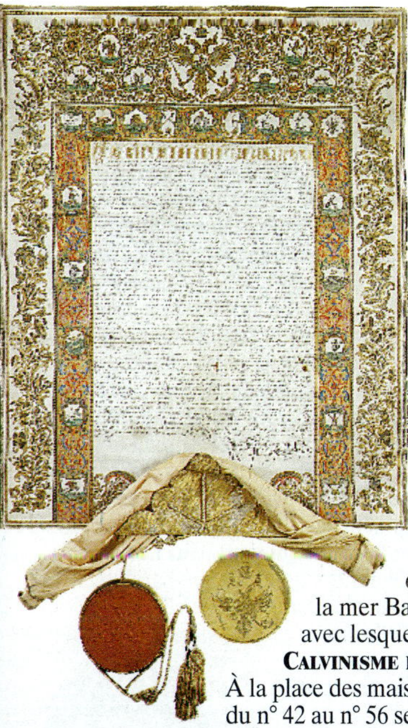

Calvinisme et théâtre italien. À la place des maisons édifiées du n° 42 au n° 56 se trouvait au XVIIe siècle un théâtre italien, inauguré en 1681 en dépit le l'opposition de l'Église calviniste. Son promoteur, Theodoro Seryker, fils du consul de la République à Venise, confia la réalisation du projet à un ingénieur italien, Jeronimo Sertorio. .a première représentation eut lieu le 31 décembre 1681, mais e théâtre ferma un an plus tard par manque de succès.

Le cuir contre le feu. Au n° 4, une jolie maison étroite, :ouronnée d'un pignon en forme de cou surmonté d'un ronton, a survécu à l'incendie qui la ravagea en janvier 1684. .e feu fut maîtrisé grâce à un inventeur, Jan Van der Heyden 1637-1712) qui fit adopter en 1672 le principe des lances l'incendie flexibles : en cuir, raccordées à des pompes, leur nérite est de ne pas geler et d'être maniables. Jan, à l'époque :hef des pompiers d'Amsterdam, a laissé un récit de cet

Entrepôt Archangel
Sa construction a été l'occasion d'incidents entre les corporations. «Le bâtiment fut élevé pour le marchand Egbert Thesingh [...]. Il confia la construction au maître maçon Reyers Keyms qui engagea à moitié prix une main-d'œuvre sans expérience, étrangère à la ville. Il déclara à son client payer le double. Thesingh assigna les ouvriers chez un notaire [...]. Il ne fit qu'attiser le mécontentement couvant des ouvriers de la construction. [...] 134 charpentiers et poseurs de briques résidants à Amsterdam soumirent une requête auprès du conseil municipal» (*The Canals*). Ils attendirent un an avant d'être déboutés.

Musée de la Bible
Aux nos 366-368, ce musée présente des manuscrits et éditions de la Bible, en particulier la Bible de Delft, la première imprimée aux Pays-Bas dès 1477.

Vitrine d'angle
Au croisement de Leidsegracht et de Keizersgracht, cette vitrine, avec sa structure en bois, est représentative de celles situées à l'intersection des deux canaux, lieu commercial stratégique.

événement dans son ouvrage *Brandspuitenboek* (*Le Livre des machines pour combattre les incendies*). Un cartouche à son effigie est situé dans une minuscule rue du centre-ouest, n° 5 Koestraat, où il résida. Il ne reste presque rien de cette maison dont les rampes du perron étaient en forme de lances d'incendie. En 1669, Jan Van der Heyden fit également installer un système d'éclairage extérieur par lampe à huile dans toute la ville. Il est aussi l'un des grands peintres d'Amsterdam ▲ *171.*

HERENGRACHT ♥

À la fin du XIXe siècle, une rumeur circula à Amsterdam selon laquelle, dans ce quartier, les habitants de la rive des numéros impairs, jaloux des propriétaires de la rive opposée, auraient procédé à de multiples transformations pour gâcher leur vue ! L'une de ces maisons, datant de 1649, penche en avant à l'angle de Beulingstraat. Elle est si peu profonde et sa façade est si parfaitement amstellodamoise avec son pignon en cou et sa poulie qu'elle se détache comme un décor de théâtre. S'étendant des maisons allant des nos 362 à 394, l'un des plus beaux ensembles architecturaux d'Amsterdam ♥ comprend notamment la série des nos 364 à 370, connue sous le nom de son propriétaire, Jacob Cromhout («charpente voûtée»), un riche catholique qui engagea Philips Vingboons comme architecte. Les quatre façades, qui vont deux par deux, présentent tous les éléments classiques que l'architecte néerlandais a étudiés dans les ouvrages de référence et qu'il a su intégrer à l'espace dont il disposait sur les canaux : pilastres, festons, œils-de-bœuf, frontons ● *74.*

Musée de la Bible. Installé dans la maison patricienne Cromhout, ce petit musée bénéficie d'un décor fastueux, puisque la partie arrière de cette demeure possède un plafond peint par Jacob de Wit (1696-1754) ▲ *171.* Formé à Anvers, il fut le premier peintre catholique bénéficiant de commandes après la Réforme. Jacob Cromhout fit transformer sa demeure en 1717, y ajoutant un escalier en spirale.

Le coursier noir. Le cartouche situé sur la façade du n° 394 (ci-dessus) illustre la légende de la lutte entre Charlemagne et les quatre fils d'Aymon : Adelaert, Ritsaert, Writsaert et Renout, qui purent s'échapper grâce à leur cheval magique. La maison, qui date d'environ 1670, abritait au siècle dernier un four à pain dans son sous-sol.

De gauche à droite, ces façades s'alignent entre les n°s 30 et 2 du Leidsegracht.

Lot double. La maison du n° 386 est l'œuvre de Philips Vingboons, qui bénéficia pour la concevoir, en 1633, de l'un des premiers lots doubles destinés à la construction de demeures de canal. La façade, avec ses cinq travées, son entrée centrale et son mélange de brique et de pierre, marque un tournant dans l'architecture hollandaise, qui devait subir jusque-là l'étroitesse des terrains ● *74*.

Blois ou New York sur le Herengracht ? Le style français influença les architectes amstellodamois à la fin du XVIIe et au XVIIIe siècle. Ainsi, aux n°s 380-382, un riche planteur de tabac, J. Nienhuys, fondateur de *la Nederlansche Handelmaatschappij* (établissement successeur des Compagnies des Indes) fut le propriétaire de deux maisons de style Louis XVI. L'une brûla, et il fit détruire l'autre. En 1890, il voulut édifier à la place un petit château de style Renaissance française. Un bâtiment à l'image de ce que lui auraient inspiré un séjour à l'École des beaux-arts de Paris et la découverte de la maison bâtie vers 1879-1881 pour William Kissam Vanderbilt, fils du millionnaire américain W. Henry Vanderbilt, au coin de la 52e Rue et de la 5e Avenue à New York. Cet édifice new yorkais a aujourd'hui disparu. Au-delà de Runstraat, au n° 346 Herengracht, une authentique maison du XVIIe siècle arbore une façade peinte de bandes noires et blanches. Au n° 395, une maison de style néo-classique datant de la fin du XIXe siècle présente un pignon et une tourelle abritant la cage d'escalier ; une solution (rarement adoptée à Amsterdam) destinée à pallier l'étroitesse des maisons, si caractéristique ● *74*.

La pratique de l'aviron sur les canaux est très fréquente ● *60*.

Croisement de canaux
Cette gravure représente le Leidsegracht débouchant sur le Herengracht. À gauche, apparaît le canal Beulingsloot. Cette courbe marque un point de retrait des anciennes fortifications de la ville.

Au n° 508 était située la boutique *Hooft*, renommée pour ses cigares et son tabac (dont le célèbre *Amsterdamer*). À droite, le bas-relief représente des angelots participant aux différentes étapes de la cueillette et du transport du tabac.

KEIZERSGRACHT ♥

Cartouche représentant le Vieux-Port de Marseille, situé sur la façade du n° 401 Keizersgracht.

L'oncle de Vincent Van Gogh possédait, au n° 453 Keizersgracht, une petite librairie d'art que le peintre fréquentait régulièrement ▲ *226*.

En reprenant le quai le long du Leidsegracht vers le sud, le promeneur croise le Keizersgracht. L'intersection entre le Keizersgracht et Leidsestraat est vouée au commerce, ce qui apporte beaucoup d'animation à ces canaux souvent silencieux. Leidsestraat, elle-même, propose de nombreux services destinés aux touristes, notamment des bureaux de change et des lieux de restauration rapide... Les deux édifices principaux du croisement datent d'ailleurs du dernier quart du XIXe siècle, bâtis au moment du renouveau démographique et commercial d'Amsterdam.

LE CIGARE. Au n° 508, le bâtiment, construit en 1881, présente un mélange de style néo-Renaissance néerlandaise et allemande. Son toit en pente est surmonté d'une tour, et non des deux traditionnels pignons à angle droit. Mais l'attrait de cette maison provient surtout de la boutique de cigares et de tabac occupant autrefois le rez-de-chaussée. La BOUTIQUE HOOFT a conservé la décoration originale de sa façade : elle évoque son nom d'emprunt, P. C. Hooft, poète et historien ▲ *162, 186* et surtout la spécialité de la maison : le tabac. Son bas-relief montre des angelots cueillant le tabac, roulant et fumant un cigare presque aussi grand qu'eux ! Des lions aux armes d'Amsterdam complètent la façade.

«AU BONHEUR D'AMSTERDAM». Situé dans l'angle opposé, un haut bâtiment mélange deux époques et deux destinations. Conçu en 1891, il accueillit d'abord les bureaux de la compagnie d'assurances *New York*, désireuse d'affirmer sa présence et une puissance financière qu'elle symbolisa par des aigles. Les locaux abritent désormais un grand magasin, le *Metz*, assez luxueux, aux rayons divers consacrés à la maison et à la beauté. Ce magasin s'honore de fournir la maison royale depuis 1940. Son fondateur était d'origine française et occupait au préalable le n° 449 Keizersgracht. Décoré de cariatides, d'aigles et doté d'un dôme, l'immeuble du magasin *Metz* possède un style fortement haussmannien. Ses propriétaires firent modifier l'édifice dans les années 1930 et commandèrent à l'architecte Rietveld ● *57* ▲ *215*, mondialement connu pour sa conception d'une «chaise géométrique», une galerie de verre et de métal surélevée. Située au dernier étage, elle offre au visiteur une vue panoramique sur Amsterdam.

La hauteur de ce lieu est accentuée par la vision d'une ville uniformément plate. À proximité du magasin, le physicien Fahrenheit a habité au coin sud du croisement.

UN QUAI D'ENTREPÔTS. Après Leidsegracht, sur la rive droite, se dresse une série d'entrepôts d'époques différentes ● *76.* Les plus anciens sont situés aux n°s 483-487. Ils portent des noms d'arbres, tels *Lindebom* (le Tilleul) ou *Eykebom* (le Chêne), et l'ensemble de leurs premières lettres forme l'anagramme du nom des anciens propriétaires, les frères Pels. L'entrepôt *Indie* du n° 495 date du XIXe siècle. Il est remarquable par ses quatre travées et son développement en largeur si différent de ses voisins des siècles précédents. L'entrepôt fut construit pour la compagnie qui, au début du XIXe siècle, succéda aux deux Compagnies des Indes, la *Nederlansche Handelmaatschappij* ▲ *146, 252.* Sur la rive opposée, des MAISONS PATRICIENNES sont transformées en édifices officiels et en galeries d'art ▲ *234.* Les n°s 524-526 comportaient un jardin et un garage qui ont été réaménagés. Aujourd'hui encore, le jardin est visible à travers le rez-de-chaussée.

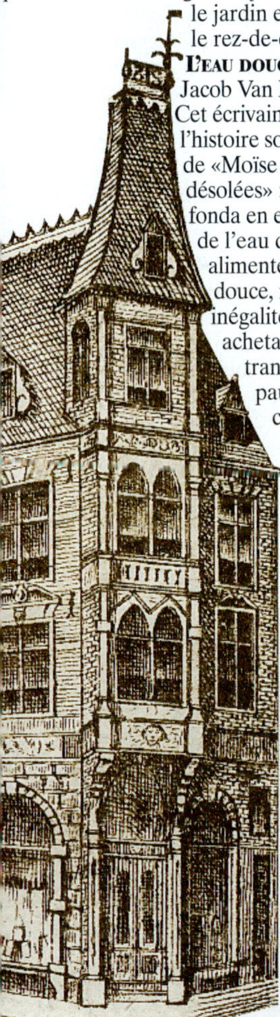

L'EAU DOUCE. Au n° 560 résida Jacob Van Lennep (1802-1868). Cet écrivain est resté dans l'histoire sous le surnom de «Moïse dans les dunes désolées» : Jacob Van Lennep fonda en effet la Compagnie de l'eau des dunes pour alimenter la ville en eau douce, mettant ainsi fin à une inégalité de fait entre les riches achetant de l'eau douce transportée par bateau et les pauvres puisant dans les canaux de l'eau polluée et salée ■ *18.* Cette pollution inspira d'ailleurs à Diderot ces lignes de son *Voyage en Hollande* : «Amsterdam est une ville infecte. Je ne sais de quels moyens les habitants se sont servis pour en purifier l'air, mais je crois qu'ils se seraient épargné une bonne partie des quarante à cinquante millions qu'ils y ont inutilement dépensés, s'ils avaient pensé à tenir les rues plus larges, à les laver deux fois par jour avec des pompes, à donner plus de profondeur aux canaux, et à y défendre expressément d'y laver le linge et d'y jeter aucune immondice.» Les choses ont heureusement bien changé depuis !

Au n° 455 du Keizersgracht, le magasin *Metz* a remplacé la compagnie d'assurances *New York* qui occupait originellement ce haut bâtiment construit en 1891. Au centre, la boutique de tabac *Hooft*, bâtiment du n° 508. Et ci-contre, détail de la façade de cette même boutique.

JACOB VAN LENNEP
Fondateur de la Compagnie de l'eau des dunes, Jacob Van Lennep résida au n° 560 Keizersgracht. Également secrétaire de l'Athénée Illustre ▲ *143*, écrivain, il a signé romans

et pièces de théâtre, traduit en néerlandais les grands classiques et contribué à la publication de l'œuvre de Multatuli, *Max Havelaar* ▲ *166, 248.*

Cette corniche surplombe le n° 487 Herengracht.

BEAUX QUARTIERS
Dans son œuvre, peinte en 1685, Berckheyde présente plusieurs façades du Herengracht (du n° 456 jusqu'au n° 478, et du n° 479 au n° 485). Il détache les façades, accentue la courbe du virage, saisit aussi une diversité d'activités comme le déchargement d'un bateau,

l'arrivée d'un carrosse ou de cavaliers débouchant de la rue. À l'époque, aucun des arbres qui longent aujourd'hui ce canal n'avait été planté.

COURBE D'OR ♥ ● 72, 74

Le peintre Gerrit Adriaensz. Berckheyde ● *90* a représenté en 1685 cette courbe du Herengracht alors nouvellement aménagée et bâtie. Là se sont installés les riches armateurs et marchands, grands bénéficiaires de la prospérité d'Amsterdam pendant le «siècle d'Or» ● *30.* «À l'intérieur, les maisons sont pleines d'ornements sans prix, en sorte qu'elles ressemblent à des palais royaux plus qu'à des maisons de marchands, nombre d'entre elles possèdent de splendides colonnes de marbre et d'albâtre, des sols incrustés d'or, et les pièces sont tendues de tapisseries inestimables ou de cuir gauffré à l'or ou à l'argent d'une valeur de plusieurs milliers de florins...» (Melchior Fokkens, *Description de la très renommée cité marchande d'Amsterdam,* 1664). Aujourd'hui, cette partie du canal, si elle a conservé beaucoup de ses constructions anciennes, n'abrite pratiquement plus de demeures particulières. Ces palais avec leur jardin, leur large toiture et leurs pièces immenses appartiennent à des banques, ou à des institutions nationales ou internationales, ou encore à des musées.

UNE FORTE INFLUENCE FRANÇAISE ● *74.* La demeure du n° 450 Herengracht fut construite dans un style français pour le banquier Deutz ▲ *190* autour de 1670, d'après les plans de Philips Vingboons. Derrière la façade sobre à cinq fenêtres se cachait une collection de tableaux dont un autoportrait de Rembrandt. La balustrade couronnant la maison du n° 475 (ci-contre) est aussi marquée par l'influence française, et surtout par le style Louis XIV. La maison fut en partie dessinée par Daniel Marot, protestant français exilé après 1685. La façade est richement décorée : fleurs, feuilles d'acanthe, volutes, enfants et, au sommet, un globe terrestre.

«ICI, VOUS NE VERREZ PAS DE BOUTIQUES À CIEL OUVERT ; TOUS LES IMMEUBLES SONT DE HAUTE TAILLE.» MELCHIOR FOKKENS

Ce cartouche est situé au n° 419 Herengracht.

Ce tableau du peintre Adriaan Lelie (1755-1820) ▲ 178, intitulé La Pièce d'exposition de Jan Gildemeester (1795) montre la décoration intérieure d'un amateur d'art, qui habitait au n° 475 Herengracht. On peut voir une grisaille au plafond, et l'entablement des portes décoré de motifs «à la française». La perspective laisse deviner l'enfilade des pièces et probablement la pièce ronde donnant sur le jardin.

DESTINS DE COLLECTIONS. Comme la plupart des maisons de riches marchands de ce quartier, celle du n° 458 fut bâtie sur une double parcelle. Bicolore, dotée d'un perron central, elle comportait un jardin «à la française» et un garage à voitures. Elle abrita dans le deuxième quart du XXe siècle les collections d'un fameux marchand d'art, Jacques Goudstikker, spécialiste de l'art ancien hollandais et italien et de l'art contemporain. Lorsqu'il mourut, en 1940, une grande partie de sa collection tomba entre les mains des Allemands. Après la guerre, les œuvres furent dispersées à travers le monde. Au n° 462 eut lieu en 1771 la vente de la succession Gerret Braacamp : 318 tableaux dont deux Gerard Dou. Catherine de Russie acquit *Le Grand Attelage de bœufs* de Paulus Potter (1625-1654). Mais le tableau demeura la propriété du musée Mauritshuis à La Haye.

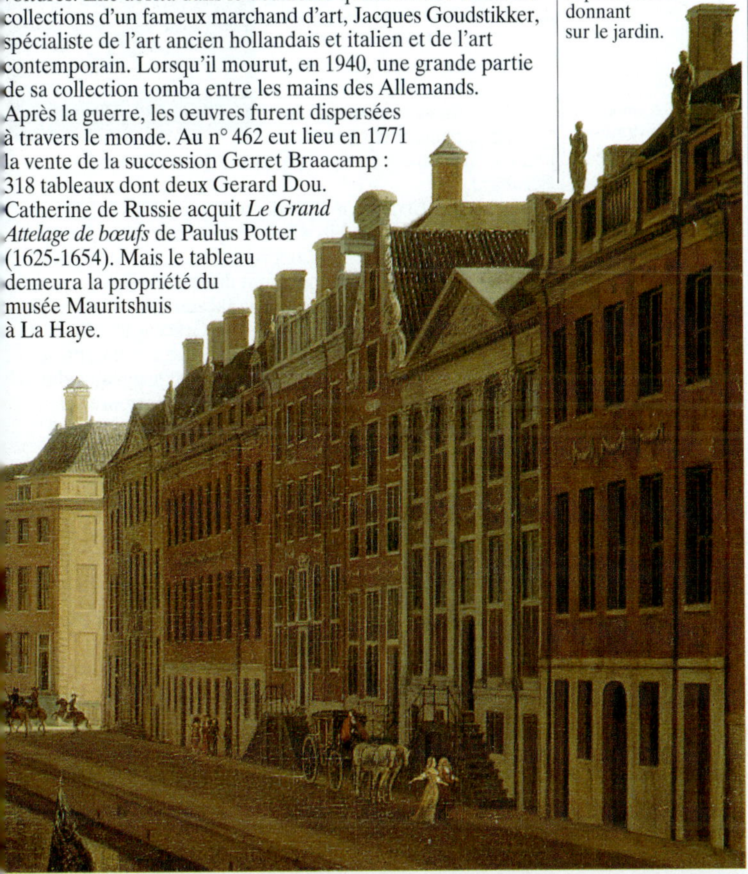

Riche marchand, Jan Six le Second (1668-1750) remplit seize mandats comme maire d'Amsterdam.

PIGNONS EN COU
Les bases de cet ensemble de pignons en cou ● *72,* situé entre le n° 504 et le n° 510, symbolisent la puissance et les armes des propriétaires : chiens avec des os, lions, tritons soufflant dans des trompettes, divinités marines.

MUSÉE DU CHAT. La maison double du n° 497 Herengracht, datant de 1669, a été régulièrement modifiée au cours du XIXe siècle par ses propriétaires dont la famille Van Eeghen. Cette dynastie de riches marchands possédait sur cette rive quatre maisons. Celle-ci a appartenu par la suite à un financier, qui honorait son chat John Pierpont Morgan III en lui offrant un cadeau tous les cinq ans. C'est en souvenir de l'animal, mort en 1984, que ce lieu abrite désormais une collection consacrée à la race féline sous toutes ses formes (ci-dessous). La salle à manger, d'où l'on voit le jardin, accueille des expositions temporaires.

ÉLÉGANTES MAISONS ♥. Plus loin, au n° 470, la maison construite en 1669 est aujourd'hui le siège de l'Institut Goethe. Elle présente le plan typique des maisons des canaux, composées de pièces de réception sur la façade et de superbes salons sur le jardin. Datant de 1670, la demeure du n° 476 impressionne par ses pilastres et son mélange de briques et de pierres. L'attique est couronné d'un aigle, armes des propriétaires logeant ici au cours du XVIIIe siècle. Il est possible d'entrevoir son jardin «à la française» décoré de statues de dieux antiques et d'une mappemonde. De nos jours, la maison est occupée par la fondation Prince Bernhard.

DYNASTIE DES SIX. Au n° 495, demeura autrefois Jan Six le Second (1668-1750). Fils d'un commanditaire qui fut un personnage de l'œuvre de Rembrandt, ce riche marchand fit redessiner cette maison au début du XVIIIe siècle. L'architecte Jean Coulon donna à la façade un style «à la française» avec ses trois axes verticaux. Grâce à ses alliances et à ses mariages, la famille Six est parvenue à maintenir son emprise sur les rives de ce canal jusqu'au début du siècle. Le descendant actuel demeure sur les bords de l'Amstel ▲ *206.*

LA PUISSANCE DU COMMERCE. À partir de l'angle de Vijzelstraat, le siège de l'ancienne Société néerlandaise de commerce, héritière en 1824 des Compagnies des Indes, s'étend jusqu'au Keizersgracht. Il abrite désormais la banque ABN-AMRO. Cet édifice fut construit entre 1919 et 1927 selon les plans de K. De Bazel (1869-1923) et fut achevé par A. Van Gendt (1870-1932). S'étendant sur cent mètres de large, le bâtiment comporte dix étages. Les deux derniers, comme cela est souvent le

cas dans l'architecture urbaine depuis le début du siècle, sont situés en retrait. La façade est faite de brique et de granite, et le soubassement de syénite, une roche volcanique. La puissance financière et l'ouverture vers l'outre-mer s'expriment dans la décoration extérieure et intérieure : l'entrée principale est flanquée de deux statues de Mendes da Costa, symbolisant l'Europe et l'Asie. D'autres sculptures évoquent le commerce, l'industrie et la navigation. L'escalier célèbre le centenaire de la société, en 1924, par une série de vitraux allégoriques réalisée par A. Derkinderen (1859-1925) : le chômage, la paresse, l'assistance et la pauvreté s'opposent au travail, à la prospérité, à la paix et à l'harmonie ● *82.*

Le maire et Camus. La demeure officielle du maire d'Amsterdam est située au n° 502 Herengracht. Au n° 514, une maison sobre, aujourd'hui bâtiment universitaire, est ornée de deux bustes de Maures noirs. Dans *La Chute,* Albert Camus fait dire à son héros, qui se trompe, que la maison appartenait à un marchand d'esclaves : «On avait du coffre, on disait : "Voilà, j'ai pignon sur rue, je trafique des esclaves, je vends de la chair noire." Vous imaginez quelqu'un, aujourd'hui, faisant connaître publiquement que tel est son métier ? Quel scandale ! J'entends d'ici mes confrères parisiens. C'est qu'ils sont irréductibles sur la question, ils n'hésiteraient pas à lancer deux ou trois manifestes, peut-être même plus !» ● *100.* En réalité, ces bustes évoquent les liens du propriétaire avec le commerce international.

Demeure impériale. La façade du n° 527 présente l'apparence du classicisme français du XVIIIe siècle avec son fronton triangulaire, orné d'un aigle, reposant sur des pilastres ioniques s'étendant sur deux étages. Cette maison accueillit des hôtes célèbres. Elle fut louée en 1717 à l'ambassadeur de Russie qui reçut cette même année Pierre le Grand lors de son second voyage aux Pays-Bas ▲ *272.* Louis, roi de Hollande, l'acheta ensuite pour y loger le maréchal de Hollande. Selon certains témoignages, Napoléon Ier aurait lui aussi résidé dans cette maison à l'occasion de son séjour en octobre 1811 ● *32.*

«Les deux têtes que vous voyez là sont celles d'esclaves nègres. Une enseigne. La maison appartenait à un vendeur d'esclaves. Ah ! on ne cachait pas son jeu en ce temps-là!»
Albert Camus, *La Chute.*

REGULIERSGRACHT ♥

● 66

Tableau naïf représentant le Reguliersgracht.

Le Reguliersgracht fut creusé en 1664. Son nom (il s'appelait d'abord «canal de la Demi-lune») provient du couvent de religieuses *régulières* situé sur le lieu de sa construction. Ce canal abrita à plusieurs reprises le marché au beurre, d'abord ouvert à son extrémité occidentale, sur l'actuelle Rembrandtplein ▲ *207*, puis plus à l'ouest. Sans cesse menacé d'être recouvert, notamment pour y faire passer une ligne de tramways, le Reguliersgracht a été définitivement protégé. Ce canal transversal est l'un des plus attrayants de la ville en raison de la perspective qu'il offre sur les SEPT PONTS qui le chevauchent. Un autre attrait du canal réside dans la diversité de son architecture et dans l'ambiance sereine traduisant une réelle vie de quartier, absente des quais résidentiels et monumentaux d'Amsterdam.

VILLE DE COIFFURE ? On est frappé par le nombre impressionnant de salons de coiffure en tout genre, aux décors ou aux noms originaux, comme par exemple *We cut Heads*, que l'on peut trouver à Amsterdam...

JARDIN VAN LOON
Le jardin du musée Van Loon, vu d'un petit salon, démontre comment les lots attribués après 1660 offrirent de nouvelles possibilités à leurs acquéreurs. La remise à carrosses ouvre sur Kerkstraat et permettait d'accueillir les équipages entrant par cette rue située entre le Keizersgracht et le Prinsengracht. Quant au jardin lui-même, il exprime le goût des Amstellodamois à maintenir le contact avec la nature, même dans un espace très étroit.

MUSÉE VAN LOON ♥

En 1671, l'architecte Adriaan Dortsman (1625-1682), qui dessina les plans de l'église Luthérienne ▲ *165* et de l'orphelinat wallon sur le Prinsengracht, fut le maître d'œuvre de la maison des n°s 672-674, occupée aujourd'hui par le musée Van Loon. Il œuvra pour un riche marchand, J. Van Raey, qui fit décorer la balustrade des statues des dieux incarnant ses spécialités commerciales : les armes, le fer et le grain (Mars, Minerve, Vulcain et Cérès). Après avoir accueilli de nombreux occupants, dont le portraitiste Ferdinand Bol (1616-1680), la maison revint en 1884 à la famille Van Loon, cofondatrice de la Compagnie des Indes orientales ▲ *146*. Elle y résida jusqu'à la fin de la Seconde Guerre mondiale. Le sous-sol était réservé aux services domestiques (on ne le visite pas), mais au rez-de-chaussée et à l'étage, on peut admirer les pièces de réception, salons et salles à manger, ainsi que les chambres de maîtres.

«LES QUATRE ÂGES DE LA VIE». Ce tableau, réalisé par Jan Miense Molenaer (vers 1600-1668) en 1630, s'inscrit dans la tradition de la peinture élevant la vie quotidienne à la hauteur de l'allégorie. Souvent présenté comme l'élève de Frans Hals ▲ *224*, époux de la première femme peintre, Judith Leyster (vers 1600-1660), l'artiste a peint une série d'études sur la vie domestique et le rôle des sens. Dans ce tableau, il a déroulé, de gauche à droite, la succession des âges de la vie. Il s'est

«À CHAQUE EXTENSION QUE SUBIT SON PÉRIMÈTRE, LE FOSSÉ QUI PROTÉGEAIT LE REMPART DEVIENT UN “GRACHT”. IL SE BORDE DE QUAIS, LES QUAIS SE PEUPLENT DE MAISONS.»

HENRY HAVARD

également attaché aux sens en les représentant par ordre de raffinement croissant. Ainsi, les enfants jouent et goûtent des fruits en compagnie d'un chat, symbole de l'effronterie, et d'un petit singe à l'extrême gauche, près de la petite fille en rouge. Celle-ci touche son doigt griffé. Le couple de jeunes mariés insiste sur l'odorat, à travers le parfum offert à l'épouse, Geertruyd Van Loon, et les fleurs de sa couronne. Plus âgé, le deuxième couple évoque l'ouïe en jouant du luth et de l'épinette. À leurs pieds, un chien, figure traditionnelle de la fidélité. Enfin, dans des vêtements plus austères, un couple de vieillards (qui serait mort quatre ans avant la réalisation du tableau, selon leur descendant Maurits Van Loon) achève le cycle en rappelant la vanité de la vie, exprimée par un crâne, et l'épouse, en touchant la Bible et ses lunettes, suggère également la vue. Ce tableau renseigne sur l'évolution de la mode vestimentaire propre à différentes générations de membres des hautes classes amstellodamoises au début du XVIIe siècle : on remarque ainsi le passage de la fraise des aînés à la collerette à lacets des plus jeunes (l'influence de l'Espagne et de la France est évidente), de même que les hautes bottes de l'un des hommes et les escarpins de l'autre.

JARDIN PRIVÉ VAN LOON. Vu du petit salon, il est représentatif du grand nombre de jardins dissimulés derrière toutes ces façades, où les habitants disposent encore, de nos jours, d'un tranquille lieu de détente. Dans le jardin Van Loon règne l'ordonnance classique, avec ses buissons taillés et ses statues, qui montre remarquablement ce besoin des Amstellodamois de toujours conserver un rapport étroit avec la nature. Il s'exprimait d'ailleurs parfois avec un certain exotisme, comme le raconte l'historienne Renée Kistenmaker : «Une respectable dame d'Amsterdam cultivait des ananas dans les années 1700 et un administrateur de la Compagnie des Indes orientales avait dans son jardin de campagne les premiers caféiers et bananiers de la République» (*Amsterdam 1275-1975*).

Né à Haarlem vers 1600, mort à Amsterdam en 1668, le peintre Jan Miense Molenaer réalisa ce tableau intitulé *Les Quatre Âges de la vie et les cinq sens* en 1630.

MAISON DE CHARPENTIER
Aux n°s 57-63 Reguliersgracht s'élèvent deux maisons construites au siècle dernier par l'architecte T. Gosschalk pour une entreprise de charpenterie, Z. Deenick & fils. Cette maison (à gauche, et détail ci-dessus) abrite à la fois l'atelier de travail et la résidence des occupants. Sur le balcon sont sculptés les instruments des charpentiers, comme le rabot (en haut à gauche).

Le Crieur du marché, est un hommage rendu au Pr. Kokadorus (1867-1934), marchand de foire.

«CAFÉ KORT»
Sur le côté de l'église, le restaurant appelé *Café Kort,* donne sur l'Amstelveld et le Prinsengracht. Par beau temps, on peut profiter de sa terrasse. Le lundi matin, la place accueille un marché aux plantes.

"Stelle : lieu sûr, abrité. Ame : eau. La terre donne son nom à la rivière au cours errant. Cette rivière contourne les hautes terres, danse et chaloupe à travers un pays qui appelle la ligne droite, elle se donne des allures alanguies de volute baroque. À son débouché dans le Zuiderzee, le bras de mer invente une ville, une ville au bord de l'eau."
Cees Nooteboom, *Sous le signe de l'eau.*

AMSTELKERK

Au coin du Reguliersgracht et du Prinsengracht, a été érigée l'Amstelkerk (église de l'Amstel), église protestante en bois. Dans cette partie des canaux, conçue après 1660, rares sont les lieux de culte datant de cette même époque.
La construction en 1669 de l'Amstelkerk apporta sans doute une solution provisoire à cette carence. Cette église devait sans doute être l'esquisse d'un bâtiment plus solide et définitif qui ne vit jamais le jour. Sur l'Amstelveld (le champ de l'Amstel), qui était alors une prairie inondable, fut donc édifiée une église basse, sorte de «grande étable en bois avec un plancher de briques à la hollandaise» (Blokhuis, *The Canals of Amsterdam).* Des logements destinés au personnel religieux, une boulangerie et une remise à charbon y furent ensuite ajoutés. Au XIXe siècle, la communauté fit transformer l'intérieur de l'église en lui donnant une tonalité gothique, notamment par l'introduction de chapiteaux ornés. Restauré récemment, l'édifice reçoit désormais la Congrégation réformée et l'association Keyser ▲ *246.* Face au *Café Kort,* installé dans un flanc de l'église, la statue du professeur Kokadorus rappelle l'histoire de ce célèbre personnage haut en couleur qui haranguait la foule du marché libre du lundi pour leur vendre ses articles, depuis le savon jusqu'au cigare.

Le long de l'Amstel, l'hospice des Diaconesses.

PRINSENGRACHT

Dans cette partie menant à l'Amstel, le canal est particulièrement large et animé. Au n° 756 se dresse une église catholique du siècle dernier, De Duif (La colombe). Au n° 808, une céramique, vantant les mérites d'une compagnie d'assurances sur la vie, oppose les imprudents, qui s'enfoncent dans les ténèbres, aux prévoyants, qui accèdent au bonheur.

AMSTEL

La rivière Amstel, dans laquelle aboutissent les quatre grands canaux, est à l'origine de la ville qui lui doit également son nom ● *28.* Cette rivière s'écoulait jusqu'à l'IJ, dans un lit que n'obstruaient ni barrage *(dam),* ni digue *(dijk),* ni écluse *(sluis).* On y a construit un pont à bascule, MAGERE BRUG ♥ (pont Maigre), le plus célèbre de la ville. Vers 1863, sous l'impulsion du docteur Samuel Sarphati ▲ *273, 277,* «le fondateur du nouvel Amsterdam», ce quartier sortit de sa torpeur économique et architecturale. La Sarphatistraat, grande avenue, fut construite : elle occupe la place du pont au fond du tableau de Hilverdink, ci-dessous. Sur la rive droite, face à l'écluse, s'élève le THÉÂTRE CARRÉ, bâti en 1887. Conçu comme un cirque, il accueille des spectacles divers : longtemps temple de l'opéra italien, ce théâtre offre aujourd'hui un programme très varié (photo de droite).

HOSPICE DES DIACONESSES. Appelé Amstelhof, cet hospice datant de 1681-1683 a longtemps été le plus grand établissement de la ville. Les deux ailes comptaient quatre-vingt-douze chambres, chacune pouvant héberger quatre femmes. Les hommes étaient logés dans des dortoirs en sous-sol. Cet hospice est devenu une maison de retraite.

Œuvre de Johannes Hilverdink (1813-1902), ce tableau de 1862-1863 représente le confluent du Prinsengracht et de l'Amstel. Le pont et la célèbre Hogesluis («grande écluse»), construite en 1662, ont peu changé. Cette écluse était un élément du dispositif militaire d'inondation, empêchant les invasions.

Cette fresque de Jacob de Wit date de 1743 et orne le plafond d'une pièce du n° 586 Herengracht.

Elle fut commandée par le nouveau propriétaire de cette demeure, Nicolaas Calkoen le Jeune, marchand et directeur d'un négoce avec le Levant.

JAN SIX Ier MÉCÈNE. Le long de l'Amstel, après le Keizersgracht, la maison du n° 218 abrite la collection privée dite «collection Six». Il s'agit de la descendance de la dynastie fondée par Jan Six Ier (1618-1700) ▲ *200*. Celui-ci chargea en 1666 l'architecte Adriaan Dortsman de dessiner les plans de sa quatrième maison, située sur la rive droite du Herengracht (n° 619). Jan Six appartenait à une famille de protestants français qui quitta la ville de Saint-Omer où elle subissait des persécutions. Il fit ses études à l'université de Leyde, accomplit son «Grand Tour» en Italie en 1640. Maire d'Amsterdam pendant neuf mois, il épousa en 1656 la fille du professeur Tulp ▲ *182*. Délaissant ses affaires, il écrivit ensuite des poèmes et fit représenter sans grand succès sa pièce *Médée*. Mais il fut surtout connu comme client et protecteur de Rembrandt.

HERENGRACHT

LES FASTES DE BELMONTE ♥. La maison du n° 586 ne comptait que quatre baies à la fin du XVIIe siècle. Son propriétaire la loua à Manuel Isaak Nuñes, chargé d'affaires du roi d'Espagne, devenu baron de Belmonte en 1693. Cet aristocrate séfarade acheta la maison en 1700 et y mena grande vie en recevant le corps diplomatique. Le plafond de l'une des pièces est décoré d'une FRESQUE réalisée par Jacob de Wit (1696-1754). Des figures mythologiques y sont représentées : Pluvius déversant de l'eau, Aurore avec une torche, Flora avec sa corbeille de fruits.

MUSÉE WILLET-HOLTHUYSEN ♥. Ce musée (n° 605) est situé dans une double maison construite en 1687 qui, par le jeu des alliances, legs et héritages, revint successivement à divers personnages appartenant aux riches familles amstellodamoises : Jacob Hop, Isabella Hooft, Jean Deutz Van Assendelft, Willem Gideon Deutz... En 1855, la maison revint à Pieter Gerard Holthuysen, marchand de verre et importateur de charbon. Sa fille, Sandrina Louisa Geertruida, épousa le collectionneur Abraham Willet et le couple transforma cette maison vers 1860. En 1895, la veuve fit don

Cette pièce ronde située au rez-de-chaussée du musée Willet ouvre sur le jardin. L'ensemble des boiseries est d'une couleur vert pâle, selon l'usage en vigueur au XIXe siècle. La petite table au centre est ornée de marqueterie française ayant pour motifs des instruments de musique.

Au premier étage du musée, cette chambre fut le bureau d'Abraham Willet. La table de toilette est ornée d'une figure représentant l'Aurore.

L'archange Michel terrasse un dragon : cette statue orne la maison du n° 579 Herengracht.

de la demeure et de ses collections à la ville. Mais ce n'est qu'en 1962 que ce lieu devint un musée consacré à l'intérieur néerlandais et aux objets ayant appartenu aux riches patriciens. Cette maison double à cinq fenêtres est bâtie sur un plan symétrique. Chaque étage possède une fonction particulière. Ainsi, le sous-sol d'entrée abritait les pièces de service, le cellier et le garde-manger. Il accueille une reconstitution de cuisine du XVIIIe siècle, avec son évier en granit et sa tuyauterie. Le rez-de-chaussée était l'étage noble de réception, avec ses salons et ses salles à manger situés autour de l'allée centrale. Le premier étage comprenait les appartements, le bureau d'Abraham Willet. Le double lit de la chambre est habillé de draperie en coton imprimé de fleurs. Les autres pièces de cet étage abritent les collections. On peut notamment y voir une série de verres italiens et hollandais ornés de décorations bibliques et érotiques.

JARDIN WILLET ♥. L'arrière de la maison comporte un immense jardin d'où ont disparu le garage à carrosses et les écuries. Ce grand jardin «à la française» a été conçu selon le goût hollandais du XVIIIe siècle. Il est décoré par les motifs habituels, surtout des statues de Mercure, dieu du Commerce, de Flora, déesse des Fleurs, de Pomona, déesse des Jardins, et par une horloge solaire. Le jardin du musée Willet constitue un exemple unique à Amsterdam puisqu'il est visible d'Amstelstraat, aucun bâtiment, dans cette rue, ne gênant la vue.

LE BISCUIT ET L'ARISTOCRATIE. Entre les nos 579 et 581, posée sur une tête d'éléphant, une STATUE représentant l'archange Michel terrassant un dragon offre un décor tout à fait inhabituel sur la ceinture des canaux. Le propriétaire de cette maison, fabricant de biscuits au nom de «L'Éléphant blanc», aurait ainsi affirmé son statut social singulier dans ce quartier aristocratique. Ses voisins, et copropriétaires de l'ensemble formé par les maisons des nos 571-581, étaient un marchand de canons, un armateur et un maire. L'ancien Reguliersmarkt, marché au beurre, a maintenant pour nom Thorbeckeplein, en raison de la présence d'une statue de Johan Thorbecke (1798-1872) ▲ *138*, homme d'État libéral, inspirateur de la Constitution de 1848.

REMBRANDTPLEIN ♥

Longtemps point extrême du système de fortifications d'Amsterdam, tel qu'on peut le voir sur les cartes anciennes ● *34*, cette place changea de fonction à la fin du XVIIe siècle après l'édification de la «demi-lune» des canaux. Sans doute en raison de sa proximité avec le coude de l'Amstel, elle accueillit le marché au beurre. C'est à cette époque qu'elle acquit le nom de Reguliersmarkt. Tous les plans de la ville montrent que cette large place rectangulaire comportait deux bâtiments importants. Le premier, le plus ancien, s'appellait le POIDS PUBLIC (Waag). Trapu et assez haut, il était situé en plein centre. La seconde bâtisse, plus petite,

«En 1653, Six prêta au peintre la somme de mille florins et celui-ci peignit en 1654 le portrait qui se trouve encore aujourd'hui dans la Collection Six à Amsterdam. Ce tableau semble avoir marqué la fin de leur amitié. Lorsque Six se maria en 1656, il demanda à Flinck, et non à Rembrandt, de réaliser le portrait de son épouse et, la même année, comme pour marquer une nouvelle rupture dans leurs relations, il transféra la créance de Rembrandt à une autre personne. C'en était fini de l'amitié et du mécénat.»

Svetlana Alpers, *L'Atelier de Rembrandt*

Cette statue de Johan Thorbecke, sur Thorbeckeplein, a été réalisée par l'artiste F. Leenhoff.

Lampe du cinéma Tuschinski.

constituait la HALLE elle-même. Ce marché très actif fut également longtemps un lieu de kermesse. La place ne perdit pas immédiatement son rôle de marché lorsqu'elle fut baptisée en 1876 du nom de Rembrandt. Le Poids public n'existe plus, et le centre de la place est occupé par la STATUE DE REMBRANDT, enveloppé dans sa cape, le regard tourné vers le quartier juif. Le tableau d'Andries Scheerboom (en bas), réalisé en 1869, décrit l'agitation commerciale qui animait encore Rembrandtplein au XIXe siècle. De nos jours, Rembrandtplein regroupe de nombreux lieux de distraction, comme des cinémas ainsi que des bars et cafés : le *Schiller,* construit dans le style Art déco et le *Monico,* un café brun ● *50.* Selon la légende, c'est en plein Rembrandtplein que, dans les années 1920, le fameux chanteur Pisuisse aurait été assassiné, avec sa femme, par un amoureux jaloux.

CINÉMA TUSCHINSKI ♥ ● *83.* Au n° 26 de Reguliersbreestraat, rue très animée reliant Rembrandtplein à Muntplein ▲ *120* se dresse la façade du cinéma Tuschinski, surmonté de ses deux tourelles (ci-contre). Abraham Tuschinski, Juif polonais immigré et homme de théâtre, acheta ici un terrain vague à la fin de la Première Guerre mondiale. Il fit bâtir par l'architecte H. L. De Jong, entre 1918 et 1921, ce monument mêlant le foisonnement décoratif de l'école d'Amsterdam ● *84* et l'éclectisme rétro hollywoodien. Le hall d'entrée (en haut) est une sorte de grotte luxuriante, avec ses tapis, tapisseries, vitraux et lampes. Le Tuschinski a été divisé en plusieurs salles, dont il a fallu reconstituer le décor. La salle n°1 est restée la plus authentique.

« On trouve le cinéma Tuschinski, ce monument Art déco d'une luxuriance et d'un exotisme inouïs pour les Pays-Bas, qui continue à servir de cadre à de grandes premières dans la tradition d'Hollywood. L'intérieur fantasmagorique et festif où triomphent le rouge foncé et le noir, et dont le moindre centimètre carré semble dessiné et colorié avec un soin spécifique, compose un gigantesque tableau au flamboiement chaleureux, qui se referme sur le visiteur avec une douceur de velours. »

Max Van Rooy, *Le Langage de la brique.*

AUTOUR DES MUSÉES

1/2 journée

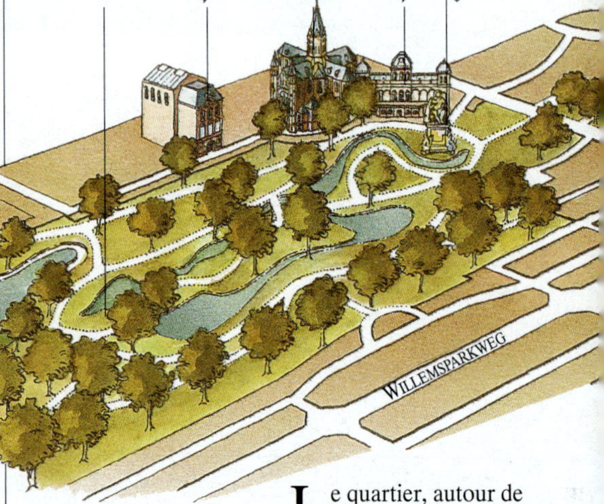

Le quartier, autour de Museumplein, a été fondé à la fin du XIXe siècle sur l'ancienne Brouwersplein (place des Brasseurs), après l'assèchement des marais. Il regroupe des demeures de la riche bourgeoisie amstellodamoise, des centres de loisirs et de culture, notamment des galeries et des musées. Ces derniers réunissent sur un périmètre restreint leurs collections d'art, et surtout des peintures.

L'EXPOSITION UNIVERSELLE DE 1895
Sur l'affiche, une femme incarne les armes de la ville (les trois croix de Saint-André) et la puissance néerlandaise sur terre (le chemin de fer), sur mer (le bateau) et dans le monde (le commerce).

MUSEUMPLEIN

UNE ESPLANADE À TOUT FAIRE. S'étendant vers le sud depuis le Rijksmuseum, l'esplanade se trouvait en dehors des remparts de la ville jusqu'au début du XIXe siècle. Sa transformation et son intégration au reste de la cité, vers 1880, se sont inscrites dans le renouveau économique de la seconde moitié de ce siècle. Si les autres formes d'extension dans le sud furent le plus souvent des projets d'habitation, parfois à caractère social – tel De Pijp en 1862 ▲ *275*. La construction de cette esplanade visait plutôt à créer un grand quartier résidentiel, aux larges avenues. L'un des premiers éléments de cet ensemble fut la création du Vondelpark en 1877, à la limite occidentale de ce nouveau quartier. L'esplanade devint un lieu d'expositions et un espace de dégagement des musées. Paradoxalement, aucun d'entre eux n'a bénéficié d'un accès direct à ce vaste périmètre. L'esplanade figurait dans le plan remis aux visiteurs de l'Exposition internationale coloniale et du commerce extérieur en 1883. Cependant, une configuration différente était assignée à Museumplein (place

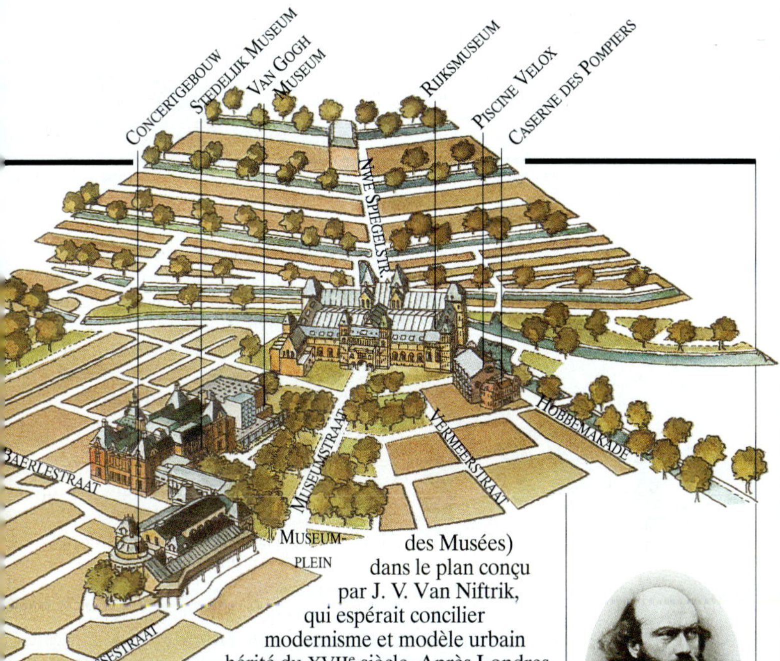

des Musées) dans le plan conçu par J. V. Van Niftrik, qui espérait concilier modernisme et modèle urbain hérité du XVIIe siècle. Après Londres (en 1851), Paris (en 1855, 1867, 1878 et 1889) et Chicago (en 1893), Amsterdam accueillit sur Museumplein l'Exposition universelle (*Wereld Tentoonstelling*) de 1895. L'esplanade n'a toutefois jamais bénéficié d'un plan d'aménagement précis. Elle possède la réputation d'être «la plus courte autoroute» du pays. En 1988, le STEDELIJKMUSEUM (Musée municipal), situé à son extrémité sud-ouest, présenta divers projets d'amélioration. Mais aucun ne fut retenu.

LES TROIS MUSÉES. Si ce lieu a pour nom Museumplein, c'est parce qu'il abrite à ses abords, outre le Concertgebouw (salle de concerts), trois musées majeurs : le RIJKSMUSEUM (Musée national), le VAN GOGH MUSEUM, le STEDELIJK MUSEUM. Le quartier est marqué par l'architecture de Cuypers, l'un des rénovateurs de l'art néerlandais.

L'architecte P. J. H. Cuypers (1827-1921)

MUSEUMPLEIN
Cette photographie de Jacob Olie (à gauche), réalisée le 13 avril 1895, depuis le toit du Rijksmuseum montre l'étendue du chantier de l'Exposition universelle. On découvre au fond le Concertgebouw. Ci-dessous, le terrain du club sportif de l'IJ qui se trouvait lui aussi sur Museumplein.

Des patineurs se livrent en 1895 à de périlleux exploits sur Museumplein ● *60* (cliché de J. Olie ▲ *259*).

LE ROI CONTRE LE MUSÉE
En découvrant le Rijksmuseum, le roi des Pays-Bas Guillaume III s'écria : «Jamais je ne mettrai le pied dans ce cloître !» Défendant ses collègues architectes, Berlage ● *80* ▲ *133, 279* répondit aux critiques : «Tous ces cris malveillants viennent de bonshommes qui ressemblent à ces petits chiens qui aboient au ciel étoilé de la nuit.»

RIJKSMUSEUM ♥

● *80* ▲ *218*

L'idée d'édifier un musée national à Amsterdam date de la présence des Français, en 1798. Une première collection constituée à La Haye fut transférée en 1808 à Amsterdam. Elle prit le nom de Musée royal en 1808, puis, en 1815, celui de Rijksmuseum, («musée dirigé par l'État»), ou Musée national. Par la suite, l'habitude fut prise de nommer ainsi ce seul musée d'art classique, même si la dénomination de *rijks* évoque un statut administratif attribué à d'autres établissements, comme le musée Van Gogh. Le Rijksmuseum s'installa donc d'abord dans un étage du Palais royal, sur le Dam ▲ *128*. Il reçut en don de la ville *La Ronde de nuit* de Rembrandt ▲ *218*. La collection déménagea en 1816 dans une maison des canaux du centre, la Trippenhuis ▲ *151.* Mais elle ne put contenir les dons et les acquisitions qui affluaient. Parmi ceux-ci, le legs du collectionneur A. Van der Hoop en 1854 permit au musée de récupérer *La Fiancée juive* de Rembrandt ▲ *218.* Pour remédier à ce manque d'espace, quatre architectes furent invités en 1874 à soumettre un projet à une commission d'État.

UNE «CATHÉDRALE GOTHIQUE». Le bâtiment actuel date de 1885. Il est l'œuvre de l'architecte P. J. H. Cuypers. Né dans la province catholique du Limbourg, il étudia les arts à Anvers, puis il se spécialisa dans la restauration des églises catholiques quand les membres de cette religion reçurent, en 1815, une complète liberté de culte ● *39.* Cuypers contacta J. A. Thijm, célèbre homme de lettres

catholique, qui le fit venir à Amsterdam. Cette rencontre fut décisive pour Cuypers ; à sa suite, il fut accepté par l'intelligentsia amstellodamoise, qui, l'initia au symbolisme, au gothique et au culte du poète Van den Vondel ● *109* ▲ *186.* Le premier projet de Cuypers était de style néo-Renaissance ; les tours et les toits furent conçus en brique. Mais le bâtiment présente également quelques aspects gothiques, notamment par ses vitraux de la façade nord. Il fut d'ailleurs souvent qualifié de «cathédrale gothique».

On dit que le plan et la façade du Rijksmuseum constitueraient une sorte de réplique de l'Hôtel de Ville construit en 1648 ▲ *128.* De plus, la largeur exceptionnelle de cette façade évoque de façon évidente un édifice presque jumeau, la Gare centrale, elle aussi conçue par Cuypers ● *80* ▲ *138.* Une riche iconographie consacrée à l'histoire des Pays-Bas et des arts orne les façades du musée. Ainsi, de nombreuses mosaïques présentent, côté sud, vers Museumplein, des héros de la vie culturelle amstellodamoise : Van den Vondel, Frederick Hendryck, Tulp ▲ *182* ou Huygens. D'abord conçu pour abriter dans le dédale de ses salles la plupart des collections nationales, le musée a subi de nombreuses transformations et comporte de nos jours cinq sections : peinture, sculpture et arts décoratifs, art asiatique, histoire des Pays-Bas, cabinet des estampes. Il couvre les différentes périodes comprises entre le XVe siècle et la fin du XIXe siècle.

Ces frises décorent le haut du Rijksmuseum.

Hommage à Monulphus
La mosaïque (ci-contre) orne l'une des façades du musée. Elle représente un épisode tardif de la civilisation romaine : la fondation par Monulphus, vers 570, de la basilique de Saint-Servaas, près de Maastricht.

Joseph Alberdingk Thijm
Homme politique et poète catholique, J. A. Thijm convainquit l'architecte P. J. H. Cuypers de venir à Amsterdam.

Hilverdink
Le paysagiste urbain J. Hilverdink (1813-1902) s'est placé en 1885 à l'ouest du musée à peine achevé pour peindre la zone encore inhabitée, à la limite du Vondelpark et de Museumplein. Le pont est probablement celui qui enjambait alors le bras d'eau de Paulus Potterkade, aujourd'hui recouvert par une rue.

UN LIEU POUR LES CORBEAUX ET LES TOURNESOLS
La structure simple et moderne du musée Van Gogh, bâti en 1973, est entourée de sculptures modernes.

CONSTRUCTION D'UN QUARTIER
Ce cliché de Jacob Olie ▲ *259,* pris en 1894, montre le Stedelijkmuseum d'Amsterdam à peine achevé. Au fond, derrière le plan d'eau de Hobbemakade, qui sera asséché quelques années plus tard, on aperçoit son aîné, le Rijksmuseum. Les plans du Stedelijk museum ont été conçus par l'architecte A. W. Weissman.

VAN GOGH MUSEUM ♥ ▲ *226*

Ce musée, bâti sur un terrain donné par la municipalité d'Amsterdam, date seulement de 1973. Agrandi à l'occasion de la grande exposition Van Gogh organisée en 1991, il fut conçu à l'origine pour recevoir la collection du frère du peintre, Théodore Van Gogh (1857-1891). La veuve de Théo, puis son fils Jo, concédèrent cet ensemble qui comportait des œuvres de Vincent et de nombreux tableaux de ses amis, Toulouse-Lautrec, Gauguin et Manet. Les premiers plans du musée furent dessinés par l'architecte et designer Rietveld (1888-1964) ● *56.* Les œuvres de Vincent Van Gogh, comme *Autoportrait au chapeau de paille*, *Le Zouave,* ou encore *Les Souliers avec lacets* occupent le premier étage.

STEDELIJK MUSEUM ♥ ▲ *228, 230*

Le Stedelijk museum (Musée municipal) ouvrit ses portes au public en 1895 à la suite d'une donation de la collection Suasso par Sophia Adriana de Bruyn.

La municipalité d'Amsterdam s'engagea alors à créer la Fondation Sophia-Augusta afin de présenter cette collection ainsi que l'exposition quadriennale des peintres contemporains. L'architecture du musée, dans le style néo-Renaissance du Rijksmuseum, mêle la brique et la pierre, les tourelles et les pignons. L'intérieur a été modernisé sous l'impulsion des directeurs successifs. Le visiteur est immédiatement frappé par la luminosité de l'escalier monumental et des salles du premier étage, peints en blanc .

«MAISON DES MUSÉES». L' arrivée d'un nouveau directeur, Willem Sandberg (1897-1984), en 1945, entraîna une véritable révolution. Délaissant l'ancienne collection principalement historique, il s'inspira du musée d'Art moderne de New York, en transformant le Stedelijk museum en «Maison des musées», où se mêlent désormais les beaux-arts, la photographie,

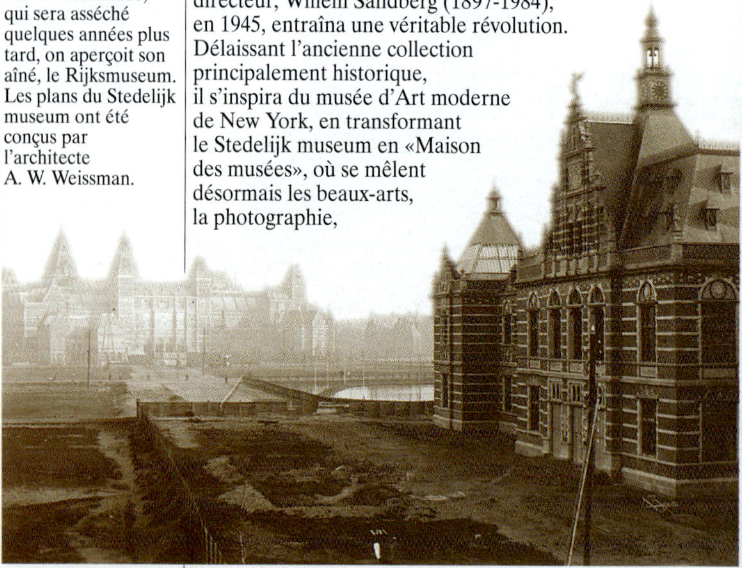

«LES PEINTRES – POUR NE PARLER QUE D'EUX – ÉTANT MORTS ET ENTERRÉS, PARLENT À UNE GÉNÉRATION SUIVANTE OU À PLUSIEURS GÉNÉRATIONS SUIVANTES PAR LEURS ŒUVRES.»

VINCENT VAN GOGH

la danse, le théâtre, la musique et le cinéma. Sandberg, lui-même artiste et typographe, eut à défendre son musée et sa conception avant-gardiste contre une critique défavorable et un public souvent conservateur. Il les provoqua par des événements et des expositions considérés à l'époque comme choquants. C'est néanmoins à Willem Sandberg que l'on doit l'intérêt d'un certain public néerlandais pour l'art moderne. La collection du musée très éclectique, reflète les goûts de son créateur. Mais ce sont les peintures et les sculptures qui dominent. Le XIXe siècle est bien représenté avec des tableaux de Van Gogh, Jongkind, Cézanne et Monet. Le musée possède des œuvres classiques de l'art du XXe siècle : Beckmann, Bonnard, Chagall, Dubuffet, Ernst, Kandinsky, Klee, Klein, Matisse, Picasso et Vuillard, Mondrian, Rietveld, et le mouvement Cobra. Une large collection de tableaux du constructiviste russe Kasimir Malevitch est aussi présentée, ainsi que la plupart des artistes américains contemporains. Une aile nouvelle, entièrement vitrée, s'ouvre sur Van Baerlestraat.

La clientèle de Rijwielschool Velox («École cycliste Velox») profita de la proximité du Vondelpark pour pratiquer le tricycle ● *58.*

UNE ARCHITECTURE RÉSIDENTIELLE

Vers l'Est, après être passé sous le Rijksmuseum, où musiciens et artisans sont nombreux à tenter de séduire le touriste, on découvre un quartier résidentiel construit après 1900. Les noms des rues s'inspirent presque tous de peintres néerlandais dont les œuvres sont exposées au Rijksmuseum. La largeur impressionnante de ces avenues s'explique par l'espace disponible hors des anciens remparts et par les moyens financiers des résidents.

UNE ÉCOLE POUR CYCLISTES ! Au coin de Hobbemastraat et de Hobbemakade, apparaît un grand bâtiment de brique datant de 1898, nommé Rijwielschool Velox, c'est-à-dire «École cycliste Velox». Fermé de 1904 à 1912, cette école fut transformée en piscine en 1912. Son grand bassin a été restauré récemment.

L'EAU CONTRE LE FEU. Sur Honthorststraat, au n° 27, se trouve une caserne de pompiers (Brandweer), également construite en 1898, dans le style néo-Renaissance néerlandais. La Brandweer représenta une étape importante de la professionnalisation des pompiers d'Amsterdam après les échecs des volontaires à la fin du XIXe siècle. Sur Roelof Hartplein, le café *Wildschut,* situé au rez-de-chaussée d'un immeuble construit dans le style de l'école d'Amsterdam ● *84,* date des années 1920. En face, la bibliothèque publique a été elle aussi érigée durant la période de l'école d'Amsterdam.

BRANDWEER
Les descendants de la brigade de pompiers dirigée au XVIIe siècle par Jan Van der Heyden ▲ *171* bénéficièrent en 1898 de la construction d'une nouvelle caserne, ou Brandweer (ci-contre et ci-dessous).

Le café *Wildschut :* son décor et ses fauteuils datent des années 1920.

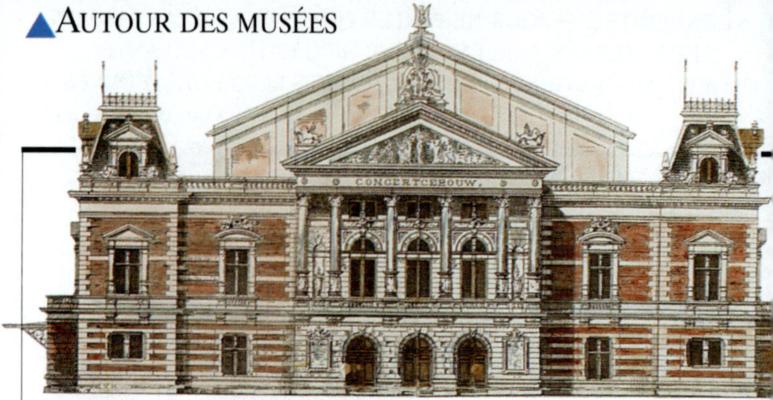

Concertgebouw ♥

● 48

L'architecte A. L. Van Gendt

Une nouvelle salle de concerts. L'extension de la ville au-delà des canaux concentriques s'effectua à la fin du XIXe siècle à partir de Museumplein. Puis, plus au sud, fut construite sur un polder la salle de concerts (Concertgebouw). Au début du XXe siècle, elle devint le centre d'un nouveau quartier résidentiel. Le Concertgebouw est né vers 1880 de l'initiative privée de riches amateurs conscients du déséquilibre entre le développement des musées et la pauvreté de l'équipement musical de la ville. Amsterdam ne comptait alors que la Parkzaal et la salle Felix-Meritis ▲ *184*. On rapporte que Brahms, en visite à Amsterdam, se serait plaint de la vétusté des installations musicales.

La société en action. Une société de capitaux fut donc fondée. Parmi ses membres, on notait la présence de P. J. H. Cuypers, l'architecte du Rijksmuseum voisin. Celui-ci contribua au choix du terrain, situé entre une usine de bougies et des jardins pour enfants. Malgré un climat économique défavorable, Cuypers et quatre de ses collègues organisèrent un concours en 1883 en vue de créer une salle de deux mille places, de forme ovale. Ce plan, inspiré de celui de Felix Meritis, comportait également un restaurant, un fumoir et un jardin. A. L. Van Gendt (1835-1901), ingénieur, architecte et homme d'affaires, remporta le concours. Il soumit plusieurs idées dont l'une était fortement inspirée des bâtiments de style français et du récent Gewandhaus de Leipzig. Le projet final prévoyait deux salles : l'une, très grande, et la seconde, plus petite, destinée aux récitals. Il présentait aussi une façade mêlant le style néo-Renaissance des tours latérales – rappelant celles du Rijksmuseum – et le style néo classique du fronton central à colonnes. En dépit d'un financement difficile, le Concertgebouw put enfin être inauguré le 11 avril 1888.

Le violoniste Joe Cramer inaugura le Concertgebouw en 1888.

La meilleure acoustique du monde sur des pilotis. Plus que la façade, c'est la grande salle qui étonne le visiteur et qui séduit l'auditeur ! Van Gendt, pourtant peu mélomane, créa en effet une salle à l'acoustique excellente. À l'origine, celle-ci comportait une scène en gradins pouvant accueillir cent vingt musiciens et cinq cents choristes. De grandes orgues dans leur tribune de bois la dominaient. Mais les instruments à vent écrasant alors un peu les cordes, la pente

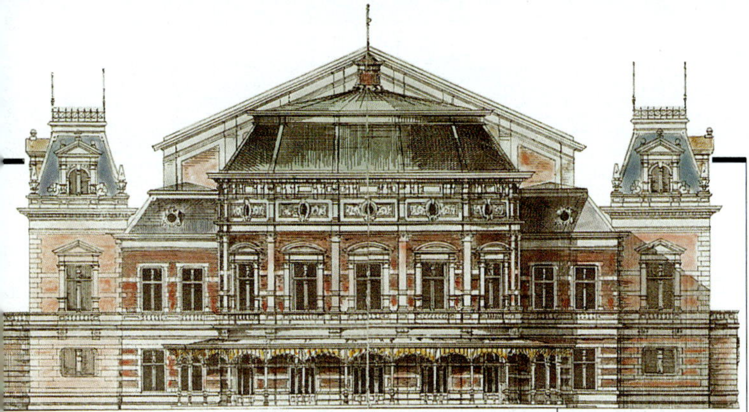

de la scène fut diminuée en 1889, avant d'être recouverte de tapis. La salle reçut sa décoration polychrome en 1898. Cependant, les nombreuses améliorations apportées à la salle laissèrent entière la question du soubassement de l'édifice : le Concertgebouw repose en effet, comme toute la ville d'ailleurs, sur une couche de sol humide insérée entre deux couches de sable ■ *16.* Aussi, les milliers de pilotis de bois qui soutenaient l'édifice ne cessèrent de se détériorer sous le mouvement des eaux. En 1983, le bâtiment entier parut menacé. Il fut donc décidé de transférer ses dix mille tonnes, reposant sur les 2 186 piliers de bois endommagés, sur quatre cents tubes métalliques plus longs et plus solides. Une machine appelée Tubex enfonça ces tuyaux sans faire bouger le bâtiment. Les anciens piliers de bois purent être enlevés. Un soubassement de béton fut alors construit sous l'eau. Une nouvelle aile fut aussi bâtie, qui suscita une vigoureuse opposition car elle rompait la symétrie et l'unité de style. Constituée en une sorte de promenade couverte à deux étages, cette galerie de verre et de colonnes est située sur le côté de la salle. Elle abrite un hall, un foyer et une partie de la machinerie. Comme dans de nombreuses institutions culturelles anciennes, la nouvelle construction est destinée à accueillir de nombreux visiteurs et à leur offrir de nouveaux services. Elle permet notamment de séparer les flux d'auditeurs se dirigeant dans la petite ou dans la grande salle.

UN PRESTIGE MONDIAL. L'orchestre du Royal Concertgebouw est considéré comme l'un des meilleurs au monde. Ses chefs, invités et permanents, comptent parmi les plus marquants de chaque génération. Parmi les hommes dont l'influence marqua l'histoire de la salle, Willem Mengelberg (1871-1951) est resté célèbre pour son exécution du grand répertoire symphonique allemand et son interprétation de l'ouverture d'*Egmont* de Beethoven. De son côté, Frans Bruggen, né à Amsterdam en 1934, a débuté ici comme flûtiste. Il créa en 1981 un ensemble de musique ancienne, composé de quarante-huit musiciens de haut niveau et de toutes nationalités, l'Orchestre du XVIIIe siècle. Toute l'interprétation a lieu sur des instruments anciens.

Ces relevés des façades nord et sud du Concertgebouw furent tracés en novembre 1883 par A. L. Van Gendt.

WILLEM MENGELBERG
Le chef d'orchestre (ci-dessus) donna au Concertgebouw une gloire mondiale qui rejaillit encore sur l'orchestre actuel (médaillon ci-contre).

Henri Viotta dirigea le concert inaugural du 11 avril 1888.

REMBRANDT

Redécouvert au XIXe siècle, Rembrandt (1606-1669) nous apparaît comme le plus grand maître hollandais du Siècle d'or, et comme l'un des plus inspirés de l'histoire de la peinture. Mais, au XVIIe siècle, telle n'était pas sa réputation. Certes, dès qu'il fut installé à Amsterdam, en 1631, il fut apprécié et chargé de commandes. Mais les décennies passant, son style le coupa progressivement du goût de ses contemporains, plus intéressés par la scène de genre ou le paysage, et séduits par une manière plus «léchée». *La Compagnie du capitaine Cocq,* plus connu sous le titre *La Ronde de nuit* (3) (Rijksmuseum), achevé en 1642, illustre bien cet écart. Le tableau suscita de très vives critiques. Rembrandt ne s'était pas soucié de convenance : la compagnie du capitaine Cocq était l'un des nombreux groupes de tireurs qui ne se réunissaient plus qu'à l'occasion de banquets et de défilés ▲ *126.* Rembrandt la saisit au moment où elle se prépare à la marche, mais en créant une telle impression de désordre que l'œuvre parut inconvenante : un coup de feu part sans raison, un chien jappe en courant et une fillette semble égarée au milieu de la troupe. Le titre de l'œuvre est curieux car la troupe débouche en plein soleil. La fillette est peinte en tons étincelants qui la rendent irréelle.

«Chez Rembrandt même
– et ceci est la perfection –
le fond et les figures ne font qu'un.»
Eugène Delacroix

Les Syndics des drapiers (1662) est l'un des meilleurs portraits de groupe du maître (2) et *La Fiancée juive* (vers 1665) l'un de ses chefs-d'œuvre (1) : Rembrandt ménage de forts contrastes lumineux, et des couleurs vives. Mais c'est la touche qui compte le plus : ici et là, sur la manche du fiancé notamment, elle est appliquée en épaisseur. C'est en voyant un tableau d'inspiration semblable que Hans Hartung comprendra, dès 1920, la légitimité d'un art abstrait (Rijksmuseum).

Autoportraits
Rembrandt réalisa une centaine d'autoportraits (plus qu'aucun autre peintre), tour à tour grave, inquiet, hilare, débonnaire, assuré, hautain, vaniteux, désabusé. Le peintre est sans doute l'aquafortiste le plus célèbre qui soit. Ici, un *Autoportrait* (4) réalisé à l'âge de vingt-sept ans (Rembrandthuis ▲ *156*).

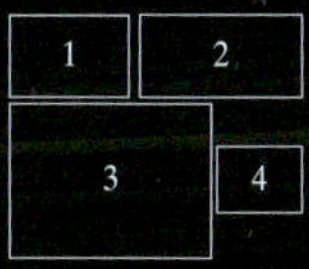

INFLUENCE DU MANIÉRISME ITALIEN
Au XVIe siècle, Jan Van Scorel (1495-1562) et Maarten Van Heemskerck (1498-1574), son principal disciple et continuateur, sont parmi les tout premiers peintres à introduire le style italien dans les Pays-Bas du Nord. Mais ils s'inspirent du maniérisme, dont ils reprennent, selon les sensibilités, les couleurs acides, les poses tourmentées ou la sensualité. Lucas Van Leyden (1489 ou 1494-1533), célèbre graveur, a aussi signé quelques chefs-d'œuvre picturaux dont le triptyque *L'Adoration du veau d'or* (3) réalisé en 1525 : l'agitation de la scène exprime le dérèglement moral des Hébreux en l'absence de Moïse ; ici, un homme engouffre un jambon ; là, un autre lutine une femme assise sur ses genoux. En arrière-plan, une bacchanale.

«ADORATION DU VEAU D'OR»
En l'absence de Moïse, les Hébreux se sont révoltés et ont élevé un veau d'or auquel ils rendent un culte (3). Quand Moïse redescend, saisi de colère, il brise les Tables de la Loi.

«AU FOND, TOUT HOLLANDAIS NAIT PEINTRE,
ET IL NE PEUT EN ÊTRE AUTREMENT.»

ÉLIE FAURE

Au XVIe siècle, quand ils traitent de ce thème, les artistes néerlandais privilégient la danse autour de l'idole et le festin des Hébreux. Dans ces conditions, la charge symbolique se dissout dans le goût du pittoresque.

PAYSAGES FLUVIAUX
Salomon Van Ruisdael (vers 1600-1670), oncle de Jacob Van Ruisdael ▲ *222*, est considéré comme l'initiateur de la peinture paysagiste du XVIIe siècle. Il excelle dans les paysages fluviaux : cette *Vue d'une rivière au bac* (2) est réalisée en 1649. La lumière joue avec l'eau, filtre à travers les nuages et les feuillages représentés avec précision. L'œuvre d'Aert Van der Neer (1603-1677) affirme la maturation de l'art paysagiste hollandais. Dans cette *Vue d'une rivière en hiver* achevée en 1650 (1), le peintre joue avec la lumière d'hiver qui transparaît à travers les nuages. (Tous ces tableaux sont exposés au Rijksmuseum.)

1	2
3	

LES PAYSAGISTES NÉERLANDAIS DU XVIIe SIÈCLE suivent la voie tracée par les peintres flamands du

XVIe siècle, comme Pieter Bruegel, Bril et Van Coninxloo. Le paysagiste le plus célèbre et le plus original de cette période est Jacob Van Ruisdael (1628/29-1682).

Représentatif de l'ensemble de son œuvre, son tableau *Le Moulin près de Wijk bij Duursted* (2), réalisé en 1670, mêle solitude, mélancolie et grandeur. «Voilà tout Ruisdael, de hautes allures, peu de charme, sinon par hasard, un grand attrait, une intimité qui se révèle à mesure, une science accomplie, des moyens très simples.» (Eugène Fromentin, *Les Maîtres d'autrefois)*. *Le Paysage fluvial avec chasse au sanglier* (3), réalisé en 1610 par le peintre anversois Joos De Momper (1564-1635) est, comme souvent, imaginaire. Quant à Hendrick Avercamp (1585-1634), il se spécialise dans les scènes d'hiver où une foule de personnages s'agite sur des lacs ou des canaux gelés comme dans ce *Paysage d'hiver avec patineurs* (4) achevé en 1618. Ce genre très narratif fut servi par d'innombrables peintres, les uns insistant sur l'atmosphère, les autres sur le pittoresque.

1	3
2	4

L'ÉCOLE DE LA HAYE
En contact avec l'école de Barbizon et l'impressionnisme français, courant rénovateur qui s'attachait à refonder une tradition du paysage, un mouvement similaire se dessine aux Pays-Bas au XIXe siècle. L'un de ses principaux animateurs, Anton Mauve (1838-1888), peint aux environs de 1875 l'élégante *Promenade à cheval le long de la plage à Scheveningen* (1) (Tableaux visibles au Rijksmuseum).

«Le caractère en peinture
est comme le chant en musique ;
on s'en souvient toujours.»

Stendhal

PERSONNAGES ET PORTRAITS

Dans la peinture néerlandaise du XVIe siècle et du début du XVIIe siècle, les portraits de groupes ne sont souvent que des alignements monotones et figés de personnages à peine liés par une action commune. Ces portraits des très nombreuses corporations savantes, militaires, caritatives ou professionnelles ornaient leurs salles de réunions ▲ *126* : ainsi de *La Leçon d'anatomie* (1) réalisé en 1628 par un peintre très à la mode, et pourtant sans génie, Thomas de Keyser (1596-1667) (Historisch Museum), et de *La Distribution de pains à la maison de l'aumônier* (détail, 5) de 1627, œuvre attribuée à Werner Van den Valckert (vers 1585-1627) (Historisch Museum).
Le Repas de la milice bourgeoise célébrant la paix de Münster (3) (Rijksmuseum), réalisé en 1648 par Bartholomeus Van der Helst (1613-1670), rompt avec cette monotonie très officielle, suivant en cela l'exemple de Frans Hals et des géniales créations de Rembrandt qui, avec la célèbre *Leçon d'anatomie du Professeur Tulp* (1632) ▲ *182*, avait révolutionné le genre. *Le Joyeux Buveur* (2) (Rijksmuseum) réalisé en 1628 par Frans Hals (1580/85-1666) est caractéristique de son œuvre pleine de vie, de force et d'élégance, riche d'effets de pâte et de touches vives. Hals, comme Rembrandt, refusait la peinture trop «léchée».

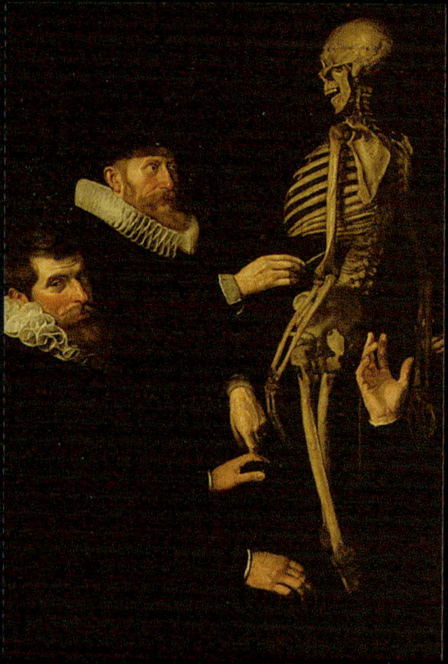

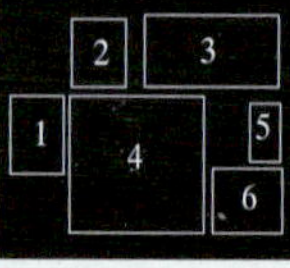

«QUE DE BEAUTÉS NOUS OFFRE L'ART !
À CONDITION DE RETENIR CE QU'ON A VU, ON N'EST JAMAIS VIDE,
NI VRAIMENT SOLITAIRE, NI JAMAIS SEUL.»

VINCENT VAN GOGH

LES INTIMISTES
Pieter De Hooch (1629-1684) et Johannes Vermeer (1632-1675) sont les peintres intimistes les plus éminents de leur époque. Ils ont su fixer des instants et des lieux insignifiants de la vie quotidienne et les transformer en rêve de beauté. Les jeux de lumière animent les couleurs et donnent une vie intense et silencieuse aux objets qui évoquent le monde extérieur. *Le Messager* (4) de De Hooch, achevé en 1670, et *La Femme en bleu* (6) de Vermeer, tous deux conservés au Rijksmuseum, en sont de merveilleux exemples.

C'est en moins de dix ans que Vincent Van Gogh (1853-1890) a composé son œuvre : sa première toile date de 1881 et, à sa mort, il avait peint 879 tableaux. Cette intensité créative se décompose en plusieurs phases, qui aboutissent à une œuvre d'une grande force. Dès *Sortie de l'église à Nuenen* (4), réalisé en janvier 1884, on peut distinguer son style, nourri de touches vigoureuses et graphiques.

Après son arrivée à Paris, il peint, en 1887, *Femme dans le café du Tambourin* (3). Ce tableau illustre sa découverte des couleurs vives. Après son long séjour à Paris où il assimile tour à tour l'impressionnisme et le pointillisme, Vincent écrit à sa sœur : «J'ai le projet de partir dès que possible, pour un temps, dans le sud où il y a encore plus de couleur, plus de soleil». Et c'est à Arles que la peinture de cet homme passionnément à la recherche de la vérité

1

2 3 4

«AU LIEU DE CHERCHER À RENDRE EXACTEMENT CE QUE J'AI DEVANT LES YEUX, JE ME SERS DE LA COULEUR PLUS ARBITRAIREMENT POUR M'EXPRIMER FORTEMENT.»

VINCENT VAN GOGH

artistique et humaine, s'épanouit : *La maison jaune à Arles* (1888) (2). C'est là qu'il accueillera Paul Gauguin pour quelques mois, espérant constituer autour de son hôte ombrageux une communauté d'artistes où tous les biens seraient mis en commun. Mais la cohabitation de deux tempéraments si forts dégénère rapidement, jusqu'à cette crise de Vincent qui débouche sur l'automutilation de l'oreille. Il quitte la Provence en 1890, et s'installe à Auvers, auprès d'un homme dont il espère quelques soins, le docteur Gachet. Les couleurs du *château d'Auvers-sur-Oise* (1) restent dans la lignée de son style méditerranéen.

L'inspiration demeure tumultueuse et exaltée : «Lorsqu'il décrit le paysage qu'il fait, [...] il ne dit pas qu'il y a des champs, des arbres, des maisons, des montagnes... mais du jaune et du bleu, du rouge et du vert... et le drame de leur rapport entre eux...» (O. Mirbeau, *Vincent Van Gogh*). En juillet 1890, le peintre finit par se suicider. Depuis, la peinture ne cesse de méditer son fulgurant message. Ses lettres à son frère Théo sont bouleversantes.

Le groupe De Stijl
Ce mouvement composé d'artistes néerlandais, pionniers de l'art abstrait, est né dans la mouvance de la revue du même nom, créée en 1917 à Amsterdam.

Théo Van Doesburg (1883-1931), fondateur de la revue, virulent et talentueux théoricien, peignit sa *Composition V Counter* (4) en 1924. Œuvres conservées au Stedelijk museum.

Cette nouvelle conception de l'art, dérivée du cubisme, s'applique à la peinture, la sculpture, l'architecture mais aussi à la décoration et à l'ameublement. Piet Mondrian (1872-1944) (8), principal animateur du groupe, réalise sa *Composition rouge, noir, bleu, jaune, gris* (7) en 1920. Mondrian poussa fort loin le principe de la pureté formelle, travaillant pendant dix ans autour de trois couleurs primaires.

4 3 2 1
5 8 7
6

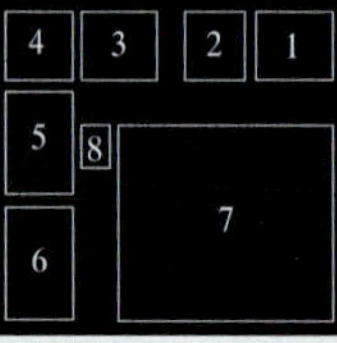

«LA FORME ET LA COULEUR ONT ATTEINT LEUR EMPLOI JUSTE : DÉSORMAIS ELLES NE SONT QUE DES MOYENS D'EXPRESSION "PLASTIQUES" ET NE DOMINENT PLUS DANS L'ŒUVRE, COMME C'ÉTAIT LE CAS DANS LE PASSÉ.» PIET MONDRIAN

LE STEDELIJK MUSEUM possède une collection éclectique. Ainsi, *Nature morte cubiste* (2), peinte en 1909 par Georges Braque (1882-1963). Le musée montre plusieurs toiles de Kasimir Malevitch (1878-1935) dont *L'Anglais à Moscou,* datant de 1924 (5). La période d'après-guerre est représentée notamment par *Femme nue se reposant devant un jardin* (1), de Pablo Picasso (1881-1973), peinte en 1956. L'expressionnisme américain est présent grâce à la *Femme chantante* (1966) (6) de l'Américain, d'origine néerlandaise, Willem De Kooning qui ne rompit jamais totalement avec la figuration. De l'Italien Salvo, une composition abstraite, *Sans Titre* (1986) (3), rappelle le groupe De Stijl.

À la fin de la Seconde Guerre mondiale naît un nouvel élan artistique aux Pays-Bas. De jeunes artistes se proposent de rendre à la création artistique un caractère immédiat, brut et sans concession à l'égard des modes nouvelles. Tout comme le mouvement Dada a pris prétexte de la ruine de la civilisation bourgeoise et de ses valeurs dans le séisme de 1914-1918, les nouveaux créateurs réfutent un rationalisme discrédité après les horreurs de la guerre. Tous les modèles non conventionnels sont exploités : l'art des enfants, par exemple, pas encore gangrené par l'esprit figuratif académique. Paul Klee et Joan Miro les ont précédés dans cette voie, et c'est vers le second, justement, qu'ils tournent leur regard. Mais ils s'inspirent aussi de l'art des fous, comme Dubuffet, du surréalisme, de la liberté formelle de Picasso et, bien sûr, des arts naïfs en général. Parmi eux, Asger Jorn et Karel Appel. Dans ce contexte, se forme en 1949 le mouvement international Cobra, composé d'artistes danois, belges, et néerlandais, d'où leur nom : Co pour Copenhague, Br pour Bruxelles, et A pour Amsterdam. Ce mouvement érige en règle le défoulement et la jouissance de la peinture pure. Le Stedelijk Museum possède une collection d'œuvres Cobra.

KAREL APPEL ▲ 144 *Hommes et animaux* de 1949 (ci-dessous) est un exemple typique du nouveau style. Appel, né en 1921 à Amsterdam, exécuta aussi des sculptures polychromes, souvent en contre-plaqué ou polystyrène expansé ● 92.

Corneille
Né à Liège en 1922, il peint *La Grande Terre* (ci-dessus) en 1958, et représente, après les débuts tumultueux de Cobra, un mode d'expression plus concentré, moins volcanique.

Constant
Né en 1920 à Amsterdam, il peint *Terre écorchée* (ci-dessus) en 1951. Constant consacre plusieurs années à la conception des maquettes d'une ville utopique, «New Babylon», puis revient à la peinture dans les années 1970. Le mouvement Cobra a cessé d'exister en novembre 1951.

Cette affiche s'adressait aux banlieusards arrivant du sud du parc, et pouvant se désaltérer au café *Schinkel*.

CAFÉ WELLING
Situé au n° 2 Johannes Verhulststraat, ce lieu est le rendez-vous «culturel» du quartier.

Enseigne du luthier Max Möller, au n° 15 Willemsparkweg.

DERRIÈRE LE CONCERTGEBOUW. Là s'étend un quartier résidentiel qui comporte de nombreux commerces et restaurants. Non loin de la salle de concerts et du Vondelpark, ce nouveau quartier attira au début du XXe siècle une population très riche. Les maisons très spacieuses sont alignées le long de rues qui se croisent autour de petites places. Au n° 100 Van Breestraat se trouve le magasin d'un droguiste dont les ancêtres ont quitté le Prisengracht il y a quatre-vingt-dix ans. Dans la vitrine sont exposées de nombreuses cartes postales que les domestiques envoyaient à leurs familles. Sur la gauche, à l'extérieur, une plaque ancienne portant la lettre «T» indique que cet établissement disposait du téléphone. L'enseigne des droguistes de la ville est également présente : un buste du Noir bâillant (le *Gaper* ● *52*), tirant la langue pour avaler une pilule. À l'intérieur sont entreposées des boîtes destinées à la conservation des herbes médicinales. En prenant à droite dans Cornelis Schuytstraat, on parvient dans Willemsparkweg, où se mêlent boutiques de luxe et villas résidentielles. Au n° 15 est installé depuis le début du XXe siècle le luthier Max Möller.

VONDELPARK ♥

Créé en 1877, le Vondelpark fut, après Artis en 1838 ▲ *268*, la seconde réalisation d'un projet de ceinture verte autour du centre. Ce jardin,

situé dans les beaux quartiers, s'étend sur plus d'un kilomètre et demi, et trois cents mètres dans sa plus grande largeur. C'est l'architecte J. D. Zocher qui fut chargé de transformer ce marécage en un parc paysager. D'abord fréquenté par les riches riverains, le parc attira au tournant du siècle les ouvriers des quartiers proches. Il comprenait un joli pavillon de fer et de verre – transformé aujourd'hui en un MUSÉE DU CINÉMA ♥ doté d'une salle de projection à l'ancienne, déménagée depuis Paris et réinstallée dans ce pavillon, près de Constantijn Huygensstraat –, une maison de thé et une statue de Vondel ● *109,* qui trône toujours à proximité du musée.

DES «HABITANTS» INDÉSIRABLES. Depuis les années 1960, le parc a accueilli sur ses pelouses des flâneurs de tout genre : artisans-hippies vendant leurs œuvres, musiciens, chômeurs, coureurs, sans-logis. Mais après les protestations des riverains, ces «habitants» ont été écartés. Toutefois, le Vondelpark est toujours envahi, notamment le jour de la Reine (30 avril) et le jour de la Libération (5 mai), dans une moindre mesure, lorsque chacun est autorisé à vendre les objets les plus divers. La sortie du parc par l'ouest permet d'accéder à un autre quartier résidentiel. L'été, des concerts gratuits sont donnés presque tous les jours sur le podium.

MANÈGE «VIENNOIS» ♥. Situé au n° 140 Vondelstraat, ce manège, dont l'intérieur est représenté ci-dessous, est l'œuvre de A. L. Van Gendt. Recouvert d'une toiture en métal, l'édifice est inspiré de l'école espagnole d'équitation de Vienne. Ce lieu, toujours en activité, compta jusqu'à cent quarante-trois stalles.

VONDELKERK ● *79.* Église catholique édifiée vers 1880, la Vondelkerk est située sur une petite place ovale de la Vondelstraat. Elle fut dessinée par l'architecte Cuypers. Désaffectée, elle a été rachetée dans les années 1980 pour un florin symbolique. Réaménagé, enrichi de parois de verre, l'édifice abrite désormais des bureaux. Dans Roemer Visscherstraat, se dressent cinq amusantes maisons construites côte à côte, du n° 22 au n° 30, représentant chacune un pays : «ITALIE», vaguement rose, «SPANJE», de style mauresque rose et blanc, «FRANKRIJK», grise, «RUSLAND», à bulbe, et «ENGELAND», devenue un hôtel, sont censées arborer un style d'habitat caractéristique !

En haut, le panneau annonce la présence d'une auberge de jeunesse («Jeugdherberg»). Située à la limite du parc, au n° 5 Zandpad («Sentier sablonneux»), elle abritait autrefois une école ménagère. En dessous, le kiosque du Vondelpark, la Vondelkerk, une église catholique construite aux environs de 1880, et la façade espagnole («Spanje») de style mauresque, l'une des cinq maisons de pays de Roemer Visscherstraat. Ci-contre, détail d'une mosaïque décorant le n° 12 Hobbemastraat.

À CHACUN SON «MUSÉE»
Amsterdam est une ville fourmillant de collectionneurs et d'antiquaires, notamment dans le quartier de Nieuwe Spiegelstraat.

«L'ÉTAT LIBRE DU VONDEL» ▲ *127*

C'est dans ce quartier paisible et aristocratique que se déroula l'un des épisodes les plus spectaculaires du mouvement des squatters, dont les activités agitèrent beaucoup Amsterdam. Le 23 février 1980, un groupe de seize personnes «squatte» le n° 72 Vondelstraat. La police intervient dans la nuit. Elle déloge avec violence les occupants qui n'offrent pourtant aucune résistance. Six jours plus tard, l'immeuble est à nouveau occupé par le groupe des squatters d'Amsterdam. Cette fois-ci, ils sont armés de casques, de barres de fer, de grenades fumigènes et de pierres. Pour se défendre, ils élèvent à la hâte des barricades, et annoncent la création officielle d'un État indépendant. Mais la réalité de l'«État libre du Vondel» ne durera que trois jours, même si sympathisants d'un jour et badauds affluent. Le 3 mars au matin, en effet, 1 200 policiers, renforcés par six chars de l'armée, un hélicoptère, des tireurs d'élite, des véhicules blindés et des canons à eau nettoient le terrain. Finalement, évacué dans le calme, l'immeuble est devenu la propriété de la ville en 1982. Il reste synonyme de liberté pour les nostalgiques de cette époque !

TROIS JOURS DE LIBERTÉ !
Le n° 72 Vondelstraat abrita en 1980 un «État libre du Vondel»… Mais, par un matin de mars, plus de mille policiers amstellodamois donnèrent l'assaut à cette «utopie» enserrée dans Amsterdam. La ville annexa cet «État» en prenant possession de l'immeuble en 1982 !

PETER CORNELIS HOOFTSTRAAT. Cette rue est la plus ancienne artère du sud d'Amsterdam. Elle abrite aujourd'hui des boutiques de prêt-à-porter international de luxe. Les maisons ont presque toutes des balcons. Le promeneur pourra admirer, au croisement de Van de Veldestraat, les magnifiques vérandas de deux maisons. Sur Jan Luijkenstraat, ce sont, surtout aux nos 22 et 32, des demeures de style Art déco qui retiennent l'attention. Elles présentent des balcons en bois, des vitraux et des sculptures.

ANTIQUAIRES ET GALERIES D'ART ● *52, 54*

À partir du Rijksmuseum, après la traversée du Singelgracht vers le centre, on se trouve dans le quartier des antiquaires et des galeries d'art, qui croise les trois grands canaux Herengracht, Keizersgracht et Prinsengracht. Amsterdam a toujours été une ville de collectionneurs. Certains étaient de simples bourgeois acquérant des tableaux auprès des plus célèbres peintres, d'autres de riches patriciens collectionnant les objets les plus divers ▲ *182.* Jacob de Wilde, par exemple, constitua au début du XVIIIe siècle un «musée» renfermant des livres, des instruments scientifiques et des pièces exotiques. Après un assoupissement au XIXe siècle, le marché des œuvres reprit à Amsterdam, surtout après la construction des trois musées de Museumplein et la mise en place de différentes aides de l'État aux créateurs. Remontant vers le centre-ville, Nieuwe Spiegelstraat est devenue le quartier des galeries et des antiquaires de luxe. La plupart présente des spécialités : verres, montres, monnaies, cartes… Au no 10, la fondation De Appel présente des expositions internationales.

Cet antiquaire est situé sur Nieuwe Spiegelgracht, dans le quartier des collectionneurs.

Jordaan

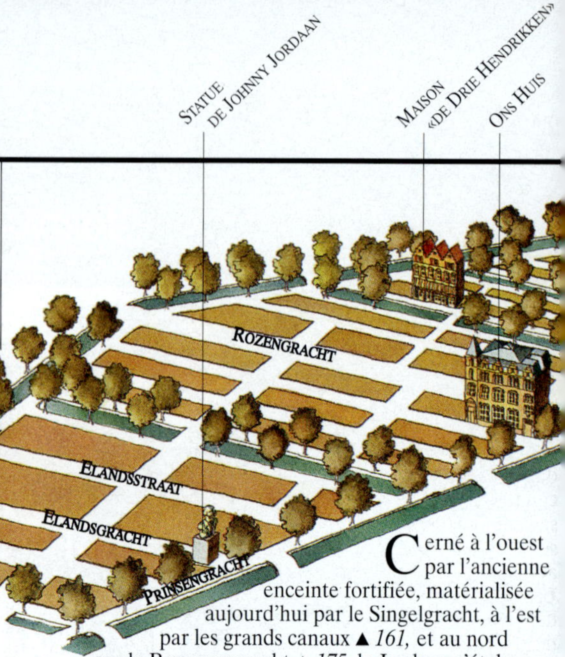

3 heures

Cerné à l'ouest par l'ancienne enceinte fortifiée, matérialisée aujourd'hui par le Singelgracht, à l'est par les grands canaux ▲ *161,* et au nord par le Brouwersgracht ▲ *175,* le Jordaan s'étale sur 65 ha. C'est un entrelacs de ruelles et de canaux étroits, dont beaucoup ont été asséchés. De tradition ouvrière et populaire, bâti à l'ouest du centre au XVIIe siècle, lors de l'expansion planifiée de la ville ● *34,* ce quartier de forme allongée s'étire sur 2 km du nord au sud et sur 450 m d'est en ouest.

JACOB OLIE ET LA PHOTO
Directeur d'une école technique et photographe-amateur, Jacob Olie (1834-1905) était aussi auteur de photos de documentation sur Amsterdam ▲ *260.*

Prise de la Westertoren ▲ *179* au début du XXe siècle, celle-ci permet d'apercevoir la Noorderkerk et le Jordaan, sur la gauche.

HISTORIQUE

UN QUARTIER OUVRIER ANIMÉ. Aux XVIIIe et XIXe siècles, beaucoup d'ouvriers et de petits artisans sont venus loger dans le Jordaan et y exercer des professions parfois ingrates, dans la tannerie ou le colportage. Tous ces gens et leurs multiples métiers s'installaient ici car des règles strictes visant à réduire le bruit et les mauvaises odeurs les empêchaient de s'établir dans le centre. Du fait de ces arrivées, la population du quartier a sensiblement augmenté. Une grande partie des nouveaux venus étaient des immigrants fuyant l'oppression politique et religieuse, tels les huguenots ● *39.* Par son côté convivial et la modicité de ses loyers, le Jordaan a, depuis, également attiré les artistes, peintres et sculpteurs, et les intellectuels.

UN ISOLEMENT DURABLE. Au début du XVIIe siècle, lors de la grande extension d'Amsterdam, le Jordaan s'est trouvé en dehors de la ceinture formée par les grands canaux. Le quartier portait initialement le nom d'Œuvre Nouvelle et avait été bâti à l'oblique, car ses rues suivaient le tracé des sentiers et des fossés des terrains de pâturages, tous parallèles, allant du sud-ouest vers le nord-est. Même après 1860, date de la construction des nouveaux quartiers établis au-delà des remparts, à l'ouest, cet isolement relatif du Jordaan a perduré puisque les principales voies de circulation

NOMS DE FLEURS
Le caractère unitaire du quartier se reflète dans la nomenclature des rues. Beaucoup portent des noms de fleurs ou de plantes : Egelantier (églantine), Anjelier (œillet), Akolei (ancolie), Laurier (laurier), Roos (rosier), Palm (palmier), Goudsbloem (souci)...

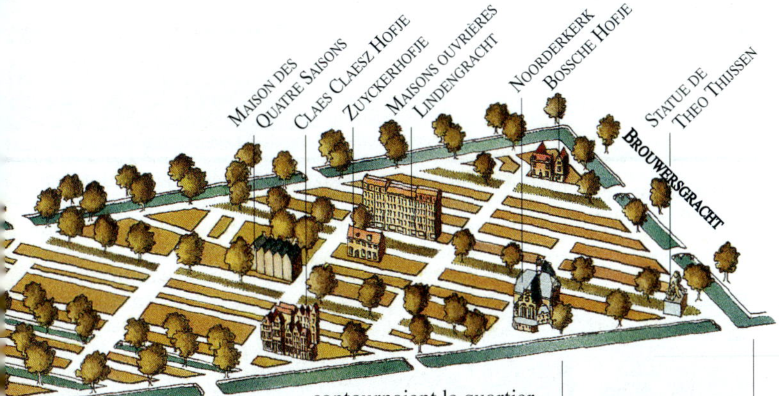

contournaient le quartier.

En 1908, pour la première fois, un bus relia le quartier au centre. Au bout de quelques mois, le service dut être interrompu après les plaintes répétées des riverains, connus pour leur franc-parler : les gaz d'échappement salissaient le linge étendu pour sécher. C'est en 1924 seulement qu'une liaison régulière fut établie avec le centre-ville, grâce au tramway électrique.

Une population en diminution. À la suite de la démolition de certaines habitations et de la transformation de logements en ateliers, le nombre d'appartements a considérablement diminué : il est passé d'environ 16 000 au début du siècle à 8 000, et est remonté depuis à 11 500, après la mise en application d'un programme de rénovation urbaine. En 1900, le quartier comptait encore environ 77 000 habitants (un Amstellodamois sur sept y vivait). Ils ne sont plus que 20 000 aujourd'hui.

Vestiges historiques. Les habitants du Jordaan ont beau être fiers des 350 ans d'histoire du quartier, on ne trouve guère de constructions datant du XVIIe siècle. Seul 1 % des immeubles arbore une façade de cette époque, 20 % datent du siècle suivant et davantage encore affichent des façades du XIXe siècle. Aujourd'hui, plus de huit cents immeubles du quartier sont classés monuments historiques. Le Jordaan a souffert au XIXe siècle d'une demande croissante de logements liée à l'industrialisation : des arrière-cours ont été peu à peu aménagées, des familles entières se sont entassées dans une seule pièce, d'autres se sont installées dans des appartements en sous-sol. C'est aux environs de 1850 qu'ont été prises les premières mesures visant à combattre cette situation parfois dramatique : on a ainsi commencé à construire les premiers immeubles ouvriers.

Le promeneur étranger peut avoir du mal à assimiler les noms des rues du Jordaan.

Un quartier chaleureux
Du fait de ses origines populaires, qu'il a conservées, le Jordaan propose au promeneur une sympathique ambiance tout à la fois décontractée et chaleureuse. Ses fleurs, qui s'épanouissent partout, ses boutiques, modernes et originales, vont de pair avec ses cafés, dont le *'t Smalle,* minuscule et agréable café brun ● *50.* Caractérisé par des vitraux gravés, son décor intérieur date de 1780, et sa terrasse, installée en été, domine le petit Egelantiersgracht.

Cartouche situé sur la façade du n° 53 Lindengracht.

LE MARCHÉ AUX PUCES DE NOORDERMARKT a lieu tous les lundis, avec ses fripes et sa brocante.

UNE ÉTYMOLOGIE MYSTÉRIEUSE. L'origine du mot Jordaan a fait couler beaucoup d'encre. L'explication la plus répandue fait de Jordaan un mot dérivé de «jardin» ● *44.* Dans *Éloge du genièvre,* un poème du début du XVIIIe siècle, le buvetier et poète Robert Hennebo évoque le Prinsengracht et le Jordaan, qui donne sur les champs. En réalité, le Jordaan n'a jamais ressemblé à un jardin, malgré ses fenêtres fleuries de géraniums, et malgré ses pots de fleurs, ses tonneaux plantés de quelques buissons, qu'on trouve partout. Des érudits proposent une version très différente : le nom du quartier aurait été inspiré par le Jourdain, le fleuve de la Terre sainte. Ce seraient les personnes vivant au bord du Prinsengracht, entre le Brouwersgracht, au nord, et le Passeerdersgracht, au sud du Jordaan, qui l'auraient baptisé ainsi, par référence biblique. L'historien Kannegieter est l'auteur de l'hypothèse la plus originale : pour lui, le mot vient de la Jordanne, une rivière d'Auvergne que les immigrants français du quartier, huguenots venus de cette région au XVIIe siècle ● *31, 39* comparaient au Prinsengracht à cause de sa pollution. L'image traditionnelle de ces immigrants convient aux habitants de ce quartier, réputés colombophiles, pêcheurs à la ligne, fous de chansons mélo et de danse sur fond d'orgue de Barbarie.

HISTOIRE DE REFLETS Aux nos 55 et 57 du Lindengracht, ce cartouche orné de poissons flottant dans un arbre évoque le reflet des maisons et des quais dans l'eau des canaux. Le nom de la rue et la date inscrits à l'envers illustrent également cette amusante idée. Sur le Lindengracht se tient chaque samedi matin un marché très animé.

LES TROUBLES SANGLANTS DE 1934 ● *32.* La crise économique mondiale l'ayant contraint à une politique d'austérité, le gouvernement décida, à la fin du mois de juin 1934, de réduire de plus de 10 % les allocations de chômage, déjà insuffisantes. Cette baisse drastique suscita l'irritation de la population, exacerbée par l'effet d'une température exceptionnellement élevée. L'été allait être chaud et long. Dans différents quartiers populaires de la ville, des troubles éclatèrent. En juillet 1934, le Jordaan organisa un défilé de protestation qui dégénéra en émeute. Les forces de l'ordre se heurtèrent à des barricades de pavés, de poutres, de caisses et de meubles. La nuit, la police restait dans l'obscurité parce que les lampadaires avaient été cassés par les habitants. Au bout de quelques jours, les autorités décidèrent d'avoir recours à la police militaire et à des unités de l'armée montées sur des chars blindés : dans le Jordaan régnait un véritable état de guerre. Des ponts relevés servirent aussi de remparts, à en croire l'écrivain Theun de Vries, qui relate ces événements dans son roman *Le Milicien :* «Durant cette période, la

Les violentes émeutes de l'été 1934.

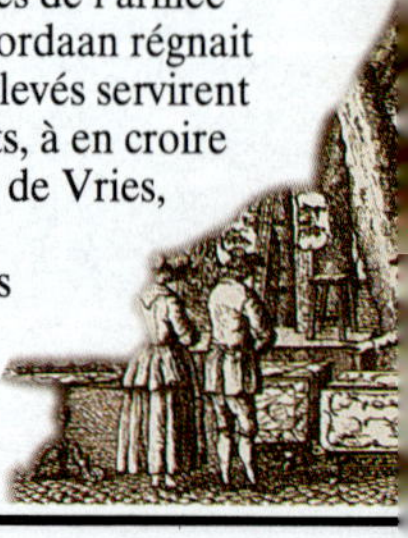

police ne cessait pas de charger, et les monstres blindés rampaient tout autour du Jordaan assiégé, hérissés de bouches à feu aux aguets. On avait suspendu les allocations des rebelles. Les hommes armés qui encerclaient la forteresse avaient un air plus féroce. Derrière les ponts et les barricades, la faim commençait à leur prêter son aide.»

THIJSSEN
Pionnier de l'enseignement, écrivain socialiste, Theo Thijssen (1879-1943) a raconté sa jeunesse dans le Jordaan dans *Kees de Jongen.* L'écolier Kees figure, avec son créateur, sur la statue sculptée par Hans Bayens en 1979, érigée devant le café *Thijssen.*

UN LOURD BILAN. Ces émeutes se soldèrent, le 9 juillet 1934, par six morts, plus de trente blessés et un grand nombre d'arrestations. La situation avait été beaucoup plus sérieuse qu'en 1917, malgré le manque de vivres de la fin de la Grande Guerre, et plus alarmante aussi que la sinistre émeute de 1886, lorsque les autorités de la ville avaient interdit le cruel divertissement populaire consistant à arracher la tête d'une anguille vivante, suspendue à une ligne, sur le Lindengracht qui, à cette époque, n'était pas encore comblé. Conséquence des troubles de 1934 : le Jordaan a troqué ses rues pavées contre de l'asphalte. Et dans le quartier, on a longtemps gardé rancune à un gouvernement qui a fait très peu pour résorber le chômage.

NOORDERMARKT ET NOORDERKERK ♥ ● *78*

Dès 1627, sur la place de Noordermarkt (marché du Nord) se sont tenues des foires. Aujourd'hui, chaque lundi matin, un marché aux puces et aux oiselets s'y déroule dans une grande animation. Sur la place, construite dans les années 1620-1623 par Hendrik Staets ▲ *163,* architecte de la ville, la Noorderkerk (église du Nord) a été bâtie dans la nouvelle partie septentrionale d'Amsterdam. Le projet initial revenait à Hendrick de Keyser ▲ *156,* décédé en 1621 avant de l'avoir achevée. Grand nombre d'églises protestantes ont été édifiées sur son modèle, d'une grande simplicité : sa base est en forme de croix grecque élargie avec trois triangles dans les croisées du transept. En haut d'une des portes centrales, un cartouche signale que la première pierre de cette église a été posée le 15 juin 1620 et que la première messe eut lieu le jour de Pâques 1623.

Pierre Fouquet (1729-1800), marchand de dessins, d'images et de peintures, d'origine wallonne, a dessiné la Noorderkerk, bâtie en bordure du Prinsengracht.

LE GENIÈVRE ● 64

Le triangle formé par le Brouwersgracht, le Lijnbaansgracht et le Palmgracht, baptisé Driehoekstraat, était autrefois un marais, asséché en 1650, lors de l'agrandissement d'Amsterdam.

UNE VIEILLE TRADITION. Le goût particulier de cette boisson alcoolisée, dont le taux d'alcool avoisine les quarante degrés, est dû au malt, son principal ingrédient. Les voyageurs de commerce, que ce métier conduisait en très grand nombre à Amsterdam, se délectaient de cette boisson fortement alcoolisée. Ils l'ingurgitaient en particulier avant d'embarquer, pour se prémunir contre le mal de mer. À l'heure actuelle, la production industrielle du genièvre s'est beaucoup développée. Pourtant, quelques distilleries anciennes ont conservé la technique traditionnelle de fabrication : c'est le cas de Van Wees, au n°14 Driehoekstraat.

LES «HOFJES» ♥

UNE TRADITION ANTIQUE. Dès le Moyen Âge, il existait à Amsterdam, ville pionnière en matière d'aide aux personnes âgées, des endroits où l'on pouvait éviter la misère et l'angoisse des vieux jours. Mais les premiers *hofjes,* hospices souvent fondés par de riches citoyens, datent du XVIIe siècle. Nombreuses dans le Jordaan, ces maisons de retraite

ALCOOLS
Eau-de-vie obtenue par distillation de moûts fermentés de céréales, le genièvre *(genever)* était à l'origine distillé sur des baies de genièvre. Ces baies sont bleues, voire noirâtres, de la taille d'un pois, et on les trouve dans les bois des

montagnes. Il s'agit en réalité du premier gin, inventé et mis au point aux Pays-Bas au début du XVIIe siècle.
À l'entrée de la distillerie de Kees Van Wees, très ancienne (ci-dessus), une plaque représente une chaudière d'alambic (en haut).
Le genièvre fait partie des boissons favorites des Amstellodamois, et on le boit surtout dans ces institutions que sont les *proeflokalen* ● *50,* ◆ *286,* cafés spécialisés dans les alcools forts. Bols est un des principaux producteurs de genièvre.

accueillaient aussi des veuves ou d'autres personnes dans le besoin à une époque où l'assistance sociale faisait défaut. Amsterdam était de toute façon une ville hospitalière. Le philosophe français René Descartes ▲ *179,* qui a séjourné à Amsterdam, n'a-t-il pas conseillé dans une lettre à l'un de ses amis, Guez de Balzac, de «choisir Amsterdam pour sa retraite» ● *99* ?

INSCRIPTIONS-SOUVENIRS. Malgré leur emplacement au cœur de la ville, ces *hofjes* sont assez étendus. Ils sont souvent constitués de petites maisons bâties autour d'une cour intérieure ou devant un jardinet. Sur bien des façades de ces hospices, sont apposées des plaques commémoratives. Elles pérennisent le souvenir du fondateur ou de la fondatrice. À l'occasion du septième centenaire d'Amsterdam, en 1975, le syndicat d'initiative avait publié un petit livre mentionnant les adresses des *hofjes*. Mais il a dû être retiré de la vente après que les actuels occupants de ces maisons se furent plaints d'être trop souvent dérangés.

PROMENADE DANS LES «HOFJES» ♥. Les maisons portant la lettre L en bas de leur porte, à droite (L pour *Lid* : membre), appartenaient aux membres de l'Église réformée calviniste qui offraient des dons à la diaconie. Cette lettre servait de repère aux diacres qui passaient recueillir les aumônes. LINDEN HOFJE, aux nos 94-112 Lindengracht est, après le Béguinage ▲ *122,* le plus vieil hospice existant à Amsterdam : il date de 1616. SUYCKERHOFJE, nos 149-163 Lindengracht, fondé en 1667 par Pieter Jansz Suyckerhof, accueillait des protestantes esseulées. Dans Karthuizerstraat, l'architecte Daniel Stalpaert ● *36* a construit en 1650, à la place d'un couvent de Chartreux, la maison de retraite HUYS ZITTEN WEDUWEN HOFJE. Au n° 50 Egelantiersstraat, l'ANSLO'S HOFJE, enclos intime menacé de destruction naturelle, a été sauvé par l'association des Amis du Vieil Amsterdam. Quant au CLAES CLAESZ HOFJE, situé à l'angle de Egelantiersstraat et 1e Egelantiersdwarsstraat (entrée au n° 3 de cette deuxième rue), il abrite aujourd'hui, autour de sa petite cour et de sa fontaine, des logements pour étudiants musiciens. De plus en plus protégés du public, certains de ces *hofjes* sont de véritables petits trésors : c'est le cas du 'T VENETIAE HOFJE (nos 104-142 Elandsstraat), avec son joli jardin. Pour les découvrir, il ne faut pas hésiter à pousser leur porte.

UN NOMBRE D'HOSPICES EN RÉGRESSION
Il y avait autrefois dans le Jordaan près de cent hospices. Aujourd'hui, il ne subsiste qu'environ soixante-quinze *hofjes* à Amsterdam, dont beaucoup sont situés dans le Jordaan.

De haut en bas : cartouche de l'Anslo's hofje ; détail du Bossche hofje ; vue du jardin du 't Venetiae hofje ; fontaine de la cour du Claes Claesz hofje, et cartouche du Bossche hofje. Le cartouche du Bossche Hofje (Palmgracht, nos 20-26), l'œuvre d'Arent Dirxen Bosch, négociant baptiste, permet de dater la construction de l'asile.

PROJETS D'URBANISME

Très rares dans le reste d'Amsterdam, les rideaux de dentelle, de toutes formes et de tout style, sont en revanche fréquents dans le quartier. Ils caractérisent le statut social d'une communauté populaire aimant les logements coquets, et permettent sans doute aux curieux de regarder dehors sans s'exposer aux regards des passants.

Le Lindengracht à la fin du XIXe siècle.

UNE ENTREPRISE EN BÂTIMENTS. Une partie du quartier, entre Lindengracht et Goudsbloemstraat, était assez délabrée à la fin du siècle dernier. En 1896, une société (la N.V. Bouwonderneming Jordaan, la Société anonyme d'entreprises de bâtiments du Jordaan) fut fondée pour le reconstruire. L'ingénieur J. E. Van der Pek (1865-1919) foisonnait d'idées nouvelles qu'il appliqua à ses projets. Un grand immeuble ouvrier fut ainsi bâti sur le Lindengracht, aux nos 206-220. Le rez-de-chaussée comptait trente-deux pièces et abritait les boutiques. Le bâtiment côté Goudsbloemstraat comportait des studettes bon marché. L'entreprise a été liquidée en 1971 et les deux blocs ont été vendus à un particulier.

NOMS DE MÉTIERS
Sur les façades des logements ouvriers des nos 206-220 du Lindengracht, on peut lire les inscriptions : *In den Steenhouwer* (Au casseur de pierres), *In den Grondwerker* (Au terrassier), *In den Loodjieter* (Au plombier), *In den Smit* (Au forgeron), *In den Metselaar* (Au maçon)...

UNE POPULATION REBELLE. En 1969, la municipalité amstellodamoise élabora un programme de rénovation du Jordaan. Considérant qu'elles étaient passablement endommagées, les urbanistes avaient prévu de raser toutes les vieilles maisonnettes du quartier. Ils pensaient reloger leurs occupants dans de grandes tours, mais les loyers auraient été bien plus élevés. Sans compter que le Jordaan y aurait laissé un pan de son identité. Après les protestations des habitants, le projet a dû être abandonné. En 1973, un consensus est né autour d'un autre plan de rénovation, prévoyant des constructions échelonnées et des démolitions restreintes. Aujourd'hui, le Jordaan a conservé son cachet. Les cartouches, tel ce cheval noir que l'on peut admirer au n° 241 Lindengracht, font toujours le lien avec le passé, en dépit des boutiques nouvellement installées, galeries d'art ou magasins de luxe.

CARTOUCHES
«Au cochon gras», emblème de la vieille boucherie du n° 26 Goudsbloemdwarsstraat ; et le cheval noir du n° 241 Lindengracht.

LE CHARME TRANQUILLE. Au coin du Lijnbaansgracht, un des canaux bordant le quartier avec le Brouwersgracht et le Prinsengracht, se dresse le café *De Gijs.* Plus loin, l'hôtel Acacia et de petits jardins plantés le long du canal dégagent

une atmosphère de tranquillité. Perpendiculaire à Gietersstraat, rue dont le nom rappelle l'ancienne fonderie de pièces de canons et de cloches (fondre se dit *gieten*), Tichelstraat porte le nom des vieilles briqueteries de carreaux et de majolique, faïence italienne de la Renaissance. Ici a été érigée une église catholique consacrée à saint Antoine de Padoue. L'entrée se trouve au n° 47 Lijnbaansgracht.

LES PROVOS ● *33*

Au n° 14 Karthuizersstraat, où figurent des vestiges d'appartements en sous-sol, siégeait il n'y a pas si longtemps le mouvement Provo, premier mouvement radical de la société hollandaise né dans les années 1960.
LES TRUBLIONS MODERNES. Comme son nom le laisse présager, le mouvement Provo regroupait des provocateurs, de jeunes contestataires décidés à s'en prendre à l'ordre établi : la police, les hommes politiques, les fonctionnaires. Exploitant avec habileté l'intérêt qu'il suscitait, notamment dans la presse, ce mouvement social s'est fait connaître par des *happenings.* Son créateur, Robert Jasper Grootveld, décida pendant l'été 1964 de rassembler les sympathisants de son mouvement autour du Lieverdje, statue de bronze érigée sur la place du Spui et représentant un gavroche. Donation d'une manufacture américaine de cigarettes, cette statue servait de point de ralliement, tous les samedis soir, à une campagne anti-tabac menée sur le mode humoristique ▲ *123.*
CONTRE LA POLLUTION. Non violents, les acteurs de ce mouvement étaient opposés à l'emploi de la bombe atomique et à l'intervention américaine au Viêt-nam. Écologistes avant l'heure, ils concevaient des projets audacieux destinés à assainir leur ville, décrétée «centre magique» du monde. Ils préconisèrent ainsi l'emploi du vélo blanc ● *58,* couleur de l'innocence et symbole de la pureté, et lancèrent avec

DÉCORS TYPIQUES
Les rideaux des fenêtres du Jordaan constituent une des grandes caractéristiques du quartier, le seul à en arborer à Amsterdam.

Boutique, au coin de Tichelstraat et de Karthuizersstraat. Et les maisons, le long du Lijnbaansgracht, en bordure occidentale du Jordaan.

«A l'ouest du Dam, le Jordaan, centre ouvrier important, avec des fleurs dans les rues, des caves habitées, des perrons flanqués de bancs et des maisons penchées en avant, en arrière, ou de côté, étale ses promiscuités, ses linges, ses fuchsias, sa marmaille.»
Maurice Gauchez, *Le Charme de la Hollande.*

Cette aquarelle représente le Goudsbloemgracht au XVIIe siècle, peu après la création du Jordaan.

Une rue du Jordaan : 2e Tuindwarsstraat.

VENTE D'EAU CHAUDE Gravée en 1726, cette pierre d'enseigne orne une habitation de Boomstraat (nos 24 à 28) où l'on vendait autrefois eau chaude et allume-feu. Avant 1905, date à laquelle le Jordaan fut raccordé au réseau de distribution de gaz, il existait des boutiques où l'on pouvait se procurer de l'eau chaude et une briquette brûlante servant de chauffe-pieds. Pendant la Seconde Guerre mondiale, le four fut à nouveau utilisé à cette fin.

le soutien de la municipalité un plan «voitures blanches». Une voiture électrique conçue par un ingénieur Provo et destinée au transport urbain devait remplacer peu à peu les véhicules traditionnels. Le but de l'opération était de jeter l'opprobre sur l'automobile, symbole polluant de la société de consommation.

SEUIL D'INTOLÉRANCE. Le 12 juillet 1965, paraissait le premier numéro de la revue *Provo,* support des idées du mouvement. Ce manifeste avait été rédigé par un étudiant en philosophie, volontairement critique envers les Provos, ce «ramassis de cafards», trop calme à son goût, à qui il souhaitait de devenir un jour des révolutionnaires. Le 10 mars 1966, la renommée du groupe – une trentaine de membres actifs – dépassa les frontières hollandaises. Ce jour-là à Amsterdam, la princesse héritière Beatrix épousait un Allemand, Claus von Amsberg. Ne pouvant supporter ce mariage avec le citoyen d'un pays responsable de tant de malheurs, les Provos firent exploser des bombes fumigènes à la sortie de l'église, près du carrosse nuptial ▲ *128.* Les affrontements entre les forces de l'ordre et les manifestants se prolongèrent tard dans la nuit. À partir de là, les jeunes du groupe Provo changèrent leur philosophie non violente et d'autres manifestations dégénérèrent. La sympathie ou l'admiration que ces anarchistes suscitaient se mêla à un sentiment d'irritation, voire de fureur. Avec eux, la tolérance naturelle des Amstellodamois montra ses limites. Le mouvement finit par se dissoudre, après la scission entre partisans et adversaires d'une action politique.

LES GNOMES ÉCOLOS. Après 1967, les Kabouters (farfadets ou gnomes) prolongèrent le mouvement Provo. Partisans de la suppression totale de l'automobile en ville, du retour à l'autarcie dans des fermes-urbaines, ils proposaient

LE MOUVEMENT PROVO AVAIT LE JORDAAN POUR FIEF. AUJOURD'HUI, LES HABITANTS DU QUARTIER, ARTISTES, PEINTRES, SCULPTEURS ET ÉTUDIANTS, EN SONT LES TRÈS PAISIBLES HÉRITIERS.

l'utilisation de moulins à vent pour produire de l'électricité et lutter contre la pollution. Leur engagement politique fut bien plus profond que celui des Provos. De leur imagination bouillonnante et constructive naquirent des projets de nouveaux ministères. L'un, justement, se consacrerait à la suppression des automobiles. Un autre, pourquoi pas, se chargerait de l'aide aux personnes âgées. Des idées pas si farfelues qui ont fini par être prises en compte sous diverses formes, aux Pays-Bas comme ailleurs.

UN QUARTIER AUTHENTIQUE

Dans quelques rues transversales, comme Tuindwarsstraat et 2e Egelantiersdwarsstraat, des boutiques surprenantes proposent des objets originaux. Ainsi ce magasin de poupées, aux innombrables têtes alignées sur des étagères, n'en est qu'un exemple. Et partout, les rideaux typiques symbolisent l'attachement au foyer de ses habitants.

BLOEMGRACHT ♥. Avec ses allures de petit quartier résidentiel, jouissant d'un certain prestige dans ce quartier populaire, le Bloemgracht (canal des Fleurs) est surnommé par boutade le «Herengracht du Jordaan». Ici s'élèvent quatre-vingt-cinq immeubles construits aux environs de 1800.

Leur conservation fait l'objet de tous les soins puisqu'ils ont été classés monuments historiques. Aux nos 74 et 76 habitaient, aux XVIe et XVIIe siècles, trois générations de la famille Blaeu : les fameux imprimeurs et éditeurs de cartes géographiques tenaient là leur boutique ● *41, 54.* Très bien préservés, les atlas de Jan Blaeu se vendent aujourd'hui au tarif de 40 000 $ pièce. Aux nos 19, 23 et 77, des cartouches représentent respectivement un pélican, une licorne et un semeur. Car le Bloemgracht ne fait pas exception à la règle : ses maisons sont très souvent décorées de cartouches ou pierres d'enseigne.

PIERRES D'ENSEIGNE. Cette tradition d'orner les façades de *gevelsteen,* remonte à 1452, date tragique d'un énorme incendie à la suite duquel les habitants eurent du mal à reconnaître leur maison ou leur magasin. Du coup, on apposa partout ces plaques rectangulaires aux couleurs vives, portant en relief une scène ou un emblème symbolisant

SOUS-SOLS
Longtemps, comme dans ce tableau du siècle dernier, des familles ont habité dans des logements sombres, construits au sous-sol. On trouve encore quelques beaux exemples de ces appartements dans Karthuizersstraat, non loin du siège du mouvement Provo, situé au n° 14 de cette rue. La police y faisait souvent des descentes à la recherche d'écrits subversifs.

Dans mille recoins du Jordaan, anciens perrons et escaliers fleuris donnent un aspect joyeux aux ruelles.

“Le Herengracht, canal des Messieurs, vint en premier pour confirmer la puissance des marchands ; Keizersgracht et Prinsengracht passaient après. Puis les autres, les petits canaux transversaux aux noms d'arbres et de fleurs, le Lis, l'Églantier, la Rose et le Laurier, entre lesquels vivait le peuple, dans un quartier qui s'appelle le Jordaan, les charpentiers de marine, les portefaix, les matelots, les hommes aux voix fortes, qui apportaient l'air du grand large dans les ruelles étroites.”

Cees Nooteboom, *Sous le signe de l'eau.*

FOYERS DU JORDAAN Scène ancienne dans une maison du Bloemgracht (ci-dessous). Ce canal, que l'on compare au prestigieux Herengracht, est

un lieu de promenade agréable (au centre). Ses rives sont bordées par des maisons du XVIIe siècle, comme «de Drie Hendricken» (au centre).

UN HABITAT EN PROGRÈS Réaménagé, le Jordaan possède aujourd'hui bien moins de constructions sauvages et de masures qu'autrefois. Malgré tout, certains logements ne sont pas des modèles du genre : au coin de Lijnbaansgracht et de Marnixstraat subsistent des immeubles très mal conçus. Ci-dessous, un logement social moderne dans 2e Bloemdwarsstraat.

la profession de l'occupant et placées au-dessus de l'entrée ou sur le pignon. L'usage de ces pierres de façade tomba cependant en désuétude au XVIIIe siècle, quand les Français introduisirent la numérotation ▲ *185.*

L'ASSOCIATION KEYSER. Aux nos 87-91 du Bloemgracht, trois façades surmontées de pignons à redents datent de 1642 et ont été rénovées. Surnommées «DE DRIE HENDRICKEN» (les Trois Henri), ces maisons ♥ appartiennent depuis 1929 à l'Association Hendrick de Keyser, de même que la maison Bartolotti sur le Herengracht ▲ *170.* Elle vise, depuis sa création en 1918, à acquérir des immeubles historiques afin d'en assurer la conservation et la réparation. Les activités de l'association, du nom du célèbre architecte décédé en 1621 ▲ *156,* couvrent tous les Pays-Bas : deux cent quatre-vingts immeubles sont à sa charge dont quatre-vingt-deux à Amsterdam.

LA TRADITION DE LA FÊTE ● *46.*
«La musique a été, de tout temps, une passion du peuple hollandais et l'une de ses passions les plus ardentes. Les concerts sont donc nombreux à Amsterdam. Concerts en plein air l'été, et dans des salles confortables l'hiver.» (Henry Havard, *La Hollande à vol d'oiseau)* Chaque année, le festival Jordaan anime le quartier pendant une partie du mois de septembre et s'achève par une course cycliste, organisée un dimanche. Cette fête musicale amstellodamoise, au cours de laquelle bière et nostalgie coulent à flots, restitue l'atmosphère du vrai Jordaan, le Jordaan à l'argot enjoué, à la langue fleurie de dictons imagés, le Jordaan paradoxal en politique, dont les habitants, attachés à la reine Wilhelmine, sont étiquetés monarchistes mais se rangent sous la bannière socialiste ou communiste au moment de voter. On y retrouve aussi le Jordaan des costumes typiques, chandail, pantalon de velours et casquette de drap noir pour les hommes, jupe, veste et sandales de cuir pour les femmes, sabots pour les enfants. Le Jordaan, enfin, des orgues de Barbarie, instruments aussi caractéristiques pour la ville que le sont les pignons dans le domaine architectural ● *48.* Cette fête attire des Amstellodamois de tous les coins de la ville. Y accourent en particulier les anciens habitants du Jordaan, partis vivre ailleurs. Le reste de l'année, contrairement aux autres quartiers d'Amsterdam, ses cafés organisent des bals publics. Le Jordaan aime à se distinguer, encore et toujours : ainsi ses habitants préfèrent-ils, si une bagarre survient au cours de ces moments de fête, ne pas appeler la police et laver leur linge sale en famille.

LE SUD DU JORDAAN

Le Rozengracht scinde le Jordaan en deux parties : nord et sud. La partie septentrionale, véritable cœur du Jordaan, est restée authentique, alors que la partie sud, repaire des petites entreprises et de l'artisanat, s'est en revanche modifiée au fil du temps.

«NOTRE MAISON». Dans Rozenstraat, *Ons Huis* (Notre Maison), aux nos 6-32, est un centre culturel établi en 1892 sur l'initiative d'Hélène Mercier (1839-1910). Pionnière en matière d'assistance sociale, admiratrice du travail de l'Anglaise Octavia Hill à Londres, elle fut la cofondatrice de différentes institutions sociales. En compagnie d'Aletta Jacobs, la première femme médecin aux Pays-Bas, elle effectuait des visites à domicile dans le Jordaan et prodiguait des conseils portant sur l'hygiène, l'alimentation, la gestion du budget personnel... Pour les avoir fréquentés, Hélène Mercier a pu décrire, dans de nombreux articles, les logements insalubres des familles du Jordaan et les pitoyables conditions d'hébergement. En 1887, elle ouvrait la première soupe populaire à Amsterdam et fondait l'académie populaire *Ons Huis,* lieu de débats, de conférences et de concerts pour les ouvriers.

SUR LES TRACES DE CÉLÉBRITÉS. La *Bols Taverne,* au n° 106 du Rozengracht, jouxte l'ancienne distillerie (nos 99-105), transformée en magasins, ateliers et petites habitations. Prisé

DÉCORS DU BLOEMGRACHT
Cartouches du pélican (n° 19) et de la licorne (n° 23). Et une fenêtre de la maison située au coin de la 2e Bloemdwarsstraat.

L'OPÉRETTE
De Jordaanprinses (La Princesse du Jordaan), de Max Gabriel, illustre les aspects populaire et festif du quartier, siège d'un festival en septembre. Dans le Jordaan, la musique était autrefois reine toute l'année : les joueurs d'orgue de Barbarie investissaient ses rues. Pendant qu'un musicien actionnait la manivelle, deux de ses amis faisaient la manche ● *48.*

Cette photo de Bloemstraat, prise par Jacob Olie ▲ *260* au début du XXe siècle, laisse apercevoir au fond la Westertoren ▲ *179.* Elle domine le quartier de sa hauteur monumentale.

SON PSEUDONYME ÉTAIT JOHNNY JORDAAN
Interprète de chansons gaies et sentimentales, Johnny Jordaan avait été découvert lors du festival de ce quartier, en 1950. Sa statue se dresse à l'angle de Elandsgracht et Prinsengracht. Ses fans ont baptisé ce lieu Johnny Jordaanplein. Le Prinsengracht ▲ *176,* frontière orientale du Jordaan, figure ci-contre sur cette aquarelle.

des artistes, le quartier a autrefois abrité les demeures de peintres célèbres. Rembrandt ▲ *156, 179, 218,* le maître du clair-obscur, a vécu au n° 184 Rozengracht à partir de 1660. Ce fut là son ultime demeure à Amsterdam, où il mourut. George Hendrik Breitner ● *88* ▲ *258,* l'impressionniste amstellodamois, a résidé le long du Lauriergracht, plus au sud. Au XVIIe siècle, le peintre Govert Flinck, disciple admiratif de Rembrandt, et le philosophe Amos Comenius (1592-1670), humaniste tchèque précurseur de la pédagogie active, habitaient aussi sur le Lauriergracht. Comenius, qui fut enterré dans l'église wallonne de Naarden, vénérait Amsterdam, «chérie parmi les villes, bijou des Pays-Bas, cri de joie d'Europe».

HÉROS LITTÉRAIRE. Au n° 37 Lauriergracht se trouve un immeuble récent qui ne présente pas d'intérêt particulier. Là, se situait pourtant la demeure de M. Droogstoppel, héros du fameux roman *Max Havelaar* de Multatuli (1820-1887), de son vrai nom Eduard Douwes Dekker ▲ *166.* Droogstoppel, personnage littéraire célèbre – à tel point que son nom est passé dans le langage courant aux Pays-Bas –, est un commerçant protestant représentant en café. Têtu et pharisien, il se dit amoureux de la vérité et du bon sens, qualité dont il n'est pas forcément doué. L'adresse du héros est annoncée dès la première ligne de *Max Havelaar,* une œuvre qui constitue une violente attaque de la politique coloniale de l'époque et qui influença fortement le renouveau littéraire néerlandais de 1880. Ainsi commence-t-elle : «Je suis courtier en café et j'habite au 37, Lauriergracht. Il n'est pas dans mes habitudes d'écrire des romans ou autres choses semblables, aussi m'a-t-il fallu bien du temps pour me décider à commander quelques rames de papier supplémentaires et à commencer [cet] ouvrage...»

LE JORDAAN MAÎTRE À CHANTER. Au coin de Elandsgracht et de Prinsengracht, s'élèvent les statues de Johnny Jordaan, de la chanteuse Tante Leen et de l'accordéoniste Johnny Meyer. Vedette du chant populaire du quartier, connu dans tous les Pays-Bas, Johnny Jordaan, dont le vrai nom était Jan Van Musscher, avait été découvert pendant le Jordaan Festival de 1950, dont il avait été le lauréat. Il travaillait souvent avec Tante Leen, sacré deuxième lors de ce même festival.

Distribution de nourriture à la Libération, sur Elandsgracht. Seul le Jodenbuurt, le quartier juif, situé à l'est du centre, a rivalisé avec le Jordaan pour sa pauvreté ▲ *158.*

ANCIEN PORT OUEST

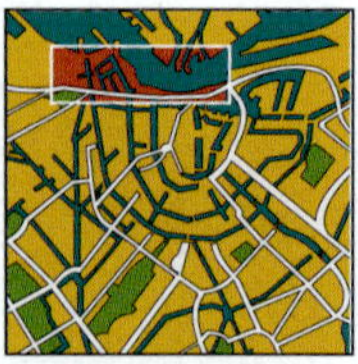

1/2 journée

Haarlemmerstraat et Haarlemmerdijk sont de vieilles rues commerçantes, comme le montre cette publicité

ancienne pour un chausseur. De nos jours, ces rues sont toujours très animées.

Cartouches de café, thé et cacao, sur la façade du n° 60 Haarlemmerstraat (ci-dessus). Enseigne d'un très ancien magasin de thé, au n° 45 Haarlemmerdijk (à droite).

Le nord-ouest d'Amsterdam avec, le long de l'IJ, ses docks, ses entrepôts, ses îles aménagées, abrite des habitants de tradition populaire et ouvrière, un peu à la manière du Jordaan ▲ *235.* Mais au contraire du Jordaan, l'unité historique et architecturale du quartier de Haarlem (Haarlemmerbuurt), des îles de l'ouest et du quartier de Spaarndam (Spaarndammerbuurt), très proches géographiquement, n'existe pas. Néanmoins, ces lieux comptent beaucoup dans l'histoire d'Amsterdam et ne manquent surtout pas de charme.

HERENMARKT

Lors de la troisième extension de la ville en 1612 ● *36,* la Haarlemmerpoort (porte de Haarlem), située à cet endroit, fut remplacée par un marché aux cochons. Le Herenmarkt (marché des Seigneurs) fut parfois appelé à l'époque, d'un ton railleur, «Hoerenmarkt» (marché des Prostituées). On lui attribua en 1635 un prévôt spécial afin de «purger le quartier de voleurs, de putains et d'autres canailles». À côté, au n° 75 Haarlemmerstraat, se dresse la maison de la Compagnie des Indes occidentales ▲ *252.*

ÉMEUTE DU DÉPÔT DE SOUPE. En 1833, une loi rendit les propriétaires responsables du paiement des taxes de leurs locataires qui acquittaient un loyer de moins de 80 florins. Les «petits» propriétaires ne se laissèrent pas faire et refusèrent de payer ces taxes. Ils s'associèrent et formèrent une commission de propriétaires sous la présidence de Johannes Blokhoff, droguiste propriétaire de plus de cent soixante-dix immeubles, que les autorités décidèrent de poursuivre. Le 2 juillet 1835, son mobilier fut saisi et transporté au «dépôt de soupe» *(soeploodsoproer)* du Herenmarkt. Ce lieu était appelé ainsi parce que l'on y distribuait de la soupe aux pauvres en hiver. La vente aux enchères remporta peu de succès : le public commença à jeter des pierres, ensuite personne ne voulut ou n'osa faire une offre, et la vente fut reportée. Le soir, une foule armée de bâtons sillonna le quartier et cassa les vitres d'un percepteur des impôts habitant sur le Keizersgracht. Parvenus au dépôt de soupe, les émeutiers cassèrent les vitres et pillèrent les marchandises. La révolte prit fin avec l'incendie du bâtiment en bois. Quelque temps après, la mesure fiscale fut suspendue.

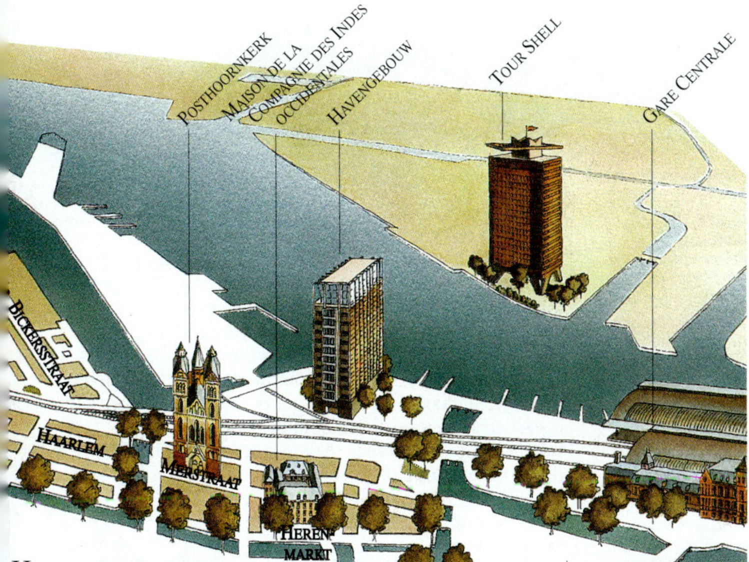

Haarlemmerbuurt

Immédiatement au nord du Brouwersgracht, le quartier de Haarlem (Haarlemmerbuurt) formait autrefois le faubourg d'Amsterdam en direction d'Haarlem, à l'ouest.

Eenhoornsluis. Lors de l'expansion urbaine de 1612, seul le Prinsengracht ▲ *176* eut une ouverture sur l'IJ. Comme le canal avait à l'époque des ponts-levis, seuls les petits bateaux passant dans L'ÉCLUSE pouvaient accéder aux entrepôts. L'écluse servait aussi à désensabler les canaux en chassant l'eau ■ *18.* Jusqu'en 1834, la vue était dégagée et magnifique ; elle fut amputée par l'aménagement du dock occidental. La construction, en 1870, du talus de chemin de fer fit disparaître l'IJ «derrière une Grande Muraille de viaducs», selon l'écrivain Jan Mens ▲ *259.*

«Se faire une Haarlemmerdijkkie». Cette expression *(Een Haarlemmerdijkkie pakken)* a été pendant longtemps employée par les Amstellodamois pour désigner une sortie nocturne sur Haarlemmerdijk, rue prolongeant Haarlemmerstraat. Les cafés, les restaurants, les marchands ambulants de harengs et de fleurs, et les colporteurs de toutes sortes y créent une ambiance chaleureuse.

Haarlemmerplein. Sur cette place a été reconstruite en 1612 l'Haarlemmerpoort, conçue par H. de Keyser. Elle se trouvait auparavant plus à l'est, près de la ceinture des canaux ▲ *161.* Démolie en 1837, elle fut remplacée en 1840 par la WILLEMSPOORT encore existante (ci-dessous, en 1903),

Posthoornkerk
Conçue par P. J. Cuypers ▲ *211*, cette église catholique bâtie entre 1860 et 1863 doit son nom à l'église clandestine qui était installée depuis 1687 dans l'écurie de la diligence postale à destination de Haarlem *(posthoorn :* cor de la diligence).

Canal vers Haarlem
On creusa en 1632 un canal reliant Amsterdam à Haarlem. Le transport des voyageurs par coche fut immédiatement un grand succès. Le premier bateau partait dès l'ouverture de la porte de la ville, puis un autre départ était donné toutes les heures. Au XVIIe siècle, 250 000 passagers furent ainsi transportés chaque année ! Après l'amélioration de Haarlemmerweg, en 1762, le transport terrestre vers Haarlem concurrença sérieusement le coche d'eau. Le chemin de fer porta le coup de grâce. Le 20 septembre 1839, un train roula pour la première fois parallèlement au canal, à destination de Haarlem. De 1843 à 1878, la gare de départ de la Compagnie hollandaise des chemins de fer était située à l'entrée du Westerpark.

que les Amstellodamois appellent par habitude Haarlemmerpoort. Le nom de Willemspoort (porte de Guillaume) rappelle l'inauguration du monument par le souverain Guillaume II lors de son entrée dans la ville, l'année de son couronnement. Au XIXe siècle, jusqu'en 1864, la porte ne servait plus à la défense de la ville, mais à la perception des impôts municipaux. À l'origine, Haarlemmerplein était le lieu où se garaient charrettes de fermier et diligences. Entre-temps, les écuries voisines furent démolies ou transformées en garages. Après la construction de la route le long de la voie ferrée, les bâtiments du côté nord disparurent. Aujourd'hui, la circulation ne passe plus sous la porte, un pont ayant été érigé sur le Westerkanaal, à côté.

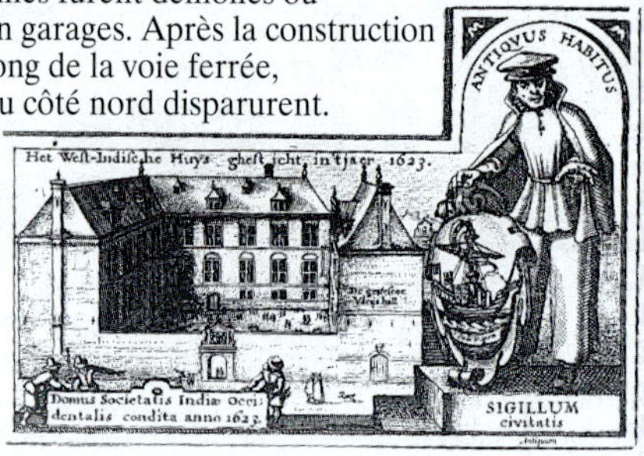

Compagnie des Indes occidentales

De Nieuw Amsterdam à New York. Dans la cour de la maison des Indes occidentales ▲ *250,* une statue représente Pieter Stuyvesant, le gouverneur de la Nouvelle Hollande de 1647 et 1664. Elle a été offerte par la marque de cigarettes du même nom. La statuette et la plaque murale, à droite de l'entrée, rappellent que la Compagnie des Indes occidentales (West Indische Compagnie : W.I.C.) prit ici en 1625 la décision d'établir une forteresse et une colonie (Nieuw Amsterdam et Nieuw Nederland) sur la pointe méridionale de l'île Manhattan, que l'Anglais Henry Hudson, au service des grands commerçants amstellodamois, avait explorée. En 1664, l'occupation des Anglais mit fin à la colonie néerlandaise : Nieuw Amsterdam devint New York ● *30.*

Conquête de la flotte d'argent. La W.I.C., organisation jumelle de la Compagnie des Indes orientales (V.O.C.) ▲ *146,* obtint du Parlement en 1621 le monopole du commerce et de la navigation pour l'Amérique et l'Afrique occidentale. Le commerce, mais également le pillage en mer, lors de la guerre de Quatre-Vingts Ans contre l'Espagne, devaient assurer les bénéfices. Ainsi, grâce à l'argent des marchands, on faisait la guerre sur mer et dans les colonies les plus riches de l'Espagne. Ce fut d'abord une réussite : des navires portugais et espagnols, chargés d'une cargaison riche, furent capturés. L'amiral Piet Heyn conquit la «flotte d'argent» espagnole, la *Zilvervloot,* en 1628. Cet exploit est resté grâce au chant populaire du XIXe siècle, *de Zilvervloot* : *Piet Heyn zijn naam is klein, maar zijn daden zijn groot : hij heeft gewonnen de Zilvervloot.* («Piet Heyn, son nom est petit, mais ses exploits sont grands : il a gagné la flotte d'argent.») Ce chant fut non seulement utilisé lors de l'ouverture de l'Institut colonial en 1926 (l'actuel Institut

Cartouche représentant un marsouin, au n° 45 Haarlemmerdijk (ci-dessus).
Au centre, la première maison de la Compagnie des Indes occidentales, en 1623. Remaniée en 1825, sa façade sur Haarlemmerstraat arbore un cygne, symbole du luthérianisme hollandais.

Nieuw Amsterdam en 1656.

des Tropiques ▲ *274),* mais retentit encore aujourd'hui dans les stades de football. Le butin, qui représentait à l'époque environ 11,5 millions de florins, fut entreposé dans les caves de la maison des Indes occidentales. Les gains tirés de la flotte d'argent permirent pour la première fois aux actionnaires de toucher un dividende, qui fut de 75 %. Le cours des actions augmenta de plus de 200 % ! On promit à l'équipage de la flotte de course dix-sept mois de salaire en plus. Le paiement de cette prime tardant, quarante à cinquante marins accoururent le 12 février 1629 à la maison des Indes occidentales, «tambour battant et avec un canon, en état d'ivresse». Les marins ne disposant pas de poudre, le canon ne tira pas. Sans violence, la milice bourgeoise parvint à empêcher la reconquête de la flotte d'argent.

Les échecs de la compagnie. Malgré ce butin considérable, la W.I.C. ne connut jamais autant de succès que la V.O.C. Les frais des expéditions de la W.I.C. excédèrent en général les bénéfices. Armer huit cents navires dans la période de 1623 à 1636 coûta, par exemple, 46 millions de florins et ne rapporta qu'un butin de 40 millions. Du fait du manque d'argent, les dirigeants de la W.I.C. quittèrent en 1647 le bâtiment du Herenmarkt et s'installèrent dans les entrepôts du Rapenburg, terminés en 1642, à proximité de Oude Schans et de la Montelbaanstoren ▲ *154.* Après la paix de 1648 signée avec l'Espagne ● *30,* il était hors de question de continuer les pillages. La conquête d'une partie du Brésil représenta une compensation financière insuffisante. La révolte des Portugais de cette colonie aboutit à la perte du territoire en 1654, et cette guerre coûteuse mena la W.I.C. au bord de la banqueroute. C'est surtout grâce au commerce de l'or et des esclaves en Afrique occidentale qu'elle put tenir jusqu'en 1674, année de sa faillite. La Compagnie fut définitivement dissoute en 1791. Le bâtiment de Haarlemmerstraat servit d'abord à loger les invités de la ville, puis, entre 1825 et 1952, abrita un hospice.

Pieter Stuyvesant

Nouveau siège
La Compagnie des Indes occidentales s'est installée le long d'un quai du port (Rapenburg) à partir de 1647.

SYMBOLE MYTHOLOGIQUE
Sur le socle de la statue de Domela est représenté Prométhée, qui déroba le feu au ciel et le donna aux hommes. Zeus, pour le punir, l'emprisonna. En 1887, Domela dut, lui aussi, subir une peine de prison, pour crime de lèse-majesté.

CANAUX ET INDUSTRIES
L'ouverture en 1876 du canal de la mer du Nord ● *37* ▲ *262*, représenté ci-dessous, ainsi que la construction du canal de l'Ouest (Westerkanaal) expliquent l'attrait de l'endroit pour l'industrie et les entreprises portuaires.

NASSAUPLEIN

STATUE DE FERDINAND DOMELA NIEUWENHUIS. «Ce monument fut inauguré en 1931 en mémoire du fondateur du socialisme libertaire aux Pays-Bas, Ferdinand Domela Nieuwenhuis (1846-1919), dont le puissant mot d'ordre – Justice pour tous – invitait les opprimés à lutter pour leurs droits» : c'est ce qu'on peut lire au pied de la statue. «De chrétien à anarchiste», telle est la formule qu'employa lui-même Domela Nieuwenhuis pour décrire son parcours : pasteur en 1869, il se convertit à l'anarchisme en 1897 après un passage par le socialisme. Ses amis frisons lui donnèrent le qualificatif messianique de «Notre Sauveur» ● *32*.
WESTERGASFABRIEK. Si l'on continue après Nassauplein dans Haarlemmerweg, on trouve à sa droite l'ancienne usine à gaz Ouest reconvertie en un complexe culturel.

SPAARNDAMMERBUURT ♥

Le quartier de Spaarndam (Spaarndammerbuurt) est connu pour son architecture d'avant-guerre, de style école d'Amsterdam ● *84*. Il possède pourtant un passé populaire qui a marqué l'histoire de la cité. La construction vers 1870 de la digue avec voie ferrée et du canal de l'Ouest (Westerkanaal) isola Spaarndammerbuurt du reste de la ville.
SPAARNDAMMERSTRAAT ET SPAARNDAMMERDIJK. La rue et la digue de Spaarndam constituent le premier secteur construit du quartier. Conçue au XIIe siècle par des moines, la Spaarndammerdijk suit la rive droite de l'IJ et s'achève au nord de Haarlem. Jusqu'en 1834, quand fut élevée la Westerdijk – l'actuelle Tasmanstraat –, c'est la Spaarndammerdijk qui retenait les eaux de l'IJ. Après la construction de la Westerdoksdijk, vers le centre, on tassa la digue sous la Spaarndammerstraat.
RAFFINERIE DE SUCRE DE L'OUEST. Sur la place du Sucre (Suikerplein) se trouvait autrefois le terrain de la raffinerie de sucre de l'Ouest, établie en 1882 au bord du Van Noordtgracht. À la place, on a construit, dans les années 1980, des logements sociaux lors de la rénovation urbaine.

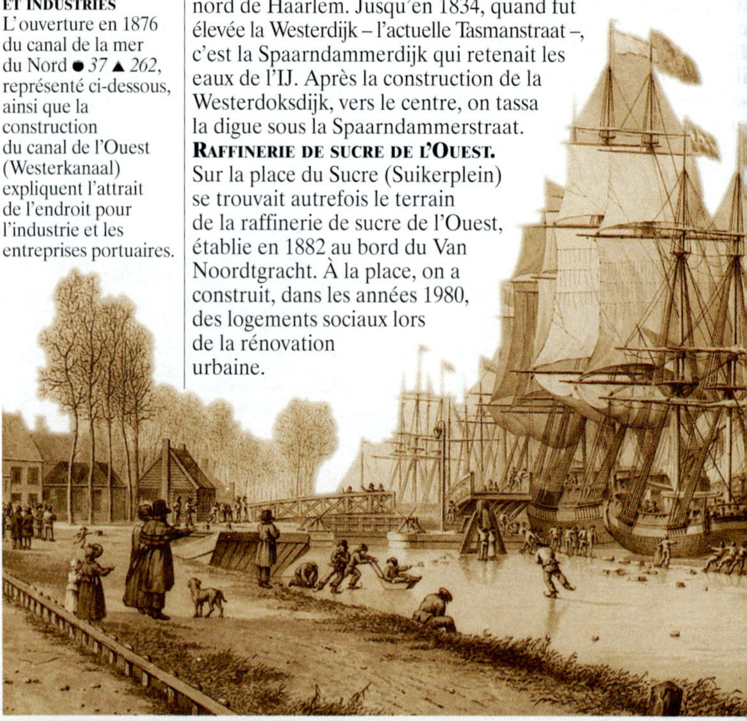

Un quartier ouvrier. Dans Assendelftstraat, ainsi que dans Spaarndammerstraat, Houtrijkstraat et Polanenstraat, ont été érigés vers 1880 les premiers logements ouvriers. Ces constructions dites «révolutionnaires» comportaient des alcôves dans lesquelles on aménageait des lits superposés qu'il fallait escalader avec une échelle. Dans les années 1930, ce secteur devint «le petit quartier des pauvres gens» où habitaient surtout dockers et manœuvres. En 1934, lors de la révolte du Jordaan, des magasins ont également été mis à sac dans ce quartier ▲ *238*. En 1969, la municipalité a lancé un programme visant à améliorer la vie dans Spaarndammerbuurt et Zeeheldenbuurt. Il s'est surtout soldé par la démolition des logements à alcôves. Après un conflit avec les autorités, les 11 000 habitants restants obtinrent notamment la construction de deux maisons de retraite.

Bains-douches municipaux. Situés dans Polanenstraat, ils ont ouvert leurs portes en 1916 avec, comme devise : «Chaque semaine un bon bain !» La municipalité voulait en effet que la «culture de l'eau» s'étende aux quartiers populaires. Après une longue période d'utilisation, les bains, remplacés par les équipements individuels, ont fermé en 1984.

Constructions associatives. Le quartier a été amplement doté de logements à loyers modérés, grâce à des fondations et des philanthropes. Dans Polanenstraat, les maisons des nos 54-60 ont été construites en 1902 par P. W. Jansen, riche industriel proposant ces «surfaces minimales» aux classes les moins favorisées. Il leur imposait néanmoins des conditions de logement très puritaines ! Certains secteurs de rues sont la propriété de l'association Amsterdam Zuid (Amsterdam Sud) créée en 1911 : ses premières maisons furent construites en 1921.

La raffinerie de sucre de l'Ouest
L'entreprise, dépassée, a fermé en 1965. Elle employait alors 700 personnes.

Habitat ouvrier
Cette maison bâtie en 1885 au n° 4 Assendelftstraat, rappelle la vague de constructions de logements ouvriers à la fin du XIXe siècle dans ce quartier.

Morale et hygiène
L'un des fondateurs de la société de produits d'alimentation Delie, P. W. Jansen, en faisant bâtir ses logements pour les classes défavorisées, espérait élever en elles les principes de morale et d'hygiène. Mais comme ces logements étaient des studios, les familles ayant des enfants des deux sexes ne pouvaient pas les louer : on aurait autrement manqué de «délicatesse» !

MICHEL DE KLERK
Génial architecte du «Bateau», de Klerk (1884-1923) a aussi conçu, entre autres, les séries des amusantes maisons de Ronnerplein et de Schwartzeplein ▲ *280.*

Juste à côté du bureau de poste du «Bateau», dans la rue, la boîte à chèques bleue, le poste d'incendie rouge, le compteur vert de la régie municipale d'électricité sont autant d'éléments réalisés eux aussi dans le style de l'école d'Amsterdam.

SPAARNDAMMER-PLANTSOEN ♥. Le long de ce petit square, au coin de Zaanstraat et de Spaarndammerplantsoen, se trouve la première des deux réalisations majeures de l'école d'Amsterdam dans ce quartier ● *84.* Entre 1913 et 1915, Michel de Klerk réalisa cet immeuble dans le cadre d'un grand projet initial de trois ensembles d'habitations. Le second bloc se dresse de l'autre côté des jardins. Le bâtiment prévu dans la Wormerveerstraat ne vit jamais le jour. L'envolée des prix à la construction pendant la Première Guerre mondiale obligea l'architecte-entrepreneur Kees Hille, qui travaillait en commun avec de Klerk, à céder son projet à l'association de construction de logements Eigen Haard (Propre Foyer), fondée en 1911 par les employés de la Société néerlandaise des chemins de fer et des tramways. L'immeuble de Spaarndammerplantsoen porte d'ailleurs le nom de Eigen Haard.

LE «BATEAU» ♥ ● *84*

À la place du troisième bloc abandonné, Michel de Klerk dessina dans la Oostzaanstraat un bâtiment construit en 1921 et appelé le «Bateau» (Het «Schip»). Dans les années 1920, la municipalité entraînait déjà ses visiteurs officiels vers ce haut lieu de l'école d'Amsterdam, cet ensemble original d'habitations en forme de triangle donnant également sur Zaanstraat et Hembrugstraat. Mais la construction du Bateau donna lieu à des critiques : d'une architecture compliquée et dévoreuse de temps, sa réalisation fut en effet coûteuse. Pourtant, pour les premiers locataires habitués jusqu'alors aux seuls studios, taudis et autres caves, ces habitations étaient «un rêve en brique». Et l'un d'eux d'ajouter : «Pour moi, ce fut une jubilation en pierre. Je pensais que tout le monde, demain, serait logé de cette façon. C'était un peu comme si nous vivions au

paradis.» Ou bien, comme déclara une femme d'ouvrier à l'enterrement de De Klerk en 1923 : «Spaarndammerplein n'est-il pas un conte de fées dont on a rêvé enfant, simplement parce que c'est quelque chose qui n'existait pas avant pour nos enfants ?» De toute évidence, l'accent fut mis sur l'aspect extérieur, l'habitat étant relégué au second plan. Ainsi, les fenêtres ont une forme particulière, découpées en de nombreux petits carreaux. Un deux pièces ne compte pas moins de 81 de ces carreaux que les architectes de l'école d'Amsterdam placèrent volontairement en hauteur ! Selon eux, il s'agissait, en plaçant haut les fenêtres et en réduisant les vitres, d'amener l'ouvrier à tourner son regard vers l'intérieur, vers son nouvel appartement et à profiter de son propre logement. Seul le plus vieil ensemble de logements (Eigen Haard, datant de 1915) fut débarrassé des fenêtres d'origine lors de la rénovation des immeubles en 1977-1980. La Caisse des monuments historiques, qui finançait ces travaux, est restée intraitable pour les autres bâtiments, même si elle a accepté qu'on surélève les planchers de 18 cm.

UNE DÉCORATION D'AVANT-GARDE
Dans Hembrugstraat, on peut admirer la «poupe» du «Bateau», caractérisée par sa célèbre petite tour pointue.

BUREAU DE POSTE ♥. À l'extrémité du «Bateau», du côté de Spaarndammerplantsoen, ce petit bureau de poste porte lui aussi la marque de l'école d'Amsterdam, de la tourelle qui le surmonte à l'extérieur jusqu'à la décoration intérieure conservée en l'état depuis sa création.

ZAANHOF. De l'autre côté de la rue, un porche permet d'accéder à Zaanhof, petit jardin entouré d'habitations. Zaanhof fut réalisé par les associations Het Westen (L'Ouest) et Patrimonium (Patrimoine). À côté des tours et des constructions basses, la réalisation des espaces verts porte la marque des concepts anglais de «cité-jardin». Zaanhof fut construit pendant la Première Guerre mondiale, au cours de laquelle les Pays-Bas restèrent neutres, comme le soulignent les quelques vers gravés dans la pierre, que l'on peut lire au-dessus des nos 88 et 98. De même, au niveau du porche, à la hauteur des nos 112-114, il est écrit : «À l'habit tient l'honneur, la dignité et la grâce de l'homme. La maison bien bâtie de la vie est l'habit. Louange à Dieu par la volonté duquel la municipalité ici fit aller le peuple en habits de fête, dans la joie et la cérémonie.» Toute la philosophie de ces ensembles de logements populaires et sociaux se trouve résumée sur les murs de cet ensemble si différent du «Bateau».

À côté, à l'angle de Zaanstraat, une échauguette des temps modernes illustre aussi la fantaisie de cette architecture originale.

Une église se trouvait jadis dans Zaanstraat ; elle a été démolie lors des travaux du début du XXe siècle.

GEORGE HENDRIK BREITNER
Peintre et photographe ● *88.* Breitner (1857-1923) a souvent immortalisé, sur la pellicule ou la toile, l'activité humaine dans Amsterdam. Il avait un atelier et un logement au n° 24 b Prinseneiland. En 1898, l'entrepreneur C.J. Maks mit ses locaux à sa disposition en échange de leçons de peinture pour son fils.

PRINSENEILAND ♥ ● *76*

Les îles occidentales (Prinseneiland, Bickerseiland, Realeneiland), entre Spaarndammerbuurt ▲ *254* à l'ouest et Westerdok et l'IJ à l'est, ont jadis abrité chantiers navals, distilleries de goudron, saloirs et fumoirs de poisson, salinages et grands entrepôts. On accède à la première de ces îles, Prinseneiland (île du Prince) en partant de Haarlemmerplein ▲ *251* et en passant sous la voie de chemin de fer. Après avoir parcouru Sloterdijkstraat, croisé Nieuwe Teertuinen, le visiteur emprunte le PETIT PONT sur Prinseneilandsgracht et parvient sur cette île.

UN VIEUX QUARTIER INDUSTRIEL. Les îles occidentales furent créées durant la première phase de l'expansion urbaine de 1612 ● *34,* par le déversement de terre sur des langues de sable. Ici, loin du quartier chic des canaux ▲ *161,* se sont établis des chantiers navals, des forges, des dépôts de bois, des distilleries de goudron et des corderies. En 1644, par exemple, le stockage et le traitement du goudron et du brai furent transférés dans Nieuwe Teertuinen (Nouveaux Champs de goudron). Ces matériaux très inflammables étaient utilisés pour étancher les joints des bateaux en bois. Bois et tonneaux étaient stockés sur les quais, où il était interdit de construire. Il n'y a d'ailleurs toujours pas de construction permanente sur la plupart des quais. Les noms des rues rappellent également les activités du passé. Les premiers terrains de construction de la Prinseneiland furent vendus publiquement en 1623. Au XVIIIe siècle, l'île ne comprenait quasiment que des entrepôts. À droite du pont du Prinseneilandsgracht, près de l'ancien chantier naval de goudron Ouwerkerk se trouve le dernier cabestan d'Amsterdam. Il servait à charger et décharger les tonneaux de goudron, de graisses et d'huiles.

Le chantier naval de Prinseneiland, peint par Breitner en 1902.

MIRACLE DE PRINSENEILAND. Au XVIIe siècle, Jetske Klaes souffrait depuis quatorze ans déjà d'une paralysie des jambes. Dans la nuit du 13 au 14 octobre 1676, un ange apparut à son chevet et elle put marcher à nouveau. Selon ses dires, l'ange lui rendit visite plusieurs fois. La nouvelle se répandit dans la ville comme une traînée de poudre. Parmi les nombreuses personnes venues pour se rendre compte de ce qui s'était passé, se trouvait l'artiste Jan Luycken, qui mit l'histoire par écrit. Sur la Prinseneiland, on parle depuis des «maisons miraculeuses». Elles furent démolies en 1733, afin de laisser place à des entrepôts.

RUE DU GIBET. Galgenstraat et Galgenbrug (rue et pont du Gibet) mènent à Bickerseiland et font référence à la vue sur l'autre côté de l'IJ où on abandonna, jusqu'en 1795, les corps des condamnés d'Amsterdam sur des potences, des poteaux et des roues afin de les livrer aux rapaces ▲ *262.*

Les quais
et entrepôts
de Prinseneiland,
en 1896 (ci-dessus).

REALENEILAND ♥ ● 76

On accède à cette île par le pont des Trois-Harengs (Drieharingenbrug) qui fut précédé d'un premier pont constitué de radeaux en bois. Le nom de Realeneiland rappelle celui de Laurens Jacobszoon Reaal (1588-1648), qui acheta de nombreuses terres ici au début du XVIIe siècle. Sur les quais du Realengracht, le CHANTIER NAVAL DE WALVIS (La Baleine) est toujours en activité.
Aux n°s 160-178, les entrepôts «restaurés» ont été totalement reconstruits et ne datent pas du XVIIe siècle, contrairement au double entrepôt des n°s 13-14, plus authentique. L'anneau en acier, au pied de l'entrepôt qui se trouve au coin de Taandwarsstraat, est rarissime. Il servait à faciliter chargement et déchargement des marchandises en les hissant.

Cartouches du renard rouge, au n° 24 Nieuwe Teertuinen, et des trois harengs (*drie haringen*), dans Vierwindenstraat, en face du pont reliant Prinseneiland à Realeneiland. La maison des Trois Harengs est surmontée de trois cheminées.

ZANDHOEK ♥. On parvient à ce quai en passant sous les maisons de la petite place Jan-Mens (Jan Mensplein), qui rappelle que l'auteur (1897-1967) du roman *Le Réal doré* (1940) a sauvé de l'oubli ce quartier de chômeurs et de dockers. Des maisons, qui étaient destinées à la démolition, furent ainsi conservées et restaurées. Le personnage principal du roman, Griet Manshande, était l'aubergiste du café *De Gouden Reaal*, situé au n° 14 Zandhoek.
Le Zandhoek (Coin de sable) doit son nom au marché de sable qui fut instauré ici en 1634 par arrêtés municipaux. La demande de sable était grande, pour répondre à l'expansion urbaine mais aussi pour lester les bateaux. La concentration du commerce de sable en un lieu unique et la désignation d'un surveillant, qui avait son bureau dans le bâtiment en face du n° 10 Zandhoek, devaient mettre fin «aux nombreuses fraudes qui se produisent quotidiennement dans la vente du sable». Au n° 10 se dresse la maison natale de Jacob Olie (1834) ▲ *236, 260.*

Aux n°s 9-12 Realengracht, dans Realeneiland, se trouvaient jadis une compagnie de transport de marchandises et son entrepôt. Elle les acheminait d'Amsterdam à Rotterdam et Roosendaal.

Le Port d'Amsterdam vu de l'IJ, par Ludolf Backhuysen (1631-1708) ● *88*. Le trafic commercial sur l'IJ pendant le siècle d'Or était intense. Aujourd'hui, la rivière a repris un aspect plus paisible. Rotterdam a pris beaucoup plus d'importance, et l'activité du port d'Amsterdam s'est déplacée vers l'ouest.

SILO À BLÉ HISTORIQUE
Sur Barentszplein, au nord de Zandhoek, un silo à blé majestueux, datant de 1895, se trouve au bord de l'IJ, pour permettre le déchargement des bateaux. Ce bâtiment, classé monument historique, abrite aujourd'hui des appartements.

Jacob Olie prit ses premières photos vers 1860, avec un appareil qu'il fabriqua lui-même. Ces photos avaient les îles occidentales pour thème, et Olie utilisait alors des plaques de collodion humide. Aussi, quand il réalisa les premiers portraits des membres de sa famille et des voisins, ceux-ci durent-ils rester immobiles une vingtaine de minutes !

BICKERSEILAND ♥

● *76*

La famille Bicker figurait parmi les plus puissantes familles de marchands et de régents d'Amsterdam au XVIIe siècle. Joan Bicker (1591-1653), un des frères Bicker, acheta en 1631 l'île qui allait porter son nom. Il y fit construire des chantiers navals et des maisons d'habitation. Il déménagea du Keizersgracht dans une maison de trois étages, à l'angle de Grote Bickerstraat et Minnemoersstraat. Démolie vers 1700, la maison avait une tour, la «tour de Bicker», qui permettait à son propriétaire de voir l'île entière ainsi que l'IJ. En 1890, le dernier navire neuf quitta les onze chantiers navals installés le long de l'IJ. Dans les années 1960, la municipalité décida d'aménager l'île en complexes de bureaux. En 1963, le vieux chantier naval De Walvis fut démoli. Seule l'enseigne a été préservée : elle orne actuellement l'entrée d'un immeuble de bureaux. En 1970, les habitants fondèrent le Comité d'action des Îles occidentales, afin de maintenir l'aménagement en zone d'habitation. En 1973, «De Narwal», le deuxième immeuble de bureaux de la série, était terminé. Mais ce fut la fin de la démolition. Le Comité d'action parvint à maintenir la zone d'habitation dans le reste de l'île. Son côté occidental est destiné à la construction de logements sociaux. Le nom de Keerpunt (Tournant), rue située entre Touwslagerstraat (rue du Cordier) et Zeilmakerstraat (rue du Voilier), marque le changement d'opinion forcé de la municipalité au sujet de

«À LA NUIT TOMBANTE, INVITEZ LES CITOYENS À REGARDER DE L'AUTRE CÔTÉ DE L'IJ, SI RAFRAÎCHISSANT, LE MAGNIFIQUE SPECTACLE : COMMENT AMSTERDAM, AUSSI AUDACIEUX QUE BEAU, RÈGNE SUR LES OCÉANS.» E. J. POTGIETER (1808-1875)

Andries Bicker (1586-1652) par B. Van der Helst (1613-1670) ▲ *224.* Frère de Joan Bicker, il fut maire d'Amsterdam et commerçait beaucoup avec la Russie.

la rénovation urbaine. Grote Bickerstraat, Touwslagerstraat et, le long de l'eau, Hollandse Tuin (Jardin hollandais) permettent de rejoindre le Korte Prinsengracht. De là, on atteint les quais, derrière la GARE CENTRALE ▲ *138,* d'où des bacs traversent l'IJ.

"Le chantier naval
construit une flotte,
pour les amiraux,
à naviguer.
Et l'île de Bicker crée
des îles, pour partir
D'après les directions
du compas,
et pour contraindre
la grande mer
Au moyen de canons,
de l'un à l'autre
mouillage."
Joost Van den Vondel

TRAVERSÉE DE L'IJ ♥ ■ *16*

Déjà vers 1340, un passage vers le Volewijck (quartier des Oiseaux), de l'autre côté de l'IJ, existait, mais le premier passage régulier ne fut instauré que beaucoup plus tard. Les habitants du Volewijck firent creuser après 1660 un canal pour coches d'eau vers Purmerend, au nord d'Amsterdam ■ *18.* Au bord de l'IJ, côté nord, on construisit une maison de commissaire, transformée en péage (Tolhuis) en 1663. Vers 1835, un bac fut mis en service durant une courte période. Sept ans plus tard, le premier bateau à vapeur fut inauguré et à partir de 1897, le bac municipal permit la traversée régulière vers Tolhuis. Depuis 1912, le passage est gratuit. Un nouveau quartier d'ouvriers s'est formé dans Amsterdam-Nord vers 1920, et le trafic vers la ville augmenta. Après l'ouverture, en 1968, du TUNNEL SOUS L'IJ, les véhicules motorisés furent interdits sur le bac.

Le fils d'Andries Bicker, Gerard (1622-1666) par B. Van der Helst.

AMSTERDAM-NORD

Volewijck, jadis une langue de sable dans l'IJ, tomba au XIVe siècle sous la juridiction d'Amsterdam. Sur l'actuel terrain des laboratoires de Shell, dominés par une tour de 1971, se trouve l'ancien lieu des exécutions des condamnés. Jusqu'en 1795, on y suspendait les corps à des

Le panorama sur Amsterdam depuis les quartiers situés au nord de l'IJ attire beaucoup de visiteurs, surtout le dimanche. Le Tolhuis, entouré d'une grande aire de jeux et d'un parc avec piste de danse, devint une des plus grandes attractions d'Amsterdam. Aujourd'hui, cette bonne ambiance a quasiment disparu.

gibets «afin que chacun en prenne exemple». Le dernier condamné à mort à Amsterdam fut exécuté en 1854 ▲ *258*.

Canal de la Hollande du Nord. Au début du XIXe siècle, l'envasement de l'embouchure de l'IJ, empêchant le passage des navires, obligea à creuser un canal, ouvert en 1824, long de 79 km, qui a fonctionné comme voie navigable entre la mer et Amsterdam, pendant un demi-siècle. Commençant juste en face de l'actuelle Gare centrale, il devint vite inadapté, à cause des nombreux ponts et écluses qui engendraient des arrêts et des frais, et à cause des navires, toujours plus grands. En 1876, le canal de la mer du Nord, plus court et plus large, reprit sa fonction ● *32, 37* ▲ *254*.

Meeuwenlaan. Après l'ouverture du canal de la mer du Nord, l'essor économique d'Amsterdam amplifia également le développement industriel d'Amsterdam-Nord. Entrepôts pétroliers, chantiers navals et entreprises de réparation de navires se sont établis au sud de la Meeuwenlaan. Simultanément, on bâtit des logements pour les ouvriers, souvent grâce à des associations. Après la construction du tunnel sous l'IJ, une partie de la zone industrielle fut abandonnée.

Jour de marché sur Westerdokskade, au bord de l'IJ, au début du XXe siècle.

Parc des Étourneaux. Par Lijsterweg, on parvient au Spreeuwenpark (parc des Étourneaux). Les premières constructions ont été réalisées ici entre 1911 et 1915, d'après un plan de H. P. Berlage ▲ *279*, J. C. Van Epen et J. H. Rijna. La rénovation urbaine a peu respecté ces immeubles.

Motorwal. Les magasins dotés de logements à l'étage ont été conçus en 1982 par l'architecte Rem Koolhaas. Koolhaas, qui devait superviser le développement des plans pour l'IJ, a dirigé les nouvelles constructions sur cet ancien terrain de chantiers navals et d'usines.

IJplein. Sur cette place, au départ de Meeuwenlaan, une plaque commémorative sobre, venant de l'ancienne entreprise Hollandia Kattenburg & Co, rappelle la rafle du 11 novembre 1942. Ce jour-là, les Allemands, aidés de quelques complices néerlandais, ont encerclé l'usine Hollandia et arrêté et déporté 359 juifs, membres du personnel ● *33* ▲ *180*.

La maison de péage
Tolhuis a donné son nom à une rue et au petit quartier l'entourant, dans Amsterdam-Nord. Cette maison de péage, érigée au XVIIe siècle, se trouvait au bout d'une langue de sable, au milieu de l'IJ.

PLANTAGE

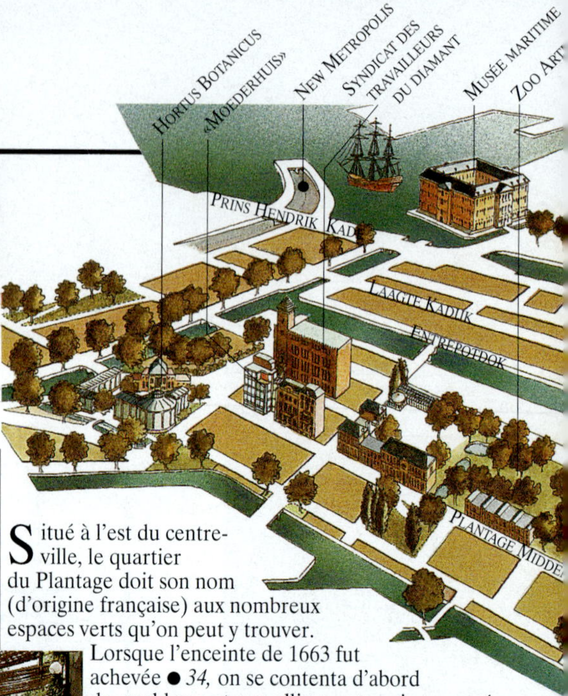

1/2 journée

PALMIERS D'AMSTERDAM
La serre de l'Hortus abrite une collection de palmiers, la plus vieille plante du jardin : le cycas, palmier plusieurs fois centenaire, et la plus vieille plante en pot du monde.

Situé à l'est du centre-ville, le quartier du Plantage doit son nom (d'origine française) aux nombreux espaces verts qu'on peut y trouver. Lorsque l'enceinte de 1663 fut achevée ● *34,* on se contenta d'abord de remblayer et parcelliser ce terrain traversé d'allées perpendiculaires qui expliquent le plan actuel. Devenu le quartier des maisons de jeu et de la prostitution, le Plantage a été réhabilité au milieu du XIXe siècle par la municipalité, qui y créa, par exemple, un grand parc zoologique.

Au XVIIe siècle, le bourgmestre Pancras choisit un caféier en pot de l'Hortus pour l'offrir à Louis XIV. Le Roi-Soleil fit cultiver cette plante dans ses colonies américaines et elle devint l'aïeule du café américain. De même, la culture du palmier à huile, aujourd'hui très importante en Indonésie, est due à des plants issus de l'Hortus Botanicus, et repiqués à Java, à l'époque de la Compagnie des Indes orientales.

HORTUS BOTANICUS ♥

L'Hortus Botanicus (jardin botanique), au n° 2 Plantage Middenlaan, a été fondé au XVIIe siècle, quand la prospérité économique permettait aux marchands fortunés d'être des mécènes. Après la fermeture des couvents situés en bordure de la ville, lors des conflits religieux ● *29,* on négligea d'entretenir leurs jardins d'herbes médicinales. Mais dès 1618, la magistrature donna son accord à une demande de médecins et de pharmaciens qui souhaitaient aménager un jardin médicinal. Il fut d'abord installé au bord de l'Amstel, sur la place de Vlooienburg, actuellement le terrain où se trouve le «Stopera» ● *33* ▲ *160.* Transféré plusieurs fois à cause des travaux d'extension de la ville, le jardin fut définitivement aménagé en 1682 dans le Plantage, pour servir de jardin botanique (plantations des médecins et pharmaciens) et de jardin d'agrément. En 1877, l'Hortus Botanicus devint un secteur de l'université municipale d'Amsterdam, et le grand botaniste Hugo de Vries (1848-1935) prit sa direction en 1886 ▲ *267.* Mais en raison de difficultés économiques, l'université fut malheureusement obligée de réduire l'entretien du jardin. L'Association des amis de l'Hortus amstellodamois du Plantage déploie

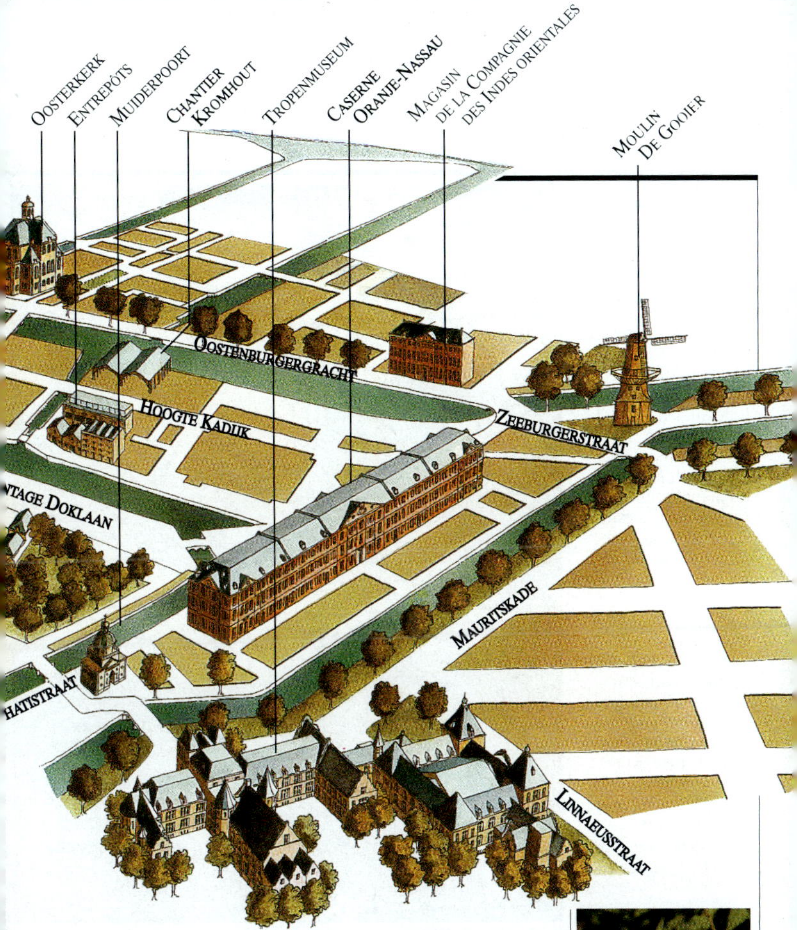

actuellement beaucoup d'activité pour la conservation et la rénovation du jardin. Une fondation administrative, à laquelle participent l'université et la municipalité, comprend plus de 8 000 membres et organise des actions et des conférences avec des volontaires pour susciter le soutien de la population à la préservation du jardin botanique. Aux XVIe et XVIIe siècles, des navires de la Compagnie des Indes orientales rapportaient toutes sortes de plantes exotiques, transportées dans des serres. Ainsi, beaucoup de nouvelles plantes utiles ont été répandues dans l'Europe entière depuis l'Hortus Botanicus.

FLEUR DE PAVOT cultivée à l'Hortus Botanicus.

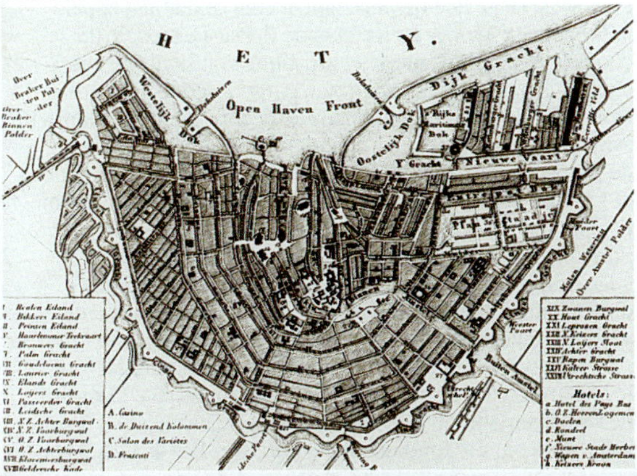

«PLANTAADJE» Cette carte du XVIIIe siècle permet de situer le quartier du Plantage (ici, *Plantaadje)*, grande partie claire à l'est du cœur d'Amsterdam. Au nord, le Nieuwe Vaart, canal donnant accès aux îles de l'Est, où se trouvait à l'époque le port, protégé par une digue ● *34*.

LA «FORTERESSE DE BERLAGE»
L'A.N.D.B., situé au n° 9 Henri Polaklaan, constitue l'une des premières créations importantes de Berlage, architecte qui a fortement marqué l'urbanisme amstellodamois. Il dessina la nouvelle Bourse ▲ *133* au même moment, et conçut également les plans de quartiers entiers dans le cadre de l'extension de la ville ▲ *278*.

❝La brique est le matériau qui donne à Amsterdam son visage reconnaissable entre tous. Toute l'œuvre architecturale de H. P. Berlage recourt à la brique, à l'intérieur comme à l'extérieur.❞
Max Van Rooy, *Le Langage de la brique*.

LA MAISON DES MÈRES
s'appuie sur une maison, à droite, qui date de la fin du XIXe siècle. La partie gauche est nouvelle, et l'ensemble est décoré de bandes et panneaux de couleurs bleue, verte et violette.

SYNDICAT GÉNÉRAL DES TRAVAILLEURS DU DIAMANT ● *80*

En 1894, après une grève, couronnée de succès, des employés du diamant qui souhaitaient obtenir de meilleures rémunérations et conditions de travail, le Syndicat général des travailleurs du diamant *(Algemene Nederlandse Diamantbewerkersbond :* A.N.D.B.) fut fondé par Henri Polak et Jan van Zutphen. Ce syndicat donna une forte impulsion au mouvement syndicaliste moderne néerlandais. Le grand architecte Hendrik Petrus Berlage (1856-1934) ▲ *279* conçut en 1899 le siège de l'organisation et créa ce qu'on a appelé la *Burcht van Berlâge* (forteresse de Berlage), modèle de coopération architecturale et artistique : plusieurs de ses confrères participèrent au projet, parmi lesquels Richard Roland Holst pour les panneaux de décor, sa femme Henriette Van der Schalk pour la céramique des maximes poétiques de fraternisation socialiste, Jac. van den Bosch pour le lambris, et Lambertus Zijl pour un bas-relief. Le clocheton (en forme de diamant) et la galerie extérieurs, intégrés dans la façade principale, témoignent de l'intérêt porté par Berlage à l'architecture du *palazzo* italien. À l'intérieur, la cage d'escalier, décorée de briques colorées et de petits détails sculptés, doivent symboliser la progression de la classe ouvrière vers la lumière. On trouve maintenant dans cet édifice le MUSÉE DES SYNDICATS NÉERLANDAIS, qui retrace l'histoire de l'engagement ouvrier, ainsi que du socialisme, dont les influences ont été fondamentales aux Pays-Bas ● *32* ▲ *254*.

Ce quartier, le Plantage, allia longtemps espaces verts et salles de spectacle. Les théâtres ont disparu, mais le zoo est toujours là pour distraire les promeneurs.

Moederhuis

À la fin des années 1970, Aldo Van Eyck, architecte né en 1918, a réalisé son projet d'une Moederhuis (maison des Mères) au n° 33 Plantage Middenlaan, au milieu de maisons du XIXe siècle. Cette maison colorée de la Fondation Afra Bodaert est destinée à accueillir les très jeunes femmes enceintes non mariées, afin de les aider à assumer dans de bonnes conditions leur maternité. Van Eyck représente incontestablement la conscience exigeante de l'architecture néerlandaise depuis la Seconde Guerre mondiale. Parmi les autres réalisations et projets de cet important architecte, il faut mentionner son idée de «petite ville», orphelinat public du sud-ouest d'Amsterdam, terminé en 1960 et composé de huit pavillons aux cours intérieures couvertes de coupoles. Par la suite, cet ensemble, surnommé «kasbah», a été rénové et transformé en centre international de formation architecturale : le Berlage Instituut.

Hugo de Vries
Physiologiste, directeur de l'Hortus Botanicus, il conçut une théorie sur les mutations qui fit école. Il vivait au n° 9 Plantage Parklaan.

Hollandse Schouwburg

Le Théâtre hollandais (Hollandse Schouwburg), fondé sous le nom d'Artis Theater en 1893, constituait avant 1914 le centre de la vie théâtrale néerlandaise. Situé au n° 24 Plantage Middenlaan, l'édifice fut réquisitionné par les Allemands pendant l'Occupation, et reçut la regrettable fonction de centre de rassemblement des Amstellodamois juifs qui devaient être déportés vers le camp de Westerbork (province de Drenthe) puis acheminés vers les camps d'extermination. Ce bâtiment a été transformé en lieu commémoratif de ces années dramatiques, en hommage aux personnes déportées ▲ *180.* Seuls la façade et les murs de la salle sont encore debout. Le monument offre un contraste criant avec la série des théâtres de variétés qui avaient fait du Plantage du XIXe siècle un élégant endroit de loisirs pour la bourgeoisie, et qui n'existent plus. Un lien solide entre la population et le théâtre existait grâce à Herman Heijermanns, auteur et directeur artistique, qui s'était installé ici avec son cercle dramatique à la fin du siècle dernier.

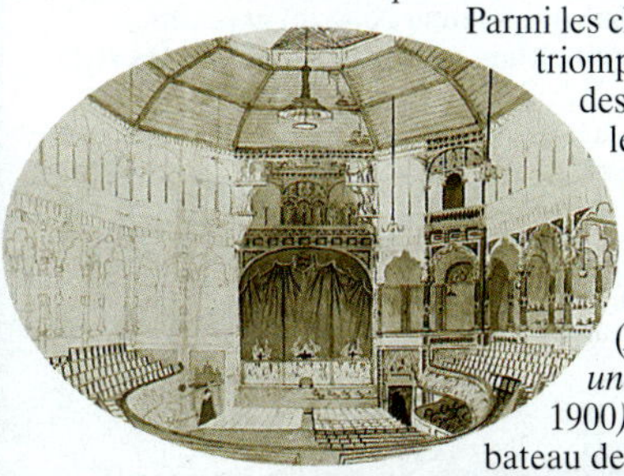

Parmi les classiques qui triomphèrent durant des mois dans le quartier, on peut citer les pièces *Ghetto* (1899), *Op Hoop van Zegen* (*À la grâce de Dieu, une pièce de la mer,* 1900), histoire d'un bateau de pêche dont l'armateur sait qu'il n'est plus en état de naviguer et qui, en effet, périt corps et biens : «le poisson, c'est chèrement payé», dit l'un des protagonistes..., *Schakels* (*Maillons,* 1903), *Uitkomst* (*Solution,* 1907) et surtout la pièce *De wijze kater* (*Le Matou sage*), traduite en différentes langues et jouée à l'étranger.

Wertheimpark
En face de l'Hortus Botanicus, ce petit parc a été créé en 1895. En 1905, des festivités furent organisées par les habitants du quartier pour ses dix ans d'existence. En 1992, le monument Auschwitz y a été inauguré.

Le Hollandse Schouwburg.

Le parc zoologique d'Amsterdam date du XIXe siècle.

ARTIS

Grâce à la fondation, en 1838, du parc Artis, situé dans Plantage Kerklaan, par le docteur G. F. Westerman, président de l'association Natura Artis Magistra (la Nature comme enseignante de l'art), Amsterdam réalisa un jardin zoologique où un grand nombre de biologistes importants travaillèrent. C'est le cas de Max Weber, qui fut le premier professeur en biologie de l'université d'Amsterdam. Depuis le XIXe siècle, écoliers, familles et touristes se succèdent donc dans ce parc qui, outre le zoo, accueille également un PLANÉTARIUM, un MUSÉE ENTOMOLOGIQUE (auquel on accède par le n° 64 Plantage Middenlaan), et un AQUARIUM. Le zoo propose au public la série classique des cages de félins, des parcs des éléphants, des girafes et des hippopotames, l'étang des pélicans et des flamants, le bassin des lions de mer et la pièce d'eau des ours polaires, l'île des pingouins, la volière, l'aquarium... Le MUSÉE ZOOLOGIQUE est équipé du Heimans-diorama (vie végétale et ornithologique dans un paysage de dunes en diapositives), nommé ainsi en mémoire d'Eli Heimans (1861-1914), instituteur qui fonda avec son confrère J. P. Thijsse la revue *Levende Natuur* (*La Nature vivante*). Ils furent tous deux les initiateurs des sites protégés aux Pays-Bas en créant l'Association pour la préservation des monuments naturels, en 1905. Le zoo, l'Hortus Botanicus et le petit Wertheimpark – qui tient son nom du banquier et mécène Abraham Carel Wertheim (1832-1897), lequel a défendu la cause du développement économique et social d'Amsterdam pendant la seconde moitié du XIXe siècle – expliquent que le Plantage soit considéré comme le poumon vert de la capitale.

Une ancienne cage à mangouste du zoo.

RÉHABILITATION DE 1858. Aux environs du croisement de Plantage Middenlaan avec Plantage Kerklaan sont conservées des habitations datant de la réhabilitation du quartier entamée par la municipalité en 1858. On remarque ainsi les façades blanchies à la chaux et leurs petits balcons de fonte, une tendance qui domina pendant la première phase de reconstruction. Mais, vers la fin du siècle, les styles ont été mélangés.

L'ENTREPOTDOK EN 1833
Les magasins qui le bordent venaient d'être construits. On y déposait toutes sortes de marchandises, dont des tonneaux de vin et d'huile (en haut à droite).

Entrepotdok ■ *18* ● *76*

Après avoir croisé Plantage Doklaan, longue rue longeant le côté nord d'Artis, on aboutit au canal Entrepotdok, dont les quais sont entièrement occupés par une série de quatre-vingt-deux anciens magasins maritimes, chacun portant le nom d'une ville du royaume des Pays-Bas. Cet ensemble a été construit entre 1827 et 1840 pour servir d'entrepôt général national, et d'entrepôt pour les marchandises qui n'étaient ni contrôlées ni taxées par la douane. Après la construction d'un entrepôt plus grand, près des nouvelles installations portuaires, les bâtiments ont servi de dépôts pour diverses marchandises jusqu'à la Seconde Guerre mondiale, puis désaffectés. Au début des années 1980, on a commencé à réhabiliter des entrepôts et à construire des logements sociaux sous la direction de l'architecte Joop Van Stigt. Pour les rendre accessibles, Van Stigt a créé des rues à l'intérieur des entrepôts. Cet ensemble de logements est devenu un bon exemple de la rénovation urbaine amstellodamoise.

New Metropolis

Ce nouveau bâtiment, conçu par l'architecte italien Renzo Piano, abrite un centre de sciences et de technologies nouvelles. La construction remarquable avec sa façade en cuivre vert oxydé s'élève, tel un immense bateau, au bord de l'Oosterdok.

Musée maritime ♥

Le long de Kattenburgerstraat, le musée occupe un bâtiment, construit au XVIIe siècle, qui servit longtemps de magasin principal de l'Amirauté, liée à la V.O.C. ▲ *146*. L'édifice fut affecté ensuite à l'arsenal de la marine, et enfin, quand celle-ci a été restructurée et déplacée vers des ports plus proches de la mer, il a été transformé en musée, où il restitue l'illustre histoire de la marine néerlandaise ▲ *270*.

L'ancien port
Une figure de proue décore la façade du n° 46 Entrepotdok. Les n°s 50 («Middelburg») et 64 (café *Entrepotje)* possèdent des passages permettant de rejoindre, en traversant les entrepôts, Laagte Kadijk (ancienne digue qui protégeait les terres alluviales situées hors de la digue de Saint-Antoine, le long de l'IJ, qui se rompit en 1651). Dans Hoogte Kadijk, on aperçoit, près de l'écluse, un pont-levis de fer, qui a remplacé l'original pont tournant. De l'autre côté du pont, à gauche, se situe l'entrée du chantier Kromhout, association-musée présentant les techniques de production et de réparation des bateaux. Puis, au bout, Kadijksplein, petite place avec, au n° 2, *Koffiehuis Van den Volksbond* (Maison de café pour les dockers, appartenant à l'Union du Peuple). Au n° 4 : entrée des docks, donnant sur les quais ; au n° 18 : *Zeemanshuis* (Foyer des marins).

Médaille commémorant la destruction de l'Armada espagnole (1588). À droite, plat offert à un Néerlandais par le sultan de Malakka en 1848.

Installé dans un ancien entrepôt, à l'initiative de l'association du Musée d'histoire maritime néerlandaise, également propriétaire, le musée présente une collection qui est, à une ou deux exceptions près, constituée d'objets, maquettes et tableaux contemporains de l'époque qu'ils évoquent. Des origines de la navigation aux expéditions, des batailles navales aux instruments de marine et de pêche, le musée offre un regard très complet sur le monde de la mer.

NAVIRE DE COMMERCE
Longue de 80 cm, cette maquette (ci-dessous) représente une flûte datant du milieu du XVIIe siècle. Ce type de navire servait au transport en vrac de céréales, de sel ou de bois.

HOURQUE DE PÊCHE
La maquette du *Vigelantie* (1800-1850) qui pêchait le hareng dans la mer du Nord (ci-dessus), mesure 85 cm. Ce genre de navire tirait une palangre de 15 km de long.

NAVIRE DE GUERRE
Les trois-mâts se sont développés dès le XVe siècle. Cette maquette représente un type de bateau armé vers 1550.

Le magasin de l'Amirauté
Cet édifice, bâti en 1656 par Daniel Stalpaert, servait d'entrepôt de matériel pour les navires construits sur le chantier voisin. Le musée y est maintenant installé ● *76*.

M.H. Tromp
Amiral néerlandais (1598-1653), mort lors d'une bataille contre l'Angleterre ▲ *146*.

Têtes de gouvernail
Ces ornementations en bois sculpté et peint décoraient des gouvernails et datent du début du XIXe siècle. À gauche, un buste de femme orientale ; à droite, la tête d'un Maure.

Chantier naval de la Compagnie des Indes orientales
Situé juste à côté du grand entrepôt, ce chantier était le plus important de la Compagnie, qui en possédait plusieurs. Il comprenait trois cales, une forge d'ancres et une fonderie à canons (tableau de J. Mulder, vers 1690) ▲ *146*.

J.E.J. Capitein
Pasteur, d'origine africaine, du château St George d'Elmina, en Afrique (1656).

Lancement d'un navire construit sur l'île de Wittenburg, au XIXe siècle.

VOYAGE DE PIERRE LE GRAND
Pendant sa jeunesse, le futur tsar Pierre le Grand (1672-1725) fut très influencé par le commandant de sa garde, le colonel François Lefort, un officier suisse qui avait passé beaucoup d'années aux Pays-Bas. Il parlait hollandais et aimait naviguer. Vers 1684, Lefort invita des constructeurs de bateaux à venir en Russie fabriquer une frégate pour ses élèves royaux. Le jeune tsar Pierre apprit ainsi le hollandais et la navigation. En 1697, la Russie envoya en Hollande une mission diplomatique dirigée par Lefort. Le tsar, qui voyageait avec lui incognito, arriva le 17 août, s'installa à Zaandam, au nord d'Amsterdam, et resta aux Pays-Bas jusqu'au 15 janvier 1698, apprenant beaucoup sur la construction navale. Apposée sur le mur du musée Werkspoor, une plaque rappelle ces événements ● *31.*

ÎLES DE L'EST ■ *18*

Kattenburg, Wittenburg et Oostenburg, les trois îles de l'Est, ont été complètement construites dans l'IJ avec des remblais pendant l'extension de la ville en 1658 ● *34.* Aujourd'hui, elles forment toujours une avancée dans l'IJ, séparée des autres quartiers par le NIEUWE VAART, canal parallèle à l'Entrepotdok. Ces îles sont reliées au reste de la ville par deux ponts situés aux extrémités du Nieuwe Vaart.

WITTENBURG. L'OOSTERKERK (église de l'Est) a été érigée sur le bord du Nieuwe Vaart en 1671. Pierre Hemony ▲ *128* fondit une cloche de 1 700 kg qui sonne encore aujourd'hui toutes les heures. L'église a été construite par l'architecte de la ville Daniel Stalpaert ● *36.* Elle repose sur plus de 1 800 pilotis et l'humidité du sol, ainsi que les tremblements de terre de 1755 et 1756, ont causé beaucoup de fissures dans les murs. Pour protéger le bâtiment, on a posé des barres de renfort. Fermée en 1962, l'église a été restaurée et joue un autre rôle : l'animation socioculturelle du quartier.

OOSTENBURG. Pendant près de trois siècles, une intense activité industrielle a occupé cette troisième île. De 1666 à 1822, presque toute sa superficie fut accaparée par les corderies et ateliers de la Compagnie des Indes orientales (V.O.C.) ▲ *146.* Environ 2 000 hommes étaient employés sur l'île mais, en 1796, la Compagnie fit faillite et fut dissoute par le pouvoir révolutionnaire mis en place par les Français. Sur ses terrains s'installèrent d'autres entreprises comme, en 1827, l'usine de machines à vapeur et d'autres appareils de Paul Van Vlissingen et A. E. Dudok Van Heel. Cet établissement devint le plus grand employeur des Pays-Bas : plus de 1 600 ouvriers en 1856. Mais la concurrence eut raison de l'entreprise qui ferma en 1891. Le chantier fut vendu à la Compagnie néerlandaise de construction navale. Le matériel fut racheté par les Chemins de fer d'État et la Société hollandaise de chemin de fer, et on réorganisa l'entreprise sous le nom de Werkspoor (Chemin de fer de chantier). Les liens étroits entre la Compagnie néerlandaise de construction navale et Werkspoor ont favorisé un grand nombre de commandes pour la marine et pour la construction de grands ponts et de machines Diesel.
Sur l'Oostenburgergracht, à l'angle de Conradstraat, on peut retrouver l'histoire de ce passé industriel, rassemblée dans le MUSÉE WERKSPOOR, installé dans l'ancienne corderie de la V.O.C. L'île est maintenant occupée par des logements le plus souvent récents, des boutiques, une salle omnisports et un parc.

La caserne Oranje-Nassau, au XIXe siècle

MOULIN DE GOOYER ♥ ● *69*

FUNENKADE (quai de Funen), bâti en 1658 lors d'une extension de la ville ● *34,* supporte le dernier moulin de rempart d'Amsterdam, De Gooyer, qui existe depuis le XVIIe siècle. Pendant la Seconde Guerre mondiale, du fait du manque de combustible, le moulin à vent fut très utilisé, pour ses meules mécaniques. Le bain public du Funenkade, jouxtant le moulin, est curieusement devenu une BRASSERIE. Possédant d'anciens sols carrelés, ce lieu produit donc de la bière : brassée avec l'eau courante d'Amsterdam, la bière a un fort degré d'alcool de 9 %. Son nom : Columbus (Colomb), tiré de l'œuf de Colomb, ce qui donne un jeu de mots avec «œuf» *(ei* en néerlandais) et IJ, la rivière du port. En plus de la Columbus, cette brasserie produit aussi la Struis, la Natte, la Zatte, et quelques bières saisonnières. Le débit de boissons Y-bier n'est ouvert qu'après 16 h.

CASERNE ORANJE-NASSAU

Dans Sarphatistraat, la plus longue façade d'Amsterdam, impressionnante, appartient à la caserne Oranje-Nassau. Construit pendant l'occupation française, quand les Pays-Bas faisaient partie de l'Empire napoléonien ● *32*, l'édifice fut financé par la municipalité d'Amsterdam et porta d'abord le nom de Quartier Saint-Charles, en hommage au maréchal Charles Oudinot, qui posa la première pierre le 17 novembre 1810. Ce projet, conçu par Picot de Moras, a été mis au point par l'architecte de la ville Abraham Van der Hart (1747-1820). Il fallut attendre quatre ans avant que les premiers soldats aient pu s'installer ici, mais les Français étaient déjà partis l'année précédente.

LE DR SAMUEL SARPHATI
Celui-ci (1813-1866) joua un très grand rôle dans la vie municipale au XIXe siècle ▲ *277.*

LES PIONNIÈRES
Les noms des rues créées derrière la caserne Oranje-Nassau, au cours de la rénovation des lieux et de la construction d'immeubles le long du canal, ont été attribués à des femmes pionnières et à des inspectrices du logement du XIXe siècle et du début du XXe siècle. Ainsi Johanna Ter Meulen (1867-1937) ci-dessus. Quant à l'ingénieur Jacoba Mulder (1960-1988), dite Kootje Mulder, elle a eu une grande influence dans l'organisation du plan d'extension de 1934 ● *37.*

LA PREMIÈRE PORTE DE MUIDEN
Largement remaniée par Rauws en 1770, elle a été bâtie au début du XVIIIe siècle. Sur ce tableau de J. Ten Compe (1713-1761), réalisé en 1756, on remarque le Singelgracht, canal qui longe l'enceinte d'Amsterdam, et sa série de moulins. Le canal est toujours là, à la différence des moulins, dont le De Gooyer est l'unique vestige ▲ *273*.

On peut lire le déroulement de l'histoire sur les frontons : trois portent des armes françaises dans lesquels l'aigle français a dû faire place au lion néerlandais. Le tympan central est le plus remarquable : les armes de Napoléon ont été remplacées par celles, personnelles, du souverain Guillaume Ier d'Orange, premier roi des Pays-Bas. La caserne a été rendue à la municipalité par le ministère de la Défense nationale et transformée en logements et bureaux.

MAURITSKADE
Ce quai, le long du Singelgracht, accueillit de nombreuses usines aux XIXe et XXe siècles.

MUIDERPOORT

La porte de Muiden est un édifice d'allure classique réalisé selon le projet de C. Rauws en 1769-1771. C'est l'une des dernières portes existantes de l'enceinte de la ville. C'est là que, en 1811, Napoléon a fait son entrée dans la capitale. La légende raconte que seules les premières centaines d'hommes de la troupe étaient correctement habillées et équipées. Derrière suivaient les vrais grognards déguenillés que les Amstellodamois ont dû loger, habiller et nourrir ! L'édifice sert maintenant de bureau de documentation des impôts.

TROPEN MUSEUM

L'Institut royal des Tropiques a été créé en 1910 à l'initiative d'une association coloniale, et en 1926, la reine Wilhelmine inaugura ce grand ensemble de bâtiments dont le style est inspiré par le Rijksmuseum ▲ *212*. Le MUSÉE DES TROPIQUES y est aujourd'hui consacré à l'information sur les pays en voie de développement. Ses départements d'études agronomiques et d'hygiène tropicale jouent un rôle important dans les recherches écologiques et médicales, surtout pour la fièvre jaune et le paludisme, ainsi que sur la diététique et les habitudes alimentaires.

À l'origine, le but de l'Institut royal des Tropiques était d'étudier les colonies néerlandaises : les Indes néerlandaises orientales (l'actuelle Indonésie), le Surinam et les Antilles. Le théâtre-restaurant du musée propose des spectacles des pays en voie de développement. On peut aussi y prendre un repas exotique.

De Pijp
et le plan sud

▲ De Pijp et le plan sud

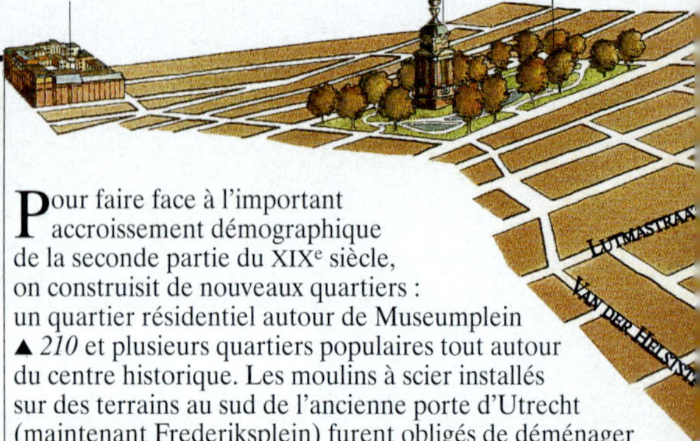

1/2 journée

Histoire de la bière
Le musée Heineken présente l'histoire de la bière et de son brassage, grâce à des échantillons de matériel ancien ou récent.

Pour faire face à l'important accroissement démographique de la seconde partie du XIXe siècle, on construisit de nouveaux quartiers : un quartier résidentiel autour de Museumplein ▲ *210* et plusieurs quartiers populaires tout autour du centre historique. Les moulins à scier installés sur des terrains au sud de l'ancienne porte d'Utrecht (maintenant Frederiksplein) furent obligés de déménager au profit du nouveau quartier De Pijp. Ce quartier occupe un quadrilatère au sud du Singelgracht, cerné à l'est par l'Amstel, à l'ouest par le Boerenwetering, et au sud par l'Amstelkanaal. Il se caractérise surtout par son urbanisme original.

Brasserie Heineken

Située sur Stadhouderskade, l'imposante masse de briques de l'ancienne brasserie (ci-dessous, au XIXe siècle) est maintenant aménagée en MUSÉE présentant l'histoire d'Heineken et la technique de fabrication de la bière. La société a transféré il y a quelques années sa production dans des usines de province, plus modernes et mieux adaptées. Mais ce lieu conserve son histoire : c'est, en effet, à la fin du XVIe siècle que la première brasserie s'est installée ici, et Adriaan Heineken la racheta en 1864. L'entreprise a si bien prospéré que sa production est depuis longtemps exportée dans le monde entier. C'est sans doute la marque de bière néerlandaise la plus connue au monde. Elle doit une grande partie de son succès au ferment «A», composant secret de la bière, qu'un élève de Pasteur mit au point. Le bâtiment actuel a été conçu par B. J. et W. B. Ouerdag en 1932-1934. De cet ensemble, il ne reste que la façade sur Stadhouders-kade, où se trouve le musée. Le reste du terrain a été aménagé autour d'une nouvelle place le long de Quellijnstraat, à l'angle de Ferdinand Bolstraat.

Origines du nom du quartier
Les longs fossés étroits qui furent comblés ressemblaient à des tuyaux et à des pipes *(Pijp)*. Autre explication : les cheminées de la brasserie *de Hooiberg* (prédécesseur de Heineken) faisaient penser à des pipes. Ce fut aussi l'un des premiers quartiers hors du centre raccordé au gaz, fourni par la Pijpgascompagnie.

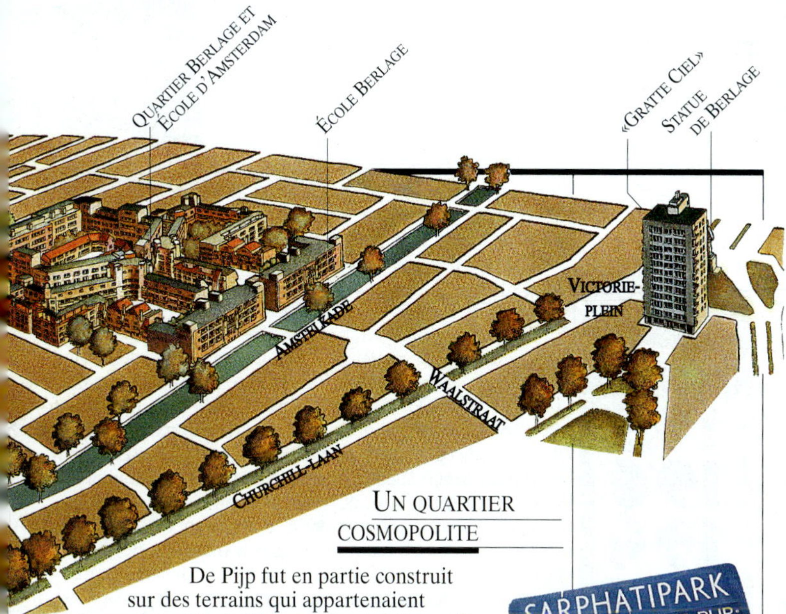

UN QUARTIER COSMOPOLITE

De Pijp fut en partie construit sur des terrains qui appartenaient à la municipalité de Nieuwer Amstel. Annexée par Amsterdam en 1896, cette municipalité perdit sa mairie, située sur l'Amsteldijk, qui est utilisée depuis 1914 par les archives municipales d'Amsterdam. En fait, le quartier De Pijp se compose de deux parties. La première, bâtie entre 1860 et 1890, est caractérisée par ses constructions uniformisées : les habitations devaient utiliser le moins de terrain possible. Les fossés ont été comblés et pavés en rues. Selon les directives, leur largeur devait être de 15 m, et les maisons devaient toutes avoir quatre étages. La plupart des quartiers bâtis au XIXe siècle autour de la ville ancienne témoignent d'un manque de style. En revanche, la deuxième partie du quartier, au sud de Ceintuurbaan et du SARPHATIPARK, construite entre 1900 et 1930, est marquée par son style école d'Amsterdam. Aujourd'hui, le quartier ancien est habité par une population hétérogène : sur une population d'environ 40 000 hab., on trouve environ 3 000 Marocains, 2 500 Surinamiens, et plus de 1 500 Turcs. Beaucoup d'étudiants logent également dans ce quartier car, si une partie des lieux a été rénovée, les anciennes habitations n'ont pas disparu pour autant, et ces logements bon marché intéressent étudiants et immigrés. Turcs et Marocains trouvent ici la possibilité de créer une petite entreprise ou une boutique, bien qu'il y ait une forte concurrence de la part des marchands forains néerlandais. De Pijp est finalement un ensemble cosmopolite où le commerce prospère.

MARCHÉ D'ALBERT CUYPSTRAAT ♥
Dans cette rue, le plus grand marché d'Amsterdam offre au public une ambiance foisonnante.

SARPHATIPARK
Ce parc (ci-dessus) a été créé à la fin du XIXe siècle. Il abrite le monument Sarphati, hommage au Dr Samuel Sarphati (1813-1866), qui créa une banque pour financer ses projets d'école de commerce, de service de nettoyage, et de logements dans le quartier ▲ *273*.

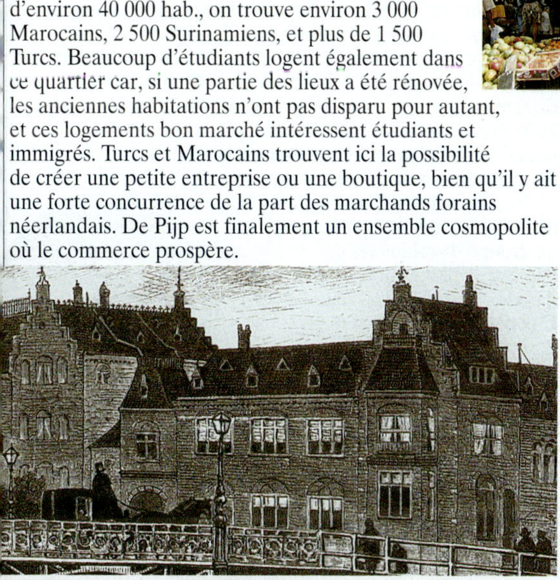

PLAN SUD DE BERLAGE ● *36*

Le plan sud de H. P. Berlage (1856-1934) est devenu une réalisation exemplaire : pour beaucoup d'urbanistes, c'est le meilleur quartier conçu pour des habitations au XXe siècle aux Pays-Bas. Soigneusement tracé par Berlage, le plan, dans lequel «les lignes claires règnent et où les avenues mordent dans l'horizon», selon un poète, fut accepté par la municipalité en 1917. Le plan sud, élaboré lorsqu'il a fallu développer encore davantage la ville, coincée dans ses vieux murs, constitue sans doute la plus grande œuvre de l'architecte-urbaniste, bien qu'il n'ait conçu aucune maison de ce quartier. Seul le PONT SUR L'AMSTEL, au bout de Vrijheidslaan, est de sa main : il porte d'ailleurs son nom ● *66.* L'alternance des places et des rues, des avenues et des rues tranquilles, des bâtiments monumentaux et des blocs d'habitations dotés de motifs décoratifs modestes mais magnifiques, ont à juste titre rendu Amsterdam-Sud célèbre dans le monde entier. Dans ce plan, le canal reliant l'Amstel, à l'est, au Schinkel, à l'ouest, forme un élément crucial : l'Amstelkanaal se sépare en deux bras près du croisement avec la Boerenwetering, où se trouve l'Apollohal (salle de sport). Ces deux bras, l'Amstelkanaal nord et sud, se joignent de nouveau derrière le stade olympique ● *60,* et le canal parvient au Schinkel. Tout le quartier a été dessiné autour de cette voie d'eau, très souvent de manière géométrique. Si Berlage en est le père spirituel, le plan sud n'aurait pas été une si grande réussite sans la participation d'autres architectes.

TROIS CLASSES DE LOGEMENTS. L'aménagement d'un bloc d'immeubles était toujours concédé à une association de construction de logements (subventionnée en vertu de la loi sur les habitations de 1901) ou à un particulier. L'un ou l'autre invitait un architecte à concevoir un projet qui devait satisfaire aux exigences d'une commission de tutelle, dépendante du service municipal de l'inspection du logement. Cette commission s'intéressait à tous les détails et, surtout, était très exigeante et tenace. Le plan d'extension avait prévu des îlots de construction de deuxième et troisième classes (logements pour la classe moyenne et logements ouvriers), et de première classe (construction plus large et villas jumelles). Le plan mentionnait aussi la hauteur de construction et la liste des monuments désirés. La construction du plan sud fut suivie en majeure partie par un groupe d'architectes qui déploya sa plus grande activité dans les années 1920-1930.

L'ÉCOLE D'AMSTERDAM ● *84.*
La marque de l'école d'Amsterdam est évidente : les concepteurs firent un grand usage de brique, de bois et de pierre de taille, des matériaux «honnêtes et sincères», selon Berlage. L'ensemble d'une rue fut traité le plus souvent possible comme un tout et on chercha

A. S. TALMA
Il fut l'un des dirigeants de la *Christelijk Werklieden Verbond* (Association des ouvriers chrétiens), fondée en 1877 par les ouvriers protestants orthodoxes. Des patrons-employeurs pouvaient en être membres associés. Cette association fut, entre autres, très active dans la construction de logements sociaux «Patrimonium», constituant ainsi un effort important dans toute la ville après 1914. Jouxtant Cooperatiehof, une rue du quartier De Pijp porte le nom de Talma (1864-1916).

SOUVENIR DES PIONNIERS
Ce monument rend hommage aux associations pionnières qui bâtirent le quartier au début du XXe siècle. Il se trouve dans le jardin de Cooperatiehof.

«Voyez les portes, les boîtes aux lettres, les entrées et surtout la théâtralité des toits de tuiles : le metteur en scène n'a rien laissé au hasard.»

Max Van Rooy

Hendrik Petrus Berlage
Le bâtisseur de la Bourse ▲ *133* a exercé une grande influence sur l'architecture et l'urbanisme d'Amsterdam à la fin du XIXe siècle

et au début du XXe siècle. Son premier bâtiment dans la ville fut la boutique *Focke & Meltzer,* à l'angle de Kalverstraat et du Spui ▲ *122,* maintenant une librairie anglo-saxonne. D'abord influencé par la Renaissance italienne, il change de style vers 1890, avec la construction de la fabrique de genièvre Bols, *'t Lootsje* sur le Rozengracht (1892) ▲ *247.* Ensuite, son œuvre majeure, la Boursc, sur lc Damrak, fit sensation (terminée en 1903). Ses principales contributions, à Amsterdam, ont ensuite été Mercatorplein, dans le plan d'extension ouest, et le plan d'extension sud, avec pour limite le pont sur l'Amstel qu'il a dessiné et qui porte son nom (1932). Berlage est aussi le concepteur du musée municipal de La Haye. Ci-contre, détails de façades des constructions du plan sud, dont Tellegenstraat ● *84.*

Le «gratte-ciel» En 1931, l'architecte J. F. Staal (1879-1940), ignorant l'école d'Amsterdam, et partisan du mouvement Nouveau Bâtir *('t Nieuwe Bouwen),* réalisa un grand immeuble sur une importante place située au croisement de rues principales (Victorieplein). Haut de 40 m et de douze étages (c'est exceptionnel à Amsterdam), vite surnommé «gratte-ciel» *(Wolkenkrabber),* l'immeuble contient vingt-quatre appartements. Son allure très moderne s'est très peu altérée aujourd'hui. Mais on se souvient encore de l'hiver 1944-1945, quand les ascenseurs étaient en panne à cause du manque d'électricité : les habitants devaient monter à pied !

systématiquement à réaliser une œuvre d'art cohérente. Les architectes se donnèrent pour objectif de différencier les nouveaux quartiers des quartiers limitrophes datant de la fin du XIXe siècle. Ils y parvinrent en donnant un style unique aux édifices : délaissant de temps en temps l'habituelle brique posée horizontalement sur la rangée inférieure, la maçonnerie verticale fit son apparition. Les rondeurs dans les formes, les façades décalées les unes par rapport aux autres, les balcons en encorbellement (bow-windows), et les tourelles d'angles montrent combien les architectes se sont amusés.

Le souci du détail. On peut admirer dans le quartier une multitude de maisons et d'immeubles dont les porches, les encadrements de fenêtres, les numéros, les boîtes aux lettres, la ferronnerie, les ornements en pierrre de taille, et les vitraux témoignent d'un grand souci du détail décoratif. Environ quarante architectes ont participé à la réalisation du plan, et parmi eux quelques-uns y ont contribué à une plus grande échelle : Michel de Klerk (1884-1923) ▲ *256* et Pieter Lodewijk Kramer (1881-1961) ont participé aux premiers manifestes de l'école d'Amsterdam avec l'association De Dageraad (l'Aurore, de tendance socialiste). Henriette Ronnerplein et Thérèse Schwartzeplein ♥ constituent leur œuvre majeure : cet ensemble symétrique de maisons identiques aux formes étonnantes est très célèbre. On y parvient après être passé par Cooperatiehof ♥, au centre de ce petit quartier complètement géométrique. La rue encerclant Cooperatiehof, Tellegenstraat, possède aussi quelques intéressants exemples de cette architecture si caractéristique.

Statue de Berlage. Sur les places et carrefours, Berlage avait prévu des bâtiments monumentaux, de préférence dotés d'une fonction communautaire. Peu de ces projets ont en fait été réalisés. Le sculpteur Hildo Krop (1884-1970) a néanmoins joué un grand rôle en contribuant aux ornements du plan sud. Sur Victorieplein, se trouve, sculptée par Krop, une statue de Berlage, munis d'un compas et d'un crayon, regardant l'Amstel. Dans son dos, le «gratte-ciel» de Staal cache Merwedeplein, où, au n° 37, deuxième étage, se trouve l'ancien logement de la famille Frank. Ils quittèrent cet immeuble le 6 juillet 1942 pour s'installer dans la cachette du n° 263 Prinsengracht ▲ *180.*

Informations pratiques

ADRESSES UTILES

■ **AMBASSADE DES PAYS-BAS**
7, rue Éblé
75007 Paris
Tél. 01 40 62 33 00

■ **INSTITUT NÉERLANDAIS**
121, rue de Lille
75007 Paris
Tél. 01 53 59 12 40

■ **OFFICE NÉERLANDAIS DE TOURISME**
9, rue Scribe
75009 Paris
Tél. 01 43 12 34 20
Ouvert lun.-ven.
9 h 30-16 h 30

ARGENT

L'unité monétaire des Pays-Bas est le florin NGL ou gulden, indiqué f, fl., DFL, Hfl., Gld ou NLG.

→ **CHANGE**
Le florin NGL est à 2,98 FF (0,45 euros)

→ **CARTES DE CRÉDIT**
Acceptées partout (hôtels, restaurants, location de voiture, etc.) sauf dans certains magasins, surtout si le montant à régler est inférieur à 40 fl. Les retraits d'argent peuvent être effectués dans les distributeurs de la plupart des banques.

AVION

Air France et KLM assurent une dizaine de liaisons quotidiennes à partir de Paris, Lyon, Marseille, Nice, Toulouse et Strasbourg, de 1 110 à 3 540 FF (A-R). Tous les vols arrivent à l'aéroport de Schiphol.

→ **AIR FRANCE**
119, avenue des Champs-Élysées
75008 Paris
Réservations
Tél. 0802 802 802

→ **KLM**
Tél. 01 44 56 19 00
Reservations
Tél. 01 44 56 18 18

CAR

■ **RENSEIGNEMENTS**
Eurolines
Gare Internationale Paris-Gallieni
28, avenue Général-de-Gaulle
Bagnolet
Tél. 08 36 69 52 52

■ **DÉPARTS**
Trois départs quotidiens, à 9 h, 11 h et 23 h. Deux départs supplémentaires ven.-sam. et lun. à 7 h 30 et 15 h. Le trajet dure 8 h.

■ **TARIFS**
A-R au départ de Paris : 370 FF (tarif jeune) et 400 FF (adulte).

COÛT DE LA VIE

→ **BUDGET TYPE**
La vie est plutôt chère à Amsterdam. Les chambres d'hôtel sont généralement onéreuses, et la proportion d'hôtels de «luxe» est très importante. Quant aux restaurants, exception faite des établissements asiatiques et des snacks, leurs prix, à qualité égale, sont 30 à 40 % plus élevés qu'en France.

→ **PRIX**
■ **UNE BIÈRE**
3,25 fl.
■ **UN CAFÉ**
2,50 à 3 fl.
■ **UN VERRE DE GENIÈVRE**
3,50 fl.
■ **UN «BROODJE» (SANDWICH)**
3 à 7 fl.
■ **UNE ENTRÉE AU MUSÉE**
7,50 fl.
■ **UN CONCERT CLASSIQUE**
25 à 50 fl.
■ **UN REPAS**
20 à 50 fl. et plus...
■ **UNE CHAMBRE DOUBLE**
75 à 500 fl. et plus...

FORMALITÉS

Pour les ressortissants de la CE, un passeport ou une carte d'identité suffit.

QUAND VISITER AMSTERDAM ?

Il n'y a pas de moment idéal pour visiter Amsterdam, la ville étant différemment belle tout au long de l'année. Le mois de septembre est particulièrement agréable par sa douceur et la chaleur de la lumière orangée du soir. Début décembre, on pourra participer aux festivités de la Saint-Nicolas ● *46*. La haute saison touristique s'étend d'avril à septembre et pendant la semaine de Noël au nouvel an.

SANTÉ

Les ressortissants de la CE ont droit à une assistance médicale en cas d'hospitalisation d'urgence sur présentation du formulaire E111 fournis par la caisse d'assurance maladie.

SITES WEB

www.holland.com
Site de l'office néerlandais de tourime.

www.hotelres.nl
Site de la Centrale néerlandaise de réservations (NRC).

www.noord-holland-tourist.nl
Site du VVV (office de tourisme) de la province. Informations culturelles sur Amsterdam, réservation d'hôtels, etc.

www.visitamsterdam.nl
Informations pratiques et culturelles. Site de l'office néerlandais de tourisme.

TÉLÉPHONE

→ **APPELER AMSTERDAM DEPUIS LA FRANCE**
Composer le 00 + 31 + 20 + numéro du correspondant.

→ **APPELER LA FRANCE DEPUIS AMSTERDAM**
Composer le 00 + 33 + numéro du correspondant sans le 0.

→ **RENSEIGNEMENTS INTERNATIONAUX**
32 12

TRAIN

■ **INFORMATIONS**
Au départ de Paris-gare du Nord à destination d'Amsterdam-Gare centrale (CS), cinq liaisons quotidiennes (4 h 15 de trajet). Réservation obligatoire.
Thalys téléservice :
Tél. 08 36 35 35 36

■ **TARIFS**
De 470 à 1100 FF (A-R)

VOITURE

→ **PAPIERS**
Permis national, carte grise et assurance internationale.

→ **TRAJET**
Compter 5 h. Au départ de Paris, prendre l'itinéraire Anvers – Breda – Utrecht, en empruntant les autoroutes A1, A27, puis A2.

→ **PÉAGES AUTOROUTIERS**
En Belgique et aux Pays-Bas les autoroutes sont gratuites.

→ **VITESSE**
120 km/h sur autoroute, 80 km/h sur les nationales, 50 km/h en agglomération.

→ **FEUX**
La nuit, utiliser les phares en code, à l'intérieur et hors des villes ; les feux de position ne sont pas autorisés.

ADRESSES UTILES

→ CONSULAT DE FRANCE
Vijzelgracht 2
Tél. 530 69 69

→ OFFICES DE TOURISME

■ VVV (AGENCE PRINCIPALE)
Stationsplein 10
Tél. 06 34 03 40 66
Ouvert tlj. 8 h-19 h 30
Réservation de chambres d'hôtel, distribution de plans de la ville, renseignements sur les activités culturelles, les horaires des musées, etc. Au VVV, office de tourisme néerlandais, près de la gare, la fréquentation est maximale quelle que soit l'heure.

■ VVV
Leidseplein 1
Tél. 06 26 64 44
Ouvert tlj. 8 h-19 h 30

■ HOLLAND TOURIST INFORMATION
Aéroport de Schiphol
Ouvert tlj. 7 h-22 h
Tél. 551 25 12

→ INFORMATIONS CULTURELLES

■ AUB TICKET SHOP
Leidseplein
Tél. 621 12 11
aub@aub.nl
www.aub.nl
Centrale de réservation de billets pour un grand nombre de spectacles.

■ «WHAT'S ON»
Toutes les informations culturelles de la ville (cinémas, concerts, pièces de théâtre, expositions...) sont recensées dans le mensuel *What's On*, édité en anglais et vendu dans les agences VVV (4 fl.).

À savoir
Autres magazines du même genre : Time Out, Uitkrant.

→ URGENCES

■ POLICE, AMBULANCE, POMPIERS
Tél. 112

■ POLICE
Elandsgracht 117
Tél. 559 91 11

■ DÉPANNAGE
ANWB
Tél. 0800 0888
Les voitures jaunes de la WegenWacht patrouillent sur toutes les autoroutes et peuvent être contactées à partir des bornes situées en bord des routes.

→ OBJETS TROUVÉS
Stephensonstraat 18
Tél. 559 30 05

AÉROPORT DE SCHIPHOL

À 20 km au sud de la ville. Compter entre 30 min et 1 h de trajet en voiture, selon la circulation.

→ COMPAGNIES AÉRIENNES

■ AIR FRANCE
Evert vd Beekstraat 7
Aéroport de Schiphol
Tél. 446 88 60

■ KLM
Réservations
Tél. 474 77 47

→ NAVETTE
Un service d'autobus KLM, ouvert à tous, dessert les grands hôtels de la ville.

■ PRIX
17,5 fl.

Attention
Le bus emprunte deux itinéraires différents.

→ TAXIS
Compter 55 fl. pour rejoindre le centre-ville.

→ TRAINS
Départ toutes les 15 min à destination de la Gare centrale. La nuit, le train circule toutes les heures. Compter 17 min de trajet.

■ PRIX
6,50 fl.

ALCOOLS

■ BIÈRE
Servie (fréquemment) à la pression et (toujours) avec un faux col : celui-ci doit mesurer l'épaisseur de l'index et du majeur superposés. Si l'on veut un petit verre, l'on demandera une *pils* ou, mieux encore, une *kabouterpils* (bière pour gnome) ; pour un grand verre, demander un *bakkie* (bol) ou un *vaas* (un vase).

■ GENIÈVRE
L'Amstellodamois boit rarement une bière seule : un verre d'alcool de genièvre (*jenever*) l'accompagne. Ce couple répond aux noms de *kopstoot* (coup sur la tête) ou de *stelletje* (duo). Le genièvre (qui possède plusieurs pseudonymes) est servi dans des verres remplis à ras bord : ce sont alors les lèvres qui doivent aller à la coupe et non l'inverse. «À la vôtre» se dit ici *proost* !

ARGENT

→ CHANGE
Le change ne pose pas de difficultés, mais certains bureaux de change peuvent pratiquer des commissions très élevées. En cas de paiement par carte bancaire, le taux de change, sans commission, est intéressant.

À savoir
Éviter de changer de l'argent dans les hôtels, où les taux sont prohibitifs.

■ TAUX DE CHANGE
1 fl. = 2,98 FF

→ DISTRIBUTEURS
On pourra retirer de l'argent auprès des distributeurs automatiques de la plupart des banques (mais la commission y est plus élevée).

→ COUPURES

■ LES PIÈCES
Le florin est divisé en cents. Pièces de 1 Ct, de 5 Ct, de 10 Ct et de 25 Ct, puis de 1 fl., de 2,5 fl., de 5 fl. et de 10 fl.

■ LES BILLETS
10 fl., 25 fl., 50 fl., 100 fl., 250 fl. et 1 000 fl.

CAFÉS

Un séjour à Amsterdam serait incomplet sans la visite des cafés, véritables lieux de vie. La ville en compte plusieurs types.

Voir aussi
Sélection d'adresses ▲ *297-298*

→ CAFÉ BRUN
Les Néerlandais du siècle d'Or, buveurs enthousiastes et fumeurs énergiques, ont légué à leurs descendants une farandole de cafés dits «bruns», d'après la couleur sombre déposée sur les murs par les

âges et la nicotine, et rehaussée par le bois des mobiliers. Croisement d'estaminet, de bougnat et de pub, ces cafés sont des lieux de rencontre, où l'on peut jouer à la belote, aux dames ou encore lire les journaux dans une solitude douillette.

→ «COFFEESHOP»
Café où la consommation de haschisch et de marijuana est légalisée. On en vend aussi sous la forme de *spacecakes* (gâteaux).

→ «EETCAFÉ»
Lieu où l'on peut se restaurer simplement et rapidement à n'importe quelle heure de la journée. On y sert des salades, des snacks, des sandwiches, etc.

→ GRAND CAFÉ
Au sympathique et très chaleureux confinement des cafés bruns, Amsterdam oppose l'espace métallisé et «high tech» de quelques «grands cafés». Leur particularité n'est pas seulement architecturale : ils proposent aussi des buffets ou des formules de restauration.

→ «PROEFLOKAAL»
Bar traditionnel où l'on vient déguster plusieurs verres de vin, de bière ou de genièvre.

DROGUE

Les drogues douces, comme le cannabis, sont en vente libre dans les *coffeeshops*.

FESTIVITÉS

→ COMMÉMORATIONS, FÊTES RELIGIEUSES

■ **GRÈVE DES DOCKERS CONTRE LA DÉPORTATION DES JUIFS**
25 février

■ **CARNAVAL**
Février

■ **PROCESSION DU MIRACLE DE L'HOSTIE**
Mars

■ **ANNIVERSAIRE DE LA REINE (KONINGINNENDAG)**
30 avril
Fête nationale.

■ **ANNIVERSAIRE DE LA LIBÉRATION (BEVRIJDINGSFESTIVAL)**
5 mai

■ **JOURNÉE NATIONALE DE LA BICYCLETTE ET DES MOULINS**
8 mai

■ **SAINT-NICOLAS**
6 décembre

→ FOIRES ET FESTIVALS

■ **FESTIVAL DE BLUES**
Mars

■ **FOIRE AUX ANTIQUITÉS**
Mars

■ **WORLD PRESS PHOTO**
Avril

■ **WEEK-END NATIONAL DES MUSÉES**
Avril
Entrée libre ou réduite.

■ **AMSTERDAM WINTER ADVENTURE**
Novembre-mars
Expositions organisées par les musées de la ville.

■ **KUNST RAI**
Mai-juin
Foire artistique : peinture, sculpture et photo.

■ **FESTIVAL DE HOLLANDE**
Juin
Musique, opéra, danse, théâtre, cinéma. Fait partie de l'Amsterdam Arts Adventure.

■ **AMSTERDAM ARTS ADVENTURE**
Juin-août
Comprend le Festival de danse de juillet, le Festival des canaux, les Concerts d'été de Robeco, etc. La programmation est disponible aux VVV dès le mois de mai.

■ **THÉÂTRE EN PLEIN AIR (VONDELPARK OPENLUCHTTHEATER)**
Juin-août
Présentations théâtrales gratuites en plein air.

■ **MARATHON D'AMSTERDAM**
Date variable

■ **GAY PRIDE**
Premier w-e d'août

■ **PRISENGRACHT CONCERT**
Dernier w-e d'août
Concerts de musique classique sur le Prisengracht.

■ **UITMARK**
Dernier w-e d'août
Spectacles en avant-première de la saison à venir.

■ **FESTIVAL DE JAZZ**
Août-septembre

■ **FESTIVAL DU JORDAAN**
Septembre

■ **FÊTE DES FLEURS (BLOEMENCORSO)**
Premier w-e de septembre
Grand défilé de chars chargés de fleurs.

■ **JOURNÉE NATIONALE DU PATRIMOINE (OPEN MONUMENTENDAG)**
Septembre
Activités diverses, ouverture de monuments fermés au public.

GASTRONOMIE

Ville cosmopolite, Amsterdam compte nombre de restaurants aux cuisines variées (indonésienne, chinoise, italienne, française, etc.). La cuisine locale n'est pas en reste. Les restaurants néerlandais proposent des plats souvent vigoureux en hiver. La mer est très présente dans les spécialités nationales.

→ QUELQUES SPÉCIALITÉS
La purée de pommes de terre servie avec des légumes et des saucisses fumées, la soupe de pois cassés (*erwtensoep*), le hareng cru et salé (*maatjes*), mariné (*rolmops*) ou fumé (*kipper*), les légumes marinés au vinaigre, les crêpes au bacon, au fromage et aux pommes (*pannenkoeken*), ou encore les crêpes au sucre (*poffertjes*).

→ RESTAURATION DANS LA RUE
Une barquette de frites accompagnée de mayonnaise ou de sauce au beurre de cacahouètes, du hareng cru avec des oignons et des cornichons, des anguilles fumées...

HÉBERGEMENT

→ HÔTELS
Peu d'établissements intermédiaires entre les hôtels chers et les hôtels bon marché qui ne proposent aucun confort.

■ **RÉSERVATIONS**
Il est conseillé de réserver à l'avance sa chambre d'hôtel.
Centrale néerlandaise de réservation (NRC)
Réservations par internet sur le site de l'organisme central de réservation pour l'hôtellerie (www.hotelres.nl)
Amsterdam Reservation Center
Service central de réservation VVV
Ouvert lun.-sam. 9 h-17 h
Tél. (31 77) 700 08 88
Bureaux de VVV
On pourra réserver une chambre d'hôtel à la dernière heure dans les bureaux VVV. Mais il faut se rendre sur place.
Voir aussi
Sites web ◆ *282* *(réservations possibles sur les sites des offices de tourisme).*

→ AUBERGES DE JEUNESSE
Fédération des auberges de jeunesse (NJHC)
Prof. Tulpstraat 2
Tél. 551 31 55

Le prix de la nuit (petit déjeuner inclus) varie entre 21,25 fl. et 36,75 fl.

→ BED & BREAKFAST
S'adresser aux VVV ou aux organismes suivants :
Bed & Breakfast Holland
Theophile de Bockstraat 3
Tél. 615 75 27
Tourisme chez l'habitant
15, rue des Pas-Perdus
95804 Cergy-Saint-Christophe
Tél. 01 34 25 44 44

HORAIRES D'OUVERTURE

→ BANQUES
Lun.-ven. 9 h-16 h 30

→ MAGASINS
Lun.-ven. 9 h-18 h, sam. 9 h-17 h
Nocturne le jeudi soir jusqu'à 21 h
À savoir
Quelques magasins et boutiques du centre-ville ouvrent le dimanche de 12 h à 17 h et le lundi à partir de 12 h 30.

→ RESTAURANTS
Souvent fermés à midi, mais on peut déjeuner légèrement dans un *eetcafé* ou un grand café. Le dîner est le repas principal des Néerlandais. On le prend entre 18 et 20 h.
Les restaurants servent à dîner dès 17 h et jusqu'à 23 h. Fermeture dimanche ou lundi.

INTERNET

L'*Easy Everything* (Reguliersbreestraat), le plus grand café internet d'europe, est ouvert 24 h/24.

JOURS FÉRIÉS

■ **1ER JANVIER**
Jour de l'an.
■ **VENDREDI SAINT**
■ **LUNDI DE PÂQUES**
■ **30 AVRIL**
Fête nationale.
■ **5 MAI**
Libération.
■ **ASCENSION**
■ **LUNDI DE PENTECÔTE**
■ **25 ET 26 DÉCEMBRE**
Noël.

LANGUE

Il est facile de se faire comprendre en anglais ou en allemand. Le français est moins répandu.
Voir Mots utiles ◆ *288*

MARCHÉS

Ils sont 28 au total.
■ **MARCHÉ**
Albert Cuypmarkt
Albert Cuypstraat
Ouvert lun.-sam. 10 h-17 h
Le plus grand de la ville. On y trouve de tout, des légumes aux vêtements.
■ **MARCHÉS AUX PUCES**
Waterloopleinmarkt
Waterlooplein
Derrière le Stopera
Lun.-sam. 9 h-17 h
Fripes, disques, brocante et timbres. Très connu.
Rommelmarkt Looiersgracht
Looiersgracht 38
Sam.-jeu.
Les particuliers se joignent aux brocanteurs et exposent leurs objets d'occasion.
Noordermarkt
Westerstraat
Lun. 9 h-13 h
Très fréquenté, il participe de l'animation et de l'atmosphère gaie et décontractée du Jordaan. Devant l'église du Nord.
■ **MARCHÉ AUX ANTIQUITÉS**
Antiekmarkt nieuwmarkt
Nieuwmarkt
Mai-sep. dim. 9 h-17 h
■ **MARCHÉ AUX FLEURS**
Bloemenmarkt
Singel
Lun.-sam. 9 h 30-17 h
Marché aux fleurs flottant.

■ **MARCHÉS AUX LIVRES ET AUX GRAVURES**
Boekenmarkt
Spui
Ven. 10 h-18 h
Livres d'occasion, magazines, journaux et gravures.
Oudemanhuispoort
Lun.-sam. 13 h-16 h
■ **MARCHÉ AUX TIMBRES ET MONNAIES**
Postzegelmarkt
Nieuwezijds Voorburgwal
En face du n° 280
Mer., sam. 13 h-16 h
Philatélie, troc.
■ **MARCHÉ AUX PRODUITS FERMIERS**
Boerenmarkt Amsterdam
Westerstraat
Sam.
Vente de produits bio et écologiques.
■ **MARCHÉ ARTISTIQUE**
Kunstmarkt Thorbeckeplein
Mi-mars-mi-nov. dim.
Des artistes exposent leurs œuvres : peintures, bijoux, sérigraphies, etc.
■ **MARCHÉ AUX CHIFFONS**
Lapjesmarkt Westerstraat
Lun. matin
Textiles et bric-à-brac.

POSTE

On n'aura aucun mal à trouver une boîte aux lettres rouge où poster son courrier.
■ **POSTE CENTRALE**
Singel 250-256
Tél. 556 33 11
■ **TARIFS**
Prix d'un timbre pour l'Europe : 1 fl.

POURBOIRE

Il est habituel de laisser un pourboire d'un montant de 10 % de l'addition.

PROSTITUTION

Elle se concentre dans le quartier rouge.
Les prostituées ne racolent pas dans la rue, mais s'exposent dans des vitrines dont elles baissent le rideau quand elles sont occupées ; elles travaillent par équipe 24 h/24.

SANTÉ

→ HÔPITAUX
■ **ONZE LIEVE VROUW GASTHUIS**
1e Oosterparkstraat 279
Tél. 599 91 11
URGENCES
Police, pompiers, ambulances
Tél. 112
PHARMACIES 24 H/24
Les pharmacies connaissent un système de roulement pour les soirées et les nuits.
■ **RENSEIGNEMENTS**
Tél. 559 91 11

SHOPPING

→ **MODE**

■ **GRANDS MAGASINS**
Dans le centre-ville.

■ **PRÊT-À-PORTER INTERNATIONAL DE LUXE**
La plupart des boutiques se concentrent le long de la Pieter Cornelis Hooftstraat.

■ **GRANDS COUTURIERS**
Autour du Concertgebouw.

■ **BOUTIQUES HIPPIES**
Autour de quartier de Haarlemmerdijk.

→ **DIAMANTAIRES**

■ **GASSAN DIAMONDS**
Nieuwe Uilenburgerstraat 173-175
Tél. 622 53 33

■ **STOELTIE DIAMONDS**
Wagenstraat 13-17
Tél. 623 76 01

→ **ARTS ET ANTIQUITÉS**
Autour du Spiegelkwartier.

■ **ANTIEKCENTRUM DE LOOIER**
Elandsgracht 109
Grand marché d'objets d'art, de curiosités et de peintures.

■ **ANTIQUARIAAT STAAL**
Staalstraat 11
Tél. 623 18 05
Ouvert lun.-sam. 11 h-18 h
Livres anciens. Très grand rayon de livres français.

→ **CURIOSITÉS**

■ **CONDOMERIE HET GULDEN VLIES**
Warmoestraat 141
Tél. 627 41 74
Ouvert lun.-ven. 13 h-18 h, sam. 12 h-17 h. Fermé fév.
Unique en son genre, propose toutes sortes de préservatifs : masculins ou féminins, parfumés ou inodores, colorés ou non, vierges ou à motifs...

■ **DE WATERWINKEL**
Roelof Hartstraat 10
Tél. 6 75 59 32
Ouvert lun.-ven. 9 h-18 h, sam. 9 h-17 h
Exclusivement consacré aux eaux minérales, de toutes origines et, parfois, très originales.

■ **DE WITTE TANDEN WINKEL**
Runstraat 5
Tél. 623 34 43
Ouvert lun.-ven. 10 h-18 h, sam. 10 h-17 h
Tout sur les brosses à dents !

■ **KEIJZER**
Prinsengracht 180
Tél. 624 08 23
Ouvert lun.-ven. 9 h-17 h 30, sam. 9 h-17 h
Depuis 1839, le spécialiste amstellodamois du café et du thé.

■ **JACOB HOOY**
Kloveniersburgwal 12
Ouvert mar.-ven. 8 h 15-18 h, lun. 12 h-18 h, sam. 8 h 15-17 h
Herboristerie datant de 1734. Vieux pots et meubles à tiroirs renferment plantes médicinales, thés et autres remèdes naturels.

Voir aussi
Marchés ◆ *285*

TAXI

Assez chers mais très confortables. On ne peut pas les héler directement, il faut téléphoner à la centrale ou aller les chercher aux stations de taxis.

Centrale de taxi
Tél. 677 77 77

TÉLÉPHONE

→ **PRIX D'UN APPEL**

■ **COMMUNICATIONS LOCALES**
0,25 fl. les 5 min

■ **COMMUNICATIONS INTERNATIONALES**
À partir d'une cabine ou d'un bureau de poste. Pour appeler la France, composer le 00 + 33 + numéro du correspondant sans le 0 (0,95 fl. / min).

Attention
Les tarifs pratiqués par les hôtels sont plus élevés.

→ **OPÉRATRICE**
Une opératrice est disponible au 060 410, pour les appels en PCV notamment.

→ **RENSEIGNEMENTS**

Renseignements nationaux
Tél. 0900 8008

Renseignements internationaux
Tél. 0900 8418

→ **CABINES TÉLÉPHONIQUES**
La plupart sont à carte (en vente dans les postes, les gares, les agences VVV et quelques magasins). Téléphones à pièces dans les cafés.

À savoir
Le centre Tele Talk Center (Leidsestraat 101) propose un service de fax.

TRANSPORTS FLUVIAUX

Différents moyens de transport permettent de visiter Amsterdam par les canaux.

→ **LIGNES RÉGULIÈRES**

■ **BAC**
Gratuit, il relie, toutes les 8 min, la Gare centrale et Amsterdam Nord ; il ne transporte pas les voitures, seulement les vélos et les autobus.

■ **CANAL BUS**
Ce service public et régulier (toutes les 25-45 min) comprend trois lignes au départ de la Gare centrale et du Rijksmuseum.

Points de vente des billets
GVB (service municipal des transports), Ticket Office Stationsplein (en face de la Gare centrale) et arrêts du Canalbus (Rijksmuseum, Leidseplein, Anne Frank Huis, Gare centrale).

Prix
25 fl. la journée

Renseignements
Tél. 623 98 86

■ **MUSEUM BOOT**
Toujours au départ de la gare (toutes les 30-45 min), il dessert les principaux musées. Les billets permettent d'obtenir jusqu'à 50 % de réduction aux entrées des musées.

Points de vente des billets
Office de tourisme (VVV)

Prix
27,50 fl.

Renseignements
Tél. 625 93 01

→ **TOURISME FLUVIAL**

■ **BATEAUX-MOUCHES**
Les débarcadères des différentes compagnies se trouvent, pour la plupart, en face de la gare ou près du Rijksmuseum. Le billet coûte 15 fl.

■ **BATEAUX ÉLECTRIQUES**
À louer par groupe de six personnes maximum, pour naviguer librement sur les canaux de la ville.

Duba Elektra
Prinseneiland 34
Tél. 624 64 24
(75 fl./h, 50 fl. à partir de 3 h de location).

■ **BATEAUX ANCIENS**
Canal Classic propose un tour des canaux à bord de bateaux du début du XIXe siècle. Groupes de 6 à 12 personnes (375 fl./h).

Renseignements
Tél. 623 98 86

■ **PÉDALOS**
À louer près du Rijksmuseum. Le tarif horaire est de 12,50 fl. (4 pers.) et 15 fl. (2 pers.).

Canal Bike
Weteringschans 24
Tél. 626 55 74

Aan de Wind
Mauritskade 1
Tél. 692 91 24

■ **WATER-TAXI**
25 passagers maximum.

Renseignements
Stationsplein 8
Tél. 622 21 81

TRANSPORTS URBAINS

→ BUS, MÉTRO, TRAMWAY

■ BUS
30 lignes, plutôt pour aller au-delà du centre et de la ceinture des canaux. Ils empruntent généralement les grands axes.

■ MÉTRO
2 lignes en banlieue.

■ TRAMWAYS
16 lignes.
Idéal pour la visite du centre-ville. Au départ de la Gare centrale, le 2 traverse les principaux canaux, le 16 conduit au Museumplein, les 9 et 14 amènent au Muziektheater et au marché aux puces de Waterlooplein.
Renseignements
Face à la Gare centrale.

→ CIRCLE-TRAM N° 20
Ce tram circule entre 9 h et 18 h parmi les principaux centres d'intérêt de la ville au long de 30 arrêts. Départ de la Gare centrale. Billet à la journée.

■ RENSEIGNEMENTS
Auprès des contrôleurs, aux points de vente de billets et à l'office de tourisme VVV.

→ ZONES
La ville est divisée en zones. Il faut composter deux coupons par zone et par personne. Le cœur touristique d'Amsterdam constitue une seule et même zone (deux coupons).

→ HORAIRES
Métro, tram et bus circulent jusqu'à minuit. Les bus de nuit (7 lignes) jusqu'à 6 h.

→ TITRES DE TRANSPORT
Ils servent indifféremment pour tous les moyens de transport public et doivent être dûment compostés (les contrôles sont fréquents et les amendes conséquentes).

■ COUPONS À L'UNITÉ
3,25 fl.
(valable 2 h)

■ STRIPPENKAART
Solution la plus avantageuse, c'est une carte de 15 coupons détachables 12 fl.

■ DAGKAART
Valable un ou plusieurs jours, cette carte permet un nombre illimité de trajets.
1 jour : 10 fl.
2 jours : 15 fl.
3 jours : 19 fl.
4 jours : 23 fl.

→ POINTS DE VENTE DES TITRES DE TRANSPORT
Bureau des transports (GVB) de la Gare centrale, bureaux de poste et bureaux de tabac.
À savoir
Les coupons vendus dans les transports coûtent plus cher.

VÉLOS

Ils se garent partout et on peut aller n'importe où avec (pas de sens unique pour les vélos).

■ HOLLAND RENTABIKE
Damrak 247
Tél. 622 32 07
Répare gratuitement crevaisons et autres avaries.

■ MAC BIKE
Marnixstraat 220
Tél. 626 69 64
12,50 à 18,50 fl. la journée.
Attention
Certains loueurs de vélos demandent à être remboursés sur les réparations ou le prix de la bicyclette en cas de perte ou de vol. Cette pratique est illégale, prévenir la police si nécessaire.

VISITES GUIDÉES

■ À PIED
Rendez-vous avec l'association *'het Gilde'* dans la cour du Musée historique (Kalverstraat 92) tous les jours à 11 h sauf samedi et lundi. Trois circuits sont proposés : Jordaan, vieux centre-ville et itinéraire découverte (4 fl.).

■ À VÉLO
Yellow Bike fournit les vélos et organise des visites d'avril à octobre (32,50 à 42,50 fl. par personne, vélo inclus).
Renseignements
Tél. 620 69 40

VOITURE

Une fois arrivé à Amsterdam, il est recommandé de laisser sa voiture dans le quartier des musées, légèrement excentré, et de continuer vers le centre à pied ou en tramway : le centre historique d'Amsterdam, peu étendu, n'impose pas l'usage d'une voiture. Les rues, étroites, souvent encombrées, rendent la circulation et le stationnement difficiles. De plus, les contraventions sont souvent très lourdes.

→ STATIONNEMENT

■ CENTRE-VILLE
Payant à partir de 8 h et jusqu'à 23 h, tous les jours. Tarif horaire à partir de 5 fl. L'abonnement de 3 jours coûte 90 fl. (en vente dans les hôtels).
À savoir
En cas de non-paiement, les services municipaux placent un sabot et l'amende coûte au moins 160 fl. Si l'amende n'est pas réglée au bout de 24 h, le véhicule risque d'être remorqué, ce qui augmente l'amende de 300 fl.

■ STATIONNEMENT GRATUIT
Les zones de stationnement gratuit (P+R) sont en banlieue.

■ PARKINGS
Situés en banlieue. Proposent des forfaits d'un à plusieurs jours.
Transferium Amsterdam ArenA
Parking surveillé ouvert 24 h/24. Prix : 12,50 fl. par jour (comprend un aller-retour gratuit jusqu'au centre en métro). Accessible par les autoroutes A1, A2 et A9. Suivre la plaque P+R Transferium.

◆ MOTS ET EXPRESSIONS UTILES

PRONONCIATION :

aa, oo, uu, ee : voyelles longues ; ex : zee (*zé*), jaar (*yâr*)
oe : toujours prononcé comme «ou» français ; ex : toerist (tourist)
ij, ei : même son que dans soleil ; ex : dijk (*dèïk*)
ou, au : prononcé comme (*ao*) ; ex : oud (*aot*)
ui : même son que dans «œil »
ie : prononcé toujours i long ; ex : vier (*vir*)
j : prononcé (*ye*) ; ex : jaar (*yâr*)
g : prononcé dans la gorge comme la jota espagnole ; ex : goed (*rout*)
ch : prononcé comme un «r» très dur ; ex : maastricht (*mâstrirt*)
sch : prononcé sr avec un «r» très dur ; ex : schip (*srip*)

FORMULES USUELLES

Oui : ja
Non : nee
S'il vous plaît : graag
S. v. p. : a. u.b.
Merci : dank u
Pardon : pardon
Bonjour : goedendag
Bonsoir : goedenavond
Au revoir : dag
Aujourd'hui : vandaag
Demain : morgen
Hier : gisteren
Interdit : verboden
Danger : gevaar
Je suis français(e) : ik ben Frans
Je ne comprends pas : ik versta u niet
Parlez-vous français ? : spreekt u Frans ?
Pouvez-vous m'aider ? : kunt u me helpen ?
Information : Inlichting

LA SEMAINE

Lundi : Maandag
Mardi : Dinsdag
Mercredi : Woensdag
Jeudi : Donderdag
Vendredi : Vrijdag
Samedi : Zaterdag
Dimanche : Zondag

LES CHIFFRES

Un : een
Deux : twee
Trois : drie
Quatre : vier
Cinq : vijf
Six : zes
Sept : zeven
Huit : acht
Neuf : negen
Dix : tien

À L'HÔTEL

Hôtel : hotel
Chambre : kamer
Clef : sleutel
Drap : laken
Couverture : deken
Salle de bain : badkamer
W.C. : toilet

CAFÉS, RESTAURANTS

Restaurant : restaurant/eethuisje
Café (bar) : koffiehuis ; coffeshop (café snack sans vente d'alcool, mais où la consommation de drogues douces est parfois autorisées)
Café «brun» (bar) : kroeg

SE RESTAURER

Petit déjeuner : ontbijt
Déjeuner : lunch
Déjeuner (léger) : koffietafel
Dîner : diner
Menu (carte) : menukaart
Pain : brood
Sandwich : broodje
Croque-madame (copieux) : uitsmijter
Plat du jour : dagschotel
Hareng : haring
Moule : mossel
Fromage : kaas
Salade : sla
Légume : groente
Fruits : fruit
Tarte aux pommes : appelgebak
Crêpe : pannekoek
Glace : ijs
Assortiment de spécialités indonésiennes : rijsttafel
Eau : water
Chocolat chaud : chocolade
Café : koffie
Thé : thee
avec/sans lait/sucre : met/zonder melk/suiker
bière blonde : pilsje
bière brune : donker bier
Vin : wijn
Vin rouge : rode vijn
Vin rosé : rosé vijn
Vin blanc : witte vijn
Genièvre : jenever
Verre : glas
Carafe : karaf
Bouteille : fles
Garçon : ober
puis-je avoir l'addition, s'il vous plaît ? : mag ik de rekening, graag ?
Facture : rekening
Toilettes : het toilet

SE REPÉRER

Où est... : waar is...
Est-ce près ? : is het dichtbij ?
Est-ce loin ? : is het ver weg ?
À gauche : linksaf
À droite : rechtsaf
Tout droit : rechtdoor
Sud : zuid
Nord : noord
Ouest : west
Est : oost

VOYAGER

Départ : vertrek
Arrivée : aankomst
Retard : vertraging
Agence de voyage : reisbureau
Avion : vliegtuig
Aéroport : luchthaven
Bateau : schip
Port : haben
Compagnie maritime : rederij
Train : trein
Gare : station
Quai : perron
Voie : spoor
Consigne : bagagedepot
Station essence : benzinestation

VISITER

Excursion en bateau : rondvaart
Visite : bezoek
Ouvert : open
Fermé : gesloten
Entrée : ingang
Sortie : uit(gang)
Guichet : loket
Billet/ticket : kaartje
Ville : stad
Quartier : stadswijk
Maison : huis
Jardin : tuin
Zoo : dierentuin
Moulin : molen
Église : kerk
Entrepôt : pakhuis
Théâtre : schouwburg
Cinéma : bioscoop
Musée : museum
Exposition : tentoonstelling
Galerie d'art : kunstgalerij
Office du tourisme : V.V.V
Bureau de douane : douanekantoor
Police : politie
Bureau de poste : postkantoor
Timbre-poste : postzegel
Hôpital : ziekenhuis

ACHETER

Bureau de change : wisselkantoor
À louer : te huur
À vendre : te koop
Florin : Gulden
Prix : prijs
Combien ça coûte ? : wat kost dit ?
Cher : duur
Bon marché : goedkoop
Soldes : uitverkoop
Marché : markt
Boulanger : bakker
Pâtisserie : banketbakkerij
Épicier : kruidenier
Boucher : slager
Charcuterie : delicatessenzaak
Pharmacie : apotheek
Fleuriste : bloemist
Magasin de photo : fotozaak
Tabac : tabakswinkel
Kiosque à journaux : krantenkiosk
Journal : krant
Librairie : boekhandel
Antiquaire : antiekzaak
Bijoutier : juwelier

LIRE UNE ADRESSE

Straat : rue
Voor/achter : désigne les appartements situés à l'avant ou à l'arrière d'une même maison.
Markt : marché (désignation des places qui, autrefois, accueillaient des marchés)
Plein : place
Kade : quai (souvent prononcé et orthographié *kaai*)
Dwarsstraat : ruelle perpendiculaire à une rue principale.
Gracht : canal
Brug : pont

< 200 fl.
200 à 400 fl.
400 à 600 fl.
> 600 fl.

Les lettres et chiffres sous chaque quartier (ex : EF4) renvoient à la carte située à la fin du guide.
La liste des logos se trouve à l'intérieur des rabats de couverture.

CENTRE-OUEST
EF4-FG3

AMSTERDAM RENAISSANCE
Kattegat 1
Tél. 621 22 23
Grand hôtel moderne international. Service de qualité, sauna, chambres avec terrasse privée.
Petit déjeuner non compris (33,5 fl.)
425 ch. (485 fl.)

AVENUE HOTEL
N. Z. Voorburgwal 27
Tél. 530 95 30
Un ancien entrepôt de la Compagnie des Indes orientales réhabilité.
80 ch. (220 fl.)

DIE PORT VANCLEVE
Niewezijds Voorburgwal 176-180
Tél. 624 48 60
Fax 622 02 40
Une institution qui attire les visiteurs depuis un siècle en plein centre d'Amsterdam. Restaurant réputé.
120 ch. (445 fl.)

HOTEL AMSTERDAM
Damrak 93
Tél. 555 06 66.
www.hotel amsterdam.nl
Décor fonctionnel pour cet hôtel situé près du Dam. Restaurant de spécialités hollandaises, de moules et de harengs.
Petit déjeuner non compris (30 fl.)
80 ch. (395 fl.)

KRASNAPOLSKY
Dam 9
Tél. 554 91 11
Fax 622 86 07
Cet hôtel de grand luxe, sur la place du Dam, face au Palais royal, pâtit d'une façade sans charme, mais reste l'un des plus grands dans sa catégorie. Brahms et Verlaine, entre autres, fréquentèrent son célèbre restaurant.
Petit déjeuner non compris (38,50 fl.)
264 ch. (628 fl.),
7 suites (950 fl.)

NOVA HOTEL
Nieuwezijds Voorburgwal 276-280
Tél. 623 00 66
Vieille bâtisse. Établissement familial.
58 ch. (250 fl.)

VICTORIA HOTEL
Damrak 1-6
Tél. 623 42 55

L'EUROPE

AMBASSADE

Fax 625 29 97
Chambres tout confort dans un hôtel du début du XXe siècle en face de la gare. À côté du quartier rouge.
Petit déjeuner non compris (35 fl.)
305 ch. (525 fl.)

CENTRE-EST
G5-G6

AMSTERDAM HOUSE HOTEL EUREKA
Gravelandseveer 3-4
Tél. 624 66 07
Hôtel très calme à bord d'une maison-bateau.
16 ch. (295 fl.)

DOELEN KARENA HOTEL
Nieuwe Doelenstraat 24
Tél. 554 06 00
Fax 622 10 84
Au bord de l'Amstel, ce célèbre hôtel abrita en son temps l'atelier de Rembrandt. Spacieux et admirablement situé.
Petit déjeuner non compris (33 fl.)
85 ch. (421 fl.)

L'EUROPE
Nieuwe Doelenstraat 2-8
Tél. 531 17 77
Fax 531 17 78
Affilié à Relais & Châteaux, hôtel de prestige sur les bords de l'Amstel. Très grand confort et restaurant exceptionnel, l'Excelsior.
Petit déjeuner non compris (47,50 fl.)
100 ch. (655 fl.),
6 suites (870 fl.)

RHO HOTEL
Nes 5-23
Tél. 620 73 71
Fax 620 78 26
Cet hôtel présente l'avantage d'être très central, à deux pas du Dam. Accueil sympathique et chambres fonctionnelles.
170 ch. (320 fl.)

THE GRAND
Oudezijds Voorburgwal 197
Tél. 555 31 11
Fax 555 32 22
Hôtel prestigieux installé dans l'ancien hôtel de ville.
Petit déjeuner non compris (38 fl.)
146 ch. (875 fl.),
36 suites (950 fl.)

CANAUX NORD
D4-C3

AGORA
Singel 462
Tél. 627 22 00
Hôtel de qualité, près du marché aux fleurs. Très propre. Bon rapport qualité-prix.
15 ch. (190 fl.)

AMBASSADE
Herengracht 341
Tél. 555 02 22
Fax 555 02 77
www.ambassade-hotel.nl
L'hôtel occupe dix maisons patriciennes au bord du Herengracht et du Singel. Service impeccable.
Petit déjeuner non compris (27,5 fl.)
59 ch. (350 fl.),
6 suites (525 fl.)

BLAKES AMSTERDAM
Keizersgracht 384
Tél. 530 20 10
Fax 530 20 30
www.slh.com/blakesam
Le Blakes Amsterdam n'a rien à envier à son homologue londonien : la décoration, signée Anouska Hempel, et le service de qualité en font un lieu luxueux et plein de charme. Très à la mode, il demeure paisible.
Petit déjeuner non

< 200 fl.
200 à 400 fl.
400 à 600 fl.
> 600 fl.

compris (35 fl.)
26 ch. (750 fl.)

HET CANAL HOUSE
Keizersgracht 148
Tél. 622 51 82
Fax 624 13 17
Superbe petit hôtel calme et cossu, un des meilleurs de sa catégorie. Situation idéale.
26 ch. (285 fl.)

HÔTEL ESTHEREA
Singel 303-309
Tél. 624 51 46
Fax 623 90 01
Hôtel chaleureux et très bien situé sur le canal.
Petit déjeuner non compris (27,50 fl.)
70 ch. (380 fl.)

HÔTEL HEGRA
Herengracht 269
Tél. 623 78 77
Fax 623 81 59
Fermé mi-janv.-mi-fév.
Petit hôtel économique sur canal chic. Accueil agréable.
11 ch. (125 fl.)

HÔTEL HOKSBERGEN
Singel 301
Tél. 626 60 43
Fax 638 34 79
Petit hôtel propre et récent, à bord d'une maison-bateau. Très bien situé. Calme et fonctionnel.
14 ch. (185 fl.)

HÔTEL PULITZER
Prinsengracht 315-331
Tél. 523 52 35
Fax 627 67 53
Sans doute le meilleur hôtel de la ville. Constitué de 24 maisons anciennes donnant sur deux canaux. Prestige et tradition.
Petit déjeuner non compris (35 fl.)
230 ch. (830 fl.)

KEIZERGRACHT
Keizergracht 15
Tél. 625 13 64
Fax 620 73 47
Hôtel universitaire international mais accessible à tous, situé au bord du canal. Jardin. Chambres très confortables. Accueil serviable. Tout à fait avantageux.
Petit déjeuner non compris (15 fl.)
26 ch. (150 fl.)

TOREN
Keizersgracht 164
Tél. 622 63 52
Fax 626 97 05
Au bord d'un canal, pittoresque. Bon rapport qualité-prix.
Petit déjeuner non compris (19,5 fl.)
40 ch. (255 fl.)

WATERFRONT HOTEL
Singel 458
Tél. 623 97 75
Fax 428 47 27
www.waterfront.dimon.nl
Charmant et central. Excellent service. Location d'appartements.
10 ch. (220 fl.)

CANAUX SUD

F6-F7

AMSTEL HOTEL
Prof. Tulpplein 1
Tél. 622 60 60
Fax 622 58 08
Sur les bords du fleuve, l'hôtel le plus luxueux d'Amsterdam, datant de 1867. Les places du parking sont à réserver à l'avance.
Petit déjeuner non compris (52,50 fl.)
79 ch. (995 fl.),
21 suites (1 900 fl.)

AMSTERDAM WIECHMAN HÔTEL
Prinsengracht 328
Tél. 626 33 21
Fax 626 89 62
À la jonction de deux canaux, trois maisons-bateaux aménagées traditionnellement.
37 ch. (225 fl.)

BRIDGE HÔTEL
Amstel 107-111
Tél. 623 70 68
Fax 624 15 65
www.thebridgehotel.nl
Chambres et hôtel agréables sur l'Amstel, près de Magere Brug.
30 ch. (170 fl.)

CITY HOTEL
Utrechtsestraat 2
Tél. 627 23 23.
Petit hôtel propret sur Rembrandtplein. Bon rapport qualité-prix.
20 ch. (150 fl.)

DE LANTAERNE
Leidsegracht 111
Tél. 623 22 21
Fax. 623 26 83
Petit hôtel bon marché, près de Leidseplein, à la jonction de deux canaux. Chambres de 3 lits.
24 ch. (175 fl.)

DIKKER & THIJS
Prinsengracht 444
Tél. 626 77 21
Fax 625 89 86
Une institution luxueuse, style Arts déco. Confort et très bon accueil. Excellent restaurant.
42 ch. (550 fl.)

HANS BRINKER
Kerkstraat 136
Tél. 622 06 87
Fax 638 20 60
Auberge de jeunesse sans charme, mais propre et bien située.
138 ch. (76 fl.)

HÔTEL DE LA POSTE
Reguliersgracht 3-5
Tél. 626 71 67
Près de Rembrandtplein. Idéalement situé à la rencontre de deux canaux, mais faible rapport qualité-prix.
15 ch. (160 fl.)

HÔTEL DE MUNCK
Achtergracht 3
Tél. 623 62 83
Hôtel calme, bien situé sur le canal, près de l'Amstel. Maison du XVIIIe siècle d'un capitaine de marine. Chambres aménagées simplement. Recommandé.
16 ch. (195 fl.)

HÔTEL PRINSENHOF
Prinsengracht 810
Tél. 623 17 72
Fax 638 33 68
Hôtel charmant décoré avec goût. Préférer les chambres à l'arrière. Bon rapport qualité-prix.
11 ch. (165 fl.)

ORLANDO
Prinsengracht 1099
Tél. 638 69 15
Fax 625 21 23
Cette demeure patricienne du XVIIe siècle est située près de la très animée Utrechtsestraat. Chambres décorées avec raffinement et bon goût.
5 ch. (150 fl.)

SCHILLER KARENA
Rembrandtplein 26-36
Tél. 554 07 00
Fax 624 00 98
Très bien situé et particulièrement apprécié l'été pour sa fraîcheur et le confort de sa terrasse. Chambres confortables.
Petit déjeuner non compris (33 fl.)
95 ch. (421 fl.)

THE SEVEN BRIDGES
Reguliersgracht 31
Tél. 623 13 29
Petit hôtel

bon marché aux chambres propres et agréables. Petit déjeuner copieux servi dans les chambres.
11 ch. (200 fl.)

AUTOUR DES MUSÉES

D8-C9

ACCA INTERNATIONAL
Van de Veldestraat 3a
Tél. 662 52 62
Fax 676 27 62
Non loin du musée Van-Gogh. Tranquille, accueillant, confortable.
35 ch. (250 fl.)

AMERICAN HOTEL
Leidsekade 97
Tél. 556 30 00
Fax 625 32 36
Cet hôtel Arts déco majestueux est proche des canaux et des musées. Sauna.
Petit déjeuner non compris (33 fl.)
188 ch. (550 fl.),
12 suites (675 fl.)

AMS HÔTEL HOLLAND
P. C. Hooftstraat
Tél. 683 18 11
Fax 676 59 56
Plusieurs maisons à l'origine. Hôtel calme, à côté du Vondelpark et des musées.
62 ch. (210 fl.)

AMS HÔTEL TERDAM
Tesselschadestraat 23
Tél. 683 18 11
Fax. 683 83 13
Maisons datant du XIXe siècle, près du Vondelpark et de Leidseplein.
89 ch. (310 fl.)

AMSTEL BOTEL
Oosterdokskade 2-4
Tél. 626 42 47
Fax 639 59 56
Maison-bateau moderne amarrée entre la Gare centrale et le Musée maritime. Demander une chambre du côté de la rivière.
Petit déjeuner non compris (13 fl.)
176 ch. (159 fl.)

ATLAS
Van Eeghenstraat 64
Tél. 676 63 36
Fax 671 76 33
Cet agréable hôtel installé dans une villa Art nouveau est à deux pas du Vondelpark et du Museumplein. Quartier du commerce de luxe.
23 ch. (240 fl.)

COK HOTELS
Koninginneweg 34-36
Tél. 664 61 11
Fax 664 53 04
Tout près du Vondelpark et des musées, un ensemble de trois hôtels de catégories différentes. Chambres spacieuses et modernes pour la première.
116 ch. (273,30 fl.)

GARDEN HOTEL
Dijsselhofplantsoen 7
Tél. 664 21 21
Fax 679 93 56
L'un des hôtels les plus réputés de la ville. Chambres de très grand confort avec jacuzzi. Bon rapport qualité-prix. Très bon restaurant.
Petit déjeuner non compris (17,5 fl.)
124 ch. (695 fl.)

HILTON AMSTERDAM
Apollolaan 138-140
Tél. 710 60 00
Fax 662 66 88
Très grand luxe avec la suite historique du «Bed-in» de 1969 de John Lennon et Yoko Ono. Superbe.
Petit déjeuner non compris (43 fl.)
279 ch. (480 fl.)

HÔTEL ACRO
Jan Luykenstraat 44
Tél. 662 05 26
Fax 675 08 11.
À deux pas des musées. Moderne, rutilant et fonctionnel.
55 ch. (175 fl.)

HÔTEL DE FILOSOOF
Anna Van De Vondelstraat 6
Tél. 683 30 13
Fax 685 37 50
Près du Vondelpark et des musées, hôtel rattaché à un cercle philosophique.
25 ch. (165 fl.)

HÔTEL FITA
Jan Luykenstraat 37
Tél. 679 09 76
www.fita.nl
Proche du musée Van-Gogh. Chambres spacieuses. Accueil moyen mais bon rapport qualité-prix.
16 ch. (230 fl.)

HÔTEL MAAS
Leidsekade 91
Tél. 623 38 68
Fax 622 26 13
Un hôtel convenable entre Leidseplein et les musées avec mille petites attentions.
28 ch. (295 fl.)

HÔTEL MUSEUMZICHT
Jan Luykenstraat 22
Tél. 671 52 24
Minuscule hôtel avec vue sur le Rijksmuseum, bon marché et très bien tenu par un patron sympathique.
14 ch. (135 fl.)

HÔTEL TRIANON
J. W. Brouwersstraat 3-7
Tél. 673 20 73
Fax 673 88 68
Hôtel de la chaîne AMS, confortable mais sans caractère. Jouxte le Concertgebouw.
52 ch. (210 fl.)

JAN LUYKEN
Jan Luykenstraat 58
Tél. 573 07 30
Fax 676 38 41
www.janluyken.nl
Grand hôtel calme et feutré, proche des musées. Bon rapport qualité-prix.
62 ch. (340 fl.)

JOLLY HOTEL CARLTON
Vijzelstraat 4
Tél. 622 22 66
Fax 626 61 83
Situé dans le centre. Hôtel confortable, mais donnant sur une avenue sans charme.
224 ch. (729 fl.)

MARRIOTT
Stadhouderskade 21
Tél. 607 55 55
Fax 607 55 11
Hôtel très confortable et très accueillant, proche des canaux et des musées. Rien à redire.
Petit déjeuner non compris (33,5 fl.)
392 ch. (540 fl.)

PRINSEN HOTEL
Vondelstraat 38
Tél. 616 23 23
Fax 616 61 12
Hôtel sympathique tout près du Vondelpark.
41 ch. (175 fl.)

JORDAAN

D2-D3

ACACIA
Lindengracht 251
Tél. 622 14 60
www.acaciahotel.nl
Hôtel familial, au bord d'un canal. Les chambres sentent bon le bois.
21 ch. (155 fl.)

BELGA
Hartenstraat 8
Tél. 624 90 80
Fax 623 68 62
Petit hôtel au cœur des canaux. Chambrettes tout confort.
10 ch. (160 fl.)

◆ SÉLECTION D'ADRESSES
RESTAURANTS, BRASSERIES

Les lettres et chiffres sous chaque quartier (ex : EF4) renvoient à la carte située à la fin du guide.
La liste des logos se trouve à l'intérieur des rabats de couverture.

- < 40 fl.
- 40 à 60 fl.
- 60 à 80 fl.
- > 80 fl.

CENTRE-OUEST

EF4-FG3

CRIGNON FROMAGERIE
Gravenstraat 28
Tél. 624 64 28
Ouvert mar.-sam.
18 h-21 h 30
Situé derrière la Nieuwekerk, dans une ruelle touristique. Réputé pour sa sélection de fromages agrémentant les plats. Spécialité : fondues.

DE KEUKEN VAN 1870
Spuistraat 4
Tél. 624 89 65
Ouvert lun.-ven.
11 h 30-20 h,
sam.-dim. 16 h-21 h
Héritage des mouvements ouvriers (et caritatifs) du XIXe siècle, cet excellent restaurant tout simple attire indigents et cadres pour sa cuisine 100 % hollandaise et à tout petits prix.

DE POORT VAN KLEEF
Nieuwezijds Voorburgwal 176-180
Tél. 622 64 29
Ouvert tlj.
12 h-21 h 30
Cuisine néerlandaise traditionnelle.

DE SILVEREN SPIEGEL
Kattengat 4-6
Tél. 624 65 89
Ouvert lun.-sam.
12 h-14 h et
18 h-22 h
Deux belles maisons noires aux façades penchées abritent ce restaurant très apprécié qui propose des spécialités françaises et hollandaises.

DULAC
Haarlemmerstraat 118
Tél. 624 42 65
Ouvert lun.-jeu.
16 h-1 h,
ven.-sam. 16 h-2 h,
dim. 14 h-1 h
Ce grand café ayant pris la place d'une banque, le coffre-fort fait office de cave à bière. Son décor bigarré fait honneur au nom qu'il porte : celui de l'illustrateur français des Mille et Une Nuits, *Edmond du Lac.*

D'VIJFF VLIEGEN
Spuistraat 294-302
Tél. 624 83 69
Ouvert tlj. 17 h 30-22 h 30
Restaurant installé dans un ensemble de maisons du XVIIIe siècle, décorées de lustres, cuivres, bois sombres et vieux tableaux. La cuisine, moderne et inventive, est de qualité.

EERSTE KLAS
Central Station
Quai n° 2 B
Tél. 625 01 31
Ouvert lun.-sam.
9 h 30-23 h,
dim. 10 h 30-23 h
Cette salle d'attente première classe, transformée en café-restaurant, a conservé son décor original, fin XIXe-début XXe siècle. Snacks et repas de qualité en semaine, pas de déjeuner le week-end.

ESPRIT
Spui 10 a
Tél. 626 36 24
Ouvert ven.-mer
10 h-18 h,
jeu. 10 h-22 h
Grand café design *métallisé, jouissant d'une belle terrasse devant le Spui et l'université. Peut-être un peu trop touristique. Spécialités : salades, snacks, plats californiens.*

FRASCATI
Nes 59
Tél. 624 13 24
Ouvert dim.-jeu.
16 h-1 h, ven.-sam.
13 h 30-2 h
Attenant à un théâtre, tout près du Dam, ce café, bondé avant et après les représentations, attire un public cultivé très animé. Service jusqu'à 22 h 45. Spécialités marocaines.

HAESJE CLAES
Nieuwezijds Voorburgwal 320
ou Spuistraat 275
Tél. 624 99 98
Restaurant néerlandais installé dans les huit pièces d'une ancienne maison amstellodamoise. Ambiance feutrée. Cuisine de qualité.

KANTJIL EN DE TIJGER
Spuistraat 291-293
Tél. 620 09 94
Ouvert tlj. 16 h 30-23 h
Restaurant indonésien apprécié pour sa cuisine savoureuse et épicée et son service charmant.

LE PETIT LATIN
Nieuwezijds Voorburgwal 306
Tél. 624 94 25
Ouvert tlj. 18 h-22 h 30
Restaurant très agréable, près du Béguinage et du Musée historique d'Amsterdam. Spécialités : fruits de mer et cuisine française.

LIEVE
Herengracht 88
Tél. 624 96 35
Ouvert tlj. 17 h 30-22 h 30
Délicieux restaurant belge. Ambiance animée.

LUCIUS
Spuistraat 247
Tél. 624 18 31
Ouvert tlj. 17 h-24 h
Fermé jours fériés et 31 déc.
Décor hollandais traditionnel pour ce restaurant très fréquenté qui sert à la bonne franquette des plats de poissons de la mer du Nord et d'ailleurs.

LUDEN
Spuistraat 304
Tél. 622 89 79
Ouvert lun.-ven.
12 h-23 h, sam.-dim.
18 h-23 h
Ce restaurant de La Haye est venu dans la capitale précédé d'une flatteuse réputation. La cuisine allie avec goût le vin et les spécialités hollandaises. Accueil jeune et sympathique.

LUXEMBOURG
Spui 22-24
Tél. 620 62 64
Ouvert lun.-ven.
10 h-1 h, sam.-dim.
10 h-2 h
Fréquenté par une clientèle de journalistes, de publicitaires, de courtiers de la bourse des valeurs, d'étudiants de l'université toute proche, ce grand bistrot a un faux air de Quartier latin qui lui permet de rester perpétuellement à la mode. Spécialités : club sandwiches, salades japonaises, cuisine hollandaise. Pas de service le soir ▲ **122**.

MARAKECH
Nieuwezijds Vorburgwal 134
Tél. 623 50 03
Ouvert tlj. 16 h-22 h 30
Restaurant calme, près de la gare. Excellente cuisine marocaine.

EERSTE KLAS

DANTZIG

DE JAREN

EXCELSIOR

PIER 10
De Ruijterkade,
Steiger 10
Tél. 624 82 76
Ouvert tlj.
18 h 30-22 h
Le Pier 10, juste derrière la gare, propose une cuisine française internationale. Dîner aux chandelles. Vue sur l'IJ.

RODE LEEUW
Damrak 93-94
Tél. 555 06 66
Cuisine néerlandaise, pois chiches et champagne !

THE ASIAN CARIBBEAN
Warmoesstraat 170
Tél. 638 20 97
Derrière l'ancienne Bourse de Berlage, un restaurant surinamien vert, spacieux, tout neuf, animé par une célébrité locale.

VASSO
Rozenboomsteeg
12-14 Spui
Tél. 626 01 58
Ouvert tlj. 18 h 30-23 h
Ambiance cosy *et sereine dans ce restaurant italien de grande classe. Belle décoration. À deux pas du Béguinage.*

WERKENDAM
Sint Nicolaasstraat
43
Tél. 428 77 44
Ouvert mar.-jeu., dim.
17 h-1 h, ven.-sam.
17 h-2 h. Fermé lun.
Excellents poissons et fruits de mer accommodés par le chef Liesbeth Mijnlief.

CENTRE-EST

G5-G6

ATRIUM
Oudezijds
Achterburgwal 237
Tél. 525 39 99
Ouvert tlj.12 h-14 h,
17 h-19 h
Restaurant universitaire situé au cœur des canaux, dans le Binnengasthuis.

DANTZIG
Zwanenburgwal 15
Tél. 620 90 39
Ouvert dim.-jeu.
10 h-1 h, ven.-sam.
10 h-2 h
L'une des meilleures terrasses sur l'Amstel à la tombée de la nuit, quand le soleil se couche précisément dans l'axe du canal. Installé dans le Stopera, le Dantzig *devient un lieu de rendez-vous très mondain les soirs de première. À la carte : salades, omelettes, cuisine continentale. Service jusqu'à 22 h, après formule snack seulement* ▲ ***160.***

DE JAREN
Nieuwe Doelenstraat
20-22
Tél. 625 57 71
Ouvert dim.-jeu.
10 h-1 h, ven.-sam.
10 h-2 h
Réputé pour ses deux terrasses sur l'Amstel... et ses sandwiches. Dîner jusqu'à 22 h. Jeux d'échecs ▲ ***160.***

DE WAAG
Zeedijk 130
Tél. 624 64 49
Ouvert lun.-sam.
12 h-4 h
Grand café élégant installé sous une voûte de l'ancienne balance municipale. Repas aux chandelles. Terrasse en été. Cybercafé à l'étage.

EXCELSIOR
Nieuwe
Doelenstraat 2-8
Tél. 531 17 05
Ouvert tlj. 12 h 30-14 h 30 et 19 h-22 h 30
Célèbre restaurant de l'hôtel

RESTAURANTS, BRASSERIES

< 10 fl.
40 à 60 fl.
60 à 80 fl.
> 80 fl.

de l'Europe. Terrasse délicieuse sur les bords de l'Amstel. Spécialités : gibier, vins, cuisine française.

HEMELSE MODDER
Oude Waal 9
Tél. 624 32 03
Ouvert lun.-sam. 18 h-22 h
Restaurant agréable et à la mode, près de la tour Montelbaan, qui propose viandes, poissons et de nombreux plats végétariens.

NAM TIN
Jodenbreestraat 11-13
Tél. 428 85 08
Ouvert tlj. 12 h-24 h
Il s'agit certainement du meilleur chinois de la ville, très fréquenté et pas cher.

ORIENTAL CITY
Oudezijds Voorburgwal 177-179
Tél. 626 83 52
Ouvert tlj. 11 h 30-23 h
Grand restaurant chinois fréquenté par la communauté asiatique. Propose un vaste choix de spécialités chinoises et indonésiennes.

CANAUX NORD

D4-C3

CHRISTOPHE'
Leliegracht 46
Tél. 625 08 07
Ouvert mar.-sam. 19 h-23 h
Fermé fin juil.-début août
Une bonne adresse : un cadre confortable, calme et chaleureux, une cuisine de qualité. À goûter : la terrine de foie gras au jurançon et le homard rôti.

DE BELHAMEL
Brouwersgracht 60
Tél. 622 10 95
Ouvert tlj. 18 h-22 h
Terrasse agréable en été sur le Brouwersgracht.

DE GOUDSBLOEM
Reestraat 8
Tél. 523 52 83
Ouvert tlj. 18 h-22 h 30
Tout près de la Westerkerk, le célèbre restaurant du Pulitzer *est un ancien magasin réaménagé. Cave à vins d'excellente réputation. Spécialités françaises et bataves. À essayer, les raviolis d'anguilles*

DE BELHAMEL

aux huîtres poêlées.

D'THEEBOOM
Singel 210
Tél. 623 84 20
Ouvert tlj. 11 h-15 h et 18 h-22 h 30
Excellente cuisine française dans un entrepôt réaménagé. Plats copieux et rapport qualité-prix optimal. Réserver le soir. Accueil attentionné.

LE TOUT COURT
Runstraat 13
Tél. 625 86 37
Ouvert tlj. 18 h-23 h 30
Une des meilleures tables d'Amsterdam. Le chef est affable, le service excellent, la cuisine française délicieuse. Réserver.

MENEER PANNEKOEK
Raadhuisstraat 6
Tél. 627 85 00
Ouvert lun.-sam. 10 h-20 h, dim. 11 h-20 h
Décor hollywoodien pour cette crêperie spacieuse à la clientèle hétéroclite.

RUM RUNNERS
Prinsengracht 277
Tél. 627 40 79
Ouvert lun.-ven. 16 h-1 h, sam. 14 h-2 h, dim. 14 h-1 h
Restaurant tropical très fréquenté par les touristes. Bons cocktails mais bruyant. Musique live *latino les dimanches après-midi.*

ZUID ZEELAND
Herengracht 413
Tél. 624 31 54
Ouvert lun.-ven. 12 h-14 h 30 et 18 h 30-23 h, sam.-dim. 18 h-23 h 30
Établissement situé au bord du canal. Jardin frais, cuisine de qualité.

CANAUX SUD

F6-F7

BRASSERIE SCHILLER
Rembrandtplein 26-36
Tél. 554 07 00
Ouvert tlj. 11 h-1 h
Brasserie de 1912 installée au rez-de-chassée de l'hôtel Schiller.

DE PRINSENKELDER
Prinsengracht 438
Tél. 422 27 77
Ouvert tlj. 18 h-1 h
Ancien magasin datant du XVIIe siècle, joliment réhabilité. Cuisine franco-italienne. Très sympathique.

DYNASTY
Reguliersdwarsstraat 30
Tél. 626 84 00
Ouvert mer.-lun. 17 h 30-23 h
Élu restaurant de l'année 1994. Cuisine chinoise et thaïlandaise. Cadre agréable et situation idéale. Réserver.

HET TUYNHUIS
Reguliersdwarsstraat 28
Tél. 627 66 03
Ouvert lun.-ven. 12 h-15 h et 18 h-23 h
Restaurant élégant. Cuisine d'inspiration française.

HOLLANDS GLORIE
Kerkstraat 220-222
Tél. 624 47 64.
Cadre kitsch et accueil sympathique, près de Muntplein. Cuisine hollandaise traditionnelle. Spécialités : steak, poisson fumé, moules grillées.

CAFÉ KORT
Amstelveld 12
Tél. 626 11 99

Ouvert dim.-jeu.
11 h-22 h, ven.-sam.
11 h-23 h
Installé contre l'église en bois Amstel, cet eetcafé *dispose d'une charmante terrasse, sous les arbres, où il fait bon s'asseoir en été. Dîner et snacks à toute heure* ▲ *204.*

METZ & CO
Keizersgracht 455
Tél. 520 70 20
Ouvert lun.-sam.
9 h 30-18 h,
jeu. 9 h 30-20 h
Ce grand café moderne au dernier étage du magasin Metz & Co offre une superbe vue sur la ville. Spécialités : saumon fumé, salades, brunch.

PATA NEGRA
Utrachtsestraat 124 b
Tél. 421 26 70
Bar à tapas très fréquenté et pas cher (les tapas sont tous à moins de 10 fl).

ROSE'S CANTINA
Reguliersdwarsstraat 38
Tél. 625 97 97
Ouvert tlj. 17 h-23 h
Ce bar-restaurant mexicain a remplacé le célèbre café Oblomow.

ROYAL CAFÉ DE KROON
Rembrandtplein 17
Tél. 625 20 11
Ouvert tlj. 12 h-2 h
Rouvert dans les années 1980, cet élégant café date de 1898 (année du couronnement de la reine Wilhelmine, d'où son nom : «La Couronne»). Un grand café à l'étage propose des snacks, restauration aussi en terrasse l'été.

SLUIZER
Utrechtsestraat 43-45
Tél. 622 63 76
Ouvert lun.-ven.
12 h-24 h, sam.-dim.
18 h-24 h
Le Sluizer *comprend un restaurant de poissons et un restaurant de viandes. Décor simple, éclairage* cosy. *Réserver.*

VAN VLAANDEREN
Weteringschans 175
Tél. 622 82 92
Ouvert mar.-sam.
18 h 30-22 h 30
Fermé trois semaines en juillet.
Cuisine d'inspiration méditerranéenne.

CAFÉ KORT

AMSTERDAM CAFÉ

Service et vins excellents. Réserver.

WALEM
Keizersgracht 449
Tél. 625 35 44
Ouvert lun.-jeu.
9 h-1 h, ven.-sam.
9 h-2 h, dim. 9 h 30-1 h
On y sert le petit déjeuner, des snacks et des repas. Terrasse sur le canal et jardin à l'arrière.

AUTOUR DES MUSÉES
D8-C9

BARK
Van Baerlestraat 120
Tél. 675 02 10
Ouvert tlj.
12 h-24 h 30
Déjeuner lun.-ven., dîner tlj.
Cette brasserie chic est spécialisée dans les poissons et fruits de mer.

BARTHOLDY
Van Baerlestraat 35
Tél. 662 26 55
Ouvert lun.-ven.
12 h-14 h 30 et
17 h 30-23 h, sam.-dim. 17 h 30-23 h
Face au Concertgebouw. Spécialités méditerranéennes.

BEDDINGTON'S
Roelof Hartstraat 6-8
Tél. 676 52 01
Ouvert mar.-ven.
12 h-14 h
et 18 h-22 h 30,
lun., sam.
18 h-22 h 30
Propose une cuisine savoureuse et variée, ambiance tranquille.

BRASSERIE LA TOSCA
P. C. Hooftstraat 128
Tél. 673 55 95
Ouvert lun.-sam.
9 h-22 h,
dim. 12 h-22 h
Restaurant italien raffiné. Musique d'opéra le soir. Accueil chaleureux. Spécialités : salades, pâtes fraîches.

BRASSERIE MAXIE'S
P. C. Hooftstraat 100
Tél. 679 20 04
Ouvert tlj. 11 h-23 h
Lieu calme et agréable, décor moderne. Jardin. Service jusqu'à 21 h 30.

DE BLAUWE HOLLANDER
Leidsekruisstraat 28
Tél. 623 30 14
Ouvert tlj. 17 h-22 h
Près de Leidseplein. Conseillé à ceux qui aiment la foule et les grandes tablées. Spécialités hollandaises.

DE KNIJP
Van Baerlestraat 134
Tél. 671 42 48
Ouvert lun.-ven.
12 h-15 h et 17 h 30-24 h 30, sam.-dim. et j. fér.
17 h 30-24 h 30
Restaurant chaleureux, très prisé, situé près du Stedelijk et du Concertgebouw. Décor 1900. Spécialités : vins, huîtres de Nouvelle-Zélande, cuisine méditerranéenne.

DE MANGERIE
Garden Hotel
Dijsselhofplantsoen 7
Tél. 664 21 21
Ouvert lun.-sam.
18 h-23 h
L'un des sommets culinaires d'Amsterdam. Réserver. Gastronomie française.

DE OESTERBAR
Leidseplein 10
Tél. 626 34 63
Ouvert tlj. 12 h-24 h
Splendide restaurant, spécialités de poissons et fruits de mer.

RESTAURANTS, BRASSERIES

DE SMOESHAAN THEATERCAFÉ
Leidsekade 90
Tél. 625 03 68
Ouvert tlj. 11 h-1 h
Un ensemble théâtre-café-restaurant très animé, clientèle jeune et cultivée. Réserver. Spécialités : salades, pâtes, cuisine franco-italienne.

MIRAFIORI
Hobbemastraat 2
Tél. 662 30 13
Ouvert mer.-lun. 12 h-15 h et 17 h-24 h
Proche des musées. Peut-être le meilleur restaurant italien de la ville.

PASTA E BASTA
Nieuwe Spiegelstraat 8
Tél. 422 22 26
Ouvert lun.-sam. 18 h-22 h
Ambiance informelle dans ce restaurant du quartier des antiquaires majoritairement fréquenté par des étudiants : sur fond de musique d'opéra, on déjeune à de grandes tables communes.

SAMA SEBO
P. C. Hooftstraat 27
Tél. 662 81 46
Ouvert lun.-sam. 12 h-14 h et 18 h-22 h
Ce restaurant indonésien, proche des musées, allie avec audace charme exotique et tradition batave.

JORDAAN

D2-D3

BORDEWIJK
Noordermarkt 7
Tél. 624 38 99
Ouvert mar.-dim. 18 h 45-23 h
Excellente cuisine d'inspiration française.

DE BOLHOED
Prisengracht 60-62
Tél. 626 18 03
Ouvert tlj. 12 h-22 h
Restaurant végétarien, simple et bon marché. Petite terrasse en été.

DE GROENE LANTAARN
Bloemgracht 47
Tél. 620 20 88
Ouvert tlj. 18 h-21 h
Restaurant chaleureux, agréable en hiver, installé dans une vieille maison de 1628. Spécialités : fondues.

DE KIKKER
Egelantiersstraat 128-130
Tél. 627 91 98
Belle façade en marbre couverte de lierre. L'un des restaurants les plus courus du moment. Réserver absolument. Spécialités françaises.

DE PRINS
Prinsengracht 124
Tél. 624 93 82
Ouvert lun.-ven. 10 h 30-22 h, sam.-dim. 10 h-2 h
En face de la maison d'Anne Frank, un café chaleureux et intime pour une clientèle intello. Cuisine moderne néerlandaise et plat du jour à midi (viande, poisson ou quiche). Le brunch est également vivement conseillé. Exposition de photos ou de peintures.

HET STUIVERTJE
Hazenstraat 58
Tél. 623 13 49
Ouvert mar.-dim. 17 h 30-22 h 30
Restaurant célébrissime et délicieux. Réserver absolument. Spécialités françaises et végétariennes, poissons.

LORREINEN
Noordermarkt 42
Tél. 624 36 89
Ouvert mer.-lun. 18 h-22 h 30
Près de l'église du Nord. Excellentes spécialités françaises.

MANGO BAY
Westerstraat 91
Tél. 638 10 39
Ouvert tlj. 17 h 30-23 h
Spécialités exotiques.

SPECIAAL
Nieuwe Leliestraat 142
Tél. 624 97 06
Ouvert tlj. 17 h 30-23 h
Fermé j. fér.
Restaurant indonésien réputé pour la qualité de sa cuisine. Spécialités : rijstafels, *plats végétariens.*

THIJSSEN
Brouwersgracht 107-109
Tél. 623 89 94
Clientèle jeune et atmosphère sympathique.

PORT OUEST

F2-F3

AMSTERDAM CAFÉ
Watertorenplein 6
Tél. 682 26 66
Café ouvert tlj. 11 h-1 h, restaurant ouvert tlj. 11 h 30-23 h 30
Cet immense café est installé dans l'ancienne station de pompage du service des eaux de la ville. Pompes et machines ont été conservées dans la grande salle. Ambiance charmante et animée.

DE GOUDEN REAEL
Zandhoek 14
Tél. 623 38 83
Ouvert lun.-sam. 12 h-22 h 30
Fermé à Noël.
Ce restaurant a élu domicile dans un petit port charmant. On y déguste de bonnes spécialités régionales françaises.

NEW DELHI
Haarlemmerstraat 73
Tél. 626 27 55
Ouvert tlj. 10 h-22 h
Situé dans un quartier commerçant, idéal pour la pause déjeuner. Bonne cuisine.

PLANTAGE

IJ4-HJ7

TAMAN SARI
Plantage Kerklaan 32
Tél. 623 71 30
Ouvert tlj. 17 h-23 h
Restaurant indonésien bon et calme. Situé près du zoo et du jardin botanique.

PIJP

EF9-FG10

DE WAAGHALS
Frans Halsstraat 29
Tél. 679 96 09
www.waaghals.nl
Ouvert mar.-dim. 17 h-21 h 30
Restaurant végétarien au cadre informel mais à la cuisine excellente. Agréable jardin en été. Réserver.

L'HOLLANDAIS
Amsteldijk 41
Tél. 679 12 48
Ouvert lun.-jeu. 18 h-22 h 30, ven.-sam. 18 h-23 h. Fermé fin juin-début août
Cuisine française régionale de qualité. Petit salon intime.

TRÈZ
Saenredamstraat 39-41
Tél. 676 24 95
Ouvert tlj. 18 h-22 h 30
Ce petit établissement situé dans le Pijp propose sa cuisine méditerranéenne dans un cadre très fleuri et ensoleillé.

CAFÉS BRUNS

→ CENTRE-OUEST

KAPERSHOEK
Martelaarsgracht 2
Tél. 624 78 86
Ambiance de bar à marins, ce qu'il fut sûrement. Le sable déposé sur le plancher est, lui, contemporain.

HOPPE
Spui 18-20
Tél. 420 44 20
Ouvert lun.-jeu. 10 h-1 h, ven.-sam. 10 h-3 h
Le plus connu et l'un des plus courus des nombreux cafés bruns d'Amsterdam. Tant et si bien qu'en cas de très grande affluence, les clients boivent, s'il le faut et si le temps le permet... sur le trottoir ▲ 122.

→ CENTRE-EST

BERN
Nieuwmarkt 9
Tél. 622 00 34
Ouvert tlj. 16 h-1h
Possibilité de dîner dans cet établissement spécialisé dans les fondues. Réservation recommandée.

→ CANAUX NORD

PAPENEILAND
Prinsengracht 2
Tél. 624 19 89
Authentique café brun du XVIIe siècle, aux murs dûment patinés, installé dans ce qui fut autrefois l'annexe d'un fabricant de cercueils ▲ 176.

→ CANAUX SUD

HET MOLENPAD
Prinsengracht 653
Tél. 625 96 80
Ouvert lun.-ven. 12 h-1 h, sam.-dim. 12 h-2 h
Vieux café brun fréquenté par le tout-littéraire. Expositions de tableaux. Terrasse agréable en été. Pour les petites faims, plusieurs variétés de salades.

VAN PUFFELEN
Prinsengracht 377
Tél. 624 62 70
Ouvert lun.-ven. 15 h-1 h, sam.-dim. 12 h-1 h
Ce café brun fait aussi restaurant et bar à tapas. Service jusqu'à 23 h, atmosphère populaire.

DE DRUIF

DE DRIE FLESCHJES

→ JORDAAN

CHRIS
Bloemstraat 42
Tél. 624 59 42
Le Chris serait, dit-on, le plus ancien café brun de la ville.

'T SMALLE
Egelantiersgracht 12
Tél. 623 96 17
Ouvert dim.-jeu. 11 h-1 h, ven.-sam. 11 h-2 h
Café brun charmant donnant sur un canal tranquille. La terrasse y est très agréable.

→ PLANTAGE

DE DRUIF
Rapenburgerplein 83
Tél. 624 45 30
Un petit café avec une terrasse tranquille en été.

PROEFLOKAAL

→ CENTRE-OUEST

DE DRIE FLESCHJES
Gravenstraat 18
Tél. 624 84 43
Ouvert lun.-sam. 12 h-20 h 15, dim. 12 h-19 h
Vieux comptoir de dégustation de genièvre. Le décor est d'époque (1650). Atmosphère chaleureuse et parfaitement conviviale ● 28, ▲ 130.

HENRI PROUVIN
Gravenstraat 20
Tél. 623 93 33
Ouvert mar.-sam. 16 h-23 h 30
Dégustations de vins à toute heure.

IN DE WILDEMAN
Kolksteeg 3
Tél. 638 23 48
Ce café semble né de la rencontre tout à fait surprenante entre une taverne moyenâgeuse et une pharmacie. L'établissement propose 150 sortes de bières.

WIJNAND FOCKINK
Pijlsteeg 31
Tél. 639 26 95
Le serveur expliquera fort aimablement et en français comment boire la liqueur servie à ras bord. Et, quand on aura relevé la tête, on pourra admirer la collection de bouteilles peintes à l'effigie des maires de la capitale depuis 1591.

→ PLANTAGE

BIERBROUWERIJ'T IJ
Funenkade 7
Tél. 622 83 25
Ouvert mer.-dim. 15 h-20 h
Bar à bières installé dans une brasserie. ▲ 273.

SALON DE THÉ

→ CANAUX NORD

POMPADOUR
Huidenstraat 12
Tél. 623 95 54
Ouvert mar.-ven. 9 h 30-18 h, sam. 8 h 30-17 h 30
Tenu pour le meilleur salon de thé de Hollande.

VIE NOCTURNE

→ CENTRE-OUEST

DANSEN BIJ JANSEN
Handboogstraat 11
Tél. 620 17 79
Ouvert lun.-ven. 23 h-4 h, sam.-dim. 23 h-5 h
Boîte fréquentée par des étudiants.

→ CENTRE-EST

BIMHUIS CENTRUM JAZZ & GEIMPROVISEERDE MUSIEK
Oudeschans 73
Tél. 623 33 73
Véritable institution du jazz, cette salle donnant sur les quais reçoit des groupes pour concerts et improvisations. Public branché.

◆ SÉLECTION D'ADRESSES
CAFÉS, VIE NOCTURNE

KAPITEIN ZEPPO'S
Gebed Zonder End 3
Tél. 624 20 57
Ouvert lun.-ven.
11 h-1 h, sam.-dim.
16 h-3 h
Près de l'université, un bar-restaurant-concert animé et chaleureux. Salades et snacks.

→ CANAUX NORD

CLUB 114
Herengracht 114
Tél. 622 76 85
La plus ancienne discothèque de la ville.

ODEON JAZZ & CLUB
Singel 460
Tél. 624 97 11
Ouvert tlj. 23 h-4 h 30
Logée dans une belle maison patricienne, la boîte accueille tous les publics. Sur trois étages, musique jazz, pop *et* house*. Des concerts de jazz ont lieu plus tôt dans la soirée* ▲ ***187****.*

ROXY
Singel 465-467
Tél. 620 03 54
Ouvert mer.-jeu., dim. 23 h-4 h, ven.-sam. 23 h-5 h
Boîte house *à la mode. Public jeune de cadres, DJs célèbres, etc.*

→ CANAUX SUD

AMERICAN
Leidseplein
Rendez-vous directement au café-restaurant de l'hôtel American*. Entre un romancier en herbe, une compagnie de péroreuses, des étudiants et une ballerine, on pourra manger ou simplement prendre un verre dans un environnement très «Jugendstil» : vitraux, mobilier et sculptures, tout est authentique. Seul le bar est moderne* ▲ ***191****.*

APRIL
Reguliersdwarsstraat 37
Tél. 625 95 72
Ouvert tlj. 14 h-1 h
Bar-restaurant homo, tendance grunge.

DE HEEREN VAN AEMSTEL
Thorbeckeplein 5
Tél. 620 21 73
Ouvert dim.-jeu. 12 h-1 h, ven. 16 h-3 h, sam. 12 h-3 h
Bar jazz fréquenté par un public jeune et les gens du quartier.

THE IT

AMERICAN

DE MELKWEG
Lijnbaansgracht 234
Tél. 531 81 81
Ouvert lun.-sam. 19 h 30-5 h
Salle de concerts le soir, boîte la nuit, «La Voie lactée» est une usine à sons et à images, très impressionnante et très touristique ▲ ***191****.*

ESCAPE
Rembrandtplein 11-15
Tél. 622 11 11
Ouvert jeu.-dim. 22 h-5 h
Immense discothèque au matériel dernier cri où se pressent des centaines d'ados.

HAVANA DANSCAFÉ
Reguliersdwarsstraat 17-19
Tél. 620 67 88
Ouvert lun.-jeu. 16 h-1 h, ven.-sam. 14 h-2 h
Bar-boîte agréable où la faune gay et branchée se retrouve après dîner.

THE IT
Amstelstraat 24
Tél. 625 01 11
Ouvert jeu., dim. 23 h-4 h, ven., sam. 23 h-5 h
Discothèque en vogue, courue des jeunes et des branchés. Haut lieu du «night-clubbing». Samedis réservés aux soirées gays.

→ AUTOUR DES MUSÉES

BOURBONSTREET LIVE BLUES JAZZ
Leidsekruisstraat 6
Tél. 623 34 40
Ouvert dim.-jeu. 22 h-4 h, ven.-sam. 22 h-5 h
Très sympathique, mais ambiance inégale selon les soirs et les groupes.

→ JORDAAN

DE REIGER
Nieuwe Leliestraat 34
Tél. 624 74 26
Ouvert dim.-jeu. 11 h-1 h, ven.-sam. 11 h-2 h
Bar très vivant fréquenté par des habitués du Jordaan.

DE TUIN
2e Tuindwarstraat 13
Tél. 624 45 59
Ouvert dim.-jeu. 10 h-1 h, ven.-sam. 10 h-2 h
Café jazz tout en bois, sentant bon la bière et le tabac. Backgammon et échecs. Brunches.

MAZZO
Rozengracht 114
Tél. 623 60 61
Ouvert mar.-dim. 23 h-5 h
Fermé hors saison
Une boîte à la mode dans laquelle tous les genres se mêlent.

→ PORT OUEST

WEST PACIFIC CLUB
Haarlemmerweg 8-10
Tél. 488 77 78
Combine restaurant, bar et discotèque : après dîner, on pousse les tables pour faire place à la piste de danse.

→ PLANTAGE

DE IJSBREKER
Weesperzijde 23
Tél. 668 18 05
Ouvert dim.-jeu. 10 h-1 h, ven.-sam. 10 h-2 h
À l'extrême sud du quartier, au bord de l'Amstel, se cache cet adorable bistrot. Spécialités : brunches, vins, vinho verde.

Le ▲ renvoie à la partie «Itinéraires».

AGNIETEN KAPEL (CHAPELLE SAINTE-AGNÈS) Oudezijds Voorburgwal 231 Tél. 525 33 39	*Il s'y trouve un petit musée. Ouvert lun.-ven. 9 h-17 h. Entrée : 3,50 fl. Accès par les trams 4, 9, 14, 16, 20, 24 et 25 (arrêt Spui).*	▲ 143
AMERICAN HOTEL Leidseplein	*Édifice Arts déco qui préfigura les constructions de l'école d'Amsterdam.*	▲ 191
AMSTELKERK (ÉGLISE DE L'AMSTEL) Amstelveld 10 Tél. 520 00 60	*Siège de la Congrégation réformée et de l'association Keyser. Concerts de musique classique. Accès par le tram 4.*	▲ 204
ANSLO'S HOFJE Egelantiersstraat 50	*Ancien hospice restauré.*	▲ 241
ARCAM Waterlooplein 213 Tél. 620 48 78	*Centre d'expositions sur l'architecture d'Amsterdam. Ouvert mar.-sam. 13 h-17 h. Entrée gratuite. Accès par les trams 9, 14, 20, 51 (arrêt Waterlooplein) ; les bus 31, 56, 150 ; le métro (arrêt Waterlooplein) et le Museum Boot (arrêt 5).*	▲ 160
ARTI ET AMICITIAE (MAATSCHAPPIJ ARTI ET AMICITIAE) Rokin 112 Tél. 623 35 08	*Voir programmation dans la presse. Réservations lun.-ven. 13 h-17 h. Accès par les trams 4, 9, 14, 16, 24 et 25.*	▲ 140
ARTIS Plantage Kerklaan 38-40 Tél. 523 34 00	*Ouvert tlj. 9 h-17 h. Le parc abrite un zoo (fermé lun.), un planétarium, un musée entomologique (entrée au Plantage Middenlaan 64) et un aquarium (fermé lun. mat.). Entrée pour toutes les attractions : 23,50 fl. Accès par les trams 7, 9, 14 (arrêt Plantage Kerklaan) ; le bus 56 ; le métro (station Waterlooplein) et le Museum Boot (arrêt 5 ou 6).*	▲ 268
ATHENAEUM BOEKHANDEL Spui 14-16	*Principale librairie d'Amsterdam dont la façade Art nouveau date de 1904. La boutique de presse est alimentée de parutions venues de tous les coins du monde.*	▲ 122
BANQUE ABN-AMRO Vijzelstraat 68-78	*Le bâtiment abrita le siège de l'ancienne Société néerlandaise de commerce, héritière des Compagnies des Indes.*	▲ 200
BOURSE DE BERLAGE (BEURS VAN BERLAGE) Damrak 243 Tél. 627 04 66	*Salles de conférences, de concerts et d'expositions (voir programmation dans la presse). Le musée (Beursplein 1) est ouvert mar.-dim. 10 h-16 h ; fermé lun. et j. fér. Entrée : 7 fl. Accès par les trams 4, 9, 14, 16, 20, 24, 25 (arrêt Dam) et le Museum Boot (arrêt Centraal Station).*	▲ 133
BOUTIQUE HOOFT Keizergracht 508	*Ancienne boutique de cigares et de tabac, abrite aujourd'hui un vendeur de drogues douces.*	▲ 196
BRANDWEER (CASERNE DES POMPIERS) Honthorststraat 27	*Ne se visite pas.*	▲ 215
BRASSERIE BROUWERIJ 'T IJ Funenkade 7 Tél. 622 83 25	*Installée dans l'ancien bain public du Funenkade. Ouvert mer.-dim. 15 h-20 h*	▲ 273
BRASSERIE HEINEKEN (HEINEKEN BROUWERIJ) Stadhouderskade 78	*Fermée pour travaux jusqu'à mai 2001. Horaires d'ouverture prévus : mar.-dim. 10 h-18 h.*	▲ 276
CAFÉ KORT Amstelveld 12 Tél. 626 11 99	*Café aménagé dans l'ancienne église en bois Amstel.*	▲ 204
CASERNE ORANJE-NASSAU Sarphatistraat	*Abrite des appartements et des bureaux.*	▲ 273
CHANTIER NAVAL DE WALVIS (LA BALEINE) Prinseneiland 6	*Toujours en activité.*	▲ 259
CINÉMA TUSCHINSKI Reguliersbreestraat 26 Tél. 626 26 33	*Bâtiment Arts déco. Voir programmation dans la presse. Accès par les trams 4, 9, 14, 16, 24 et 25.*	▲ 208
CLAES CLAESZ HOFJE 1e Egelantiersdwarstraat 3	*Ancien hospice devenu un logement universitaire destiné aux étudiants en musique.*	▲ 241
« COLLECTION SIX » Amstel 218	*Fermé au public.*	▲ 206
COMPAGNIE DES INDES OCCIDENTALES Haarlemmerstraat 75	*Ancien siège. Ne se visite pas.*	▲ 252
COMPAGNIE DES INDES ORIENTALES Oude Hoogstraat 24	*Ancien siège. Abrite aujourd'hui la «Persbibliotheek».*	▲ 145

CONCERTGEBOUW Concertgebouwplein 2-6 Tél. 671 83 45	*Salle de concerts. Voir programmation dans la presse. Guichets ouverts tlj. 10 h-19 h ; réservation téléphonique tlj. 10 h-17 h (les billets peuvent également être achetés chez AUB Ticketshop). Accès par les trams 2, 3, 5, 12, 16 et les bus 145, 170 et 197.*	▲ 216
COOPERATIEHOF Cooperatiehof	*Quartier planifié.*	▲ 280
DANTZIG Zwanenburgwal 15 Tél. 620 90 39	*«Grand café» du Stopera.*	▲ 160
DE APPEL Nieuwe Spiegelstraat 10 Tél. 625 56 51	*Expositions internationales. Ouvert mar.-dim.12 h-17 h. Entrée : 2,50 fl. Accès par les trams 1, 2, 5, 16, 24 et 25 (arrêt Keizersgracht).*	▲ 234
DE BALIE Kleine-Gartmanplantsoen 10 Tél. 553 51 00	*Voir programmation dans la presse. Accès par les trams 1, 2, 5, 6, 7, 10 et les bus 145, 170, 171, 172 et 197.*	▲ 191
DE BRAKKE GROND Nes 45 Tél. 626 68 66	*Centre culturel flamand. Ouvert mar.-sam. 10 h-20 h 30, dim. 13 h-17 h. Voir programmation dans la presse. Accès par les trams 4, 9, 14, 16, 24 et 25.*	▲ 142
DE DRIE FLESCHJES Gravenstraat 18 Tél. 624 84 43/620 27 31	*«Proeflokaal». Dégustation de vins et de genièvre tiré de ses grands et vieux tonneaux. Cadre XVIIe siècle.*	▲ 130
DE ENGELENBAK Nes 71 Tél. 626 68 66	*Voir programmation dans la presse. Les billets se réservent et s'achètent au guichet central du théâtre De Brakke Grond (ou chez AUB Ticketshop). Accès par les trams 4, 9, 14, 16, 24 et 25.*	▲ 142
DE JAREN Nieuwe Doelenstraat 20-22 Tél. 625 57 71	*Un des «grands cafés» les plus connus d'Amsterdam.*	▲ 160
DE RODE HOED Keizergracht 102 Tél. 638 56 06	*Ancien lieu de culte. Abrite aujourd'hui un café, un studio d'enregistrement et une salle de concerts de musique ancienne. Voir programmation dans la presse.*	▲ 173
DE SPAANSE GEVEL Singel 2 Tél. 638 38 90	*Café installé dans un ancien entrepôt.*	▲ 165
ÉGLISE ARMÉNIENNE Krom Boomssloot 22	*Église désaffectée.*	▲ 155
ÉGLISE CLANDESTINE CATHOLIQUE DU BÉGUINAGE Begijnhof 29	*Ancienne chapelle clandestine. Ouverte lun. 13 h-18 h 30, mar.-ven. 9 h-18 h 30, sam.-dim. 9 h-18 h.*	▲ 123
ÉGLISE SAINT-ANTOINE-DE-PADOUE Lijnbaansgracht 47		▲ 243
ÉGLISE PRÉSBYTÉRIENNE ANGLAISE (DE ENGELSE KERK) Begijnhof 48 Tél. 624 96 65	*Présente des concerts le plus souvent baroques (voir programmation dans la presse). Accès par les trams 1, 2, 4, 5, 9, 14, 16, 24 et 25.*	▲ 123
ÉGLISE WALLONNE (OUDE WALENKERK) Walenpleintje	*Culte protestant français le dimanche.*	▲ 145
ENTREPÔT D'ARCHANGEL Leidsegracht 88	*Abrite aujourd'hui des appartements.*	▲ 192
ENTREPÔT INDIE Keizersgracht 495	*Abrite aujourd'hui des appartements.*	▲197
ENTREPOTJE Entrepotdok 64	*Café sur l'ancien port du Plantage.*	▲ 269
ENTREPÔTS À GRAIN Brouwergracht 204-212	*Transformés en appartements et en commerces.*	▲ 175
ENTREPÔTS GROENLAND Keizergracht 40-44	*Anciens entrepôts liés à la chasse à la baleine. Abritent des appartements.*	▲ 175
ENTREPÔTS HOOP, LIEFDE ET GELOOF Prinsengracht 187-217	*Abritent des appartements.*	▲ 178
ENTREPÔTS DES FRÈRES PELS Keizersgracht 483-487	*Abritent des appartements.*	▲197
ENTREPÔTS SLAGTHUIS Brouwersgracht 174-178	*Abritent aujourd'hui des appartements.*	▲ 175

FRASCATI Nes 63 Tél. 623 57 23	*Voir programmation dans la presse. Achat des billets au guichet du De Brakke Grond ou au Frascati à partir de 19 h 30 (ou chez AUB Ticketshop).* *Accès par les trams 4, 9, 14, 16, 24 et 25.*	▲ 142
GALERIE NANKY DE VREEZE Keizersgracht 22 Tél. 420 31 54	*Immense galerie d'art moderne installée dans le bâtiment De Zaaier.*	▲ 174
GARE CENTRALE (CENTRAAL STATION) Stationsplein	*Gare centrale d'Amsterdam.*	▲ 138
GRAND KEIJSER Keizergracht 242-252	*Ensemble de maisons connu pour avoir accueilli un squat important en 1979.*	▲ 183
« GRATTE-CIEL » Victorieplein	*Ce bâtiment de J. F. Staal marque une rupture architecturale avec l'école d'Amsterdam.*	▲ 280
HOLLANDSE SCHOUWBURG (THÉÂTRE HOLLANDAIS) Plantage Middenlaan 24 Tél. 626 99 45	*Transformé en lieu commémoratif de la déportation. Une exposition éducative est destinée aux jeunes de 10-16 ans.* *Accès par les trams 7, 9, 14, 20 (arrêt Plantage Kerklaan) ; le bus 56 ; le métro (station Waterlooplein) et le Museum Boot (arrêts 5 ou 6).*	▲ 267
HOPPE Spui 18-20 Tél. 623 78 49	*L'un des premiers cafés bruns d'Amsterdam (1670) et certainement le plus célèbre.*	▲ 122
HORTUS BOTANICUS (JARDIN BOTANIQUE) Plantage Middenlaan 2 A Tél. 625 90 21	*Ouvert lun.-ven. 9 h-17 h, sam.-dim. et j. fér. 11 h-17 h. Entrée : 10 fl. Visite guidée dim. 14 h.* *Accès par les trams 7, 9, 14, 20 (arrêt Wertheimplantsoen) ; le bus 56 ; le métro (station Waterlooplein) et le Museum Boot (arrêt 5 ou 6).*	▲ 264
HOSPICE DES DIACONESSES Amstel, 51	*Connu sous le nom d'Amstelhof. Transformé en maison de retraite.*	▲ 205
HUYS ZITTEN WEDUWEN HOFJE Karthuizerstraat	*Maison de retraite.*	▲ 241
INSTITUT GOETHE Herengracht 470 Tél. 623 04 21	*Une élégante maison du XVIIe siècle abrite le siège de l'institut Goethe.* *Accès par les trams 2, 5, 16, 24 et 25.*	▲ 200
JACOB HOOY & CO Kloveniersburgwal 12	*La boutique de 1743 abrite aujourd'hui une herboristerie.*	▲ 151
KOFFIEHUIS VAN DEN VOLKSBOND (MAISON DE CAFÉ DE L'UNION DU PEUPLE) Kadijksplein 4 Tél. 622 12 09	*La Maison de café accueillait les dockers pendant leur pause déjeuner. Ils venaient y manger leur sandwich et boire un café. Le lieu abrite aujourd'hui un petit restaurant.*	▲ 269
LE « BATEAU » (HET « SCHIP ») Oostzaanstraat	*Bâtiment emblématique de l'école d'Amsterdam. Ne se visite pas.*	▲ 256
LINDEN HOFJE Lindengracht 94-112	*Hospice de 1616.*	▲ 241
LUXEMBOURG Spui 22-24 Tél. 620 62 64	*«Grand café» très connu, à côté du café Hoppe.*	▲ 122
MAISON À LA FAÇADE PENCHÉE Singel 182	*Ne se visite pas.*	▲ 167
MAISON AU PIGNON À REDENTS DE 1605 Oudezijds Voorburgwal 14	*Ne se visite pas.*	▲ 137
MAISON AUX BUSTES DE MAURES NOIRS Herengracht 514	*Bâtiment universitaire.*	▲ 201
MAISON BARTOLOTTI Herengracht 168	*Abrite le musée du Théâtre.*	▲ 170
MAISON D'ANNE FRANK (ANNE FRANK HUIS) Prinsengracht 263 Tél. 556 71 00	*Ouvert tlj. 9 h-19 h. Entrée : 10 fl.* *Accès par les trams 13, 17, 20 ; les bus 21, 170, 171, 172 (arrêt Westermarkt) et le Museum Boot (arrêt 1).*	▲ 178
MAISON DE BELMONTE Herengracht 586	*Ne se visite pas.*	▲ 206
MAISON DE CHARPENTIER Reguliersgracht 57-63	*Abrite des appartements.*	▲ 203
MAISON DE DESCARTES Westermarkt 6	*Ne se visite pas.*	▲ 179
MAISON DE JAN SIX LE SECOND Herengracht 495	*Abrite commerces et bureaux.*	▲ 200

MAISON DE JAN VAN DER HEYDEN Koestraat 5	*Il n'en reste presque rien, sinon un cartouche à son effigie.*	▲ 194
MAISON DE L'ÉCLUSE Pont de l'écluse du Zwanenburgwal et de l'Oude Schans	*Ne se visite pas.*	▲ 156
MAISON DE L'ÉLÉPHANT BLANC Herengracht 579-581	*Une statue de l'archange Michel terrassant un dragon signale la demeure de l'ancien fabricant de biscuits. Ne se visite pas.*	▲ 207
MAISON DE L'ESPOIR Keizersgracht 209	*Abrite des commerces.*	▲ 182
MAISON DE NICOLAAS TULP Keizersgracht 210	*Ne se visite pas.*	▲ 182
MAISON DES DAUPHINS Singel 140-142	*Abrite des appartements.*	▲ 167
MAISON DES PAUVRES (NIEUWEZIJDS HUISZITTENHUIS) Prinsengracht 235-237	*Transformée en logement universitaire.*	▲ 178
MAISON DES TÊTES Keizersgracht 123	*Abrite des commerces.*	▲ 173
MAISON DES TROIS CANAUX Oudezijds Voorburgwal 249	*Une des plus belles demeures patriciennes de la ville. Abrite une librairie.*	▲ 142
MAISON DES TROIS HARENGS Vierwindendwarsstraat 1-3	*Ne se visite pas.*	▲ 259
MAISON DE VINGBOONS Rokin 31	*Sa façade présente un pignon orné d'aigles.*	▲ 140
MAISON DU COURSIER NOIR Herengracht 394	*Abrite des appartements.*	▲ 194
MAISON DU CYGNE Singel 83	*Transformée en hôtel.*	▲ 165
MAISON DU « LOT DOUBLE » Herengracht 386	*Abrite des banques.*	▲ 195
MAISON DU SOLEIL LEVANT Singel 118	*Abrite des appartements et des commerces.*	▲ 170
MAISON « IMPÉRIALE » Herengracht 527	*Ne se visite pas.*	▲ 201
MAISON NATALE DE JACOB OLIE Zandhoek 10	*Abrite des appartements et des commerces.*	▲ 259
MAISON OÙ SÉJOURNA PIERRE LE GRAND Keizersgracht 317	*Ne se visite pas.*	▲ 184
MAISON SIÈGE DE LA FONDATION PRINCE BERNHARD Herengracht 476	*Belle demeure de 1670.*	▲ 200
MAISON VAN BRIENEN Herengracht 182	*Abrite aujourd'hui des bureaux.*	▲ 170
MAISON, LA PLUS PETITE Singel 166	*Ne se visite pas.*	▲ 167
MAISON, LA PLUS VIEILLE Beguijnhof 34	*Ne se visite pas.*	▲ 122
MAISON ZEEVRUGT (FRUIT DE MER) Singel 36	*Ne se visite pas.*	▲ 166
MAISONS AUX FAÇADES À PIGNON EN COU Rokin 140-141	*Construites par Vingboons. Ne se visitent pas.*	▲ 140
MAISONS « DE DRIE HENDRICKEN » Bloemgracht 87-91	*Siège de l'association Keyser.*	▲ 246
MAISONS DE P. W. JANSEN Polanenstraat 54-60	*Ne se visitent pas.*	▲ 255
MAISONS DE STYLE ARTS DÉCO Jan Luijkenstraat 22 et 32	*Abritent des appartements.*	▲ 234
MANÈGE «VIENNOIS» (HOLLANDSCHE MANEGE) Vondelstraat 140 Tél. 618 09 42	*Manège construit en 1882, toujours en activité.*	▲ 233
MARCHÉ ALBERT-CUYP Albert Cuypstraat	*Le marché se tient entre les rues Van-Woustraat et Ferdinand-Bolstraat. Lun.-sam. 10 h-17 h.*	▲ 277
MARCHÉ AUX FLEURS (BLOEMENMARKT) Singel	*Les péniches chargées de fleurs sont accostées sur le Singel, au niveau de la Munttoren. Tlj. jusqu'à 17 h.*	▲ 187

MARCHÉ AUX PUCES DE NOORDERMARKT Noordermarkt	*Sur la place de l'église du Nord (Norderkerk). Lun. 9 h-13 h.*	▲ 238
MARCHÉ AUX TIMBRES Nieuwezijds Voorburgwal	*Face au n° 280. Mer. et sam. 13 h-16 h.*	▲ 127
MELKWEG Lijnbaansgracht 234 A Tél. 531 81 81	*Immense complexe culturel (café-restaurant, galerie, cinéma, théâtre,salle de concerts, boîte de nuit). Voir programmation dans la presse. Ouvert tlj. 19 h 30-5 h. Réservation téléphonique (pour le théâtre et le cinéma) lun.-ven. 13h-17 h, sam.-dim. 16 h-18 h. Accès par les trams 1, 2, 5, 6, 7, 10 et les bus 145, 170, 171, 172 et 197.*	▲ 191
« MESSINA » Herengracht 164	*Abrite des appartements.*	▲ 172
METZ Keizergracht 455	*Grand magasin. Vue panoramique du dernier étage.*	▲ 196
« MIDDELBURG » Entrepotdok 50	*Maison de l'ancien port du Plantage. Ne se visite pas.*	▲ 269
MOEDERHUIS (MAISON DES MÈRES) Plantage Middenlaan 33	*Centre d'aide aux jeunes mamans réalisé par l'architecte Aldo van Eyck.*	▲ 267
MONT-DE-PIÉTÉ (STADSBANK VAN LENING) Oudezijds Voorburgval 300	*Toujours en activité.*	▲ 144
MONTELBAANSTOREN Au coin de Waals Eilandsgracht et d'Oude Schans	*Tour du XVIe siècle.*	▲ 155
MONUMENT AUX JUIFS Pont de l'écluse du Zwanenburgwal	*Construit en souvenir de la déportation des Juifs d'Amsterdam pendant la Deuxième Guerre mondiale.*	▲ 157
MONUMENT AUX VICTIMES HOMOSEXUELLES Sur Westermarkt et le Keizersgracht	*Monument dit des «Trois triangles roses», construit en souvenir des diverses persécutions subies par les homosexuels.*	▲ 179
MONUMENT COMMÉMORATIF DU « MIRACLE DE L'HOSTIE » Sur le Rokin, près du numéro 72		▲ 127
MONUMENT NATIONAL Dam	*Situé au centre de la place.*	▲ 129
MOULIN DE GOOYER Funenkade	*Moulin à vent du XVIIe siècle.*	▲ 273
MOZES EN AÄRONKERK (ÉGLISE MOÏSE-ET-AARON) Waterlooplein 207 Tél. 622 13 05	*Centre culturel (voir programmation dans la presse). Réservation lun.-ven. 10 h-17 h. Accès par les trams 4, 9, 14, 16, 24, 25 ; les bus 31, 56, 150 et le métro.*	▲ 159
MUIDERPOORT (PORTE DE MUIDEN) Au coin de Sarphatiestraat et de Plantage Middenlaan	*Abrite le bureau de documentation des impôts.*	▲ 274
MUSÉE ALLARD-PIERSON Oude Turfmarkt 127 Tél. 525 25 56	*Musée d'archéologie de l'université d'Amsterdam. Ouvert mar.-ven. 10 h-17 h, sam.-dim. et j. fér. 13 h-17 h. Entrée : 9,50 fl. Visite guidée : 35 fl. en semaine, 50 fl. le w.-e. (sur rdv., 15 pers. max.) Accès par les trams 4, 9, 14, 16, 20, 24, 25 et le Museum Boot (arrêt 5).*	▲ 141
MUSÉE AMSTELKRING Oudezijds Voorburgwal 40 Tél. 624 66 04	*Intéressant pour son histoire et ses collections d'art sacré. Ouvert mar.-sam. 10 h-17 h, dim et j. fér. 13 h-17 h. Entrée : 7,50 fl. Visite guidée sur rdv. Accès par les trams 4, 9, 14, 16, 20, 24, 25 (arrêt Dam), le métro (station Nieuwmarkt) et le Museum Boot (arrêt Centraal Station).*	▲ 137
MUSÉE DE LA BIBLE (BIJBELS MUSEUM) Herengracht 366 Tél. 624 24 36	*Ouvert lun.-sam. 10 h-17 h, dim et j. fér. 13 h-17 h. Entrée : 8 fl. Visite guidée sur rdv. Accès par les trams 1, 2, 5 et le Museum Boot (arrêt 4).*	▲ 194
MUSÉE DES TROPIQUES Linnaeusstraat 2	*Voir à Tropenmuseum.*	▲ 274
MUSÉE DES SYNDICATS NÉERLANDAIS (NATIONAAL VAKBONSMUSEUM) Henri Polaklaan 9 Tél. 624 11 66	*Ouvert mar.-ven. 11 h-17 h, sam.-dim. 13 h-17 h ; fermé lun. et j. fér. Entrée : 5 fl. Accès par les trams 7, 9, 14, 20 (arrêt Plantage Kerklaan) ; le bus 56 ; le métro (station Waterlooplein) et le Museum Boot (arrêts 5 ou 6).*	▲ 266

MUSÉE DU CHAT (KATTENKABINET) Herengracht 497 Tél. 626 53 78	*Ouvert lun.-ven. 10 h-14 h, sam.-dim. 13h-17 h. Entrée : 10 fl. Accès par les trams 1, 2, 5, 16, 20, 24 et 25.*	▲ 200
MUSÉE DU CINÉMA (FILMMUSEUM) Vondelpark 3 Tél. 589 14 00	*Projections quotidiennes (voir programmation dans la presse). Accès par les trams 1, 3, 6, 12 (arrêt 1e Constantijn Huygenstraat), 2, 5 (arrêt Paulus Potterstraat) et les bus 145, 170, 171, 172 et 197.*	▲ 233
MUSÉE DU THÉÂTRE (THEATER INSTITUUT NEDERLAND) Herengracht 168 Tél. 551 33 00	*Musée du mime, du théâtre et de la danse. Ouvert mer.-ven. 11 h-17 h, sam.-dim. et j. fér. 13 h-17 h. Entrée : 8,5 fl. Accès par les trams 13, 14, 17, 20 ; les bus 21, 170, 171, 172 (arrêt Westermarkt) et le Museum Boot (arrêt 1).*	▲ 170
MUSÉE HISTORIQUE (AMSTERDAMS HISTORISCH MUSEUM) Kalverstraat 92 Tél. 523 18 22	*Ouvert lun.-ven.10 h-17 h, sam.-dim. et j. fér. 11 h-17 h. Entrée : 11 fl. Visite guidée sur rdv. Accès par les trams 1, 2, 4, 5, 9, 11, 14, 16, 24, 25 (arrêt Spui) et le Museum Boot (arrêt 4).*	▲ 123
MUSÉE KROMHOUT (MUSEUM WERF' KROMHOUT) Hoogte Kadijk 147 Tél. 627 67 77	*Association musée du chantier naval de Kromhout. Ouvert lun.-ven. 10 h-16 h ; fermé sam.-dim. et j. fér. Entrée : 4 fl. Accès par les trams 6, 9, 20 (arrêt Plantage Kerklaan) et les bus 22 et 32 (arrêt Wittenburgergracht).*	▲ 269
MUSÉE MARITIME (NEDERLANDS SCHEEPVAARTMUSEUM) Kattenburgerplein 1 Tél. 523 22 22	*Ouvert mar.-dim. 10 h-17 h, vacances scolaires tlj. 10 h-17 h. Entrée 14,50 fl. Accès par les bus 22, 32 et le Museum Boot (arrêt 6).*	▲ 269
MUSÉE MULTATULI Korsjespoortsteeg 20 Tél. 638 19 38	*Ouvert mar. 10 h-17 h, sam.-dim. 12 h-17 h. Entrée gratuite. Visite sur rdv. uniquement. Accès par les trams 1, 2, 5, 13, 17, 20 ; les bus 21, 170, 171, 172 et le Museum Boot (arrêt 1).*	▲ 166
MUSÉE VAN GOGH Paulus Potterstraat 7 Tél. 570 52 00	*Ouvert 10 h-18 h. Entrée 15,50 fl. Visite guidée pour groupes sur rdv. Accès par les trams 2, 5 (arrêt Paulus Potterstraat), 3, 12 (arrêt Van Baerlestraat), 16 (arrêt Museumplein) ; les bus 63, 170, 179 (arrêt Honthorststraat) et le Museum Boot (arrêt 3).*	▲ 214
MUSÉE VAN LOON Keizersgracht 672 Tél. 624 52 55	*Ouvert ven.-lun. 10 h-17 h. Entrée 10 fl. Visite guidée sur rdv. Accès par les trams 16, 20, 24, 25 et le Museum Boot (arrêt 4).*	▲ 202
MUSÉE WERKSPOOR Oostenburgergracht 77 Tél. 625 10 35	*Visite sur rdv. uniquement. Fermé le w.-e.*	▲ 272
MUSÉE WILLET-HOLTHUYSEN Herengracht 605 Tél. 523 18 22	*Ouvert lun.-ven. 10 h-17 h, sam.-dim. et j .fér. 11 h-17 h. Entrée : 7,5 fl. Accès par les trams 4, 9, 14, 16, 20, 24, 25 (arrêt Rembrandtplein) ; les bus 31, 56, 150 ; le métro (station Waterlooplein) et le Museum Boot (arrêt 5).*	▲ 206
MUZIEKTHEATER Amstel 3 Tél. 625 54 55	*Voir programmation dans la presse. Visite guidée mer. et sam. 15 h. Accès par les trams 4, 9, 14, 16, 24, 25 ; les bus 31, 56, 150 et le métro.*	▲ 160
NEW METROPOLIS (NEMO) Oosterdok 2 Tél. 0900 919 11 00	*Musée des sciences et des technologies nouvelles. Ouvert mar.-ven. 10 h-17 h, sam.-dim. 10 h-18 h, vacances scolaires tlj. 10 h-18 h. Entrée : 20 fl. Accès par les bus 22, 32 et le Museum Boot (arrêt 6).*	▲ 269
NIEUWE KERK (NOUVELLE ÉGLISE) Dam Tél. 638 69 09	*Expositions, concerts d'orgue (voir programmation dans la presse). Accès par les trams 1, 2, 4, 5, 9, 13, 14, 16, 17, 20, 24, 25 ; les bus 21, 170, 171, 172 et le Museum Boot (arrêt Centraal Station).*	▲ 131
NOORDERKERK (ÉGLISE DU NORD) Noordermarkt 44 Tél. 623 51 49	*Tient lieu de salle de concerts. Voir programmation dans la presse. Accès par les trams 3, 10, 13, 14, 17 et les bus 18, 21, 170, 171 et 172.*	▲ 239
« NOTRE MAISON » (ONS HUIS) Rozenstraat 6-8	*Siège de fondations diverses, entre autres de la Fondation pour l'intégration des homosexuels.*	▲ 247
ODÉON Singel 460	*Ancienne demeure patricienne, aujourd'hui occupée par une discothèque. Ouvert tlj. 23 h-5 h.*	▲ 187

OOSTERKERK (ÉGLISE DE L'EST) Kleine Wittenburgerstraat 1 Tél. 627 22 80	*Voir programmation des activités culturelles dans la presse.* *Accès par les bus 22 et 32.*	▲ 272
OUDE KERK (VIEILLE ÉGLISE) Oudekerksplein 23 Tél. 624 91 83 / 625 82 84	*Concerts d'orgue. Visites du clocher sur rdv.* *À 10 min à pied de Centraal Station.*	▲ 134
OUDE LUTHERSE KERK (ANCIENNE ÉGLISE LUTHÉRIENNE) Singel 411	*Offices luthériens le dimanche.* *Soutenances de thèses, conférences et leçons inaugurales de professeurs appointés par la reine.* *Accès par les trams 1, 2, 5, 9, 14, 16, 24 et 25.*	▲ 121
OUDEMANHUISPOORT Oudezijds Achterburgwal, à côté du numéro 229	*Ancien hospice, aujourd'hui centre universitaire.*	▲ 144
PALAIS ROYAL (KONINKLIJK PALEIS) Dam Tél. 620 40 60	*Ouvert toute l'année, mais il faut téléphoner pour connaître les heures d'ouverture exactes et les prix. Une visite guidée gratuite a lieu les mercredi et dimanche après-midi. Entrée : 8 fl.* *Accès par les trams 1, 2, 4, 5, 9, 13, 14, 16, 17, 20, 24, 25 ; les bus 21, 170, 171, 172 et le Museum Boot (arrêt Centraal Station).*	▲ 128
PAPENEILAND Prinsengracht 2 Tél. 624 19 89	*Café brun du XVIIe siècle.*	▲ 176
PARADISO Weteringschans 6-8 Tél. 626 45 21	*Voir programmation dans la presse.* *Accès par les trams 1, 2, 5, 6, 7, 10 et les bus 145, 170, 171, 172 et 197.*	▲ 191
PARC DES ÉTOURNEAUX (SPREEUWENPARK) Amsterdam-nord		▲ 262
PONT MAIGRE (MAGERE BRUG) Sur l'Amstel	*Pont à bascule.*	▲ 205
PORTE DE LA RASPHUIS Heiligeweg 19	*Porte de l'ancienne maison d'arrêt, démolie en 1896.*	▲ 121
REMBRANDTHUIS MUSEUM (MAISON DE REMBRANDT) Jodenbreestraat 4-6 Tél. 520 04 00	*Collection d'eaux-fortes du peintre.* *Ouvert lun.-sam. 10 h-17 h, dim. et j. fér. 13 h-17 h.* *Visite guidée sur rdv.* *Accès par les trams 9, 14, 20 ; le métro (arrêt Waterlooplein) ; le bus 56 et le Museum Boot (arrêt 5).*	▲ 156
RIJKSMUSEUM (MUSÉE NATIONAL) Stadhouderskade 42 Tél. 674 70 00 / 674 70 47	*Ouvert tlj. 10 h-17 h. Entrée : 15 fl.* *Accès par les trams 2, 5, 20 (arrêt Hobbemastraat), 6, 7, 10 (arrêt Spiegelgracht), 3, 12, 16 (arrêt Museumplein) ; les bus 63, 145, 170, 197 (arrêt Hobbermastraat) et le Museum Boot (arrêt 3).*	▲ 212
SARPHATIPARK (PARC SARPHATI) Sarphatistraat	*Abrite le monument Sarphati.*	▲ 277
SCHEEPVAARTHUIS (MAISON DE LA NAVIGATION) Prins Hendrikkade 108-114	*Ne se visite pas.*	▲ 154
SCHREIERSTOREN (TOUR DES PLEUREUSES) À l'angle de Prins Hendrikkade et de Geldersekade	*Vestige de l'ancienne muraille médiévale.*	▲ 153
SILO À BLÉ (BARENTSZPLEIN) À l'angle du Van Diemenstraat et de Westerdoksdijk	*Transformé en appartements.*	▲ 260
SINT ANTONIESPOORT Nieuwmarkt	*Intégrée dans le bâtiment du Waag.*	▲ 152
SINT NICOLAASKERK (ÉGLISE SAINT-NICOLAS) Prins Hendrikkade 73 Tél. 636 48 73	*Face à la Gare centrale.* *Concerts de musique classique le dimanche (voir programmation dans la presse).*	▲ 137
SLAGTHUIS Brouwersgracht 174-178	*Abritent aujourd'hui des appartements.*	▲ 175
SPAARNDAMMERPLANTSOEN Au coin de Zaanstraat et de Spaarndammerplantsoen	*Le bâtiment qui entoure le square est représentatif de l'école d'Amstedam.*	▲ 256
SQUAT DE SPUISTRAAT Spuistraat 214-216	*Célèbre peinture murale.*	▲ 126
SQUAT DU HANDELSBLADGEBOUW Nieuwezijds Voorburgwal 230	*Toujours occupé par la communauté qui a envahi les lieux. Galeries d'art, boutiques.*	▲ 126

SQUAT « L'ÉTAT LIBRE DU VONDEL » Vondelstraat 72	*Lieu du plus important squat d'Amsterdam, en 1980. Ne se visite pas.*	▲ 234
STATUE « LE CRIEUR DU MARCHÉ » En face du café Kort, à côté de l'Amstelkerk	*Hommage au professeur Kokadorus.*	▲ 204
STATUE DE BERLAGE Victorieplein	*Hommage à l'architecte-urbaniste concepteur du quartier.*	▲ 280
STATUE DE FERDINAND DOMELA NIEUWENHUIS Nassauplein	*Hommage à l'anarchiste fondateur du «socialisme libertaire» aux Pays-Bas.*	▲ 254
STATUE DE JOHAN THORBECKE Thorbeckeplein	*Importante figure politique du XIXe siècle, inspirateur de la Constitution de 1948.*	▲ 207
STATUE DE JOHNNY JORDAAN À l'angle d'Elandsgracht et de Prinsengracht	*Chanteur populaire très célèbre.*	▲ 248
STATUE DE LA REINE WILHELMINE À CHEVAL Sur le pont au coin du Spui et Rokin		▲ 140
STATUE DE PIETER STUYVESANT Haarlemmerstraat 75	*Dans la cour de la maison des Indes occidentales.*	▲ 253
STATUE DE REMBRANDT Rembrandtplein		▲ 208
STATUE DE THIJSSEN ET L'ÉCOLIER KEES Brouwersgracht 107	*Devant le café Thijssen.*	▲ 239
STATUE LIEVERDJE (LE TITI AMSTELLODAMOIS) Place du Spui	*Représente un Gavroche, symbole du mouvement Provo.*	▲ 123
STEDELIJK MUSEUM (MUSÉE MUNICIPAL) Paulus Potterstraat 13 Tél. 573 27 37 / 573 29 11	*Ouvert tlj. 11 h-17 h. Entrée : 10 fl. Visite guidée sur rdv. Accès par les trams 2, 3, 5, 12, 16, 20 ; les bus 63, 145, 170, 197 et le Museum Boot (arrêt 3).*	▲ 214
SUYCKERHOFJE Lindengracht 149-163	*Ancien hospice. Transformé en appartements.*	▲ 241
SYNAGOGUE DES JUIFS ALLEMANDS (JOODS HISTORISCH MUSEUM) Jonas Daniël Meijerplein 2-4 Tél. 625 42 29	*Ouvert tlj. 11 h-17 h. Fermé Yom Kippour. Entrée : 10 fl. Visite guidée sur rdv. Accès par les trams 4, 9, 14, 16, 24, 25 ; les bus 31, 56, 150 ; le métro (station Waterlooplein) et le Museum Boot (arrêt 5).*	▲ 158
SYNAGOGUE DES JUIFS PORTUGAIS Mr. Visserplein 3 Tél. 444 52 83	*Ouvert dim.-ven. 10 h-16 h. Fermé j. fér. et Yom Kippour. Hors saison : ouvert lun.-jeu. 10 h-14 h.*	▲ 158
SYNDICAT GÉNÉRAL DES TRAVAILLEURS DU DIAMANT Henri Polaklaan 9 Tél. 624 11 66	*Abrite le musée des syndicats néeerlandais qui retrace l'histoire de l'engagement ouvrier et du socialisme aux Pays-Bas. Ouvert mar.-ven. 11 h-17 h, sam.-dim. 13 h-17 h ; fermé lun.*	▲ 266
TEMPLE BOUDDHISTE HE HWA Zeedijk 106-118	*Ouvert lun.-sam. 12 h-17 h, dim. 10 h-17 h.*	▲ 137
THÉÂTRE CARRÉ (KONINKLIJK THEATER CARRÉ) Amstel 115-125 Tél. 622 52 25	*Voir la programmation dans la presse. Accès par les trams 4, 6, 7, 10 et le métro.*	▲ 205
THÉÂTRE DE L'ACADÉMIE SAVANTE ET CULTURELLE Keizersgracht 384	*Il n'en reste que la façade et la cour.*	▲ 184
THÉÂTRE DE LA TROUPE TRUST (TRUSTTHEATER) Kloveniersburgwal 50 Tél. 520 53 20	*Voir programmation dans la presse. Réservation possible sur le site www.trusttheater.nl. Accès par les trams 1, 2, 4, 5, 9, 16, 24 et 25.*	▲ 151
THÉÂTRE FELIX-MERITIS Keizersgracht 324 Tél. 623 13 11	*Musique et théâtre. Voir programmation dans la presse. Accès par les trams 1, 2, 5, 13, 14, 17 et les bus 21, 145, 170, 171 et 172.*	▲ 184
TOUR DE LA MONNAIE (MUNTTOREN) Muntplein	*Vestige de l'ancienne Reguliерspoort.*	▲ 120
TRIPPENHUIS Kloveniersburgwal 29	*Abrite aujourd'hui l'Académie royale hollandaise des sciences.*	▲ 151

TROPENMUSEUM (MUSÉE DES TROPIQUES) Linnaeusstraat 2 Tél. 568 82 00 / 568 82 15	*Ancien Institut colonial. Parmi les attractions, la reconstitution de rues de villes des pays en voie de développement. Théâtre, musique et cinéma dans la salle du sous-sol.* *Ouvert lun.-ven. 10 h-17 h, sam.-dim. et j. fér. 12 h-17 h, les 5, 24 et 31 déc. 10 h-15 h. Entrée : 12,5 fl.* *Accès par les trams 3, 7, 9, 10, 14 ; les bus 22, 120, 126, 136 et le Museum Boot (arrêt 5).*	▲ 274
'T VENETIAE HOFJE Elandsstraat 104-142	*Un des plus jolis anciens hospices d'Amsterdam.*	▲ 241
VAN BRIENENHOFJE Prinsengracht 89-133	*Ancien hospice. Il suffit de pousser la porte.*	▲ 176
VOGELSTRUYS Singel 370	*Abrite des appartements.*	▲ 186
VONDELKERK (ÉGLISE DU VONDEL) Vondelstraat 120 Tél. 689 79 20	*Abrite des bureaux.*	▲ 233
VONDELPARK (JARDIN DU VONDEL) Amsterdam-sud	*Le jardin abrite un musée du cinéma et une maison de thé.*	▲ 232
WERTHEIMPARK (PARC WERTHEIM) En face du Hortus Botanicus	*Abrite le monument Auschwitz.*	▲ 267
WESTERGASFABRIEK Haarlemmerweg 8-10 Tél. 681 30 68	*Important complexe culturel.* *Voir programmation dans la presse.* *Accès par les trams 3, 10 et les bus 18 et 22.*	▲ 254
WESTERKERK (ÉGLISE DE L'OUEST) Prinsengracht 281.	*Visite du clocher avr.-sep. lun.-sam. 10 h-16 h.* *Offices chantés sep.-mai un dim./mois à 10 h 30.* *Accès par les trams 13, 14, 17 ; les bus 21, 170, 171 et 172.*	▲ 179
WILDSCHUT Roelof Hartplein 1 Tél. 676 82 20	*Café de 1920.*	▲ 215
WILLEMSPOORT (PORTE DE WILLEM) Haarlemmerplein	*Habituellement désignée «Haarlemmerpoort».*	▲ 251
ZAANHOF Zaanhof	*Ensemble de logements populaires.*	▲ 257
ZEEMANSHUIS Kadijksplein 18	*Ancien foyer de marins sur l'ancien port du Plantage.*	▲ 269
ZUIDERKERK (ÉGLISE DU SUD) Zuiderkerkhof 72 Tél. 552 79 87	*Première église protestante d'Amsterdam.* *Ouvert lun. 11 h-16 h, mar.-ven. 9 h-16 h, nocturne jeu. 9 h-20 h ; fermé sam.-dim. et j. fér.* *Entrée gratuite.* *Accès par les tram 9, 14 (arrêt Waterlooplein), 4, 16, 24, 25 (arrêt Dam, compter 10 min de marche) ; le métro (station Nieuwmarkt) et le Museum Boot (arrêt 5).*	▲ 156

◆ Bibliographie

GÉNÉRALITÉS

◆ Braure (M.) : *Nous partons pour les Pays-Bas,* Presses Universitaires de France, Paris, 1977.
◆ Blaeu : *Le Grand Atlas. Le Monde au XVIIe siècle* (adapt. fr. d'Irmina Spinner), Librairie Gründ, Paris, 1992.
◆ Elias (E.) et Van Wijk (E.) : *La Hollande. Miracle de l'eau*, Arthaud, Paris et Grenoble, 1955.
◆ Fernandez (D.) : *Amsterdam*, Seuil (coll. Petite Planète), Paris, 1977.
◆ Forgeur (B.), photographies : Sarramon (C.) : *L'Art de vivre à Amsterdam*, Flammarion, Paris, 1992.
◆ Gauchez (M.) : *Le charme de la Hollande*, Piazza, Paris, 1932.
◆ Ginsbourg (A.) : *Les Pays-Bas*, éd. du Colombier, Sainte-Geneviève-en-Caux, 1965.
◆ Havard (H.) : *La Hollande à vol d'oiseau*, Decaux-Quantin, Paris, 1881.
◆ Havard (H.) : *Amsterdam et Venise*, Quantin, Paris, 1898.
◆ Heinemeijer (W.F.), Wagenaar (M.F.) : *Amsterdam in Karten*, Zomer and Keuning, 1987.
◆ Hollander (F.) : *Houseboats in Amsterdam*, Bauverlag, Wiesbaden, 1983.
◆ Kistenmaker (R.), Van Gelder (R.) : *Amsterdam : the Golden Age* (1275-1795), Abbeville Press, New York, 1983.
◆ Lambert (J. et I.) : *Pays-Bas*, Seuil, Paris, 1975.
◆ Méchoulan (H.) : *Amsterdam au temps de Spinoza : argent et liberté*, Presses Universitaires de France, Paris, 1990.
◆ Méchoulan (H., dirigé par) : *Amsterdam XVIIe siècle*, Autrement (série Mémoires), 1993.
◆ Meijer (E.) : *Les Trésors du Rijksmuseum d'Amsterdam*, éd. Scala, Paris, 1985.
◆ Nieuwhoff (C.), Diepraam (W.), Oorthuys (C.) : *The Costumes of Holland,* Elsevier, Amsterdam et Brussel, 1985.
◆ Nooteboom (C.) : *Sous le signe de l'eau* in *L'Art de vivre* à Amsterdam, Flammarion, Paris, 1992.
◆ Olie (J.) : *Photographer of 19th Century Amsterdam*, Van Gennep, Amsterdam, 1981, en anglais et en néerlandais.
◆ Regin (D.) : *Traders, artists, Burghers*, Van Gorcum, Amsterdam, 1976.
◆ Schama (S.) : *L'Embarras de richesses. Une interprétation de la culture hollandaise au siècle d'Or* (trad. de Pierre-Emmanuel Dauzat), Gallimard (Bibliothèque des idées), Paris, 1991.
◆ Spies (P.), Kleijn (K.), Smit (J.) et Kurpershoek (E.), photographies : Van Oord-de Pee (A.) : *The Canals of Amsterdam*, D'ARTS, Amsterdam, 1991 (éd. anglaise).
◆ Van der Tuin (H.) : *Voyageurs français aux Pays-Bas dans la première moitié du XIXe siècle*,1935.
◆ Van Stockum : *Librairie, imprimerie et presse en Hollande à travers quatre siècles*, La Haye, 1910.
◆ Wilson (C.) : *La République hollandaise des Provinces-Unies*, Hachette, Paris, 1968.

HISTOIRE

◆ Braure (M.) : *Histoire des Pays-Bas*, 1918-1958, PUF (coll. Que sais-je ?), Paris, 1974.
◆ Carasso (D.) : *A Short History of Amsterdam* (trad. de Michael Hoyle), Amsterdam Historical Museum, 1985.
◆ Cazaux (Y.) : *Naissance des Pays- Bas*, Albin Michel, Paris, 1983.
◆ De Voogd (C.) : *Histoire des Pays-Bas*, Hatier, Paris, 1992.
◆ Kosmann-Putto (J.A.), Kosmann (E.H.) : *Histoire des Pays- Bas du Nord et du Sud* (trad. du néerlandais par Jacques Fermat), Stichling ons Erfdeel, 1988.
◆ Secretan (C.) : *Les Privilèges, berceaux de la liberté. La révolte des Pays-Bas aux sources de la pensée politique moderne* (1566-1619), Vrin, Paris, 1990.
◆ Trenard (L.) : *Histoire des Pays-Bas français*, Privat, Toulouse, 1984.
◆ Vanderheyden (A.) : *The History of Amsterdam*, Canal House Publishers, Amsterdam, 1987.

SOCIÉTÉ

◆ Goudsblom (J.) : *Dutch Society*, Random,1968.
◆ Méchoulan (H.) : *Être juif à Amsterdam au temps de Spinoza*, Albin Michel, Paris, 1991.
◆ Zumthor (P.) : *La Vie quotidienne en Hollande au temps de Rembrandt*, Hachette (coll. La Vie quotidienne), Paris, 1960.

RELIGION

◆ Bots (J.) : *Le Catholicisme hollandais hier et aujourd'hui,* Pierre Téqui, Paris, 1979.
◆ Knippenderg (H.) : *De Religieuze Kaart van Nederland,* Van Gorcum, Maastricht, 1992.

GÉOGRAPHIE

◆ Sevrin (R.) : *Géographie de la Belgique, des Pays-Bas et du Luxembourg*, Presses Universitaires de France (coll. Que sais-je ?), Paris, 1977.

ARCHITECTURE

◆ Bakker (M.M.), Van de Poll (F.M.) : *Architectuur en stedebouw in Amsterdam* (1850-1940), Waanders Uitgevers, Zwolle, 1992.
◆ Broers (P.), Kemme (G.), Kiers (J.), Mattie (E.), Van der Werf (J.), Van Klinken (M.), Van Leeuwen (W.), photographies : Derwig (J.) : *Amsterdam architecture*. A Guide, Thoth, Amsterdam,1992.
◆ De Wit (W.) : *L'école d'Amsterdam. Architecture expressionniste* (1915-1930), Mardaga, 1987.
◆ Huet (B.), Bohigas (O.), Krier (R.), Otis (L.), Jahn (H.) : Amsterdam. *An Architectural Lesson*, Amsterdam, Thoth, 1988.
◆ Kuyper (W.) : *Dutch Classicist Architecture*, Delft, 1980.
◆ Mattie (E.), photographies : Derwig (E.) : *Amsterdam School, Architectura & Natura*, Amsterdam, 1991.
◆ Van Rooy (M.) : *Le Langage de la brique*, in *L'Art de vivre à Amsterdam*, Flammarion, Paris, 1992.

LITTÉRATURE

◆ Apollinaire (G.) : *Alcools,* Gallimard (Poésie), Paris, 1971.
◆ Aragon (L.) : *Le Voyage en Hollande et autres poèmes*, Seghers, Paris, 1964.
◆ Baudelaire (C.) : *Le Spleen de Paris, Petits poèmes en prose*, Gallimard (Poésie), Paris, 1973.
◆ Belcampo : *Le Monde fantastique de Belcampo* (trad. de Maria-Pia Amsberg), Denoël, Paris, 1963.
◆ Campert (R.) : *Waar is Remco Campert ? (Mais où est donc passé Remco Campert ?)*, De Bezige Bij, Amsterdam, 1978.
◆ Camus (A.) : *La Chute*, Gallimard, Paris, 1956.
◆ Carvalho (J. R. de) : *Waar die andere Got woon (Là où vit cet autre Dieu)*, Meulenhoff, 1972.
◆ Claudel (P.) : *L'œil écoute*, Gallimard, Paris, 1946.
◆ Conrad (J.) : *Le Miroir de la mer* (trad. de l'anglais par Pierre et Yane Lefranc), Gallimard (Bibliothèque de la Pléiade), Paris, 1985.
◆ Descartes (R.) : *Lettres*, Gallimard (Bibliothèque de la Pléiade), Paris, 1937.
◆ Duhamel (G.) : *Suite hollandaise*, in *Géographie cordiale de l'Europe*, Mercure de France, Paris, 1936.
◆ Diderot (D.) : *Voyage en Hollande*, Maspéro, Paris, 1982.
◆ Frank (A.) : *Journal* (trad. de Tylia Caren et Suzanne Lombard), Calmann-Lévy, Paris, 1950.
◆ Fromentin (E.) : *Maîtres d'autrefois, Gallimard* (Bibliothèque de la Pléiade), Paris, 1984.
◆ Gracq (J.) : *Carnets du grand chemin*, José Corti, Paris, 1992.
◆ Mann (K.) : *Le Tournant* (trad. de

Nicole Roche), Solin, Paris, 1984.
◆ MINCO (M.) : *Les Herbes amères* (trad. française), J.-Cl. Lattès, Paris, 1977.
◆ Montesquieu : *Voyages in Œuvres*, t. 1, Gallimard (Bibliothèque de la Pléiade), Paris, 1979.
◆ MULISCH (H.) : *L'Attentat* (trad. de Philippe Noble), Calmann-Lévy, Paris, 1984.
◆ MULISCH (H.) : *Deux femmes* (trad. fr.), Actes Sud, Arles, 1986.
◆ MULTALULI : *Max Havelaar* (trad. du néerlandais par Ph. Noble), Actes Sud, Arles, 1991.
◆ NOOTEBOOM (C.) : *Nooit gebouwd Nederland* (Des Pays-Bas qui n'ont jamais vu le jour), KVGO, Amsterdam, 1980.
◆ NOOTEBOOM (C.) : *Rituels* (trad. française), Calmann-Lévy, Paris, 1985.
◆ VAN DEN VONDEL (J.) : *Gisbert d'Amstel* (trad. de Jean Stals), Didier et Unesco, Paris, 1969.
◆ VAN DER TUIN (H.) : *Les Vieux Peintres des Pays-Bas et la Littérature en France dans la première moitié du XIXe siècle*, Nizet, Paris, 1953.
◆ VALÉRY (P.) : *Retour de Hollande, Compagnie française des arts graphiques*, Paris, 1946.
◆ VERLAINE (P.) : *Quinze jours en Hollande*, Het Spectrum, Utrecht-Bruxelles, 1977.

PEINTURE

◆ ALPERS (S.) : *L'Art de dépeindre*, Gallimard, Paris, 1990.
◆ BAKKER (B.), FLEURBAAY (E.), GERLAGH (A.W.) : *De Verzameling Van Eeghen. Amsterdamse tekeningen* (1600-1950), Waanders, Zwolle, 1989.
◆ BREJON DE LAVERGNÉE (A.), FOUCART (J.) ET REYNAUD (N.) : *Catalogue sommaire illustré des peintures du Musée du Louvre. 1. école flamande et hollandaise*, Paris, 1979.
◆ BREUILLE (J.-PH., sous la direction de) : *Dictionnaire de la peinture flamande et hollandaise du Moyen Âge à nos jours*, Larousse, Paris, 1989.
◆ BRIELS (J.) : *Peintres flamands en Hollande au début du siècle d'Or* (1585-1630), Albin Michel, Paris, 1987.
◆ BUIJS (H.) ET BÉRGE-GERBAUD (M. VAN) : *Tableaux flamands et hollandais du musée des Beaux-Arts de Lyon*, Institut néerlandais -Lyon, Musée des Beaux-Arts, Paris, 1991.
◆ CLAUDEL (P.) : *La Peinture hollandaise*, Gallimard (coll. Idées), Paris, 1967.
◆ *De L'école hollandaise à la peinture du XVIIe siècle*, CELIV, Paris, 1989.
◆ *De Rembrandt à Vermeer. Les trésors de la peinture hollandaise* in Beaux-Arts Magazine (hors-série n° 10).
◆ *Histoire de l'art, vol. 4*, Gallimard (Encyclopédie de la Pléiade, série historique), Paris.
◆ FAURE (E.) : *Histoire de l'art*, Gallimard (Folio Essais), Paris, 1988.
◆ FOUCART (J.) : *Musée de Hollande*, Nouvelles éditions Françaises, Paris, 1954.
◆ GENAILLE (R.) : *La Peinture dans les anciens Pays-Bas. De Van Eyck à Brueghel*, éd. Pierre Tisné, Paris, 1947; *De Rubens au surréalisme,* éd. Pierre Tisné, Paris, 1952 ; *La Peinture hollandaise*, éd. Pierre Tisné,Paris, 1956.
◆ LEYMARIE (J.) : *La Peinture hollandaise*, Skira, Genève, 1959.
◆ LUTTERVELT (R. VAN) : *Musées de Hollande*, Somogy (éd. Aimery), Paris, 1960.
◆ VAN DER ENDT (N.) : *Amsterdam naïve. Amsterdam Seen by Naïve Painters*, Cantecleer b.v., de Bilt, 1987, en anglais et en néerlandais.
◆ WALEFFE (P.) : *La Vie des grands peintres hollandais*, éd. du Sud, Marseille, 1959.

HALS

◆ DESCARGUES (P.) : *Frans Hals*, Skira, Genève, 1968.
◆ CHATELET (A.) : *Frans Hals*, Flammarion (coll. Les Grands Peintres), Paris, 1976.
◆ KÖHLER (N.), LEVY-VAN HALM (K.) : *Frans Hals. Militia pieces*, Gary Schwartz/SDU, The Hague, 1990.

MONDRIAN

◆ BUTOR (M.) : *Tout l'œuvre peint de Mondrian*, Flammarion (coll. Tout l'œuvre peint), Paris, 1976.
◆ JAFFÉ (H.C.L.) : *Mondrian*, éd. du Cercle d'Art, Paris, 1970.
◆ SEUPHOR (M.) : *Mondrian*, Flammarion, Paris, 1956.

REMBRANDT

◆ ALPERS (S.) : *L'Atelier de Rembrandt. La liberté, la peinture et l'argent*, Gallimard (Essais), Paris, 1991.
◆ BONAFOUX (P.) : *Rembrandt, le clair, l'obscur*, Gallimard (Découvertes), Paris, 1990.
◆ BONAFOUX (P.) : *Rembrandt. Autoportrait*, Skira, Genève 1985.
◆ BONNIER (H.) : *L'Univers de Rembrandt*, éd. Screpel, Antony, 1965.
◆ DESCARGUES (P.) : *Rembrandt et Saskia à Amsterdam*, Payot, Lausanne,1965.
◆ FOUCART (J.) : *Tout L'œuvre peint de Rembrandt*, Flammarion (coll. Tout l'œuvre peint), Paris, 1971.
◆ GERSON (H.) : *La Ronde de nuit*, Office du Livre, Fribourg, 1973.
◆ HAAK (B.) : *Les Dessins de Rembrandt*, Le Chêne, Paris, 1974.
◆ MÜNZ (L.) ET HAAK (B.) : *Rembrandt*, éditions du Cercle d'Art, Paris, 1968.

VAN GOGH

◆ BONAFOUX (P.) : *Van Gogh, le soleil en face*, Gallimard (Découvertes), Paris, 1991.
◆ DESCARGUES (P.) : *Van Gogh*, éd. du Cercle d'Art, Paris, 1975.
◆ *Guide du Musée national Vincent Van Gogh Amsterdam*, b.v. 't Lanthuys, Amsterdam, 1986.
◆ HUYGHE (R.) : *Van Gogh*, éd. Screpel, Antony, 1972.
◆ LECALDANO (P.) : *Tout L'œuvre peint de Van Gogh* (2 vol. : 1881-1888 et 1888-1890), Flammarion, Paris, 1971.
◆ *Lettres de Vincent Van Gogh à son frère Théo*, Gallimard (Imaginaire), Paris, 1953.
◆ LEYMARIE (J.) : *Qui était Vincent Van Gogh?*, Skira, Genève, 1968.
◆ LEYMARIE (J.) : *Van Gogh*, éd. Pierre Tisné, Paris, 1965.
◆ MEIJER (E.R.) : *Vincent Van Gogh à Amsterdam*, Musée des Beaux-Arts de Bordeaux, 1972.
◆ *Vincent van Gogh*, Hachette-Réalités (coll. Génie et Réalités), Paris, 1968, en français et en hollandais.

VERMEER

◆ BLOCH (V.) : *All the Paintings of Jan Vermeer*, Londres, 1963.
◆ HUYGHE (R.) : *Tout l'œuvre peint* de Vermeer de Delft, Flammarion, Paris, 1968.
◆ MISTLER (J.) : *Vermeer*, éditions Screpel, Antony, 1973.

GUIDES

◆ *Amsterdam*, Gallimard (Les Carnets du voyageur), Paris, 1988.
◆ *Amsterdam*, Larousse (Larousse Voyages), Paris, 1991.
◆ *Amsterdam*, Hachette (Guides bleus), Paris, 1991.
◆ *Amsterdam*, Berlitz, 1989.
◆ Forrester (V.) : *Amsterdam, Amsterdam..., un guide intime*, Autrement, Paris, 1987.
◆ *Le Grand Guide d'Amsterdam* (trad. de l'anglais de M.-C. Aubert), Paris, Gallimard (Bibliothèque du voyageur), 1992.
◆ LEITCH (M.) : *Slow Walks in Amsterdam*, Hodder and Stoughton, Londres, 1990.
◆ LE MORE (H.), WARDENAR (M.) : *Amsterdam en jeans*, Hachette (Guides en jeans) - éd. du Cléry, Paris, 1992.
◆ WILLEMART (H. ET P.) : *À Amsterdam et en Hollande*, Hachette (Guides Visa), Paris, 1991.

◆ TABLE DES ILLUSTRATIONS

◆ TABLE DES ILLUSTRATIONS

Nous avons par ailleurs recherché en vain les héritiers ou éditeurs de certains documents.
Un compte leur est ouvert à nos éditions.

◆ Notes

F

G

H

I

J

K

L

A
B
C
D
E
1
2
3
4
5
6
7
8
9
10
HAARLEMMERWEG
JORDAAN
OUD WEST
VONDEL PARK
OUD ZUID
Westerdok
NOORDER KERK
WESTER KERK
ANNE FRANKHUIS
POSTHOORN-KERK
MUNT-TOREN
KONINGS PLEIN
LEIDSE-PLEIN
RIJKSMUSEUM
RIJKMUS. V. GOGH
STEDELIJK MUSEUM
MUSEUM PLEIN
CONCERT-GEBOUW
VONDEL KERK
FREDERIK HENDRIK PLANTSOEN
T. MARNIX PLANTSOEN
1E WETERING PLANT
KOSTVERLORENVAART
KATTENSLOOT
NASSAUKADE
SINGEL
SINGELGRACHT
BROUWERSGRACHT
HAARLEMMER
PRINSENGRACHT
KEIZERSGRACHT
HERENGRACHT
EGELANTIERSGRACHT
BLOEMGRACHT
ROZENGRACHT
LAURIERGRACHT
RAADHUISSTRAAT
DE CLERCQ STRAAT
MARNIX STRAAT
LIJNBAANSGRACHT
LEIDSEGRACHT
OVERTOOM
STADHOUDERS-KADE
HOBBEMAKADE
MUSEUMSTRAAT
DE LAIRESSE-STRAAT
VONDELSTRAAT
VAN EEGHENSTRAAT
PIETER CORNELISZ HOOFT-STRAAT
VOSSIUSSTRAAT
PAULUS POTTERSTRAAT
VAN BAERLESTRAAT
WETERINGSCHANS
VIJZELGRACHT
SPUISTRAAT
NIEUWEZIJDS VOORBURGWAL
PALEISSTRAAT
KALVERSTRAAT
BILDERDIJKSTRAAT
KINKERSTRAAT
J. VAN LENNEPKADE
ELANDSGRACHT
PASSEERDERS
RUYSDAELKADE